張彥 IAN JOHNSON ——著　譯——廖彥博、廖珮杏

天視自我民視，天聽自我民聽。

——《尚書》

他們所渴慕的是那在天上更美好的家鄉；
所以，上帝並不因他們稱他為上帝而覺得恥辱，
因為他已經為他們預備了一座城。

——《新約聖經．希伯來書》，第十一章第十六節

目錄

第二部——驚蟄

第三部——清明

第四部——芒種

110 E
120 E
130 E
俄羅斯
日本海
北韓
南韓
北京
（倪家朝聖香會）
陽高縣
（李斌家族）
正定
太行山
黃河
黃海
蘇州
（南懷瑾太湖大學堂）
上海
太湖
成都
（王怡與秋雨教會）
長江
四川盆地
金華
（王力平雙龍洞）
台灣
香港
海南
南中國海
菲律賓
40 N
30 N
20 N
110 E
120 E

70 E
80 E
90 E
中國的靈魂
蒙
古
烏茲別克
吉爾吉斯
塔吉克
巴基斯坦
印
度
N
W
E
S
0 200 400 600 800 1000 km
0 200 400 600 mi
北京
蒙古丘陵
妙峰山
六環
五環
四環
三
環
G6
G45
G101
G4
玉淵潭
南沙溝小區
八寶山公墓
木樨地
紫禁城
中華世紀壇
天安門廣場
白雲觀
人民大會堂
中頂廟
（花兒老太）
分鐘寺
（倪家）
0 2 4 6 8 km
0 1 2 3 4 5 mi

推薦序一　現代化的中國要不要宗教？

邢福增
香港中文大學崇基學院神學院教授、院長

從二〇一八年跨過二〇一九年，北京政府在為「改革開放四十年」舉行大規模的紀念後，將為迎接「中華人民共和國建國七十年」展開鋪天蓋地的慶祝。這兩起歷史事件不僅是共和國極具代表性的歷史標記，更折射出在重構歷史的當下，現實與過去間複雜的延續與斷裂關係。

當人們從政治、經濟、社會、文化各方面來檢視共和國的變遷時，宗教領域卻往往有意無意的被忽略了。別忘記，二〇一九年剛好也是五四運動百年紀念的大日子。百年前揭櫫的五四精神，不論是愛國青年學生關注的救亡圖存，還是知識菁英開創新思潮及反傳統的啟蒙運動，宗教均在其中扮演著不能忽視的角色。一方面，宗教作為「反題」（anti-thesis），往往揹負著「迷信」及「文化侵略」的負面標簽。但另方面，宗教界的有識之士又致力於為宗教建立「正題」（thesis），企圖在各種衝擊中尋索宗教的現代性意義。當年少年中國學會開展的討論——「現代化的中國要不要宗教？」，[1]置於共和國的歷史脈絡下，仍是一個與現實糾纏不清，有待釐清及回答的（敏感）問題。

中共建國以降，宗教一直是其致力改造的對象。除了官方認可的五大宗教（佛教、道教、天主教、基督教、伊斯蘭教）能繼續在宗教市場開展（有限度的）活動外，其他各種形式的宗教現象及團體均被標簽為「封建迷信」、「反動會道門」而遭政治打壓及取締。即或五大宗教的發展，也被嵌入黨國「一元化」的宗教管控體制內，在教義、組織、人事方面，接受黨的領導與改造。文化大革命期間，消滅宗教正式成為黨國宗教工作的目標：統戰及宗教幹部被戴上「執行投降主義路線」的帽子、愛國宗教團體停止運作、宗教教職人員接受批鬥改造及轉業、宗教活動場所被霸佔、宗教信徒須公開否認信仰……。毛澤東正式宣告：「共產中國不需要宗教。」中國儼然成為「無宗教」的國度。

不能被消滅的宗教

不過，宗教真的（能）被消滅嗎？這不僅是理論層面的討論，更是中國社會的現實課題，拉扯著執政共產黨宗教理論及工作的調整。文革結束後，當鄧小平宣告落實宗教信仰自由政策，並於一九八二年公佈「十九號文件」時，單是基督徒的官方數目，便達三百萬，比一九四九年的一百萬增長了三倍。[2]質言之，基督教在共和國建立後的三十年，即或面對全面的改造，甚至消滅宗教政策，最後竟取得神蹟般的增長。毋庸置疑，有關基督徒的增長，絕不可能是在一九七九年後始發生，而是在文革期間的地下狀態或「第二社會」（The Second Society）中生存及發展的證據。[3]筆者在從事關於中國基督徒的口述歷史研究，在在證明基督教在文革後期的「增長」。

這不僅是基督教的情況，關於一九四九年後中國宗教人口的統計，較早的說法是周恩來在一九五六年在講話中提及的一億。[4]一九九七年國務院新聞辦公佈的《中國的宗教信仰自由狀況》白皮書，仍然維持一億的數目。[5]值得注意的是，中國人口在過去半個世紀增長了近一倍多，但官方公佈的宗教人口卻一直維持在一億。筆者很早便從中國宗教研究學者中聽到一個笑話，指全球人口約有六十億，而信奉各大小不同形式宗教者有四十多億。換言之，全球沒有宗教信仰者約十多億，如果中國十三億人口中只有一億信仰宗教，那麼，全球幾乎所有不信教者或無神論者都集中在中國了。這個笑話，反映出北京政府儘管無法阻止宗教的增長，卻仍千方百計地控制關於宗教人口的統計數據。

二〇〇四年，國家宗教事務局新增業務四司，專職管理民間信仰的工作。[6]這意味著中共開始揚棄「封建迷信」思維，認可民間信仰存在的事實，並將之納入其宗教管理的體制。這一切，正如說明後毛澤東時代中國宗教市場的發展，特別是在黨國的嚴密管控下，所無法扭轉的宗教復興。

宗教在中國的長期存在，有多長？

其實，在一九八二年中共中央十九號文件中，已經為文革後的宗教發展作出辯解，並承認消滅宗教乃徹底錯誤的政策：

在社會主義社會中，隨著剝削制度和剝削階級的消滅，宗教存在的階級根源已經基本消失。但是，由於人們意識的發展總是落後於社會存在，舊社會遺留下來的舊思想、舊習慣不可能在短期內徹底消除；由於社會生產力的極大提高，物質財富的極大豐富，高度的社會主義民主的建立，以及教育、文化、科學、技術的高度發達，還需要長久的奮鬥過程；由於某些嚴重的天災人禍所帶來的種種困苦，還不可能在短期內徹底擺脫；由於還存在著一定範圍的階級鬥爭和複雜的國際環境，因而宗教在社會主義社會一部分人中的影響，也就不可避免地還會長期存在。在人類歷史上，宗教終究是要消亡的，但是只有經過社會主義、共產主義的長期發展，在一切客觀條件具備的時候，才會自然消亡……那種認為隨著社會主義制度的建立和經濟文化的一定程度的發展，宗教就會很快消亡的想法，是不現實的。那種認為依靠行政命令或其他行政手段，可以一舉消滅宗教的想法和做法，更是背離馬克思主義關於宗教問題的基本觀點的，是完全錯誤和有害的。[7]

可見，改革開放初期，中共在宗教理論上雖然仍堅持馬克思關於宗教的「自然消亡論」，但卻又要為馬克思宗教觀在中國的實踐時產生的矛盾——中國在實踐社會主義三十年後，宗教不僅沒有呈現減退的方向發展，反倒出現前所未有的增長——作出解釋。[8]宗教在中國乃「長期存在」

的社會現實，但最終隨著社會主義事業的建設及發展，仍必「自然消亡」。

然而，在改革開放二十年後，中國最高領導人江澤民卻就宗教問題作出具「革命性」的新見解。他在二〇〇〇年的全國統戰工作會議上，指出：「宗教走向最終消亡也必然是一個漫長的歷史過程，可能比階級和國家的消亡還要久遠。」[9]二〇〇一年，江氏再次在全國宗教工作會議上重申此點。[10]二〇〇二年一月，中共中央頒佈關於宗教政策的三號文件中，正式確認這種宗教長期存在的論述。[11]

為何這是「革命性」的見解？因為作為中國共產黨的總書記，江澤民雖然仍然持守「宗教最終會自然消亡」，但卻作出「宗教走向最終消亡可能比階級、國家的消亡還要久遠」的補充。按馬克思主義的理解，階級及國家消亡正是共產社會的實現，也是宗教自然消亡時代的來臨。然而，江澤民卻竟然指出，即或中國真的有一天實現共產主義（中國有多少人相信或期待有這一天？），屆時宗教仍「可能」會存在。這是否跟中共認信的「宗教最終消亡」有所矛盾？顯然，後毛澤東時代的處理，是將這個理論與現實的矛盾置於未來必將實現的信念之上，至於這個「未來」會是什麼時間，其實是一直懸置……

二〇一八年，國務院新聞辦公佈《中國保障宗教信仰自由的政策和實踐》白皮書，終於將有關中國宗教的人口上調至兩億（其中基督教徒為三千八百萬、天主教徒六百萬、伊斯蘭教兩千多萬）。[12]比較一九九七及二〇一八年的兩部白皮書，我們毋須從統計上得出中國宗教在過去二十年間獲得倍增的結論，但卻說明，中共無法不修正有關數字的尷尬與現實。

從宗教復興到靈魂爭奪戰？

張彥的《中國的靈魂：後毛澤東時代的宗教復興》一書，正是全面地將文化大革命結束後，中國宗教如何在遭受控制、打壓、改造，甚至消滅的嚴峻環境下，從掙扎求存到取得驚人增長的事實，呈現在讀者眼前。書中敘述了各種形式的心靈故事，涉及基督教家庭教會的領袖及慕道者、民間信仰的進香客、道教及佛教的實踐者，在在說明在文革後中國，宗教在改革開放四十年的翻天覆地變化中，業已成為中國社會的重要事實，也是中國共產黨無法否認的精神及靈性訴求。

不過，當下的中國正處於新領導人銳意開創的「新時代」，近年的發展，說明黨國已將宗教復興視為一種意識形態的競爭及威脅。從浙江、河南省的強拆十字架運動、各地禁止十八歲以下未成人參與宗教活動、針對家庭教會的打壓及取締專項行動（本書提及的王怡及其秋雨之福聖約教會，便於二〇一八年十二月九日遭受大規模的打壓，王怡牧師及其妻子蔣蓉更被控「煽動顛覆國家政權罪」）、嚴禁黨員參教信教、新疆的「再教育營」……在在說明，習近平出於強化意識形態鬥爭及國家安全的考慮，正將中國帶往極權體制的「新」時代。極權體制企圖「全面管控」（total control）社會不同領域，中國宗教自由狀況業已嚴重倒退。我們無法預測，這場精神與靈魂的爭奪戰，到底會持續多久？而在各種挑戰之中，讓我們再次回到百年前的問題──「現代化的中國要不要宗教？」或者，儘管極權打壓下宗教正遭受嚴峻的考驗，但歷史（特別是共和國的歷史）已經給予我們思考的方向，以及可能的答案。

推薦序二

為二十一世紀中國宗教發展作見證

林敬智
政大宗教所助理教授

身為一位在學校教授華人宗教課程的老師，如果要介紹當代中國宗教現況，要選一本夠深入掌握文化脈絡與政治制度、又能保持客觀的書籍，普立茲獎得主張彥（Ian Johnson）的新書《中國的靈魂：後毛澤東時代的宗教復興》應該是首選。而且令人欣喜的是本書行文流暢，可讀性極高，從具體的幾位人物與宗教活動的故事娓娓道來，卻能夠由小見大地點出關於庶民日常生活文化習俗與規矩的「眉眉角角」，不管是人際交往的微妙觀察、隱晦曖昧卻心照不宣的象徵性舉動、到宗教信仰的複雜體系、政治與法律的規範與潛規則等，皆能夠到位地掌握。作者長年蹲點中國北京，以其記者的敏銳觀察力和擅長與人訪談交往，加上用功涉獵學術著作，能夠引導讀者見樹又見林，而其在歐美成長與求學的背景，更讓他觀察中國宗教的視野可以放在全球的脈絡中，從全人類的角度思索後毛澤東時代中國的精神性探索與宗教信仰，如何在歷經一個半世紀的摧殘後，又充滿活力地復甦。

筆者作為學術工作者，欽羨作者以記者身份可以長駐中國深入觀察各地的宗教復興現象，但更深層的反思課題是像本書這樣用功又敏銳的深度報導與學術研究有何不同？如何在差異中互補？學術研究有嚴謹的程序要求，須先從文獻回顧開始與前人研究對話獲得啟發，然後在學理中討論理論架構與概念分析，引述充份的史料證據來檢視理論與概念的適切性。最後還須提出創新的觀察與結論，調查對象若是涉及與人互動，還須先經過學術倫理的審查核可，方能開展研究。

本書的作者雖非學者身份，但本書的貢獻絕不亞於學術性著作，甚至還可能比學術研究更具影響力，可供一般讀者與學者專家更深層地理解當代中國宗教信仰與精神追求的復興趨勢。像作者一般既用功閱讀學術著作，但又能深入民眾日常生活細緻觀察，透過客觀、深入、翔實與生動的報導，又能夠不受限於學術的格式與框架、不必受學術倫理的約束羈絆，可能比夾帶著理論與概念、硬邦邦的學術著作更能幫助讀者透徹理解底層百姓的生活世界與宗教信仰，同時從這些活生生的人物視角，瞭解到國家體制與文化結構如何在個體的層次上影響到個人的選擇，而個人又如何在正式的法規與非正式的慣習與潛規則框架中合宜的行動，甚至作者還提供幾個遊走規範邊緣、衝撞體制的個案。十年後、百年後，學術研究能夠繼續被人閱讀的經典著作不多，但像本書則為後世保存了二十一世紀中國宗教發展史的關鍵性轉捩點，既是入門指引的絕佳參考書，亦是保留第一手觀察的珍貴史料，尤其是鮮少受到關注的底層群眾香會活動與組織中幾位陸續過世的老人、或是見證了基督教會如何在國家政策緊縮下受到衝擊的前夕。本書在未來仍然是想要理解中國宗教不可繞過的重要里程碑。

作者是如何完成這樣一本記錄翔實、觀察入微的里程碑？用作者書中形容比爾．波特（Bill Porter）著作的說法來形容作者本身也是妥切合宜的：最根本的就是用心來觀察事物，與作者本身是不是中國人無關。尤有甚者，作者親歷其境，不僅第一手到現場觀察、深度訪談，甚至還親身實踐體驗，像氣功的篇章，或是在人群中聆聽宗教宣講，也正是因為如此深入其境地理解，讓本書的可讀性大為提高外，也讓作者深刻的洞察力體現無遺。透過作者的眼耳鼻舌身意六識，讀者不僅可以廣泛且深入地習得中國宗教信仰的相關知識，也能在情境中理解人際互動中微妙的情感與關係，感知政治體制有形與無形的約制與壓力。筆者身為讀者的身份，每每在閱讀過程中，讚嘆作者深刻的洞察力與廣博的知識，在具體人物的故事中，不時穿插補充歷史背景的解說、政治性的權力結構如何操作、人際往來中毋庸言說的社會文化潛規則、跨國比較的鳥瞰視野、法規與政策的規範細節與來龍去脈等等，有了這些更為深層與廣泛的脈絡知識，對於書中人物的抉擇難題便更能體會身處其中的為難之處。而更令我佩服的是作者如何能夠如此正確解碼當代中國複雜的政治與宗教的糾纏關係、而仍然可以持續被權威當局容忍，我觀察到作者因為有了前述對中國政治社會文化洞察入微的理解，又能夠在言行舉止間「拿捏分寸」，謹守分際，而這正是社會學本土化前輩學者葉啟政教授總結其理論與研究的洞見，能夠做到如此的地步，那麼作者本身的國籍與文化已經不會限制到他對中國社會與文化的深刻理解。作者甚至超越一些學界中人。

研究當代的轉變，最困難的是情勢隨時有可能發生變化，本書出版後至今，中國大陸的宗教政策與法規便遭逢了重大的變化，書中相關人物也有部分面臨直接衝擊影響，中文版序言補充了即時的現況。本書所描述的情況，在二〇一八年四月所公佈的〈中國保障宗教信仰自由的政策和實踐〉後，發生了許多的變化，而這一切仍然在持續演變中，尚未能夠讓人看清楚未來將會往哪個方向發展，會帶來多大規模的影響。針對黨員的宗教信仰有了更為嚴格的規定，而各地對宗教組織的管制有了更為嚴格的執行，書中相關宗教人物與團體所受到的影響，可見於本書中文版序言中。

誠如作者所言，這一切更為嚴厲的管制措施，正好印證了本書的論點：當代中國正經歷了快速且大規模的宗教復興，大量的新興宗教組織、儀式與廟會活動如雨後春筍般地出現，才會引起中共執政當局的管制措施日趨嚴格。這背後尚有全球國際情勢變化、國內民族主義情緒波動等因素，所謂「外來宗教」受到更多的管制，而被標榜為「本土宗教」的部分則被策略性地抬高其價值與意義，包括賦予「非物質文化遺產」的頭銜，甚至向聯合國科教文組織申請「世界遺產」的項目。然而仔細檢視諸多非物質文化遺產的項目，其核心仍然是民間信仰的宗教意涵與活動，倘若跳脫出宗教的脈絡將其孤立，其實並無可以獨立存在的意義與價值。各種無形文化資產實為有機的整體，不應刻意切割、零碎化，尤其是掩飾其宗教的面向，則會讓眾多無形文化資產失去主要的核心憑藉，成為了人為造作的假非遺。山西李家的陰陽先生的道教音樂例子，則讓我們看到「一個非遺，各自表述」的現象，官方與民間對於同樣一批儀式專家的占卜算命、誦經與宗教音樂，各有其認知也各取所需的有趣現象。整個改變的情勢正如書中的「天氣變化」之比喻：「天氣是這麼個力量，你可以預測它，準備好怎麼應付它，但是你無法改變它。」事實上現在連怎麼預測都測不準，遑論要怎麼正確合宜地應對了。

作者對於中國宗教的復興趨勢儘管是偏向樂觀的，但也並非昧於現實地忽略各種逆勢，除了描述政治上對宗教的管制所帶來的諸多不便與衝擊外，作者還能夠從傳統中國宗教思維中的易經陰陽思想「物極必反」來思考，將當下的順勢與逆勢以更為長遠的眼光來觀察，也不免讓人感到一種正向的鼓舞。誠如作者所言：受壓迫時也要保持樂觀，而獲得了開放自由時，則必須謹言慎行、戒慎恐懼。

中國宗教的復興必須放在不同層次來觀察，官方政策與法規固然主宰著多數人的命運與生活，但平民百姓並非僅能處於被動的位置，宗教信仰的傳承，唯有當地民眾認同其價值並著手實踐，傳統的儀式與信仰才有延續的可能。而延續的過程不會總是順遂無礙的，除了政治上的壓力外，還有當代社會文化的轉型，尤其是都市化的發展與科技理性的發達，對宗教信仰的衝擊亦帶來十分鉅大的考驗。但誠如作者所述，過去宗教社會學者所預言的現代化所帶來的理性化、工具化並沒有因此就讓宗教信仰世俗化而逐漸式微，相反地宗教信仰在現今全球社會中仍然扮演著重要的影響。世俗化理論大師彼得．柏格（Peter Berger）在觀察當代台灣與新加坡華人宗教的多元與活力後，反省修正其理論。這也讓我們華人讀者反思華人宗教的經驗，可以為世界宗教的研究及全人類帶來什麼貢獻？筆者所屬的政大華人文化主體性研究中心的宗教研究同仁們，近來也正就此一議題探索華人宗教的包容性（inclusiveness）與宗教融合，在過去的歷史中鮮少發生宗教戰爭，或許華人宗教的經驗可以在現今全球文明衝突的世界中帶來新的啟示。

作者所關注的更深層的關懷，是中國的民間社會、公民意識如何可以在宗教復興過程中，真正深化民間的活力。宗教並不會是現代化發展的障礙，也不是非理性的，在歷來宗教信仰的實踐中，無論是香會的組織與進香，抑或是基督教會的宣講，民眾在其中學習的是如何與別人溝通討論，教人冷靜、理性思考、專注才能體悟。過去五四運動所鼓吹的反宗教、破除迷信運動乃是建立在錯誤的世俗化假設、以及對傳統宗教的誤解前提下，沒有真正進入宗教信仰的核心中去理解，才會將宗教信仰視為阻礙中國進步發展的障礙。現今全球社會學者與宗教研究者已肯認宗教傳統與現代性是可以和諧並存。以日本社會為例，傳統與現代並非二擇一、不可共存的。而台灣社會的宗教多元與蓬勃發展，加上民主化給予民間社會更大的發展空間，宗教信仰不僅不會阻礙社會的發展進步，還能夠扮演穩定社會的力量，這股力量是由下而上，並非服務於政治當局。在華人社會文化的傳統中，宗教與政治也從來不是西方社會所標榜的政教分離或政教分立，但宗教也非馬克思主義所批評被政治操控、為政治服務的婢女。中國大陸進行文化大革命時，在台灣的中華民國政府擎起「復興中華文化」的大旗，這波風潮儼然是書中所提的「國學熱」的前身，這種為政治而服務的傳統與「國學」，並無法在民間深耕，反而是在平民百姓的日常生活中、在民俗底蘊與民間宗教的教化裡，才能承傳那穩定社會的道德規範與價值觀，把「老規矩」維持下來。從晚清到民國的廟產興學與破除迷信運動，以至於到了大躍進、文化大革命，都無法真正地根除傳統民間信仰與儒釋道宗教，政治的風潮狂熱炙燒過後，焦土表面下的根苗又會重新滋長。野火燒不盡，春風吹又生，這種自發性的宗教復興，正是本書作者所闡述的核心，也是穩定社會文化發展的底蘊，而此一獨特的華人宗教性重視融合、又能包容歧異的存在，亦是思索華人文化主體性不可或缺的面向，但也不是站在民族主義或復古念舊情懷（nostalgia）的角度唯我獨尊。

作者以既客觀又深入的觀察與分析，精鍊地引領讀者回顧了中國近現代史，有大歷史的政治經濟格局，也有從庶民社會觀點的日常生活演變史，透過與書中一位位活生生人物交談互動中，由小見大地呈現出整體的宗教與傳統復興的大趨勢，同時亦不忘提醒讀者不宜一廂情願地樂觀以為自此一帆風順，足見本書的貢獻不僅可讓學界中人增加對當代中國宗教復興的理解，也可以提供宗教信仰者將自身的信仰放在更大的格局中去理解與反思，可作為雅俗共賞的佳作當之無愧。

中文版序言

《中國的靈魂》中文版能在台灣上市，我感到很榮幸，特別是因為它能接觸到中文世界的讀者，甚至有可能對全球關於精神價值的討論有所貢獻。

全世界關於價值的討論是當今最振奮人心的潮流之一，這是我在撰寫本書的過程中的發現。在世界上的許多地方，這個潮流充滿了緊張與衝突。無論是歐洲的右翼民粹主義、英國的脫歐、美國的川普，與中國的宗教復興，許多這些現象反映的是人們對現狀的不滿——大家感覺這個體制是不公平的，有人在競爭中耍詐，如果我們要恢復過去許多社會中曾經存在的共同體（community），我們必須有一套更崇高的道德標準。正因為人民共和國是一個超級資本主義社會，其人民的聲音在這場全球討論中或許更加值得被聆聽。

我想對海外的華人來說這點特別有意思。我在本書的尾聲中提到，在台灣、香港、新加坡，以及其他的華人社會中，這股全球性的價值追尋領導他們催生出新穎且備受推崇的組織。台灣的慈濟、法鼓山、佛光山，香港的黃大仙祠，新加坡五花八門的宗教型態，都是顯而易見的例證，說明大華人世界早已積極探索並尋獲新的價值。現在，我們知道這股潮流正在中國大陸如火如荼地展開——對認為未來將只有衝突與爭論的人來說，這種現況多麼令人雀躍不已。

——

不過，許多人可能會懷疑，中國真的有一場宗教復興嗎？在媒體以及人權團體的報告上我們會看到，基督教與伊斯蘭教在中國受到嚴厲的打壓，羅馬天主教也決定在北京對教會的控制一事上與之妥協。這些現象難道不是宗教在中國正受到進一步的限縮的證明嗎？這種情形如何能與宗教正在中國成長的主張相容？

事實上，這些趨勢恰恰是中國的宗教復興的自然結果。正因為宗教的蓬勃發展，中國政府不得不推出新的規範以控制其傳播擴展。

根據不同的歷史視角，我們可以對中國控制宗教一事有不同的理解。長遠來看，千百年來中國政府都想要控制宗教——國家始終試圖定義何謂正統、何謂異端。但從近期來看，一九八九年共產主義的崩潰是這一切的源頭。在這場巨變之後，北京領導人做出了兩個結論。第一，為了避免人民因為窮困而上街頭抗議，經濟必須改革以創造財富。第二，中國絕對不允許公民社會（civil society）生根。波蘭與東德的教訓是他們引以為戒的：波蘭的天主教會與東德的基督新教在推倒共產政權的過程中都發揮了舉足輕重的影響力。

這兩個決定啟動了後續兩個有時相互抵觸的事件：其一是提升中國人民生活、教育水準與社會意識的經濟發展；其二是對宗教團體、獨立工會，以及公民社會的箝制，儘管中國還是有劉曉波這樣寧死不屈的異議分子。國家對公民社會的介入在二〇一八年達到高峰，這體現在政府頒佈了旨在強化對教堂、清真寺、寺廟之控制的法規上。

新一波的控制對本書的主角之一，成都「秋雨聖約」教會的牧師王怡，有特別嚴重的影響。各位將會在本書中讀到，他是一個活力充沛的牧師，創立的教會很可能也是全中國最著名的一所。我認為他與他的教會是絕佳的典範，代表著持續吸引著城市裡大量受過良好教育的白領階級的大型獨立教會。像王怡這樣有鮮明政治立場的牧師並不多見，但他仍然是中國的信仰崛起的敘事裡的重要一環。譬如說，在中國的人權（維權）律師當中，有高達四分之一是基督徒，這並非巧合。

這個社會角度或許可以解釋為什麼政府會對「秋雨聖約」教會痛下殺手。在二〇一八年的最後幾天，教會被關了，可能永遠沒有機會再恢復，王怡與他的一百多名教友則身陷囹圄。幾天之後，我們知道王怡與他的妻子蔣蓉被以「煽動顛覆國家政權罪」起訴，這是非常嚴重的政治罪名，最高可判十五年有期徒刑。但知情者都不意外：王怡早就預料到他有朝一日會被當局逮捕。這在本書第四章裡面會談到。

儘管秋雨聖約教會可能永遠不會再開放，各位仍然可以從兩方面來讀相關的章節。首先，這是一則關於中國最有名之一的牧師與教會的真實故事。這段歷史本身就極具意義。我把它寫下來是為歷史作見證。

但另一個可能更有啟發性的解讀是把它當作一種象徵，反映的是其他遍布中國的地下教會的處境。中國有成千上萬所這樣的教會，而儘管每個教會都有其獨一無二的歷史，但它們都由虔誠、積極投入的信徒所組成，這一點是與成都秋雨聖約教會共通的。

對我來說第二層意涵是更重要的。我在本書中挑選的故事並不是因為主角較有名或是新聞熱點。事實上，就這個角度來看，王怡與秋雨教會反倒是例外。相反的，包含王怡在內，以及諸如北京妙峰山上升斗小民參加的進香團體，所有本書中的主要人物之所以會被我囊括在書中，都是因為他們的事蹟有助於我們理解整個中國的宏觀趨勢。

我在評估該以哪些人物為本書主角時，心中一直想到的是崔西．基德在一九八一年寫的《新機器的靈魂》（*The Soul of a New Machine*），他在書中追溯了「通用電腦」（Data General Corporation）與其工程師團隊為了打造下一代電腦而展開的競賽。當然我們許多人都會搔著腦袋想究竟「通用電腦」是什麼？基德為什麼不寫一本關於ＩＢＭ、戴爾，或蘋果的書呢？但因為基德捕捉到了電腦工業中的本質——速度、決心、創新的慾望，這些元素不僅打造了矽谷也孕育了改變整個世界的新科技——所以至今他的書還是值得一讀。

基於同樣的理由，雖然本書中提到的某些人物，如王怡與習近平，本來就具有一定的歷史重要性，我更期待能做到的是描繪出一個個新興強權底下芸芸眾生的靈魂面貌。他們的盼望與夢想、思想與信仰，將影響世界上的每一個人，無論是好是壞。

二〇一八年十二月，北京

人物介紹

北京朝聖香會

倪振山，或稱倪老：倪家族長，同時也是妙峰山上一個朝聖香會的會首，開設一座廟壇。妙峰山是北京近郊最神聖的宗教聖地。

倪金城：倪老的大兒子，後來成為隱修的佛教居士。

倪金堂：倪老的小兒子，協助倪家香會的運作。

祁會敏：香會的管理人，作風嚴格；她同時也是一名虔誠的信徒。

王德鳳：領導妙峰山重建的共產黨幹部，至今仍然是深具影響力的宗教管理官員。

陳德清，或稱陳老太太：妙峰山上一個香會的創始人，也是北京中頂廟夏季廟會的守護人。

山西道樂團

李斌：第九代的道教「陰陽先生」，或是包辦喪葬禮儀的專家，同時還是算命先生、風水堪輿師。他不顧父親的反對，搬到城裡去住。

李滿山，或稱李老先生：李斌的父親，目前還住在李家鄉間老宅。

李清：李家已故的族長，在文化大革命之後重振各項傳統文化。

成都基督徒

王怡：前人權律師、現在的「秋雨聖約歸正教會」的傳道人。

蔣蓉：王怡的妻子，秋雨聖約教會早期入教受洗的信徒。

張國慶：秋雨聖約教會和社會各個邊緣團體的聯絡人。

查常平：「生命之泉歸正教會」的理性傳道人。

彭強：前任共青團成員、企業家，現在主持「恩福歸正福音教會」。

冉雲飛：人稱「土匪冉」，是一位個性活潑的評論作家，同時也是成都最知名的公眾思想家，受到基督教信仰的吸引。

大師及其弟子

南懷瑾：教導打坐冥想的上師，也是中國傳統經典的詮釋者，隱居在太湖之畔。

王力平：道家打坐冥想「內丹」功的修煉者，深具個人魅力。他在華南的岩洞裡開班授課。

秦嶺：王力平的主要弟子。

蕭維佳：秦嶺的丈夫，也是中共一個重要的世家後代。

註釋說明

本書是一部紀實著作。本書中記敘的事件和引述的事實可以分為兩大類：我直接目擊見證，或是援引自其他消息來源。書中在描述人們的感受或想法時，我仰仗的是註釋當中，對書中所提人物的訪問；在訪問當中，他們對我表達出自己的想法。

隨文標註的註釋提供出處——採訪日期，或以標準學術格式引用已發表著作。每個已發表作品的完整書目，都可在參考書目中找到。

第一部——陰曆年

陰曆年開始於無月之時。夜空闃黑，星辰無光；月亮此時在地球的另一側，不受日光照射，我們見不著。中國人管這時候叫陰曆新年，不過另一個名字更是響亮：春節，慶祝新春的到來。「春節」這個名字似乎有些名不符實：春節期間大多在陽曆的一月或二月，正是冬季。天氣陰暗寒冷，白晝時間仍然很短。在中國北方，幾場白雪可以將大地覆蓋起來。在南方，冬雨的刺骨寒冷穿入每一間房間，鑽透每一層衣物。我們被冬天的暗無希望所籠罩，不禁揣想這套曆法究竟是怎麼運作的：在這個位列世界上最古老的文明之一、而且還在賡續發展的國度裡，它是如何安排時序的？

在十九和二十世紀，中國的愛國志士也有類似的疑問。他們憂心自己的國家太過落伍，將會被列強所瓜分。這些倡議改革者所要變革的主要目標之一就是中國的傳統文化，尤其是傳統的宗教信仰體系，改革人士認為這些信仰體系乃是迷信的殘餘，阻撓了中華民族在科學和進步發展上的潛能。

舊式的年曆很輕易的就成為改革的目標。很少有一種習俗慣例，能像曆法如何衡量時間這樣，對一個社會產生舉足輕重的影響。在昔日的中國，匠師運用木板印刷技術，在面紙般細薄的紙張上印出年曆，有神祇和聖賢作為裝飾，看起來像是一件華美的藝術品。年曆上列舉出重要的節日，並提醒人們何時該舉行何種特定的儀式。在陰曆大年除夕那天，人們會將牆上的舊年曆撕掉，換成新的貼上。

這種傳統的年曆是按照月球繞行地球的軌道而制定。它開始於冬至後的第二次新月，這也就表示傳統陰曆年開始於一月底或二月初。月球每繞行地球一次，就是一個月。對於提倡中國現代化的改革人士而言，這一切看來都顯得過時、荒謬。到了一九二九年，各方要求變革的力量終於促使政府正式廢止陰曆，改採用西方的格里（Gregorian）曆，這種曆法是以地球繞行太陽公轉週期制定的，因此也被稱為陽曆。從這時開始，中國就和其他地方一樣，從元旦一月一日開始新的一年，而每年都有三百六十五又四分之一天。

可是，隨著時間過去，你會注意到：陰曆仍舊主導著許多中國人如何穿著、如何飲食、如何祭祀和禱告。甚至陰曆新年的另一個名稱，春節，看來也開始有幾分道理。在西方，春季開始於春分之時——也就是三月中旬、白晝與黑夜一樣長的那一日。可是在中國，人們心中預期的節令要來得更早一些；箇中關鍵還是在於人心氣氛的醞釀堆疊。要在一月底或二月初就迎接春天的到來，似乎有點為時過早，但是實際上日子正暖和起來。在一月的時候，老北京會告訴你，假如你想去城裡哪座湖上溜冰，最好現在就得出發，因為在春節過後，湖面上的冰就會消融了。

你可能會不以為然地聳聳肩，不過，要是你稍後回想起那些在西方大多數的人們都已經記不得的節日，像是「聖燭節」（Candlemas），它們也都落在這個時候，而且通常用來標誌著春天的開始。然後，再過一或兩個星期，即使是像你這樣一個對季節遞嬗已經失去感應能力的城市居民，也能察覺到氣候真的已經變了。最冷的時候已然過去。寒冬的威力已告減弱，結冰正在融化。而這時再回頭看看中國傳統年曆上面標誌著那些將要到來的節令：驚蟄、清明、穀雨，以及芒種，就不會感到有什麼古怪了。

今天，也就是陰曆新年的大年初一，月亮正在軌道上繞行，很快就將以一抹細長朦朧的上弦新月，顯露出它受到日光照射的面目來。在春節接下來的十五天裡，月亮將會從新月逐漸盈滿，先是成為半月，然後每天緩緩進展。最後，到第十五天，一輪滿月將會照亮暗夜，使其他的天體相形失色。這天叫做「元宵」——是新年第一個月的第一個月圓之夜，天空重放光明，火焰也重新點燃。篝火熊熊燃燒，驅除邪祟，而新的一年便一如往常的展開：我們將迎來一連串由太陽和月亮所律定、並由我們賦予意義的節氣。

第一章 北京：分鐘寺

在北京的東南邊上，有一個地方叫做分鐘寺。[1]根據地方耆老的傳說，「分鐘寺」這個地名來自一位老鰥夫的故事。[2]這位鰥夫善良又老實，只可惜膝下無子。在舊日中國，一個人若膝下空虛就表示老來將孤獨無靠。同村的友人同情他，於是便給了他一個差事，讓他在夜裡打更報時。老鰥夫的職責，是每隔兩小時就巡守全村一次，並且敲打鐘鑼報時。老人接下這份差事，但拒絕領受酬勞，他說村裡應該把這份酬勞省下來，拿來鑄造一口大鐘，這樣在他老死以後，就能接替他繼續為村民報時。

多少年來，地方民眾節省下這筆酬勞，而老人則盡忠職守，一絲不苟地履行他的差事。在天將破曉前的最後一次巡村守更，他會特地在那些懶惰的人們家門前大聲敲響鐘鑼，希望能喚醒他們，趕緊起來工作去。在經過那些平日勤勉的人們家前時，他會盡可能的安靜無聲，好讓他們再多睡片刻，因為他曉得這些人會自動起床。隨著光陰流逝，有的村民說老人報更的鑼聲能夠預測季節的轉換，或是預警即將來襲的暴風雨。當他們聽到這穩定規律的報更鑼聲，便知道自己應當有所為有所不為——不只是知道何時該工作或就寢，更曉得自己該如何做人，如何為善去惡。最後，老人過世了，原本該給他的酬勞後來果真鑄成了一口大鐘。當鐘聲響起時，就和老人的報更鑼聲一樣，具有神奇的效應，這是一口為了所有人而響徹的大鐘。

這口大鐘、以及之後圍繞大鐘而建的分鐘寺，還有村莊，早已拆除多時，如今只留下一段故事，成為一個立體快速道路的地名、一座以「分鐘寺」為站名的地鐵站，以及附近一個即將拆除的住戶小區的名字。這一波拆除舊屋的浪潮，在過去數十年間也席捲了首都的其他地方，將市區裡有千年歷史的四十平方公里舊城區悉數剷平。從前的北京是由大大小小的胡同所組成的——胡同是縱橫於宅院之間的狹窄巷弄，數百座寺廟星羅棋布散落分布於其中。疊加在這些社群之上的是一個虛擬想像的宗教景觀，這幅宗教地景圖由諸多聖山和神祇組成，祂們乃是北京這座城市與神話和信仰之間的神聖連結。好幾個世紀以來，這樣的城市景觀就是過往千年以來主導中國的政教關係的縮影。

北京城裡的乾坤世界在二十世紀時有了變化，尤其是在一九四九年共產黨人得了天下以後。許多寺廟和胡同遭到拆毀，以便騰出地方來，建設一個無神論的理想工業化新社會。一九八〇年代興起的經濟改革與肆無忌憚的房地產發展聯手起來，幾乎把剩餘的老城區徹底夷為平地，並且將大多數的老北京居民從市中心地帶給攆出去。外地來的移民搬進城中少數幾處殘存下來的歷史遺跡裡。在這些外來移民當中，有的是來自農村的窮苦工人，也有遠道而來、境遇較好的富裕農紳。跟隨他們腳步到來的是新的料理風格——來自內地的辛辣菜式，或是來自異國的新派美食。

新的風俗習慣也隨之而來，像是北京每逢假日就出現大規模人群出城的盛況，或是回鄉村老家，或是往熱帶海灘度假勝地出發。而失去的是一種生活方式，就像其他偉大城市的在地文化那樣，在我們這個焦慮躁動的時代裡逐漸被湮滅。[3]

我在一九八〇年代初期頭一次造訪北京觀察這種變遷的歷程。當時我和很多人一樣，覺得這座城市曾經擁有的偉大文化已經淪喪了，因而感到沮喪。不過近年來我開始明白，當年自己那樣想，其實是不對的。北京城的文化並未死去；有如在分鐘寺這樣奇怪的角落，城市的文化正在重生。這新生的文化與過往並不相同，但是仍然活力充沛，而且實實在在——各種生活方式和宗教信仰，都與過往互相呼應。

分鐘寺原來是倪家人的老家，倪氏一家是平凡的老北京，曾經住在舊城區，鄰近北京最有名的地標之一：天壇。在他們老家隔壁原先是一座較小的道觀，崇奉碧霞元君，這是道教裡一位頗為重要的女性神祇。倪家的小孩曾經在這座廟宇的三進院落裡玩耍，廟裡的老住持和倪家也是朋友。一九九二年，倪家的老屋和這座道觀被列入拆除名單，準備作為國家體育總局的新辦公大樓用地。國家體育總局，那可是負責創造國家榮耀的政府機關吶。面對如此強大的對手，倪家做出了睿智的決定：退讓。作為補償，他們領到一筆錢和一塊地，在分鐘寺附近建造新家。倪家的新落腳處位於老城區之外，就在這裡，他們參與了精心規劃北京精神生活復興重振的歷程。

* * *

在年初二那天，我登門造訪倪家，拜會他們的大家長、八十一歲的倪振山。兩個晚上以前，北京的民眾才用喧天震耳、彷彿永無盡頭的炮竹，在沒有月光的黑暗夜空中，預告著龍年的到來。昨天，也就是大年初一，所有喧囂都歸於平靜。按照傳統，年初一應該留在家裡，和家人在一起，烹飪佳餚大餐，然後從前晚的狂歡興奮當中休養生息、恢復精神。年初二是預備留給親友之間往來拜訪的，這就是為什麼我在這裡，在滿地燃放過的炮竹和燒焦的紙屑中踽踽前行，去做一件任何有教養的人在這天都會去做的事情：向見聞廣博、年高德劭的人拜年。

和我相比，倪家這父子倆在見識、年紀方面都勝過我。倪老和他五十六歲的兒子倪金城，可不只是年齡比我大而已，他們通曉的事情彷彿沒有止盡。他們知道傳統年曆上的所有節日，知道在神像前正確叩拜的方式，知道如何背誦經文，哪些菸能抽，哪些酒能夠飲用。他們曉得在四月時該吃哪些水果，也懂得為什麼你絕對不可以拿一把刀或李子當作送人的禮物。他們擁有由一位已過世裁縫製作的流行服飾，因為一首歌的緣故而置辦了第二處住宅，收藏一位上校的書法，還有皇家窯爐燒製出的茶壺，以及一批歐洲品種的賽鴿。當我問他們「為什麼這麼做」、「怎麼這麼做」或是「何時要這麼做」這類問題的時候，他們看我的眼神，就像是我根本什麼也不懂：這麼做不需要理由，這就是他們過日子的方式。

在我從計程車下來的時候，倪金城和其他教養良好的人士一樣，已經在街角等候了。他的肩膀很寬，有張線條分明、孔武有力的臉，還有一頭濃密的頭髮，往後梳攏，看起來一副風流瀟灑的模樣。平日裡，他在政府機關裡有張辦公桌，不過他大部分的職場生涯卻都是在工地度過的，管理建設計畫或是檢查這些建案中有無安全上的缺失是他的職責。他的談吐非常特別，有部分是因為他的大嗓門：這個人的工作，需要他在手提電鑽轟隆作響的環境下，扯開喉嚨和他人溝通。不過他也在平日講話裡大量加入充滿宗教用詞、有「兒」音結尾的北京土話。他講報應，當某人去世時，他便提到玄門關閉。他的衣著既反映出平日的工作，也看得出他私底下的生活。披在他肩頭上的，是一件工人平常在穿的綠色軍用大衣，但是在大衣底下，他卻穿著一件無領褐色絲綢上衣，上頭繡有流行樣式的「壽」字作為裝飾。他的臉頰比平常要來得紅潤，此刻他向我打了個手勢，要我跟著他。

「你在這兒會感冒的，」我說。

他聳聳肩，說道：「王德鳳過來看老頭，所有人都在那喝酒。」

王德鳳是負責管理妙峰山的政府官員，妙峰山位於北京西側，距離市中心約六十公里，是北京最重要的宗教活動場所。一年以前，我就曾在那裡舉行崇祀碧霞元君（也就是倪家舊屋附近的道觀裡崇奉的那位女性神祇）的年度廟會時，遇見過倪家一家人。在廟會期間，倪家在妙峰山的主廟附近設立一座小神壇，奉獻給另一位香火鼎盛的女性神祇，並且設置攤位，提供免費茶水給上山進香的信徒飲用。這就是所謂的朝聖香會，目的是協助信眾，在他們登上妙峰山時給予實質和精神上的支持。全北京這樣的香會團體約有八十餘個。這些香會裡，有的為信徒提供食物和飲料，也有的以耍雜技、踩高蹺、滑稽短劇和武術表演來酬神。在為期兩周的進香廟會期間，這些志工當中很多人吃住都在山上，六個人擠一間通鋪，或是像倪家這樣，直接睡在他們廟壇後面的吊床上。

妙峰山主廟歸國家所有，但無論是政府還是管理人王德鳳，都無法掌控那些香會。它們是獨立運作的，支持它們的力量是傳統和信仰，而不是權力與金錢。這些茶會透過宗族和家庭代代相傳，已經歷經好幾個世代，而且還發展出一套複雜而晦澀的法則與規範。他們挑選能夠上妙峰山的人員，並且規定上山後的行為舉止。它們甚至還決定當你在街頭遇見其他茶會的成員時該如何應對。而它們對神會在財政收支上的成功具有關鍵性的作用。有了這些團體的參與，妙峰山的廟會就是一場風風光光的宗教活動，並且成為數萬虔誠信徒朝聖的目的地。假使這些團體缺席了，那麼廟會不過就只是一場嘉年華會罷了。

王德鳳這回來訪，並不是來要求倪家參加今年的廟會；任何知道禮數的人，都不會在新年期間有此冒失之舉。相反的，他是來做禮貌性拜會的。有些喜歡批評挖苦的人，可能會覺得這根本就是同一回事，但如果真這麼看，那就太天真了。在中國，不管是舉辦廟會、做生意，還是從事政黨活動，面對面的接觸都是人之常情。上述這些活動，儘管各自都有習慣、規範與法律條例，可是真正使事情能緊密串連結合在一起的，卻是一張人際關係所組成的網絡，這種網絡很難套上固定的流程。這當中包含了誰與誰之間有所關聯，而誰又在什麼時候、在什麼環境之下，幫了某人一個忙。這不但與哪個人最具有號召魅力、威望最足以服眾、捐獻金額最多有關，更和誰才是真心誠意的擔起責任密切相關——而這一點即使是最窮困的人都可以做到。王先生之所以登門造訪，因為他是一位幹練的行政管理者，希望能辦好下一次的廟會，不過他內心當然不會抱著這樣不世故的魯莽念頭；他來拜訪倪老，只因為這是該有的禮貌。倪家的這位大家長，在北京宗教界裡算是一號了不得的人物。在新年的第二天沒上門來拜訪他，簡直是無法想像的事情。

倪金城領著我沿著一條小街，拐進一條連汽車都開不進來的狹窄胡同裡。他推開我們右手邊的第二扇門，三條小狗衝過來，邊搖尾巴邊對著我們吠叫。他從第一個房間門口走過，他的妻子和另外三個女人正圍著一張暗色紫檀木牌桌上打麻將。她們抬頭看向我們這邊，出聲打招呼，端上茶和葵瓜子，我連忙揮手表示感謝。倪金城輕手輕腳地打開了一扇玻璃門，我們就進到後面那個房間，他的父親坐在房裡一張沉重的木質雕刻座椅上等候我們——這張座椅正是這位北京宗教界大老的寶座。

倪老剃了個光頭，臉上一道濃黑的八字眉，看上去永遠是謙遜的模樣。他愛和人講捉蟋蟀、蒐集葫蘆和養狗經。幾個月前我來拜訪他的時候，我們從書法開始談，一直到他年輕時候就投身的工程建設事業，一連聊了好幾個小時。上回倪老告訴我，他得了癌症，不過他堅信自己一定會康復。不過，這一次，我可以看出病痛正在壓垮他的身體。他的雙手緊緊攥住座椅的扶手，彷彿掙扎著要挺直身體。他的頭靜靜的垂著，我走到他跟前，他卻一動也不動。他費了好一番工夫，才睜開眼睛，比了一個手勢，要我在他旁邊坐下。然後，他鼓足全身的力氣，開始發號施令，對我說道：

「你想寫書，首先得把事實搞清楚。要不你寫出東西來，別像北京電視台，胡說。別誤人子弟，知道嗎？」

我回想過去自己幾次到妙峰山，電視台通常拍攝的是有趣的喜慶活動，報導的是傳統中國文化裡的每件事物是如何的美好。電視台很少呈現人們敬拜神明的畫面，而且避免提及這是一場大型的宗教廟會活動，看起來就像是在報導一座主題公園的全新開幕。於是我點了點頭。

「我身子骨不行了，也不知道能不能什麼都給你講清楚。我跟你講，把你引導錯了，你要再寫出東西來，不更把別人也帶錯了嗎？然後離真相越來越遠。」

「廟會的東西，你要記住了，本身的性質和別的不一樣。你寫書的時候，得分是什麼樣的廟會。想要去廟會看看民間花會，得知道都有什麼會。妙峰山的廟允許你走花會，有的廟就不允許你走花會。所以我們的就去那。」

倪金城彎下身子，在我耳邊輕聲提醒道，他家辦的茶會是怎麼創立的。那是在一九九三年，當時倪老病了，被診斷罹患腎癌，必須立刻動手術。他立下誓願，如果他能度過這一關，就要去妙峰山答謝碧霞元君。祂在老家時就已經庇護過倪家，倪老相信這次神明也會幫助他。回到家裡，倪金城便焚香祝禱。

手術相當成功，倪老順利恢復健康。隔年春天，他便上妙峰山去還願。雖然倪家從前就住在碧霞元君的道觀附近，卻從來沒有上妙峰山的廟會進香過。日本人侵華的時候，倪老才八歲；共產黨得天下時，他也只有二十歲。在這些動盪不安的年代裡，前來進香朝聖的人潮萎縮到只剩下涓滴細流，因為人們不但有安全方面的顧慮，而且通常還因為太過貧困，以至於無法負擔一路到妙峰山上朝拜的費用。毛澤東掌權之後，他的狂熱追隨者將妙峰山的主廟摧毀。不過到了一九九〇年代中期，主廟已經重建，廟會進香活動也恢復舉行。

在還願下山的途中，倪老告訴大兒子金城，自己有個想法。他想要辦一個茶會，向上山進香的信徒奉茶。從字面意思來看，這類茶會是多餘之舉；時至今日，上山進香朝拜通常只需一天時間，沒有人需要免費的茶水或食物。但是茶會仍然存在，因為興辦茶會背後的想法，遠比它實際的功能來得重要。茶會象徵信仰的虔誠——一群有真摯信仰的人聚集起來，奉獻上萬塊錢和好幾個星期的時間，就為了辦好一個奉茶水的茶會。

倪金城聽了，停下腳步一會兒來思考。辦這樣一件事可能所費不貲。他們需要一座小廟壇，裡面供奉精美的神像和一座祭壇。在小廟的前面，還需要擺放一套昂貴的陶瓷茶壺與茶杯，表示這裡提供茶水。當然，他們還需要大量的茶，而且不能是廉價茶，要能夠展現對碧霞元君的虔敬才行。然後，他們還需要照顧攤位的志工幹部，好讓進香的信徒隨時都能取用茶水。這些準備可得要花上幾萬元人民幣，特別是對那個時候的勞動階級人民來說，那可是一大筆錢。不過倪金城當時已經在私營企業工作，而且開始在建設業界獲利。他還知道，自己可以仰仗家人和朋友的協助。於是他看著父親，點頭表示同意。在一九九五年那次的廟會上，他們以自己原來的積蓄，加上朋友、同事的捐獻，開始在妙峰山上為信徒提供茶水和包子。

現在我望向倪老，並且點了點頭：我知道這段故事，而且我還知道，正因為是妙峰山，他才辦了這個奉茶的茶會。

「您二十年前就好了，這次也許奇蹟可以再來一次？」我大膽的探問道。

他搖了搖頭：現在不是說空話的時候。他自知來日無多，而他想要將自己覺得重要的事物流傳下來，讓後人明白。他的聲音直到去年夏天時都還強健清朗，可是現在卻沙啞得很。他費力地憋足張嘴說話的力氣。

「你得看你要寫民俗去拿錢、掙錢，還是寫民間的信仰。」他盯著地板說道。然後，他做了一次深呼吸，開始提起沒人敢說的事情：文化大革命，那對宗教帶來混亂和破壞的十年。像妙峰山這樣的廟宇，都被夷為平地，道士、比丘和比丘尼遭到羞辱、驅離。而當動亂隨著毛澤東於一九七六年死亡而結束時，人們的宗教生活緩緩地開始復甦。

「十年浩劫過來，國家也不支持恢復，也沒反對，基本是默認。也沒有哪個文件說不可以，也沒有支持，就是默認。懂嗎？就是民間自發恢復的。」

「『民間』倆字兒，」他說道，停頓下來，讓這兩個字在空中多停留幾秒鐘：「代表不管你是誰，不管你是農民還是什麼，都行。」

「但是現在，」我說：「你們恢復這些傳統的第一代已經老了。你的孩子會不會繼續？」

「人哪……，」他思索著，聲音漸漸變小，試著想從腦海裡找出一個準確的表達方式。「做善事是沒有頭兒的，沒有終點的。你看你是西方人吧？不管你是天主教還是新教，沒有說信三十年，老了就吹了，不可能。記住這個，凡是信仰什麼，沒有半途就到終點的，一直送你到終，這才到終點。下一步呢，你的子女再接你留下的東西。基督教也是一樣。」

「任何信仰都是這樣。」倪金城在一旁補充道。

「你明白這個道理嗎？性質是一樣的。一說明白，這裡面沒有什麼奧妙。當然，中國的文學和中國的各方面文化，那真是博大。吃文化、喝文化、住文化都不一樣。哪方面能把它看透，那可不簡單。」

「信仰就不一樣了。本質是很簡單的，只是具體細節不同而已。」老人突然氣喘吁吁，雙手使勁撐著，想讓自己坐直。倪金城的妻子陳金尚走過來，用手扶住公公的肩頭，幫他坐穩。

「來，您歇會兒的，」倪金城輕聲細語地對父親說道。老人搖了搖頭。

「跟我聊那些文化，純粹是瞎耽誤功夫。」他笑著振作起身子。「我這人還不愛瞎說八道，知之為知之，不知道就是不知道。你要問什麼就問吧。」

「我想知道您為什麼還在組織這個茶會。」我說道：「您想要答謝碧霞元君，因為祂救了您的命。」見他點了點頭，於是我繼續說下去：「但是您為什麼年復一年地去？難道是還沒有答謝夠嗎？」

「需求是有的。有些人啊，有點心神不寧的。他們來到山上，我們就得恭候。我們要把這個傳統傳給下一代。我覺得這是我的一個責任。」

他暫停下來，思索著怎麼措辭。

「還有一個原因，就是廟的歷史也算是有故事吧，因為總有名人去給這個廟進香。你知道程硯秋嗎？京劇的四大名旦之一，很了不起。他給捐獻過一個香爐，很有名，這已經是歷史的一部分了。」

「那些都是名人，但是你留下的管多大用啊？」他問自己：「誰認得你啊？你留什麼不也就那麼回事嗎？」

然後他回答自己提出來的問題。

「除非我留下這個茶會。咱們這個『全心向善結緣茶會』跟所有茶會的名字都不一樣，我們是以善為本。」

「你到底會留下點什麼？」他又自問了一次，然後以一種不同以往的深沉聲音回答。

「你有你的茶會。」

「哎，對了！北京市豐台區分鐘寺這邊有一個『全心向善結緣茶會』。沒錯，你可以把這個留下。」

「我，倪振山，可以把這個留下。否則誰認得你啊？」

倪金城的眼睛盯著地上看。他的父親已經在談自己的身後事了。這讓他很憂心；要是他父親過世了，誰還要把這個茶會辦下去啊？

「爸，您這話怎麼說呢？瞎說八道！」倪金城的妻子突然開口了。陳金尚今年五十六歲，是位個性活潑的婦女，留著一頭燙捲的短髮，還有著開朗宏亮的笑聲。但是，她的公公現在這麼說，讓她擔心煩惱。

老人顯得很有耐心；眼前這人是他的兒媳婦，成為倪家人也已經有三十年了，金尚是個忠誠孝敬的好女人，過去幾個月來不分日夜的照料著他。該怎麼解釋，好讓她明白呢？於是，他想到家族的功德碑——這是一塊一公尺多高的石碑，豎立在妙峰山主廟外面，表彰倪家興辦茶會為上山進香的信眾提供茶水。石碑的前頭鑿刻茶會的名稱。後頭則刻有創辦時的家族成員姓名，也包括她。倪老慈愛的看著她。

「這東西，將來哪怕廟主換了，咱這個『功德碑』也不會給扔了。將來誰要一提呢？陳金尚，知道啊，她就是那個『全心向善結緣茶會』的兒媳婦啊。要是沒有那個東西，你在歷史上就留不下名。」

「爸，再過多少年，這碑也經不住風雨，要折要倒的啊。」陳金尚說道。

「是這樣呀，但是得讓老天知道你的功德啊。將來你的孫子還繼續在妙峰山擺茶會，他一看這碑不成了，就會重整，立一個新的，並且還得把名字刻下來。你們家的重孫子到時候就知道他祖奶奶叫陳金尚，走過妙峰山，在這兒立過一個碑。他們那輩重新再立碑，再重整，這就是『一傳萬年』、『萬古千秋』！」

「本來啊，我爸還想出本關於這個的書呢。」陳金尚對我說道。

「恐怕你想得到的東西，我知道也不是特別多。」倪老說道：「我本身沒那麼高文化，胡說八道，你再寫出去就是誤人了。」

「你寫的這本書，」他的兒子很睿智地點頭說道：「如茫茫大海一般。」

「你要了解茶會的哪個方面？」老人向我問道。

「你需要人點撥點撥，」他的兒子補充道。

「你到底在寫什麼啊？」老人的兒媳婦大笑著問，然後我們所有人也跟著大笑了起來。

「我想寫人們信仰的重生，」我告訴他們，「信仰在文革後恢復了不少，近些年來發展得很快。」

「這就像我啊。」倪老表示：「遇到挫折，有了病，我就有了這個信仰。這一輩子第一次不缺錢了，所以我就去帶點茶。那時候也是『各懷心頭事，計在不言中』。你今天讓我上山，看看今年茶會怎麼樣，缺什麼，明年再補什麼。我就是看看能幫上什麼忙。今年我們帶的綠茶。」

「我爸爸那個時候，這個綠茶特貴，所以我們茶會就傳下來了。」倪金城說：「這就是為什麼有綠茶。但是茶會和茶會的規矩還不一樣，我們這也是在遵循佛教的布施。」

「好多這種新玩意兒都是為了掙錢的。」倪金城又加上一句，「根本不是那麼回事。」

接著，出乎我意料的，倪金城的老父不認同這個看法。

「可別這麼說，」他表示，堅定地搖著頭，他的濃眉皺在一起，彷彿是對這個看法進行過一番深思，然後決定不予認可。「並不是所有新的東西都不行。有的新的形式發展起來，過了一代後也是老的了，最後能變成傳統。」

第二章

儀式：失落的中土

像倪家這樣的進香信徒，在我們這個時代，促成了一場宗教信仰的大規模復興運動。在中國各地，每年都有數以百計的寺廟、清真寺和教會設立，招來數以百萬計的新信眾。關於宗教機構、信徒等準確的統計數字通常受到爭議，不過即使是前來中國休閒度假的旅客，也不會錯過種種跡象：新成立的教堂星羅棋布點綴在鄉間田野中，寺廟或重建或大規模向外擴張，而政府的新政策則提倡各種傳統價值。不過，進步並不是直線前進的——教堂遭到拆毀、經營寺廟純為招攬觀光客、還有關於道德受到政治利益操縱而引發的種種爭議——不過從大的方向看來，進步的趨勢是明顯的。「宗教信仰與價值如何協助中國人安身立命」這樣一個議題，又重新回到全國各方意見交會討論的中心位置。

這可不是我們從前熟悉的中國。幾十年來，我們習慣認定宗教、教義信仰和各種價值，都居於這個國家的邊緣位置。中國的民眾在我們的印象裡，一直是極具經濟或政治性格，像是大工廠裡勤奮的工人、誇張炫耀財富的新暴發戶、深陷政治鬥爭當中的農民、以及被當局監禁的異議份子等等。當我們聽到一般中國民眾和宗教信仰有聯繫時，浮現在我們腦海的，如果不是受迫害的形象——像是中國的基督徒被迫轉入地下做禮拜——就是一些詭異的故事：行徑古怪的人們在公園裡鬼鬼祟祟，抱著大樹，或是加入可怕的邪教組織等等。

上段所述的各種形象，全都真有其事，但是卻遺漏了一個重點：在中國，有數以千萬計的人們在社會中受盡折磨，帶著疑惑，轉而在宗教裡尋求解答，而教義信仰帶給他們的慰藉，是他們周遭這個極度世俗化的社會環境所無法提供的。他們想要知道，除了唯物論之外，生命到底還有什麼別的意義，怎樣才能算是美好的人生？就像一位我為了本書寫作而採訪的人對我說道：「我們本來以為日子過得不開心，是因為窮。但是現在有很多人都有錢了，我們卻還是不快樂。後來我們明白自己失去了什麼，那就是精神生活。」[1]

最使人驚訝的是，這種對精神生活的探索居然發生在中國的腹心地帶，也就是北從北京、南到香港，東起上海、西迄成都，中間這一片廣袤寬闊的土地上。這片土地通常被稱作「中國內地」（China proper），兩千五百多年以來一直是中華文明與中國文化的搖籃，是這個國度的詩人與哲人的誕生地，是史上著名戰爭和政變上演的舞台，是小說和戲劇設定的場景，也是最神聖的神山聖廟的發祥地。這裡是中華文明誕生與茁壯繁榮的地方，至今也依然是中國的經濟與政治生活聚焦的重心所在。長久以來，我們知道中國的少數民族（尤其是西藏人和維吾爾人）相當重視宗教信仰，有時候宗教還被當作是他們抵抗國家壓迫的工具。但現在我們在中國境內的一個族群當中，發現了類似、甚至程度更為強大的對精神心靈的渴求，而這個種族構成了全國百分之九十一的人口。這種對意義和價值的探索，並不是少數民族的慰藉，而是來自於最受惠於中國近年來經濟起飛的族群。這就是為什麼本書將討論的重點聚焦在華人，他們也被稱為漢族。他們主導了中國的經濟、政治以及精神生活；他們所走過的路，無論是好是壞，都是中國經歷的旅程。

不是所有的人都從精神層面來看待這種探索。批評政府的人士，通常將其視為全然的政治議題：國家需要以更好的治理與法律來消除社會的弊病。體制內倡議改革的人士，卻以更技術層面的角度來檢視，他們認為行政體系架構如果能夠進行改良、並且提供較好的服務，將可緩解民眾的冷漠與憤怒。

不過，大多數的中國人卻以更宏觀的角度來看待這個問題。誠然，中國需要更良善完備的法律與制度，但也同樣需要一個道德上的指南。由於中國歷史與傳統的緣故，這種想要全面依靠道德力量的憧憬尤其強烈。幾千年以來，中國社會一直因為一個觀念而凝聚在一起，這個觀念認為，光是憑藉法律，無法使人民團結一致。不但如此，像孔子這樣的哲學家也主張，社會也需要共同的價值觀。大多數的中國人至今仍然抱持這種看法。對於很多人來說，答案就是參與某種形式的心靈實踐：一個宗教、一種生活方式、一種道德修行的形式——這些事物能夠讓人們的生命變得更富有意義，而且能促進社會的變化。

總而言之，我們可以毫不誇張的說：中國正在經歷一場心靈精神的復甦，其規模有如十九世紀美國的「大覺醒」（Great Awakening）宗教運動。有如一個半世紀之前那樣，這個發展中的國家，現在正因為劇烈的社會與經濟變遷而徬徨不安。人們湧入新而疏離的城市，在這樣的城市中，他們既沒有朋友，平日生活也沒有互相關懷的力量。宗教與信仰向各個地方的每一個人提供了審視下面這些古老問題的途徑，人們始終都殫精竭慮地回答這些問題：我們為何在這裡？什麼才能讓我們真正感到快樂？從個人到社群乃至於國家，我們該如何安身立命？什麼才是我們的靈魂？

為了明白這種心靈精神上的不安騷動，我們必須先做一番回溯，才能了解其起因根源——動盪的源頭起自一場足堪列名世界歷史上幾次規模最大的反宗教運動，幾乎中國境內的所有主要宗教信仰，包括佛教、基督教、道教、民間信仰以及伊斯蘭教等，全都受到這場運動波及。由於中國已經受到共產黨的統治很長一段時間，這場反宗教運動，看來頗像是無神論的共產黨人攻擊宗教的典型案例，在某種程度上確實也是。不過，實際上這場運動卻並非起自一九四九年共產黨奪取天下之時，而是開始於中共建國一個世紀之前，中國的傳統文明自那時起開始逐漸分崩離析。

傳統文明的土崩瓦解，起因於一場信心危機。自有歷史記載以來，中國在大多數的時間裡都是鄰近諸國的領導者。有些鄰邦可能在武力上勝過中國，尤其是北方的幾個遊牧民族，例如匈奴、蒙古、以及滿洲人等。但是即使是這些民族佔盡優勢、征服中國之時，中國人也很少懷疑自身文明的高明優越。中國人通常會自我批判，但是仍舊相信他們的生活方式遠比鄰邦高明。

當中國與西方遭遇之後，這種文化自信產生嚴重的動搖。從一八三九年的第一次鴉片戰爭開始，中國遭遇一連串的軍事挫敗。朝廷當權者最初並不憂慮，認為只要改良技術，尤其是兵器、船艦以及火炮，就可以扳回劣勢。但是等到中國迭番喪師失地，人們心中的危機感陡然而生。此時中國人開始環顧世界局勢，見到西方如何瓜分美、非兩大洲，並且征服印度。中國會是他們的下一個目標嗎？

到了十九世紀末葉，有愈來愈多的中國人開始相信，國家真正所需要的，絕不只是表面淺層的變革而已。他們體認到，中國欠缺現代科學、工程技術、教育、公共衛生和進步的農耕技法。上述這些事物全都來自另一個組織結構與中國截然不同的社會，而科學乃是那個社會主要的基礎。隨著危機日漸加深，愈來愈多激烈的想法在人們的腦海裡生根。中國不只亟需新的政策，或甚至是新的朝代。中國迫切需要的，是罷黜皇帝，推翻現行運作的整個政治體系。而這就意味著要摧毀現行體制最重要的支柱，也就是宗教體系。

為什麼是宗教？難道中國不能只是改革其學校、使經濟現代化，而非得摧毀傳統宗教信仰不可嗎？在今天，中國是一個正在崛起的強權，而國內的各種傳統宗教也相當普遍，兩者看來似乎並不矛盾。但是宗教在昔日傳統中國社會裡扮演的角色，卻與今日大相逕庭，當中有些事物，直到現在我們才開始能夠理解。在過去的數十年間，學者們認為中國的各宗教在某種程度上頗類似於「亞伯拉罕一神諸教」（Abrahamic Faiths，譯按：即給予《舊約聖經》中先知亞伯拉罕崇高地位的三個一神宗教：猶太教、基督教、伊斯蘭教）。只不過在中國，取代基督教、猶太教或伊斯蘭教的，是佛教、道教和儒教。這種看法是錯誤的。實際上，中國的宗教有如歷史學者楊慶堃所稱，乃是「瀰漫」在整個社會之中。[2]中國的宗教不是僅次於世俗社會的另一個國家柱石，也不能按照世界上其他宗教組織活動的標準來定義：例如你每星期一到兩次，到某個特定地點，在某部特定聖典的導引之下從事禮拜活動。中國的宗教很少鑽研神學，幾乎沒有神職人員，也很少有固定舉行崇拜的場所。不過，這並不表示中國的宗教意識是淡薄虛弱的。相反的，它延伸傳播到生活的每一個層面，有如一層包膜，將整個社會兜攏在一起。

舉例來說，人們的日常工作就帶有宗教意識。幾乎每項職業都有各自尊崇的神祇：木匠以發明許多木工藝及建築技術的歷史人物魯班為祖師爺；練武之人尊祀關公或猴王孫悟空；懸壺濟世的醫者祭祀華佗，他是三世紀時執行腦部外科手術的先驅；在海上討生活的水手則祭拜女神媽祖。[3]這樣的清單可以無止境的繼續列下去：染工、釀酒人、裁縫匠、樂器工匠、樂師和梨園伶人、廚師、理髮匠，甚至是職業說書人，都有各自崇祀的神祇；一九二〇年代，在一份對北京二十八個手工業行會進行的調查裡顯示，只有四個行會沒有祭祀祖師爺的習俗。而在中國的各個城市裡，幾乎每條街衢的角落，都設有廟宇或神壇。美國歷史學者韓書瑞（Susan Naquin）研究北京的宗教生活史，她估算在一九一一年時的北京城，大約擁有一千座寺廟。[4]中國其他地方的情形與北京大同小異：每個村莊至少都有一到二座寺廟，許多村鎮則有六座寺廟。

很多人或許會好奇，我們現在討論的究竟是哪一個宗教？上述這些究竟是佛教還是道教的習俗？在大多數情況裡，答案是二者皆非。由於亞伯拉罕一神教在西方世界佔有優勢主導地位的緣故，我們都以專有名詞進行認定：這個人是天主教徒，那個人是猶太教徒，而另外那位則是穆斯林。這些宗教信仰已經清楚的界定各自的信仰論述，而其聚會崇拜的場所、遵循的聖典，以及通常會連帶包括的神職人員，也都有清楚的設定。最重要的是，在這些宗教裡，信仰是絕對且排他的，非黑即白，非此即彼。一個人不可能同時過猶太教的逾越節、舉行基督宗教的大齋節齋戒，然後還依照伊斯蘭教規前往麥加朝聖。縱然「新時代運動」信徒（New Agers）各教元素均霑，仍然被視作是異端。

傳統中國宗教卻不是這樣。這就是為什麼調查者想要弄清楚中國百姓是否有宗教信仰時，會大吃苦頭的原因。對於那些按照一神教為典範定義宗教的人來說，詢問他人「你信仰何種宗教」似乎不是什麼困難的問題。他們期待聽到清楚明確的回答，像是「我是佛教徒」或者「我信仰道教」之類。可是從中國歷史上的大多數時候看來，這卻是個奇怪的問題。宗教是你所在社群的一個組成部分。各個村莊都有自己的寺廟和神祇，會在某些特定的節日裡崇祀。其中並沒有什麼選擇的餘地。中國的確有三個不同的「教」（譯按：這裡的「教」偏向「教導」的意思，而不是「宗教」）——即儒教、道教和佛教，不過它們並非分別獨立運作、擁有各自信徒的宗教。三教主要是對地方社群提供服務：例如，某個社群可能會敦請一位道士或法師到寺廟裡主持法事，而三教各有其特有的方法，比如佛教禪宗的打坐冥想或淨土宗的發願修行、道教的參玄修煉，或是儒教的克己復禮。[5]但是它們並不被看作是各自分離、互不相關。在中國歷史上大部分時候，人們相信這些「教」的混合體，最夠格被稱作是中國的「宗教」。

實際上，將自己看作是一個與其他宗教涇渭分明、並且能夠清楚界定的宗教體系當中的一部分，這種概念對中國人而言還是太過陌生，以至於在一百年以前，當現代化改革志士想要運用西方典範來重整中國社會的時候，他們必須從西方借用字彙。他們轉而向日本取經，因為後者在一個世代之前已經開始類似的討論，於是他們從日文裡借用了「宗教」和「迷信」等詞彙。在此之前，幾乎不存在宗教與社會或政府分離的概念，而是全部合而為一，沒有不同。這就是你的生活方式，就是你的道德規範。

這種情形反映出神學理論在其中扮演的角色實在微不足道。在如基督教這樣的宗教裡，神學家們使用希臘邏輯學和形而上學提供的工具作為協助，慷慨激昂的爭論如「三位一體」（Trinity）或原罪等議題。猶太教或伊斯蘭教也有類似的情形：學者們參與群英雲集的辯論會，為了教義或行為舉止的表現而彼此爭論。中國有長遠悠久的歷史，因此可能找得出類似上述的例外——比如在六世紀時，曾經有一次知名的事件，由佛、道二教的支持者在御前進行辯論（辯論的結果，道教一方落敗，佛教支持者於是寫了一本叫做《笑道論》的書以抨擊道教）。然而，總的來說，這類關於教義的討論非常少見。大多數的人們視這類活動為無關宏旨之事。

中國人真正感興趣的，則是禮儀——換句話說，也就是關於適當行為舉止的議題，相當務實，而且影響深刻。正如美國歷史學者姜士彬（David Johnson）在其著作《盛景與獻祭》（*Spectacle and Sacrifice*）一書當中所說：[6]

> 中國文化是一個注重外在表現的文化。……中國的哲學家對於人們的行為舉止、以及何種行為能算得上是良好之舉的關切，要遠遠超過使用邏輯以證明假說命題。禮儀是外在行為或表現的最高形式；每一項重要的人生大事，以及社會、政治或宗教活動，全都深嵌入禮儀

之中，並且透過禮儀來表達。

這些禮儀協助中國社會構成其組織。以今天的標準來看，傳統中國的官僚組織規模實在相當的微小，而大部分北京朝廷派出的地方官員，只到縣令這一級，這就意味該名縣令需監督管理數百個村鎮、數萬名百姓。更重要的是地方名望人士的角色，通常他們又被叫作仕紳或文士，因為這些人大部分都受過教育，學習傳統經典。寺廟和宗教習俗不但將這些人團結起來，更形成一個供他們施展統治的權力架構。每座村莊裡實際掌握關鍵權力的那一小群人，就是那些負責主持地方寺廟的人士。這群人之所以在地方上組織起來，通常還兼有其他的用途，像是修建灌溉系統，或是發起民團對抗盜匪等等。寺廟還能作為政府施展治理的空間。地方耆老可以在這裡聚會，宣講朝廷文告，或是在此執行懲處。一座地方廟宇的功能，就等於是將中世紀歐洲城鎮的主教座堂和市政廳合而為一。套用歷史學者杜贊奇（Prasenjit Duara）的話來說，宗教乃是傳統中國社會的「權力網絡」（nexus of power）。[7]

但是宗教不只作為治理國家的途徑，它更是政治體系的命脈所在。皇帝是「天子」，主持統轄一套精細繁複的禮儀，強調他半具神性的本質。這些禮儀包括在各種寺廟舉行祝禱以祈求豐收、確認列祖列宗受到崇祀、以及設壇祭祀支撐天地宇宙四個角落的名山聖嶽等。官員們將許多禮儀複製到地方層級，特別是到轄區城隍廟祝禱致祭。[8]從十四世紀開始，朝廷在帝國境內每一個行政區都設有城隍廟。地方官在特定的節日裡必須親往城隍廟致祭，而城隍廟通常也成為地方生活與政治的重心。城隍爺是天界的官員，其組織階級與傳統政界類似。因此天界乃是人間世界的延伸，天界與人間在統治正當性上面相互完備。

＊＊＊

明白了上面這些，我們就比較容易能了解為什麼改革人士與革命黨人挑宗教開刀的原因。他們想要創建一套新的政治體系，而為了達到這個目的，他們就必須從原來擁有權力的地方，將其奪取過來——也就是原本在中國運行的政治、宗教複合體系。

這聽起來似乎頗不尋常，但其實並不罕見。在其他國家，宗教同樣在社會治理當中扮演關鍵角色。在歐洲歷史的大部分時期，政治與宗教都是密不可分的。十七世紀時興起的民族國家改變了這個局面，它的出現貶低了宗教的重要性，並將其與政治事務分割開來。國家的行政官僚體系從教會手上接收了學校與醫院，並且摧毀了教會原本享有的法律特權。基督新教的興起也扮演了重要角色，因為新教使用二元對立的名詞，也就是可信的「宗教」對比禁忌的「迷信」，來打擊天主教習俗儀式的權威。這種做法的背後，灌注了基督教長久以來訴諸邏輯的精神：正信的宗教是能夠以理性辯護的；此外的一切信仰都屬於迷信，應該被摧毀。

隨著世界在十九、二十世紀時邁向全球化，這些概念也跟著傳播。當鄂圖曼土耳其帝國於一次大戰之後瓦解時，土耳其的新政權不但廢黜哈里發制度（哈里發原來是所有穆斯林的統治者），甚至將若干所清真寺改為博物館。在中東，當二次大戰結束後，在伊拉克和敘利亞等地由「阿拉伯復興社會黨」領導的政治運動，也試圖打壓伊斯蘭教，並且認為這個地區之所以淪為英、法等國的殖民地，都是因為伊斯蘭教一手造成。印度的情形與中東類似，現代化的印度教將原來各種各樣的神祇信仰，簡化為某種類似西方一神教的宗教。這些政治運動的背後都有一個共同的願望貫串其中：效法西方各國，建立起一個強大的國家，抵禦西方的入侵。

在中國，這種運動隨著清帝國於十九世紀後期分崩離析而大獲進展。在十九、二十世紀交會的時候，中國境內的寺廟，據估計約有一百萬座。[9] 一八九八年發起的政治改革運動（譯按：戊戌變法）勒令許多寺廟改為學堂。儘管這次改革後來遭到扼殺，仍然有許多地方政府繼續實施這項「毀廟興學」的做法，今天在中國各地，很多知名的中小學校，都是在原來寺廟的土地上建立起來的。其中最顯著的，就是各地舊有的城隍廟遭到拆毀。作為舊日政教權力體系的主要代表象徵，城隍廟首當其衝，遭到立志現代化革新的國家政權接管，並且隨即遭到拆毀；實際上，時至今日，只剩下很少數的城隍廟得以保留下來。改革者的報復行為無人可擋，甚至早在共產黨人於一九四九年接管全國以前，在原來的一百萬座寺廟當中，約有半數已經遭遇到摧毀、封閉或轉作其他用途的命運。

＊＊＊

那麼中國境內原有的一神教信仰呢？早在一千多年前，伊斯蘭教海陸並進，隨著商人由沿海轉大運河北上到達北京，也從中亞地區沿著絲路傳入中國內地。[10] 但是從地理分布來看，伊斯蘭教主要被限制在中國的邊陲省分，包括新疆、甘肅、寧夏等大多時候中原政權鞭長莫及、難以確實控制的地區。即使到了今天，北京已經可以確實掌控這些地區，伊斯蘭教信徒的總數最多不超過兩千三百萬人，約佔全國人口的百分之一點六。[11]改宗皈依幾乎只發生在人們與穆斯林家庭通婚的情況之中，這是因為政策限定，只有十個漢族之外的少數民族群體（特別是回族和維吾爾族）才能信仰伊斯蘭教的緣故。伊斯蘭教有時候向某些不願意受中國統治的人們（我們在今天中國西陲省分新疆的維吾爾族群裡，發現這種情形）提供身分上的認同，但是伊斯蘭教這種遭受邊陲化、被忽視的處境，說明了在當代中國對於宗教信仰、價值或國家認同進行理念辯論時，它很難成為舉國重視的議題。

基督宗教（Christianity）帶來的衝擊和影響則完全不同。[12]基督教傳入中國的時間較晚，但是卻能在漢族群體之間傳播，因此在二十世紀初時引發許多人的擔心和憂慮。當時流傳一句俗話：「多一個基督徒，少一個中國人」——意指基督教和中國文化難以相容。不過基督教的影響極為深遠，它促成了近代中國對宗教世界的界定。基督教在中國的影響有一個根本的原因：它等於是西方在華的代言人。中國的改革人士察覺西方各國都信仰基督教，於是歸結認為這個宗教和現代國家沒有違礙不相容之處。有些人甚至還受洗成為基督徒，如國民黨的領袖蔣介石就是一個例子。但是造成更深遠影響的，是當時中國幾乎所有推動現代化的人士，都決定要採用新教對於「宗教」和「迷信」的區分定義。於是，像基督宗教這樣「真正」的宗教，才能留存；其他的信仰，都是迷信。

這個決定對傳統宗教界造成極嚴重的傷害。只有少數的知名寺廟或是名山大寺，能夠設法獲得認可為「宗教」處所。這些得到承認的寺院，大多數都是鄰近大城市或名山的佛寺與道觀，有僧團或道士常駐寺廟修行，定期舉行法會醮祭，收藏了相當卷帙的經書，某種程度上可以認定是類似《聖經》的經典。將它們描述為具有偉大悠久傳統淵源，也頗輕而易舉。在佛、道二教當中，佛教的處境稍好一些。[13]它有悠長的哲學思辨傳統，分為好幾個學派，早年業已經由日本引介到西方。佛教尚且還有一段勸服他教信徒改皈依佛門的歷史，教內在二十世紀時，容易孕育出奮發圖強的改革者，很快就能適應新的局勢。他們將佛教寺院納入全國性質的協會組織，到處遊說，為佛教爭取權益。

但是其他宗教的境遇就不是這麼順利了。儒教和舊有體制的關係太過密切了，儘管人們在二十世紀初時曾努力將其組織為西方定義下的宗教，或是仿效日本對其本土宗教神道教所做的改革，將儒教定為中國的「國教」，仍舊無法使其賡續生存。至於道教，雖說是存活下來了，但也已經奄奄一息。由於道教寺廟的組織架構不如佛教寺院層級分明，大部分的道教廟宇並未組織起來，而在最後遭到封閉或拆毀的下場，僅僅留下少數位在農村或偏遠山區的大廟。

最悲慘的是，民俗信仰幾乎全被摧殘殆盡。民俗信仰是由不計其數的小廟、佛庵或神壇所組成，它們由地方人士經營管理，並未與主流信仰產生關連——換句話說，它們就是中國絕大多數的寺廟。這些廟宇、神壇被宣告為「迷信」。數十萬座這樣的廟宇從世間消失，這是一波劫難的巨浪，是發自文化內部的自我屠殺。

起初，這類宗教整肅之舉只是偶然發生，而且通常是個人行為。有一個流傳甚廣的例子，當中的主角人物便是後來於一九一二年推翻清朝、建立中華民國的孫中山。[14]在他最初反抗傳統宗教的行動裡，其中一次是到他故鄉的一座神壇，搗毀其神像。當孫中山創立的國民黨後來掌握政權時，便也採取這種態度。[15]孫氏的繼承者蔣介石發起「新生活」運動，清除中國舊有的做事態度。隨著試圖根除抽鴉片、賭博、娼妓和文盲的努力，國民黨政權同時又發起「掃除迷信運動」，作為其規模更為宏大建國事業當中的一部份。國民黨的青年組織可說是日後中共紅衛兵的先驅之一，他們派遣小組到地方破毀傳統寺祠，而國民政府尚且頒布法規〈神祠存廢標準〉，一看名稱便可知其來者不善。由於國民黨人有效統治全中國的時間不過十多年，因此上述這些行動所造成的衝擊有限，但是大方向卻已經因此而訂下了：傳統中國宗教乃是社會的弊病和禍害，為了拯救中國，必須對其痛加整頓，或是大肆摧毀。

＊＊＊

一九四九年，共產黨在內戰中擊敗國民黨取得政權，那些意圖改變中國的激進團體也隨共產黨上台執政。一開始，中共的宗教政策，與他們對待社會中非共產黨團體的態度如出一轍：將宗教團體納入「統一戰線」之中。中共認為這些非共產黨團體對黨有用處，至少他們能為「多元社會」裝飾門面。黨為五大宗教設置協會：佛教、道教、伊斯蘭教、天主教及新教，這些協會組織分別接收昔日體系的殘餘。五大協會被允許管理各自教內現存的寺廟、教會或清真寺，不過一切事務都必須嚴格遵循黨的指示。重要的人事任命（例如重要寺院與教會的住持、道長、主教、總主教或阿訇）都必須得到共產黨的批准。大部分宗教團體名下的財產，像是基督教會興辦的學校與醫院，或是曾經用來支持鄉野知名道觀佛寺的田產，全部充公。與外國的關係受到特別的懷疑，而所有的外國傳教士一律驅逐出境。不過宗教並沒有遭到查禁，許多倖存下來的寺廟或教堂依舊對外開放。

這套制度只維持了短短幾年。到了一九五〇年代後期，毛澤東開始實施一連串極為激進的政策，大部分的宗教活動都遭到鎮壓。一九六六年文化大革命發動，此時對宗教的攻擊，已經到達世界史上最猛烈的程度。實際上每一處宗教場所都被封閉，神職人員遭到驅逐。在山西太原，這個天主教信徒眾多的城市，主教座堂被改成宣傳宗教如何落後反動的「活樣板」展場。教堂司鐸和修女被囚在牢籠裡，太原市民在軍隊的驅策命令下前去參觀。而在全國各地，立下終身守貞誓言的佛教、道教和天主教神職人員都被迫嫁娶。

幾乎沒有任何宗教場所能夠毫髮無傷的倖存下來。家族祠堂被拆毀、夷為平地。曾經在晚清與民國時期挺過多次攻擊的寺廟，在文革期間被徹底摧殘，建築不是遭到拆除，就是挪作政府機關或工廠的用地。少數具有歷史重要性的宗教建築，得到政府中溫和派的保護而逃過一劫，但大多數都遭到嚴重破壞或摧毀。幾乎原來奉祀的所有神像都被搬運一空，要不是被付之一炬，就是暗中走私運到香港，透過古董交易商轉手賣出。這就是為什麼許多中國的寺廟和世界上其他有悠久歷史的宗教場所不同，缺乏具備自身特色的偉大藝術巨作的原因。

在這段期間，宗教活動轉入地下進行。原來上教堂禮拜的信徒現在秘密聚會，而佛教與道教的信眾則試著以埋藏於地下或背誦的方式，搶救他們珍貴的手抄經卷與儀軌圖書。原先公開進行的身體修行，例如太極、打坐或甚至是武術等活動，現在全被禁止，不過有些人還是在家中（甚至在獄中）暗中修習。

在公開場合，唯一受到允許進行的崇拜，是對毛澤東的個人崇拜。在民國時期，雖然說孫中山和蔣介石也受到崇拜，但是到了文革時期，這種個人崇拜到達了新的高峰。人們佩戴毛主席的肖像徽章，揮舞著有如《聖經》的毛語錄，並且猶如朝聖般到他的家鄉去參觀。有些人還對著毛主席相片祈禱，在晨間向他請示，在晚間向他匯報。很難估算這其中究竟有多少真心誠意，因為有許多這類報導都是政府的宣傳。強制暴力的情形遍及各地；沒有表現出正確的革命熱情，很可能會下獄甚至被活活打死。但是，在年輕族群裡，特別是中共建國後成長的那一代，某些人的熱情是真誠的——這是一種如癡如狂的感情湧現，是一種當原本的宗教被摧毀殆盡之後應運而生的替代宗教。

現在毛澤東已經成了活著的神祇，但是仍然有一個問題：他終究會死。當此事於一九七六年成真時，全國上下都受到極大的衝擊。有些人感到興奮——謝天謝地，獨裁者終於死了！但有許多人則像是如喪考妣。人們流下真心悲痛的淚水，整個國家逐漸停止運轉。當傳統的宗教大部被毀，而毛也告死去，人們的信仰要往哪裡寄託？

中共對此的回應，是試圖將時間倒轉回一九五〇年代初期。一九八二年三月三十一日，作為對文化大革命造成破壞程度整體估計的一部分，中共中央發布了一份十頁的文件，名為〈關於我國社會主義時期宗教問題的基本觀點和基本政策〉，又被稱作「中共中央十九號文件」。這份文件以令人驚奇的坦誠，分析了當前中國宗教面臨的危機，以及重新振興宗教的法律基礎。文件中宣稱，在毛澤東執政二十七年當中的十九年間，「左的錯誤」逐漸滋長——這無異是坦承執政的前三十年間，黨在宗教政策方面是如何的愚蠢，使人怵目驚心。文件中承認，極端份子（**譯按：文件中指名「江青反革命集團」**）掌握國家權力之後，「強行禁止信教群眾的正常宗教生活」，「在宗教界製造了大量冤假錯案」，並且「在宗教問題上使用暴力，結果卻使宗教活動在秘密和分散的狀態下得到某些發展」。[16]

在承認錯誤之後，中共中央以充滿同情的語句，繼續陳述宗教問題，文件中強有力的主張：宗教終將歸於自然消滅，但是其過程會非常緩慢；而「那種認為依靠行政命令或其他強制手段，可以一舉消滅宗教的想法和做法，更是背離馬克思主義關於宗教問題的基本觀點的，是完全錯誤和非常有害的」。

因此，文件強調黨長期以來的政策，是「尊重和保護宗教信仰自由」。這就表示一切正常宗教活動，包括「拜佛、誦經、燒香、禮拜、祈禱、講經、講道、彌撒、受洗、受戒、封齋、過宗教節日、終傳、追思等等」，無論是在宗教場所還是在信徒家中舉行，都在可被允許之列。即使是基督徒在家中聚會，也可以默許：「原則上不應允許，但也不要硬性制止。」

至於各宗教應該如何進行管理，十九號文件指示，應當回到一九五〇年代初期建立的舊體系上：五大宗教由各教協會管理，而由各協會向政府負責。宗教活動場所可以重新開放，而新一代的宗教職業人員則應加以培訓。這份文件是中國宗教復興的基礎。

＊＊＊

不過，這並不表示中國的宗教生活已經回復常軌。許多信徒對於政府控制主要廟宇、教堂以及清真寺的情況感到厭惡不滿，因此轉入地下活動，以避免受到政府的操控。在公眾領域，宗教也受到嚴格的限制。媒體不許報導宗教活動；例如，宗教界的領袖間，幾乎從未對宗教節日的重大意義發表意見，或甚至從來沒有互動。宗教之間的對話，則從來沒有發生過。

過去一個半世紀以來的動亂，也讓人們不敢表達自己對於所信仰宗教的虔誠。事實上，大部分的人們迴避「宗教」這個字眼，因為「宗教」一詞看來相當敏感，是某種極為形式化、帶有階級劃分和政治意味的詞語。其所導致的後果，是當外界試圖想使用這些詞彙來評估中國的宗教或精神生活時，都會產生極大的誤解。

舉例來說，根據政府於二〇一二年所做的一項調查顯示，只有百分之十的受訪者表示他們具有「宗教信仰」，而有百分之八十九點六的受訪者，認為自己並未信仰任何宗教。[17]國際民調機構所做的調查，似乎也反映出這種信仰比例偏低的情形。例如在二〇一四年，美國皮尤研究中心（Pew Research Center）發布一項關於全球宗教觀點的調查報告。[18]研究結果令人相當吃驚的顯示：在中國，竟然只有百分之十四的受訪者相信，道德與宗教信仰有關聯。這引來某些西方評論人士就「北京的無神論者」發表看法。[19]二〇一五年，一項由蓋洛普國際調查機構（WIN/Gallup International）所做的調查更進一步指出，有百分之六十一的中國人認為自己是無神論者——而世界其他地方無神論者的平均比例，則只有百分之十一。[20]

這些調查研究都犯了離譜的錯誤。[21]它們幾乎全都試圖根據帶有西方定義的字彙（特別是「宗教」一詞）來界定受訪者的立場，例如：你是否信仰宗教？按照這種提問方式，幾乎所有的中國人都會回答「否」。

相反的，如果從人們如何處世、或是他們是否相信若干特定的概念來詢問，得到的答案會有意義得多。根據一項在二〇〇七年對三千餘人進行的訪問調查，有百分之七十七的受訪者表示，他們相信報應，這是傳統中國信仰體系的重要支柱。這項研究還指出，有百分之四十四的受訪者同意「人的生死取決於上天」這種說法，並且有百分之二十五的受訪者表示，在過去十二個月裡，他們曾經感受到「佛」出現在生活之中。[22]

還有其他的調查同樣也記錄了這種宗教信仰的激增高漲。二〇〇五年，上海華東師範大學在一項調查中發現，中國人口當中的百分之三十一（也就是大約三億人）具有宗教信仰：其中三分之二是佛教、道教或民間信仰的信奉者，基督宗教的信徒約有四千萬人，剩下的人則分屬其餘不同的信仰。[23]這份調查之所以能獲得如此高的回應比率，關鍵的原因是他們採用「信仰」一詞來代替「宗教」。美國普度大學（Purdue University）的楊鳳崗教授主持另一項研究：「中國精神生活」，他也得出相近的數字：有一億八千五百萬人自認為是佛教徒，而另外有一千七百三十萬人與寺廟有正式的往來關係（因此認定他們是佛教的在家信徒）。至於道教，該項研究稱有一千兩百萬人自認為道教信徒，另外有一億七千三百萬人表示曾參與過某些道教儀式。[24]

中國的宗教復興最顯著的跡象，莫過於宗教活動場所數量的增長。根據二〇一四年一項政府調查顯示，約有五十萬佛教比丘與比丘尼在三千三百座寺院內駐寺修行，另有四萬八千名道教法師或道姑隸屬於九千座道觀、寺廟名下——佛寺與道觀的數目都是一九九〇年代的兩倍。[25]這樣的成長看起來似乎不算快速，不過卻與我在中國各地十幾座城市所觀察到的情況相符。即使是北京，這座中國境內最政治化、也最具有別處少見無神論氣息的城市，其道教廟宇的數目也從一九九五年時的兩座增加到今日的二十座以上。這還只是過去曾經存在的數百座廟宇當中的一小部分，不過用來顯示變化的速度之快而已。

至於基督宗教的情形，則有往好壞兩個極端分化的趨向。[26]在一九四九年以前，天主教一直是中國基督宗教裡人數最多的團體，信徒人數達三百萬，占全部中國基督宗教信徒總數的四分之三。但是從一九四九年開始，天主教的發展就相當乏善可陳。之所以如此，其主要原因，既是天主教力量最強大之處，也是缺陷所在：教會的階級制度。一九四九年以前，這種由上而下的組織架構讓教會得以將金錢款項從國外匯入中國，用來設立醫院與學校，並派遣傳教士到各個偏遠的角落去。但是等到共產黨上台，這套組織體系遭到斬首式的破壞，而資金來源也被切斷。新政府與教廷斷絕一切關係，並將所有外籍傳教士驅逐出境。政府在他們原來的位置上安排官員取而代之，讓國家得以控制天主教的宗教組織架構。

這些問題還因為天主教會未能使神職人員的任命本土化，而更是雪上加霜。在一九四九年前，實際上中國天主教會的所有領導職位（包括樞機主教、主教、醫院和學校的負責人等）都由外籍人士擔任。當他們遭到驅逐，天主教就失去了領導階層，全教上下因此萎縮、退化成一個以家族為基礎的信仰團體，皈依入教只發生在女子嫁入天主教家庭之時——這點與伊斯蘭教的情形非常相似，只不過因通婚入教的信徒人數更少。這就說明了為什麼在官方承認的五大宗教當中，天主教最為虛弱不振、影響力也敬陪末座。即便我們採信高估的信徒數字，也就是一千兩百萬人，也仍然不到全國人口總數的百分之一，僅僅相當於中國人口的增長速度（信徒人數從一九四九年以來成長了三倍）。昔日天主教在中國擁有輝煌的歷史，而在梵諦岡與北京之間長達數十年的歷次談判，更吸引了許多外國媒體爭相報導。然而現實則是天主教在中國的宗教生活當中，只扮演了一個次要角色。

基督新教的情形與天主教相反，它在一九四九年之後快速發展，通常被稱為中國成長最快速的宗教。官方數字顯示，在政府管理的教會中，基督教從一九四九年時的一百萬名信徒，發展到目前的兩千萬人之眾。然而，幾乎所有政府之外的獨立估計數字，都指出真正的信徒人數是官方公布數字的好幾倍，之所以會如此，特別是因為那些信徒人數眾多的教會，並不在政府宗教架構的控管之列——它們都是所謂「地下教會」，或是「家庭」教會。二〇〇八年時，北京的社會學者于建嶸估算全國基督教徒的人數，約在六千萬左右。[27]二〇一一年，皮尤中心的「宗教與公眾生活」論壇則估算中國有五千八百萬名新教信徒。[28]由於中國政府並未准許外界對宗教信仰進行獨立研究，因此對於社會上各種未經官方許可的宗教活動，只能以各種根據作合理的推估，但是將信徒人數估計為一億的整數，則必須將其看作是非常寬鬆的估計，所以我認為將這些估計數字排除是合理的。[29]即使如此，我們還是必須留意：自從一九四九年以來，基督教徒的人數以每年百分之七的速率在增加。直線成長的推估有其風險，因為其中或許蘊含某些不尋常的因素（例如在共產黨執政初期的動盪歲月，可能驅使為數眾多的人們加入基督教），不過即便我們以每年增長百分之四的速率進行推算，基督新教的信徒人數到了二〇三〇年時也會逼近一億大關。[30]無論如何，確切的信徒人數並不是那麼重要。關鍵在於基督教已經成為中國宗教界充滿生機活力的那個部分，特別是在大城市與受過良好高等教育的白領市民之間更是如此。

＊　＊　＊

總的看來，我們可以說在中國有大約兩億佛教、道教信徒，基督教徒人數在五到六千萬之間，穆斯林的人數約有二千萬至二千五百萬，以及大約一千萬名天主教信徒——換句話說，總共大約有三億人，和前述上海華東師大所做的寬鬆認定大致符合。這當中並沒有將一億七千五百萬遵從道教或某些民間信仰習俗的人計算在內，另外還有許多中國民眾信奉規模較小的心靈修行，像是巴哈伊教（Baha'i）、甘地主義（Gandhiism）、瑜伽，以及來自西方的神祕教派等。總之，這是一場成就非凡的宗教復興，尤其是當我們考慮到原先宗教的基礎和知識都遭到摧毀、政治高壓持續進行、還要再加上界定一個人內心精神信仰狀態所遭遇到的更大程度困難時，更會如此認為。

這並不表示中共在突然之間就容許宗教自由傳播了。十九號文件和之後的各種法令規範說得很清楚：宗教不應該具有政治色彩，而且應由國家來管理、規範。官方或許能容忍地下宗教活動，但是這類活動依然屬於非法行為。同樣的，和外國機構組織有所牽扯，通常也是一項會遭到政治迫害的禁忌。

官方無法忍受宗教活動的最大事例，發生在一九九九年，當時政府宣布查禁「法輪功」心靈修行運動。「法輪功」這個團體是人們重新重視傳統靈修與身體修行潮流之下的產物，但是政府卻視其為嚴重的威脅。在法輪功拒絕自動解散之後，鎮壓行動隨即展開。根據人權團體的估計，大約有一百名法輪功的成員在遭到警方拘留時死亡，另外有上千人未經審判就遭到關押，許多人被送往勞改營長達數年之久。[31]

無論局面是多麼風聲鶴唳，政府對法輪功的鎮壓或許為其他的宗教組織開創了活動空間。自從開始鎮壓之後，政府便對合法宗教進行政策鬆綁。推究箇中原因，或許是認為將民眾的宗教熱忱疏導向那些政府可以控制的宗教，要好過爆發像法輪功這樣自發的信仰運動。政府的鬆綁特別相中道教、民間信仰，以及大部分的佛教宗派。[32]

有外國關係的宗教團體，境遇就不是那麼順遂了。也因此，那些強調和流亡在外的達賴喇嘛關係的藏傳佛教信徒，受到全球伊斯蘭運動鼓舞的穆斯林，或是那些向國外尋求指示與領導的基督徒團體，就不免持續遭遇各種麻煩。不過，要是關注的焦點、領導人、資金的來源都在中國境內的話，宗教生活倒是能擁有相當的空間。

這就造成了一個不穩定的平衡局面。傳統信仰的價值與習俗受到鼓勵，被視為社會穩定與道德的根源。但是信仰同時又受到當局的疑忌，憂慮其可能是一股無法控制的力量——也就是在政府版本的運作社會策略之外，自成一套意識型態體系。在過去，國家與宗教連成一氣，構成了中國精神生活的重心。時至今日，昔日的舊體系已不存在，但是卻沒有新的體系來填補其遺留的空缺。國家對此並沒有一套清楚的方針，它雖然滲透進各個教派之間和教主的身邊，卻沒有一套讓整個宗教界凝聚在一起的體系；或者，就像是研究中國宗教歷史的學者高萬桑（Vincent Goossaert）與宗樹人（David Palmer）兩位所說的那樣，「中土王國（Middle Kingdom）業已丟失了它的中土。」[33]

第三章　山西：元宵

太行山脈起自北京以西，在那裡，毗鄰蒙古高原的妙峰山就像一根樑柱，支撐著中華世界的北端。[1]由妙峰山開始，太行山脈蜿蜒向南，像一道太古留下的古老傷疤，劃過中國的腹地。好幾個世紀以來，人們仰望山巒峰頂，相信那裡就是上古時期創造人類的神祇女媧的誕生之處。兵家則冷眼旁觀，在山脈狹窄的關隘中看出易守難攻的軍事價值。如今，實業家們垂涎這裡蘊藏富饒的礦石和煤炭資源，將這個區域打造成了世界上首屈一指的煉鋼重鎮。東邊是華北平原，大片栽種糧食作物的區域一直延伸到海岸線。往西則是山西省，山西顧名思義，就是「太行山以西」的意思。恆山便位於山西，它是中國古代的「五嶽」之一，也是宗教遺址最為密集的地方之一。

在山西的東北角，有一個人口約二十八萬的平原小縣，夾處在太行山脈與蒙古高原之間，小縣的名字叫陽高。有一小段長城穿過縣境東北角，不過那裡人跡罕至，並未發展成觀光景點。縣裡最著名的寺廟，如今只剩斷垣殘壁，用來當作存放大量破損佛頭和石碑的倉庫。陽高縣在歷史上沒有出過知名的官員、將領、詩人或是畫家。在這個出產煤礦幾乎就像美國德州的石油一樣普遍的區域，陽高是唯一沒有礦產資源的縣份。本地主要依靠農業，但是灌溉用水極為缺乏，農民依舊要看天吃飯，指望春天時能多降雨水。為了保險起見，他們栽種在乾旱地方也能順利生長的經濟作物，像是杏、落花生和菊花。

可是，要是你從地圖上看陽高，它卻能告訴你一個精彩非凡的故事。這個縣一共有兩百六十七個難以清楚辨識的村莊，它們的名字也都擠成一團——算是極度密集的農村生活。幾千年以來，中國的文明就是在這樣的地方成長茁壯的。這個地方的人口分佈均勻，沒有較大的中心都會城市。交通主要仰賴步行，因此人們的生活便以村莊和各種傳統習俗為重心。這造就了一個以陰曆作為規範的農村社群生活，一年到頭都有數百座當地寺廟舉辦的各種節慶活動——這些廟宇中，建得宏偉壯麗的不在少數，很像是點綴在歐洲田野的城堡或主教座堂。這是一幅鄉村中國的景象，千百年來被尊奉為社會發展的理想模式。

今天，這種田園詩一般的農村生活只能在書裡找尋。一種叫做「都市化」的新意識形態，已經使得這些鄉村人口大量外流。有些農民離開家鄉，本想到大城市去，最後卻在陽高縣城落腳。到了二〇一五年時，縣城已經吸納了近半數的陽高人口。這個讓人感到彆扭、不便的城市，有許多彎彎曲曲、長滿雜草的小迴轉道和坑坑巴巴的林蔭幹道，路上鬧哄哄的擠滿了二燃程牽引機和開錯路的駕駛。人們悠悠哉哉地閒逛過馬路，對於汽車喇叭和駕駛的吼叫聲充耳不聞，好像這街道是他們家裡的農田似的。路的兩旁都是兩層的樓房，樓上作為公寓，一樓是店面，提供的都是農田裡不需要的服務：理髮、防盜安全門、樂透彩券等等。

有家店鋪前面掛起一塊亮紅底白字的招牌，上面大字寫著「白事一條龍」，下面一行小字，說明店主的資歷：「上梁源村第九代陰陽先生李斌」。在這個日新月異的城市裡，這塊招牌上的說明文字很有與眾不同的個人風格——「第九代」說明了歷史，而村名則標示出地理位置。這家店很像是農莊果園裡的一株果樹：頂端被切除掉，嫁接上某個新的物種——努力地想把過去移植到未來去。

* * *

兩星期以前，農曆新年在新月的漆黑夜晚裡降臨。現在就快要滿月，而李斌也要過年節的最後一個節慶活動——元宵燈會，它還有另一個聽來有些平淡的名稱：「元宵」，一年的第一個月圓之夜。這個名稱可以追溯到元宵燈會的起源，也就是從前那個舉行清洗與驅魔儀式的年代。元宵是一年真正的開始，過年的拜訪與各種節慶儀式都將告一段落，生活回到常軌：新的一輪明月，新的開始。

元宵燈會在隔天開始，而李斌打算趁這個時機到城裡去結交些朋友。這時正值隆冬，外面只有攝氏零下十五度，[2]可是當李斌走出自己店面外的時候，卻不忙著披上一件大衣或戴頂帽子。大衣和帽子都是過去他生活的農村老鄉們過冬時的基本裝備，那些謹慎又小心的人們靠這些裝備把熱量儲存起來，等待著暖和日子的到來。李斌卻不這麼膽小。他的個頭高壯，眼神靈活而富有幽默感。他的談吐像城裡人一樣自信又直接，而沒有鄉村人們那種意味深長的沉默和莫測高深的臉色。他習慣了在一群陌生人中間過生活，知道自己不能再認定身邊的每個人都知道他是誰、在想些甚麼。對從前那個小圈子，他依舊清楚得很，只是現在的他是個城市人了：腳蹬一雙黑皮鞋、一條燈心絨褲，外面穿著一件拉鍊大開的黑色硬皮夾克，露出裡面套著的那件鐵灰色厚毛衣。今年三十五歲的他看來相貌出眾，正大步邁向嶄新的世界。

不過，論起李斌的職業，那看來可是相當的古老。一位陰陽先生可說是遊走於風水堪輿師、算命仙和喪葬主持人之間的行當——這是道教裡一種以家傳祖業為基礎的流派，這種流派強調獨身和修道的生活，在一千多年新流派出現之前，就已頗為盛行。在當時（今天在中國廣大鄉村地帶依然如此），道教的修行人並不隸屬於哪座特定的廟宇，他們也確實不屬於政府的協會管轄。他們在地方社群裡主持祭祀，每一代的父親將這一行所需的知識傳授給兒子。在中國許多地方，這些人被簡稱為「道士」，不過這裡的在地稱呼則傳神得多：陰陽先生，既包含了黑暗的亡者世界「陰」，也有光明的生者世界「陽」。

九代以來，李家的男子就這樣代代相傳，為地方鄉里提供宗教服務。他們所能施展的圈子其實很小：通常陰陽先生不會到超過十幾公里以外的地方去主持喪事，或為人占卜吉凶。不過在他們當中，不少人就在這鄉土中國的小世界裡成為知名人物。毛澤東的紅衛兵曾經試圖將這個宗派的所有手稿經籍全部焚毀，但是李斌的祖父奇蹟似的將它們搶救下來，從而幫助地方重新恢復宗教生活。李斌的父親是位受人尊崇的算命仙，他細心聆聽人們的問題，然後對症下藥，給予審慎的建議。至於李斌，也有屬於自己的天份，這項稟賦就是他的眼光。他既能看出中國人正離開農村、往大城鎮移動的趨勢，也曉得這些城市的新居民對於信仰相當需求。

所以儘管李斌的父親反對，他還是在最近搬到陽高縣城去。然後他開始和城裡其他做小生意的人一樣，無論走到哪裡，逢人就遞上自己的名片，然後邀通訊錄上的人們一起吃頓飯，喝上一罐啤酒。

這些努力都得到了回報。現在來找他的客戶已經跨出了省境，而且最近他還為一位政府官員主持喪禮。這可是財政收入上的一大筆進帳：大部分的鄉村民眾只付得起兩個花圈，但是這位官員的家屬一次就訂了七個。李斌和他的妻子景華熬了整晚製作這些花圈，將竹片壓彎進木架、然後再黏上紙花，兩個人的手都磨破了皮。但是夫妻倆在一個星期內淨賺的收入，比起李斌父親之前在村子裡幹一個月還多。而且生意還一直上門，夫妻倆每天只能睡不到六個小時，很多時候，他們還得請親戚過來幫忙。

這份工作在其他層面上也帶有挑戰性。農村裡的人曉得李斌他們的角色，也知道該指望他們做些什麼。李斌和他父親提供喪家一套標準的兩天喪事，其中包含了音樂、繁複的禮節、以及某些帶有哭天搶地的儀式，好讓家屬可以抒發他們的哀傷。這套後事流程是行之有年的可靠做法，也讓李斌一家得到人們的敬重。不過到了這個新時代，一切就不同了。都市裡的人們想把後事辦得簡單快速些，而且要按照他們的要求來做。不但如此，而且每個人都認定別人唯利是圖、只顧著賺錢。這讓李斌很是困擾：城市生活裡對他人的猜疑，還有無止無盡的討價還價，都讓他厭煩透頂。

但是在他進城裡和都市朋友碰面之前，李斌還必須去為一個往生者辦後事。中國或許正在都市化，可是還有一半的人口仍舊住在農村。死者是一位生前備受尊敬的農民，他的子女和孫輩已經從全國各地回來，要送他最後一程。他們想把喪事辦妥，於是請來李家負責。明天是個大節慶日子，有遊行、花車、還有大量的爆竹。李斌對這個充滿期待。不過就像許多中國宗教生活的規範，死者的事情永遠比生者優先。

他往自己的車子走去，那是一輛中國製造的小轎車，看來就快要解體了。引擎發動時轟隆作響，像在對這大冷天抗議似的，不過李斌對引擎連哄帶騙，好不容易終於發動車子。他一腳踩下離合器，打好排檔，沿著有輪胎車痕印跡的街道路面開上第一個路口，左轉，然後回到鄉下去。

＊＊＊

我第一次見到李斌，是在紐約的卡內基音樂廳。當時是二〇〇九年，卡內基舉辦了一系列關於介紹中國文化生活的音樂會。其中一個晚上的主角是牽線木偶，另外一夜是傀儡戲，還有一晚要演奏宗教音樂。那天晚間，李斌和他的樂班子與另一個樂團共同演出，兩個樂團的不同風格，在華裔美國琵琶名家吳蠻的故事底下緊密結合在一起。音樂會一開始，先放映一段吳蠻的影片，解釋她回到中國，找尋民俗音樂是否依然存在的心路歷程。稍後，她本人也加入樂團演出。我之前曾經聽過道教音樂，知道這種音樂主要是伴隨宗教儀軌而用，許多曲子不但冗長，而且繁複。但是那晚表演的曲子都很簡短、俐落，而且容易理解。

音樂會結束後，我到後台去自我介紹。李斌給了我一張名片，邀請我回到中國時去找他。說老實話，我不覺得自己會去。他們看來都是好人，但是我指望能找到某些貨真價實的東西，而且我認定任何世界上的音樂，凡是能上卡內基音樂廳演出，就一定是冒牌貨。這場音樂會的介紹小冊觸感光滑，宣傳廣告成功奏效，到場欣賞的觀眾也都舉止高雅、文質彬彬；這一切要怎麼和太行山麓那個荒涼窮困的世界連結在一起？

一年半以後，我到山西去，想起自己來到李斌的老家附近。於是我打電話給他，他說他的樂團就要演出了，過來一起看看吧。我到了他在陽高鎮上的店面門口，和他兩個人擠上那輛破銅爛鐵般的車子往鄉下進發。這時我完全不知道接下來會看到什麼。我還以為會見到一場鄉間音樂會，或者是一次彩排。我們來到那個村子，在一棟農舍前面停下，走了進去。裡面所有人全都一身縞素——他們的平常服裝外面罩了白色的袍子、頭戴白帽，腳上的鞋子也糊了白紙。我們走進了一場傳統的喪禮之中。

「你在這裡做什麼？」我問他。

「我們在演出，」他對我說。「我們就是靠這個謀生的。」

李斌的父親和團裡的其他成員從旁邊的房間裡走出來，他們身穿黑色長袍，頭戴有線條裝飾的黑色尖帽，前面是紅日（象徵「陽」），後面是月亮（象徵「陰」）。他們從我身邊走過，進到前門處已經設置好的一頂小帳篷裡。靈棚中間布置著臨時祭壇，上頭擺滿水果和點心——都是給亡者的供品。靈棚後面是一口大橡木棺材，上頭放著死者的遺照。祭壇兩邊各三位樂師，坐在摺疊板凳上，開始奏樂。其中兩位負責銅鈸和鑼，另一位演奏笙，這是一種由十幾條簧管構成、下方有木質托盤的手持樂器。還有一位樂師演奏「管子」，這是一種沒有氣閥孔的簧管。負責敲銅鈸的其中一位，同時要唱經文，配上讓人昏昏欲睡的音樂強力放送。這音樂聽來很陌生、讓人感到不安、哀傷，而且和所有我在卡內基音樂廳聽到的曲子完全不相同。

那天我花了一整天的時間，聽他們在靈前的幾段演奏，中間穿插著數次休息，我就利用機會向他們提問。我開始明白，我是徹底的誤解了紐約那場音樂會。那個「吳蠻發現了他們」的故事，只是個無害的虛構，用意是給予美國觀眾某些可以留下深刻印象的東西。和像「克羅諾斯四重奏」（Kronos Quartet）這樣的知名樂團合作錄製專輯的吳蠻，確實是一位了不起的琵琶大師。而她也是真心對傳統中國音樂感到興趣。但是她和其他許多的圈外人士一樣，數十年來長期努力，希望將道教儀軌習俗轉化成音樂產品，可以推銷給現代的聽眾欣賞。問題是李斌和他家人的正職，其實並不是音樂演奏者；他們是道教禮俗專家，在主持喪事或是慶祝神祇的誕辰時運用音樂。他們是道士。

李家的人之所以會被歸類為音樂表演家，要追溯到一九八〇年代。當時有一位名叫陳克秀的學者，於一九八〇年代在山西做田野調查時發現了他們。[3]陳克秀和其他學者調查發現，在大同周圍地區，竟然存在十四個類似的道教陰陽師團體——這片隱含豐富宗教生活的區域，非常的不起眼，人們開車經過時，可能根本不會發現。在中國，這類習俗通常被稱作「活化石」，而且還被賦予浪漫化的想像，認為歷經數百年不曾變化——就像從坑中發掘出的雷龍骨架，突然間活了過來一樣。

陳克秀決心要嘗試看看，能不能讓出土的恐龍翩翩起舞。他把李家的音樂加以簡化，還為他們取了一個很稀奇的名字：恆山道樂團，這是按照鄰近的五嶽之一「恆山」而來的。這個「樂團」其實從來沒到過恆山，不過這不要緊；有名稱總比沒有好。隨後，陳教授協助促成了一九九〇年在北京的一場音樂會，這個恆山道樂團就此正式出道。

接著又有一個好運降臨：當天在座的觀眾裡，有一個年輕的英國人鍾思第（Stephen Jones），他既是巴洛克小提琴的演奏者，又是一位新進的民族音樂學者，能說一口流利的中文。他到山西李家造訪，採訪了李斌的祖父李清，將他們的故事收錄在華北民俗信仰與道教的兩次大範圍調查報告中。後來鍾思第也成為李家的海外演出經紀人。我認識鍾思第已經很多年了，他是一個令人佩服的認真學者，對李家的所有行當（包括他們的禮俗服務、相命占卜以及音樂）瞭若指掌。不過，要讓李家的道教音樂能夠被一般聽眾所接受，他同樣接續陳克秀的做法，將其大加整頓刪改。鍾思第將所有樂曲改編成一套時間長四十五分鐘的節目。之後，他帶著他們到阿姆斯特丹，介紹吳鑾給他們認識，讓他們到美國演出，不久後又去了義大利。

在二十一世紀的前幾年，這種變化的趨勢開始傳回中國，產生迴響。政府採用聯合國教科文組織創造的新名詞「非物質文化遺產」，在中文簡稱為「非遺」。「非遺」所要保護的並不是長城或紫禁城一類的歷史古蹟，而是那些更難捉摸、沒有實質形體的傳統，像是音樂、烹飪菜式、禮俗、戲劇和武術等等。到了二〇一〇年代，「非遺」已經成為一股席捲全國的風潮，每一級政府：從區、市、省到國家，都在指定「非遺」。二〇一〇年，李家被政府指定，列為一千兩百個國家級「非遺」組織之一，並且獲得十五萬人民幣（按當時匯率，約等於二萬五千美元）的款項，作為傳授他們的技藝給未來世代的補助之用。

作為回報，李家必須展現出這門古老的音樂目前仍然具有生命活力，而且狀態良好——無論實際的情況是不是這樣。這就表示，他們每逢重大節日時都須舉行音樂會。而他們在音樂會上所演奏的曲目，來自於民俗音樂學者從喪事和其他儀軌改編而來的縮減版樂曲。因此這些中外學者的創作，就成為政府對於現存農村道教民俗音樂的參照標準。這就好比一名來自西維吉尼亞州的鄉間教會管風琴師，被要求在紐約舉行一場音樂會，彈奏由學者們所創作的樂曲，以便向大城市裡的美國民眾保證：阿帕拉契族的文化仍舊生機盎然一樣。

但是上面所有這些外在的紛紛擾擾，聘用李家的客戶全不知情。人們敦請李家前來主持喪事，或占卜吉凶，完全不是因為他們曾在紐約卡內基音樂廳登台表演，或是被指定為國家級「非遺」團體。他們之所以雇請李家，仍然和九個世代之前人們雇請他們的理由完全一樣：只因為他們知道，該如何接引過世之人到達彼岸。

＊　＊　＊

我們為老人辦喪事的地方，被尊稱為誦經堂。其實這不過只是一個房間，是喪家提供給樂團，供樂師們歇息和撰寫張掛在靈前、祭壇的輓聯之用。今天用來當成誦經靈堂的地方，則是過世者其中一個兒子家裡的一間房間。這個兒子是個種玉米的窮農民，他耕作的田地只有十畝，大約等於一點六英畝；傾圮的夯土牆圍繞他住家小院四周，一扇搖搖欲墜的門通往占了半個院子那麼大的豬圈。院子的另外一半塞滿了人和空的啤酒罐、幾輛摩托車，還有供他們生活起居的住所：一棟鋪蓋波紋鐵皮屋頂的磚造平房。屋裡隔成三個房間：前門打開後，中間的門廳被當作儲藏室，左右兩側各有一間長、寬都是十二英尺的房間。誦經的靈堂就設在左手邊的那一間。

在北方農家的屋舍裡，這類房間大約有三分之一都設有「炕」，這是離地三英尺高的平台，下面燒煤加熱，可以作為起居、飲食和床鋪等多種用途的場所。李斌樂班子的另一個成員已經坐在已經燒熱了的炕上，準備好要演奏了。李斌帶來的樂班子一如往常，有六個人：李斌自己、他的父親，本團的明星級樂師吳美，以及另外三位因為當天有空而加入的樂師。

我們的雇主今天不在，不過他的妻子和女兒則非常殷勤的招待我們。她們忙著燒開水泡茶、端上花生和糖果，以及葵瓜籽。女主人四十多歲，是個開朗健談的婦女，她時不時就向樂師們發問：你們多久要奏樂一次啊？（他們回答：像李斌的爸爸幾乎是每天都有工作，其他人則是一個月要演奏幾次。）一次能賺多少錢呢？（像這樣兩到三天的喪事，能收將近一千元人民幣。）怎麼學會演奏的？（家裡人教，或是自個兒學會。）

不過真正讓人覺得眼睛為之一亮的是屋主的女兒。她今年芳齡廿三，前額的長瀏海蓋住了眉毛，後腦杓的頭髮往後梳攏，綁成一綹馬尾。她頗有母親小巧、稜角分明的模樣，不過因為年輕的關係，看起來顯得柔和許多。她是整個家族裡第一個上大學的人，但是這條求學道路走得可不輕鬆。她留級過兩次，一次在中學，另一次是高中，然後又遭遇過兩次大學入學高考落榜的打擊。不過她堅持了過來，現在是山西大同大學化學系的學生。樂師們七嘴八舌的紛紛稱讚起她來，他們明白對一個窮農民的女兒來說，能夠進大學念書這是多麼難得的成就。

「佩服！」聽完了她的故事之後，吳美大聲喊道，而其他人也紛紛使勁點頭。李斌仍舊保持沉默，把思緒放在自己身上。他的兒子現在已經十一歲了。十年之後，他會在哪裡呢？是不是也坐在一間農舍裡，為某人的雙親辦後事呢？正在朝接受大學教育的路上前進嗎？或者，是否能想像一種介於這兩者之間的生活，既能陶冶受人尊敬的傳統，又能獲得不錯的收入呢？

他抬起頭來，向這年輕的女生問道：「你覺得你能在礦務局裡找到一份差事嗎？」

她的身子埋陷在坑坑巴巴又龜裂的土坯牆縫裡，忙著用殺蟲劑和基因改造種子的廣告單充當壁紙，糊在牆上。「那是我的目標。」她輕輕地說道。李斌看著她的臉，拿出專業算命先生的架式，端詳起她的面相來。然後，他若有所思的點了點頭，說道：「我算準了，你會的。」

＊　＊　＊

冬日的夕陽餘暉，穿透玻璃窗，映照在李斌父親的背上。女孩已經去幫忙準備喪禮了，樂師們也離開村子的地界。出於尊敬，我都喊李滿山「李老先生」；他今年只有六十一歲，可是看起來比實際年齡要蒼老許多：身形矮小，臉上滿布皺紋，他是一個罕言寡語，卻不怒而威的男人。他所操持的行業，是他一生摯愛。這項對於過往歲月忠誠盡責的行當，使他獲得許多工作，甚至超過他的能力所能負荷。

他蜷縮起手掌，膝蓋微蹲，身體稍向前傾，右手握著一管毛筆，懸在一張長三英尺、寬兩英尺的白紙上。陰陽先生說，他們有三項本領：占卜算命、背誦經典、以及演奏音樂。但是在我看來，他們最了不起的本事，卻是寫書法。這些人幾乎沒有接受過正式教育，卻能如此嫻熟掌握豐富而精鍊的傳統文言文，這似乎是在平凡之中的一項奇蹟。他們一天之中要以毛筆在紙上書寫幾百個字，為逝世者寫輓詩，頌讚來世，以及撰寫符籙。

現在他手上的任務，是要書寫辭世的這位老好人的訃聞。訃聞必須以死者長子的語氣向外界發布。李老先生從紙幅的中間開始一路往下寫：

故顯考劉（公諱）成在日耋壽七旬有八歲因病終正寢。

這些字的大小不一。死者的姓氏「劉」和他的名字「成」兩字較大。其他的字（像是「公諱」兩字）則寫得比較小。如此措辭，表示已逝者的姓氏應該受到尊重——實際上，直呼姓名可是一項忌諱。對讀到訃聞的人來說，這幾乎就像是旁白一樣，提醒著他們應有的職責。

李老先生工作的時候全神貫注，一聲不出。他的手邊擺著一個菸屁股堆到快滿出來的菸灰缸，可是他的香菸卻都收起來了；現在把這些字給寫好才要緊。他又添上過世者的生卒時間，也就是所謂的「生年」和「大限」。在側邊，他則寫下了對來弔祭者相當有幫助的資訊：

內親不忌；
孝服不妨。

李斌走了進來，悄聲告訴父親，喪家家屬把過世的族長出生時辰給弄錯了：應該是凌晨二更，而不是傍晚時分。

「這樣全都得改啦，」李老先生說道，這是他在這個鐘頭裡開口說的唯一一句話。他連忙翻查了一本被翻得破破爛爛的小冊子，上頭記載著許多圖表和規則。然後他小心謹慎地寫下移靈的時辰——明日早晨，比他之前估算的時間還要早了十五分鐘。好在他的兒子去問了喪家這事，要不然這訃聞就得重新寫過了。李斌離開，李老先生繼續完成訃聞，逐一寫下去世者所有兒子的姓名，並且傳達出他們的哀思。

在整個喪禮法事當中，安靜的時間是一個重要的部分。鄉間的法事通常為期兩天。李斌的樂班子大約在頭一天的上午八時抵達，並且開始布置。頭先要完成的工作裡，有一項就是寫訃聞，也就是李老先生正在進行的這件事。大約九點鐘時，他們便穿上法師的道袍，道袍的顏色不是玄黑就是紅綠相間，視他們出席的儀式性質而定，然後戴上前有紅日後有新月的那頂道士帽。他們排成一列縱隊，由李老先生領頭，從誦經的靈堂穿過鄉間道路，來到暫厝靈柩的喪家。在此，他們演奏幾首樂曲，為時大約十五分鐘到半小時不等，通常還會伴隨著經文的頌唱。樂曲有著如「開經奏」、「度亡經」和「迴向咒」之類的名稱，奏樂一直延續到次日靈柩下葬之後才宣告結束。在這段期間，李老先生和李斌兩父子忙著在紅紙條上寫下將要用來封棺的符咒。有的時候，人們會過來向他們叩問吉凶。大多數時候，他們利用這段時間休息、調校樂器、抽根香菸，或是打個盹。

吳美走進房間，安靜地坐在炕上。他是個四十出頭的英俊男子，反應很快，喜歡講笑話。不過對於他演奏的音樂和工作，吳美可是絕不含糊。他瞧見李老先生在寫訃聞，便不言聲的從樂器裡拔出一片破損的簧片，用一把小摺疊刀開始修理起來。

吳美和李家在一道工作已經有三十年了。他在這個國家最貧窮、乾旱的村莊裡長大，從小就對陰陽先生這個行業有著無比的嚮往，於是有一天，他走了十多里的路來到李家，懇求李斌的祖父李清收他作徒弟。老人答應了，吳美就搬了進來，開始學彈奏音樂，不過他不是所有陰陽先生的本領都學，比如占卜算命他就沒有涉獵。儘管如此，現在他已經成了班子裡的頭號樂師，能夠演奏任何樂器。他的獨奏扣人心弦，令人如癡如醉。他之前還學會另一種本事，平常當個焊接工人，不過因為近年來李家的事業成長得太快速了，他乾脆辭了焊接的工作，全心投入到道教儀式裡面來。在擺弄他的樂器好一陣之後，吳美仰面躺下，打起盹來，令人感覺昏昏欲睡的春天來到了。

陽光穿透老舊的玻璃，灑落在乳白色的紙張和黑色的墨水上。李老先生盤著腿，身體向前傾，以便換一行書寫。他握著毛筆，小心地蘸著裝在碟子裡的墨汁，在紙頁上寫下清楚而遒勁的大字。在查閱隨身的小冊以後，他又加上了一份生肖名單，建議屬這些生肖的人，在法事期間保持距離，因為他們可能會沖犯到亡者的靈魂。

妨忌四相：虎、猴、蛇、豬

李老坐直身子，端詳自己的作品。這個寧靜時刻是他們日常工作裡令人感到愉快的部分；同樣的事情，他們已經做了好幾百次，無須再說什麼言語。很快他們就要出去做今天的第一次演奏：「誦經樂」，然後回到房裡稍作休憩，接著在午餐之前，如是重複兩次。他們像是一群雕刻塑像的藝術家，只不過他們的手藝不留痕跡。

李老已經叼了根菸在嘴上，不過在點菸之前，他又在訃聞的底端寫上兩個鐵劃銀鉤的大字：

謹告

劉和軒（譯音）在供人用餐的帳篷裡不停走來走去，看得人頭昏眼花，直到他鎖定目標，也就是發現我這個外國人，他才停下腳步。他今年四十四歲，是死者的第二個兒子，身材精瘦結實，嘴唇很薄，雙眼濕潤而血紅。在冬天常穿的衣褲外面，他披上白色棉外套和長褲，頭戴一頂以麻布綴飾的帽子，為他的父親服孝。然而，父親過世這個劇變，同時也將其他的情緒釋放出來。他看見了我，而有那麼一瞬間，他的思緒浮想聯翩，心中嘶吼著：這裡有個洋人，真的，有個外國人，老天啊，在中國的山西，在山西的陽高，在陽高縣他父親房子的院裡，有、個、外、國、人，就在這裡，就是今天，正和他一起吃著飯啊！這一定非常的有趣。

我們坐在一張擺滿飲料和啤酒罐的小桌旁，而他正沒完沒了地發出一堆問題：加拿大在哪裡？這是個大國還是小國？那美國呢？你們一年能收穫多少農產？玉米還是小米？高粱呢？

發出這些問題，劉先生其實並不指望能得到回答，他只要我陪他喝酒就行。在推拒了很多次以後，我終於還是喝了一罐啤酒。他用牙把啤酒瓶蓋給咬開，笑我的兩眼分得很開。他也給自己倒了杯酒，我倆便開始互相敬對方。在中國，人們是不應該獨自喝悶酒的，所以我算是幫他一個忙，不過我幫的這個忙也不太貨真價實：因為我喝的是酒精濃度僅百分之四的啤酒，而他喝的卻是酒精濃度高達百分之四十三的烈酒，這是我還能夠和他一杯接一杯喝下去的原因；我的腦子很清醒，而就在他賣力喝著的同時，口中的問題也一個接著一個地拋出來：在國外人們的收入是多少？外國人窮嗎？比這裡窮嗎？

他一再勸我吃菜喝酒，殷勤得接近緊迫盯人，自己也喝得急。我勸他慢下來，但是他沒在聽。

「我們為什麼在這裡？外國人，告訴我。」

我說，這我可沒有答案，心中想著他會轉換另一個話題。但是劉先生很堅持。

「我們為什麼在這裡？」他又問了一次，「為什麼？」

我聳聳肩，但是沒說話，因為我也沒有答案。他靜靜的看著我，身上的孝服襯托著他的臉，因為天氣的關係而看來冷峻，卻又因為酒精的催化而顯得柔和。我倆的眼神終於交會，可是他並不瞧著我；他的思緒已經飛到另一個世界去了。在這個時候，他達成了自己的目的：他把頭擱在桌上，在冷天裡睡著了。

＊＊＊

今天是農曆節氣裡的「立春」，在陰曆裡這是很重要的日子。午餐過後，隣居便過來向李家父子問卜。李斌對算命算是很熟練的了，但是人們還是紛紛找上他父親；年齡畢竟是智慧的同義詞。

第一個來問事的是個粗壯的鄰人，她頂著一頭短髮，燙捲而且染成橘色。她上炕來，坐在李老的對面。這人憂心忡忡，盼望能夠得到讓她安慰的答案。李老寫下她的出生日期和時辰，要她擲三個銅板。然後他查了一張圖，默默地掐指算了算若干數字。

「我不知道，」他說：「不是那麼好。」

「但是數字沒那麼壞，對吧?」

「這一年會很古怪，很辛苦。不會輕鬆的。可能會有旱災。」

「好吧。」粗壯的婦人把身體探前，趨向李老先生。「能不能說得更具體些?只是氣候不好嗎?」

「不，不是氣候，不只是這樣。這數字說不通，我想不透。」

我之前找過算命先生問事，他們大多只是給出一些泛泛的鼓勵，然後就結束了。但是眼前這場問卜更像是一次和命運的談判。命運本身無庸置疑，從李老先生臉上的表情看來，事情很清楚：情況並不好。而在這樣一個地方，人們會期待什麼？一個正面光明的解答，會被看作是沒有意義的廢話。比較棘手的是刺耳的話該怎麼說。

「我不知道，」李老說道，兩眼直視那個粗壯的婦人。

「沒事兒，」她說，「如果這年很辛苦的話，我沒關係的，我知道會是這樣的。謝謝您。」

她說這話的時候，看來像是鬆了一口氣的模樣。而從某種角度來說，李老先生剛才的躊躇猶豫，給了這婦人力量；她是來問事的人。她明白，這是她的命。婦人看起來很愉快，在炕上擺了一包菸和人民幣五塊錢。婦人的問事時間結束了，可是她卻沒有離開。在鄉間，即使你的運勢不好，早些知道至少還是有某些好處的，因為接下來你就可以待在那裡，聽聽你的鄉里鄰居訴說他們的苦情。她滑下炕去，在一旁候著。

下一位來問事的，是我們這位愛到處包打聽的女主人。韋女士是個頭嬌小的婦女，眉毛很淡，一頭紅色的染髮。她的嘴唇很薄，眼睛不大，可是整個面相看起來優雅而明亮。和她那個聰明的女兒一樣，她看起來好像心中別有罣礙似的。她很有禮貌的詢問，是不是可以提一個問題。李老先生點了點頭，笑著說當然可以。

「我受夠我先生了。我們總是吵。我應該離婚嗎？」

李老把手中的銅板放下。他盯著炕好一陣子，默不作聲，然後，他謹慎的開口問道：「你想離婚嗎？」

「如果他不改變，我會的。他實在太可怕了。」韋女士說著笑了起來，而前面那位粗壯的婦人也哀傷的笑了。她知道，村裡每一個人都是這樣的。

「這事只有你能決定。如果你覺得必須這麼做，那麼這個婚你就應該離。」

一片沉默。李老先生盯著自己擺在膝蓋上的手掌。之前他已經用一張紙把三枚銅板包起來，現在他將紙包壓得更緊實一些。這個問題不是銅板可以解答的。

「這全在你。銅板數字沒辦法替你決定。只有你才知道。」

然後他轉頭看向那個粗壯的婦人。她專心看著李老已經有好一陣了。表面上看，她的時段老早就結束了，但是其實她的心裡還在糾結，她仍舊過不了自己這一關。她看起來顯得疲倦。李老似乎知道她心底在想些什麼。

「你會熬過來的，」他說。「你行的。你能把毒都排掉。」

「我行嗎？要怎麼做？」

「沒有什麼怎麼做。事情不是那樣。你會熬過來的。」

「我行的，」婦人如釋重負的說。我在腦海裡想像大地平日乾旱的模樣：顆粒無收的空蕩田地，疲憊而枯竭。「謝謝您，」她說，「謝謝您。」

這些女性可能自己本來就有這樣的想法，但是正因為有了李老先生在這裡——這個象徵了信仰和傳統的局外人在這裡，才讓她們有了把心事一吐為快的機會。在農村，人和人之間或許相互認識，但是住得近與心理距離接近並不是同一回事。敞開心扉是有風險的，這表示你把心中的秘密傾吐給某人知道，而她可能在你的往後餘生裡，會和你天天碰面。而李老先生不只是睿智而已，他明天就要離開這村了。

這兩個女人開始聊起今天剩下的節目。很明顯的看得出她們都放下心中大石，可是李老先生顯然也已經筋疲力盡了。這種生活叫人疲憊：總是得隨傳隨到，長時間待在人們的家中，為他們安葬去世的家人，接受他們的宴請。迎面而來的問題永無止境──新的挑戰和疑難雜症，有如雪崩一樣，將這些老村莊給淹沒。

＊＊＊

打從還是個小男孩時起，李斌就知道自己的人生要走上哪一條路了：和他的父親一樣，在農村鄉間當個陰陽先生。他家族的歷史能夠證明這一點。李斌還是小孩的時候，就從祖父李清那裡學習吹奏笙的技巧，後來他中學考試落榜，沒辦法進高中讀書，便正式跟著祖父與父親工作，學習交易，並且到全國各地出差。一九九九年，他的祖父過世，李斌繼續跟著父親工作，即便他自己的兒子在隔年出生，也依舊沒有改變。不過，六年以後，他的兒子到了該上學的年紀，李斌發現改變的時機到了。鄉下的學校幾乎總是比城鎮的學校來得落伍，所以他可以拿為了兒子的教育著想當作搬走的理由，即使搬到城裡其實也是為了他自己的事業考量。在那年，他們就搬到陽高縣城。

在鎮上，李斌一下子進入了一個和父親的村莊相差十萬八千里、卻與中國的未來頗為合拍的世界。他馬上就成為縣城裡最有聲望的陰陽先生當中一員，家族的聲譽也隨他而傳到城裡——現在，他可以隔三差五的和政府官員約時間閒聊。他認識文化局和公安局裡的所有官員，在陽高，他們可都算是有權有勢的人物。他的叔叔在縣政府的法制局裡做事，經由他的引介，李斌也能夠在音樂會上和人們結交。這不但為他帶來生意，還讓他有一種「自己是號人物」的感覺。

「我能在城裡拿到更多生意，絕對是因為這個，」他在休息時間對我這樣說道。「我們把事業版圖向外擴展了大約五個縣，這是從我在音樂會上和旅行時遞名片開始的。我們開始接到來自各個地方的電話，甚至還有從其他省，像是河北和內蒙古打來的電話。不過就算是在陽高，我們也接到更多生意。鎮上的人比較有錢，這裡是我們以前沒辦法接到的新生意。」

他兒子的教育可就進行得沒那麼順利了。他兒子原來上的那所小學關門了，所以李斌只好送兒子到其他縣的寄宿學校去讀書。這個時候他本來可以搬回鄉村老家，可是他完全不打算這麼做，即使他知道老爹現在需要幫忙，也沒有改變他的想法。

「以前我們做什麼都是一起的，所有那些法事、算命什麼的，都是一起做。可是現在我人在城裡，他就只好在村子裡自己多承擔一些工作。他歲數愈來愈大，想歇著的時候愈來愈多。」

他對此覺得很煩惱，不過看來似乎沒有選擇。城裡的客戶也不是那麼簡單好打發：他們提的問題更多，而且不會盲目遵照前例。但是城裡的報酬收入要豐厚得多，而且，不管怎麼說，當村裡所有的老人都去世了以後，會發生什麼情況呢？李斌可不想成為鄉村裡最後一位陰陽先生。

＊＊＊

到了夜幕降臨的傍晚時分，天已經黑了，幾乎滿月的月亮以超乎尋常的亮度，照耀著整個村落。在小院裡，李家樂班子正在棺材靈前演奏，但是在欣賞他們演奏的人，沒有一個年紀在三十歲以下。這些回來奔喪的年輕人，都在大城市裡工作，他們有的是廚師、女服務生、有的是建築工人和卡車駕駛。此刻，他們正擠在前門外頭，觀看著一對夫妻賣唱二人組在臨時搭建的野台上演唱。這對夫妻二人組，女的長得一臉兇惡，男的則用假聲唱歌。他們演唱的曲目包括時下的流行歌曲，以及從錄音裡摘出來的戲曲段子——這算是一種職業化的野台卡拉ＯＫ。

夫妻二人組離開了，隨即有好幾個死者的孫輩跳上野台。其中一個孫輩，一頭染得亮紅的髮色，映襯著一身縞素，正在低聲輕吟一首歌曲。村裡的人們開始聚攏。這一幕實在很有意思：穿著孝服的孩子正在野台上唱歌。要是在別的年代，他們的父母會立馬上去將他們拽下台來，然後把他們痛打一頓，但是現在人們什麼也不做，就這麼看著。實際上，出錢雇這輛野台卡車的人，正是死者的長子，因為他清楚自己的小孩、姪兒和姪女、外甥和外甥女會想看這個。台下的人們靜靜的看著。

「她是個妓女。」觀眾裡有個年輕女人突然說道，邊說邊投以嚴厲而算計的目光。

「你確定嗎？」她身旁一個友人問道。

「這大家都知道；要不然她怎麼能寄這麼多錢回家？」

年輕女人抬起頭，安靜地看著野台上的情景。

稍後，開始播送起迪斯可音樂，所有的年輕男女都跳上野台，隨著一首叫做〈你不知道我是那種女孩〉（You Didn't Know I Was That Kind of Girl）的流行歌曲載歌載舞。他們跳得太過賣力，弄得懸吊野台的卡車也跟著前後搖晃起來。這是他們的表演，好像是在告訴人們，這就是未來。

死者的次子已經從午間的開懷痛飲裡醒了過來，現在正挨著一張小桌坐下，吃著遲來的晚餐。他錯過了一場剛剛才結束的重要儀式——燒紙紮的房子和車子、家具、家電等物品，提供給在陰間的親人。這一幕很美：月光灑落在冰封的田野上，死者的家屬跪在兩旁，看著三英尺高的紙房子在熊熊烈焰裡化為灰燼。所有這些紙紮品都是李斌的妻子在前一天做的，現在全都燒掉了。這一幕讓參加的眾人難以忘懷，使他們在踩著凍硬的田埂回家的路上，不發一語，默不作聲。或許是沒有趕上這一幕，劉先生兀自坐在那裡。他的腮幫子快速咀嚼著，旁邊擱著一杯清澈的白酒。現在沒人可以陪他喝酒，直到他從房間對面看見了我，連忙向我招手。

劉先生臉上帶著笑，但不是處在開玩笑的情緒裡。酒精除了推遲他向我發問之外，沒有任何效用。

「外國人，你說，我們為什麼在這裡？」

「這個問題太深了，我不知道。」

「所以我們難道不該吃喝找樂子嗎？人生除了這以外還有什麼呢？」

「你真的這麼想嗎？」

「真的，哈，我不知道。還能有什麼？外國人，你告訴我。」

他拿來一瓶酒，我往杯裡倒了可樂陪他喝，不過他並不在乎。他把酒瓶上面的塑膠材質傾倒口拉開，這樣酒就能更快倒進他的塑膠杯裡。拉開，又扯回去，他反覆地這麼做，面帶笑容的咒罵著。

他從椅子上愈坐愈滑下去，一直問我「為什麼」，而我其實知道，他這一聲聲的「為什麼」包含了對這世界一切大小事物的質問：他父親為什麼撒手人寰？當他的手足都搬到大城市去賺錢，為什麼只有他必須留下來，耕種家裡的田？他扶著桌沿，好讓自己的身子保持平衡，然後又再次沉了下去。李斌和我把他拽扶到床上去歇著，然後我們在皎潔明亮的月色下開車回家。

明天，李斌終於要迎來他的大日子。整個縣城都將會歡慶元宵，在主要路口中心處，還會樹立起一座高達三十英尺的大篝火。李斌會走遍整個縣城，和城裡的警官、縣府的官員、生意人等談話，遞名片給他們，並且親身參與這類絕不會出現在農村的盛典。但是現在他非常疲憊，一語不發地開著車，直到我終於開口，問了一個今天一直困擾著我的問題。

「所以，那個喝醉的，他是第幾個兒子？」

「你還沒看出來？」李斌讓自己的眼睛盯著前方的路，他的臉孔被儀表板的信號燈照亮。「今天我們待的地方，是他的地方。」

「你是說，那個問該不該離婚的女人就是他的太太？那個上大學的女孩就是他的女兒？」

這是漫長的一天，好多幕充滿戲劇張力的場景，本來各自沒有關聯，直到現在這一刻，我總算是把一切都看清楚了：一個詢問自己婚姻前途的婦女；三枚緊緊包裹起來的銅板；一個談到自己學業時，身旁眾人紛紛點頭表示欽佩的年輕女孩；一個用牙齒咬開啤酒瓶蓋的男人，而他一而再再而三地問我：「我們為什麼在這裡？」

李斌點了點頭。

「這個女孩是怎麼辦到的？」我問他。「我是說，她有這樣一個爸爸。」

李斌嘆了口氣。有段時間他什麼也沒說。然後他開口了：「有時候你想要什麼，就得自己去實現。你的命運要靠自己去開創。」

第四章
成都：衛阿姨萬歲

當王怡對著他的教堂會眾傳道的時候，他看起來像是一個發現新大陸的探險家。[1]他會用雙手緊緊抓住講壇，身體前傾，重量壓在腳上；他瞇著雙眼，透過厚重的眼鏡看向遠方，彷彿聚焦在一個遙遠的斑點上。他的雙頰紅潤，臉上帶著迷人的微笑；說話的時候，聲音強而有力，口條和他的論點一樣清晰。早些年，他是一個知名的電影評論部落客，還寫過兩本分析好萊塢和歐洲電影的書。王怡也具備專業法學素養，在政府大舉拘留維權律師、或是強迫他們退出這項行業以前，他還曾經名列中國最知名的維權律師之一。在前述政府打壓發生的時候，王怡已經找到了新的召喚。他在二〇〇五年改信基督教，並且創建「秋雨聖約歸正教會」，很快就使自己聲名鵲起，成為全中國家喻戶曉的傳道人。他創辦的教會不受政府控制，不過如此一來使一切變得更有活力。他的傳道錄影視頻透過社群媒體流通傳播。他的計畫、理念和志向非比尋常。基督新教是中國境內成長最快速的宗教，而王怡是教內閃耀的一顆熠熠紅星。

但是王怡有的時候遭人指控，說他態度傲慢，而且在傳道時大談其神學理論議題，沒有人能夠聽懂。他和中國大多數的牧師一樣，都是自學《聖經》，而且有意把自己法律人好爭辯的態度帶進教會事務當中。二〇一一年時，王怡將身邊一位原本關係最緊密的同工趕出他的教會，他指稱此人因為支持女性平等，有招致「撒旦」進入教會的危險。

不過，今晚是他發光發熱的機會。在他身後的螢幕裡顯示出一名女子的遺照，人們來到這裡，就是為了要追悼她。她的故事值得我們做更深入細節的介紹。這名女子名叫衛素英（音譯），她是教會裡的知名人物，大家都喊她「衛阿姨」。她因癌症去世，享年六十二歲，身後留下兩個女兒，以及兩個還在襁褓之中的孫兒。衛阿姨的家屬都出席了這場追思會，許多教會成員也前來參加，熱切地想表達他們的不捨之情。追思會一開始，先播放一段講述衛阿姨生平的感人投影片。接著是她的女兒們上台作見證，說母親是如何勸服她們改信基督教，成為基督徒。兩個人都表示這使得她們的人生起了如何的改變，幫助她們看透當代社會中的唯物主義作風。她們已經成為更好的人，不再那麼執著於金錢，而更在意去協助他人。台下有些人開始啜泣，衛阿姨的死來得突然，所以人們悲傷的情緒相當痛切。

現在輪到王怡登台了。幾個鐘頭以前，他正想到共產黨以喊「萬歲」來讚揚知名人物的做法，比如像高呼「毛主席萬歲」之類。「萬歲」這個詞，在中國可說是人盡皆知。它幾乎成了擺在共產黨名稱前面的尊稱，是一種公式化的刻板歡呼口號，用來保證其統治將永無休止。衛阿姨的死，使王怡明白自己有多麼痛恨這個語詞。這是對上帝的冒犯，也侮辱了像衛阿姨這樣的平凡百姓，因為後者的人生才是真正值得頌揚的。談論這一點有些抽象，不過他認為這回或許能夠收到效果。王怡站著演說，和往常一樣不看講稿。他開始時聲音輕柔，讓每個人都聚精會神，仔細聆聽。

「我認為衛阿姨可以說是一個單純平凡的女人。她是一位母親，生活過得很艱辛。她幾乎是獨力撫養兩個女兒長大成人。她的丈夫很年輕時就過世了。」其中一個女兒聽了，開始嗚咽啜泣。教會裡的人紛紛點頭稱是，而在王怡繼續說下去時，又趕緊收住聲音。

「我相信她是一個普通的人。如果她不是一個相信耶穌基督的人，如果她聽到『萬歲』這個字，我相信她不會認為與她有什麼關係。她會認為這個字是講共產黨的。這個詞是講中華人民共和國。這個詞是講皇帝。是他們萬歲、萬歲、萬萬歲。她不會認為這個詞跟她有任何什麼關係。但是《聖經》裡面說相信耶和華的人，他被救活。他擁有千歲、萬歲，有真的萬歲。」聽了這番話，有幾個聽眾驚訝地抬起頭來。

「我告訴你們，她現在可以聽到『萬歲』這個詞，因為她是萬歲；因為耶穌基督，她得到永生。『萬歲』這個詞，不是政府可以授予的。『萬歲』是上帝，是我們，是我們藉由每天如何度過我們的日常生活。雖然我們生活在一個敗德的社會，但是我們還是可以做出選擇。這才是真正的『萬歲』。共產黨什麼也提供不了，這是我們自己可以做到的事情。」

突然間人們都笑了起來；這正是他們加入秋雨聖約教會的原因。它不同於那些受到政府支持、慰藉信徒苦痛的教會。秋雨聖約教會既溫暖又直接，但最重要的是，它對當前社會的重大議題採取正面回應的態度。這個教會是為那些不喜歡現狀的人設立的，他們在生活周遭尋找的正是能替代現狀的生活方式。王怡穿著西裝，頭髮總是修剪得很短，表達方式直率而誠懇——這是一位心地善良的現代年輕人，簡直是一個完美的最佳女婿人選。然而在這裡，他卻站在他們面前，直言不諱地告訴信眾，該如何挑戰官方看待這個國家的方式。

幾個星期以前，我到北京拜訪倪老的時候，他同樣將宗教描述成一種永生不朽狀態，只不過，這種不朽的聲名要透過個人的信仰，加上社會的認可才能達到。在山西，即使城市裡的客戶要求能有更新鮮、更新穎的做法，陰陽先生李斌也還是這個儀軌世界的一份子。而在中國各地的基督教會當中，這種對於現代精神靈性的追求，可能是最為強烈的。這是信徒與上帝之間的直接關係，沒有中間人，對於任何政治上的影響，也採取不迴避、閃躲的態度。

「衛阿姨是我們當中的一位姊妹，」王怡說，準備為這篇悼詞收尾。「我們愛她。但是得到永生的是她，而不是政府。她過完了美好的一生，她成為我們教會的姊妹，她抗拒身邊的種種敗德惡行，她靠自己的力量獲得了永生。」

現在我可以明白為什麼王怡選擇成為一位牧師了。從前在他還是一位公共知識份子的時候，大部分他的言論都會受到檢查。但是在這裡，他對著室內的上百人講道，卻是在協助一個悲傷的家庭，同時還對著教會的信眾們宣講，教導他們如何活出不一樣的人生。他貢獻自己的力量促成一種觀念的實現：在這個國家體制似乎掌握了一切權威力量的國度，真正的權力卻掌握在平民百姓的手裡。

追悼會結束後，衛阿姨兩個女婿的其中一位走到王怡面前，做了一個大部份中國人都不會做的動作：伸手擁抱了他。強忍住雙眼淚水的王怡，剛被擁抱時似乎有些不知所措，但後來就欣然接受。這確實是他的羊群，而他是這群人的牧者。

＊＊＊

王怡的教會位在成都，成都是幅員遼闊、崇山峻嶺環繞的四川省省會。地形使得出入四川的交通困難，也因此四川和中國的其他地方隔絕了好幾個世紀之久。今天，高速公路與鐵路運輸克服了山岳的阻礙，空中航線則串聯起城市交通，但是這個地區仍舊是中國人口密集區域裡最偏遠的一個。四川的北、西兩面是青康藏高原，南面則深受歷史上多為少數民族舞台的雲南所影響。古往今來，四川出過不少中國最知名的詩人、畫家、官員和將領，但是人們仍然有一種感覺：這裡仍然和東邊的大城市距離甚遠。這就有如崇山峻嶺、遙遠的地理距離和過往的歷史加在一起，似乎削弱了從遙遠的首都所頒布的法律與規則的效力。

你可以在成都的街頭感受到這種「天高皇帝遠」的氣氛。北京是一座由牆來界定範圍的城市——長城，也就是「邊牆」，在它的北面。圍繞著紫禁城內領導人辦公小區院落的衛哨，以及布滿牆壁的胡同——日常生活就在這些由牆四面圍起的空間裡上演。成都的生活卻都是在戶外進行，尤其在茶館裡。有些人的生活在大公園或寺廟前的嘈雜公共空間裡度過，另外一些則乾脆在大樹遮蔭處擺上許多桌椅就行。你幾乎可以在每一個街區發現那些臨街的店面，它們大多相當安靜，不少常客在一天當中的各個不同時段來來去去，和朋友們聊著最近的新聞與八卦議題。

成都浸淫在一種喜歡爭辯討論的氣氛當中，這和北京那個總是謹小慎微、諱莫如深的世界大不相同。成都擁有首都之外最具規模的思想家與異議份子群體，在一九八九年的抗議騷動期間，這裡集會激烈動盪的程度僅次於北京。它是中國另類生活方式之都，城市裡的同志活動正在發展茁壯，並且擁有多個嬉皮社群和私人創辦的獨立歷史展覽館。這裡的美食滋味辛辣，鄉間景色綠意盎然，而生活於其間的人們則熱愛自由、無拘無束。

有一段時間，成都是我的第二個家。在我按照陰曆及其節氣作息的時候，就會到成都來，每次都住上幾個星期。我認為在成都的生活，既與李斌在陽高縣的農村生活有天壤之別，也能對北京那個倫常錯亂的世界、高度政治化的生活，進行一種難能可貴的矯治。在首都，各項政策的重要性都被過度的放大，彷彿它們能夠預示國家未來的走向，但是實際上這些政策卻沒有那麼重要。而在成都，中國社會完全按照自身的步調開展，而各種新極權主義即將出現的預言，看來似乎不太可能實現。

在李斌的家鄉，當春節假期隨著喪事火葬柴堆而結束之後，又過了兩個星期，農曆新年的第二個月降臨了。這個陰曆年恰逢基督教大齋節（又稱四旬齋戒）的開始，大齋節期是教會準備迎接耶穌被釘上十字架及其後復活的活動，信徒從這時開始一直到復活節前期間，都要特別莊嚴地進行禱告與禁食。

大齋節開始於一個星期三，也就是所謂的「聖灰星期三」（Ash Wednesday）：人們在這天通常會以灰泥在前額塗畫一個十字標記。聖灰星期三的前一天，被稱為「懺悔星期二」（Shrove

Tuesday）。我和妹妹都是在新教家庭裡長大的孩子，會特地在這一天以吃鬆餅來過節。這麼做背後的想法，是要趕在大齋節期之前用完奶油和其他的奢侈品，因為屆時人們就應該捨棄若干他們喜愛的物品——比如甜點、酒類或香菸等，或是每日禱告，來為復活節做準備。在天主教國家，這個節日甚至更為重要，在某些地方又被叫做「懺悔節」（Mardi Gras）或狂歡節——這是一個很類似元宵節慶典的活動，是人們在迎接新季節來臨時的淨化儀式。

但是在中國的基督徒社群裡，這個宗教曆法卻少有人知。在王怡的教會裡，竟然沒有人知道「大齋節」這個中文名稱。我好不容易才找到一個正在修習神學課程的教會成員，他說，是的，他知道大齋節，但是他的模樣看起來好像我正在說阿拉米語（Aramaic，與希伯來語和阿拉伯語相近的閃族語言）似的。

在「聖灰星期三」這天，我到教會來拜訪幾個朋友。秋雨聖約教會和大部分我所知道的教會都不一樣，之所以如此，有一部分是由於它奇特的法律地位。在中國確實可以見到有尖塔和彩色玻璃的教堂，但是這些教堂大部分都是在十九世紀和二十世紀初由外國傳教士興建的。自一九四九年中共建政以後，這些既存的教堂，無論是天主教還是新教，都一律交由政府管理。

秋雨聖約教會卻不屬於這個官方宗教版圖的一部分。它是未註冊的教會，這類教會團體有時候又被稱為「家庭教會」或「地下教會」。在過去，這些稱呼可以說是名符其實，因為信眾通常是在某人的家裡，或是私底下秘密聚會。但是逐漸的，這些教會的規模有如秋雨聖約這樣愈來愈大，聚會也趨向公開。實際上，這些未註冊的教會的信眾大約已佔全中國五千萬到六千萬新教徒當中的半數，它們構成了一個灰色地帶，對於中國的宗教生活產生深遠的影響。秋雨聖約教會和一九八〇年代重建的妙峰山廟宇一樣，並未得到官方的批准，但是也沒有遭到查禁。政府知道它的存在，但是沒有將其查封的打算。教會公開運作，但是沒辦法購置土地興建適合教會活動的場所。這種情況迫使秋雨聖約教會和中國各地其他那些未經註冊的教會一樣，在類似江信大廈這樣的建築裡暫時棲身。

江信大廈其實是一棟老舊破爛的辦公商業大樓，位在成都的老市區，鄰近錦江。大樓外牆鋪設磁磚，室內很潮濕，而且通常只有一部電梯可以正常運轉。在二〇〇九年時，秋雨聖約教會買下大廈第十九層的好幾間房間，準備作為禮拜聚會的場所，可是公安卻阻撓教會成員，不許他們進去。教會的會眾於是在錦江邊上的一座公園裡舉行露天聚會，一連好幾個星期。最後，當局終於讓教會進駐其辦公樓層。當局讓步的理由至今仍然不明：或許是地方官員害怕惹惱主要以白領階級為主的教眾所造成的後果；也有可能他們只要北京一聲令下，就會採取斷然措施，但是始終沒接獲北京方面「動手」的指令。不管原因為何，從那時起秋雨聖約教會就落腳在江信大廈了，公眾難以發現它的存在，但是它卻是好幾百位成都市民精神生活的中心。

教會佔了第十九層的一半面積。最大的房間用來作為主日禮拜的集會場所，不過這個空間最多只能容納大約一百五十人，所以便以影像即時轉播禮拜，在隔壁約坐了七十餘人的房間播放。另外在下午舉行第二場禮拜，也有一百餘人前來參加。秋雨聖約教會沒有彩色玻璃，沒有木質長板凳，只有一個簡單的講台，充作牧師佈道時的講壇。可是教會在一整個星期當中都很熱鬧。人們來這裡買書、或見朋友，有些人研讀《聖經》、禱告，或是在這裡組織援助人權遭受迫害者的行動。不久之後，他們將會成立一所神學院、發起一項挑戰政府節育政策的運動、和其他志同道合的教會結成同盟，並且在成都的另一處地方設立禮拜會所。

唯一表露出上述這些雄心壯志的地方，是秋雨聖約教會入口處牆壁上的綠白兩色標誌：一座十字架庇護著兩個人，象徵著教會自認在中國社會裡所扮演的角色。緊接著標誌的是一道走廊，牆上陳列著基督新教發展的歷史進程，其觀點與政府的版本大相逕庭。這部走廊牆上的新教簡史，照慣例以一三八四年，約翰・威克里夫（John Wycliffe）推出第一部英文版《聖經》作為起點，接著便介紹馬丁・路德（Martin Luther）、約翰・喀爾文（John Calvin）和其他教會歷史當中的重要人物。

當圖表進展到二十世紀時，歷史敘事中的白人面孔就逐漸讓位給更加多元的民族和人群，觀點也開始更加具有顛覆性。在介紹的人物當中，包括王明道牧師，他是一位德高望重的傳道人，因為拒絕加入官方教會，而在共產黨的勞改營中被監禁了數十年之久。快到結尾處則詳述了唐崇榮牧師的生平，唐牧師是來自印尼的華裔復興運動傳道人，他的佈道在華語世界極受到歡迎。上述這些人物，沒有一個得到中國官方教會的承認，反倒是構建出另類觀點的教會歷史，強調中國基督教的獨立自主。政府控制的媒體有時會將基督教描述成來自外國的信仰；而在這裡，基督教被描述為和在其他國家一樣的本土宗教。

在這個聖灰星期三的早晨，我穿過教會的長廊，經過那些牆上的面孔，然後見到在辦公室裡的王怡。他抬起頭，揮手招我進來。一如往常，他的態度坦誠，毫無防備。我先問他有關設立神學院的計畫，這個構想讓我感到緊張，我想知道他作何感想。政府已經批准這項計畫了嗎？

「嗯，沒有，他們不會准的，但是問題在將來他們會不會把它關閉。我們覺得不會。他們來問過，我們這個是不是內部的，我們說是，所以他們看來是沒有什麼問題。」

「所以這個構想只是要培訓秋雨聖約教會裡的成員，」我說：「他們會到外面去傳道嗎？」

「這是當然。這個構想是希望從這個神學院出去的人，將來都成為傳教士。他們來這裡學習。」

「可是今年不是很敏感嗎？你知道……」我的聲音逐漸變小，擔心他的辦公室是否遭到竊聽。

「你是說大領導的事嗎？」王怡一邊反問，一邊眨了眨眼。「每年都有一些什麼特別的事。去年是什麼的第幾周年紀念日，幾年前是奧運。明年又會有什麼別的。現在共產黨不是那麼穩定。我們不知道它內部出了什麼事。如果他們覺得要不惜一切代價來換取穩定，那我們就會有麻煩。或者他們可能會說他們需要穩定，所以會忽視我們；畢竟我們並沒有挑釁他們。可能他們太專注在他們內部的鬥爭，所以沒空注意我們。這都很難說。我們只要信任上帝，交由祂決定就行了。」

我們正說著話，突然有一位警員走了進來。剛開始時，我以為這人不過只是中國為數眾多、身穿藍色制服的工人或快遞員當中的一位，但是接著我就注意到他身上佩戴的警徽。王怡站起身來招呼他，親切地喊他的名字，然後很快就帶他出去。十分鐘後，王回來了。

「是這裡的公安。他每個禮拜都過來拿聚會者的名單。我們把這個信息給他；我們沒什麼好隱瞞的，參加聚會的人對這個也沒有意見。事實上，這一點是參加我們教會的前提。你必須提供你的姓名、住址和聯絡方式等信息，而且願意讓我們和當局分享這些信息。我們不想要困在從前地下教會的心態裡。這是不健康的。」

他指向牆上的白板，上頭寫著一些數字和註記。「這些是參加星期日早晨主日禮拜的人數：二百二十二人。下午場是九十二人。所以總人數是三百一十四。我們的場地只能坐大約二百二十人，因此我們再加開第二場崇拜。」

我問他關於大齋節的事。

「很難在這裡慶祝。我們在歷史上有過斷裂——你是知道的，先是一九四九年驅逐了所有外國傳教士，然後又是反宗教運動，所以很多傳統都失去了。實際上很多人對大齋節所知實在不多。我們辦了一個講道，重新介紹這個節日，並且向大家解釋，但是很少有慶祝活動。在懺悔星期二或聖灰星期三當天，什麼活動都沒有。」

稍後我明白，這還不只是大齋節；人們對教會的年曆本身就所知不多。但是與此同時，中國的基督徒通常又排斥傳統的陰曆。他們頂多或許會慶祝農曆新年，但是卻將其他的慶典與節日視為非基督教的異教習俗。

我們聊到我的教養過程，還有在我家我們只靠吃來過這個大齋節的故事。我的母親習慣為了大齋節而大張旗鼓的捨棄甜點。我們知道她之所以這麼做，有一部分的動機是想要減肥，所以我們就開她的玩笑，說她沒辦法撐四十天到復活節。不過這麼做的效果卻很實在：我們確實都想到了大齋節，並且察覺到它的重要性。它自然成為生活的一部份，與文化密切相關，而不是從正規學習得來。對此，有些中國基督徒很是羨慕，然而另外一些人則站在基要主義派（fundamentalist）的立場加以排斥。對他們來說，只有閱讀《聖經》才是至關緊要的事。《聖經》既然沒有告訴人們要吃鬆餅，或是在前額塗上灰泥，那麼這一切就和元宵節的篝火一樣，與基督教無關。但是有愈來愈多的教會採取王怡這樣的做法，他們想要恢復所有的傳統，並且將這些傳統像包裹一樣全數引進，然後像組裝模型飛機那樣聚合起來。

「你會看見，聖誕節的差異是最大的，」王怡說道：「在西方，人們是回家和家人一起過聖誕節。我們可不是這樣。對我們來說，這是天賜傳教的良機，豈可輕易放過？我們嘗試帶人們來教會看看——要教會裡的弟兄姊妹邀請朋友，一起慶祝聖誕。成都有很多教會在聖誕禮拜時有超過一千人以上來參加，他們平常禮拜時就有數百名信眾了。這裡的聖誕節，將會和你習慣見到的非常不一樣。」

＊　＊　＊

在大門旁邊有一個小房間，裡面是教會的圖書室和書店。房間裡幾面牆排滿了玻璃門書櫥，裡面陳列著各種由未註冊教會所出版的雜誌刊物，或是參考書籍，像是《聖經》的各種文字譯本，或者古典希臘文的啟蒙入門。房間的中央擺放一張大桌，上頭展示有大約五十種關於基督教的書籍，當中有許多是知名美國傳道牧師宣教集的中文譯本。王怡的傳道集也在其中販售。王怡的這些講道，是當初吸引我造訪秋雨聖約教會的原因。儘管它們篇幅很長（通常一次講道是四十五分鐘），在我聽過的各種語言的傳道當中，仍然可列入上乘之作，我盼望有朝一日可以將它們翻譯成英文，並上傳到網路。王怡的反應敏捷，他在證道時引用《聖經》裡的詩篇，都是講道開始時我們聽到過的，他還在內容裡穿插時事和笑話。他創造了一個講道理、有秩序的天地，和外面在成都街頭上你爭我奪的花花世界，形成明顯的對比。

我內心不禁疑惑：像王怡這樣傳道，還能持續多長時間，而不會招惹來麻煩？不過，真正讓我有此疑慮的，其實並不是他的傳道本身，而是他的教會已經成為黨控制範疇之外的平行世界這個事實。秋雨聖約教會有自辦的托兒所、日間托嬰照顧、神學院以及小學——全都位在教會買下的江信大廈第十九層。它的財務獨立，拒絕一切國外資金。它就和政府一樣，也舉行選舉，召開年度會議，只不過它比起政府更加透明公開，也更有意義。北京社會評論家李凡曾經寫過一篇論基督教在中國發展的專論文字，當中聲稱中國的地下教會是公民社會的唯一真實範例——換句話說，這些未註冊的教會，乃是不受政府控制的獨立組織，試圖改變或是改善這個社會。

這一點在秋雨聖約教會的社會福利事業上，看得最清楚。獨立行動主義最受到政府的猜忌和厭惡，因為政府擔心即便是看來再單純無害的團體，也可能會搖身一變，成為某種政治力量。這種憂慮並不像表面上看起來的那樣荒誕。二〇〇八年時，四川發生恐怖的大地震，數千人不幸罹難。來自中國各地的人們自動自發地前往協助救援，或是捐錢賑災。但他們很快就發現，那些首先被震垮的房屋，都是學校。於是像成都的環保人士譚作人等開始對公家建築的腐敗內規，提出尖銳的質疑，而這個議題被北京的行動藝術家艾未未給放大宣揚。原來開始時是賑災慈善事業，就此轉變成為某種政治運動。在地震發生後的幾個星期內，大多數志願前來協助的救災人員都被遣返，而譚作人則在稍後遭到當局的關押拘禁。

然而秋雨聖約教會卻依然堅持。王怡領導的會眾興辦了各種慈善事業，幫助街頭遊民，乃至於政治犯的家屬。教會宣稱，他們並不是支持政治犯，只是秉持人道精神的立場行事而已。這或許屬實，不過教會的所作所為已經算是挑戰當局容忍底線的一記擦邊球。

正當我坐著隨手翻閱王怡的傳道集和其他書籍時，有位朋友走了過來。他名叫張國慶，是個地方生意人，快要五十歲，至今還是單身，不過希望找到一位願意與他共結連理的女性基督徒。他總是忙著工作：籌辦音樂會、商務會議和大型公開活動。工作已經這樣繁忙，再加上他頻繁參與秋雨聖約教會的事務，讓他到現在仍然是孤家寡人。他常對我說，盼望能找到一個「對象」——一個能和他分享人生喜悅、共同面對試煉的夥伴。至於現在，教會的事情填滿了他的時間，而他也是教會和城裡每一位思想家的非正式聯絡人，同時還成為「國保」（**譯按：即「國家政治安全保衛」部門的簡稱**）探員持續監控的對象。

「如果你想要寫關於成都的事，那你就得了解它更多一些，」他對我說：「你想見冉雲飛嗎？」

冉雲飛？是那位在二〇一一年因為在推特上轉發有關北非「茉莉花革命」的信息而被當局拘

禁的知名作家兼部落客博主嗎？當局將他拘留了六個月，最後未經審判而釋放。從那時起，他就處在當局的嚴密監視之下。我很用力地點點頭。我當然有興趣和冉見面。

「他的太太是秋雨聖約教會的姊妹。我們是老朋友了，當然冉雲飛和王怡牧師也是老兄弟了。我們和他都很熟。我們要早點去，避開『國保』，」張國慶說道：「我明天早上七點鐘來接你。」

我笑了。「那『國保』在早上七點鐘之前不上工的嗎？」我還以為國家安全部門都是二十四小時不分晝夜工作的。

「這兒是四川！而且，不就是老冉嗎？不過你說得對，六點半，不，六點鐘好了。他不會想到我們要來的。」

「你是說『國保』還是冉？你確定他想見我們嗎？」

張國慶笑了起來，並且用力拍了拍我的後背。「他為了我，什麼事都會做。我們是哥兒們。」

「他是基督徒嗎？」

「老冉還不完全是個基督徒，不過很接近了。咱們明天見。」[2]

＊＊＊

冉雲飛住在一棟一九五〇年代、共產黨都市計畫風格的老舊綜合公寓大樓裡，這是一排造得很低矮的公寓當中的一棟磚造樓房，外牆的磚頭像老舊的寺廟一樣，已經斑駁剝落。樓房被路旁一排銀杏的濃蔭所遮掩，這排銀杏彷彿已經栽種了好幾個世紀了。在清晨像雨雲般的霧氣裡，樹蔭將我們籠罩了起來。在這個灰白而寒冷的早晨，我們在潮濕而長滿青苔的鋪路石上緩緩前行。

這棟集合住宅公寓，人們稱之為「單位」。直到一九九〇年代，在城市裡的大多數中國人都在為某個「單位」工作——這個「單位」或許是一家公司，可能是某個政府機構，或是一所大學——總之是某種提供員工終身工資、退休金的組織。然而隨著中國逐步採取市場經濟，這種「單位」體系開始崩解。其中最重要的一個步驟，是政府於一九九〇年代時開始將這些集合公寓住宅賣給住戶。這個政策的重要性通常被低估，但是它帶給人們相當大的自由感。冉雲飛所屬的「單位」是《四川文學》雜誌社。這是一家公營的雜誌社，他在裡面還保留著一個象徵性的位子，偶爾寫點關於中國古典文學的文章。「單位」配給他的宿舍相當典型：一棟施工窳劣、極度骯髒昏暗的五層樓公寓，沒有電梯。公寓的樓梯間漆黑一片，地上到處散落著人們不想擺在家中的垃圾。在中國，公共空間往往就是這副模樣：滿地垃圾、隨地吐痰、濫用公共設施都是司空見慣的事。反正，總是會有外來的清潔工把這一切都清理乾淨。

和張國慶預料的一樣，「國保」的人不在，冉雲飛也沒料到我們會來。他打開位於公寓五樓的家門時，身上穿著睡衣，眼睛盯著我們瞧了一秒，然後爆出一陣斷斷續續的笑聲，好像是在說：好吧，要是「國保」沒見到你們，我又能怎麼辦？他是個身材結實的男子，身高大約一百六十七、八公分，頂著小平頭，面孔皮膚黝黑。由於他屬於長江流域山區裡的「土家」少數民族，冉雲飛管自己叫「土匪」——據他自己形容，就是「又矮、又黑、一臉憤怒模樣，你曉得的」

——「土匪」也成為他在社群媒體上的稱號：「土匪冉」。他說話快而帶點結巴，經常在句子的最後添上幾個「對、對、對」，好像單靠一個「對」字不足以傳達他的同意，或者無法掩蓋他心中的質疑似的。他和我握手，把我拉進房間裡，然後很快地告退進房去刷牙和換衣服，又燒了一壺開水。

他與妻子和女兒同住，她們兩人也剛起床，準備上班上學去。她們兩人待在後面，直到冉雲飛端著茶出來招呼我們時才跟著現身。冉領著我們沿著屋內的樓梯走上公寓的屋頂，他在那裡搭建了一間玻璃牆面的小屋，充當自己的辦公室。房裡擺滿了書，堆得像是抽抽樂積木，數量之多令人訝異。在書架的夾縫中間，擺著他寫作用的書桌、沙發、躺椅、以及好幾個看上去像是從一艘沉沒的西班牙大帆船裡撈上來的大木箱。當黎明破曉，我們看著外頭汙染嚴重的城市，房屋建築從煙霧裡探出頭來，活像迷霧森林當中樹木渺茫的身影。客觀來說，這一幕相當醜陋，可是它實在太過虛無抽象，以至於似乎可以被看作是一幅山水畫裡夢幻的景觀。

「你氣色不錯啊。」張國慶精神飽滿的對冉雲飛說道，好像他的朋友才剛度假回來似的。

「在監獄裡我就讀經典。他們不讓讀《聖經》，說《聖經》反動。但是他們讓讀經典，但是經典裡反動的東西可多了去了！當然他們看不懂經典，也什麼都不知道。讀經典對我還是很有啟發的。」

他遞給我一部自己的著作，這是一本藍色封皮的小書，封面上印了一座寺廟。書名叫《古蜀之肺：大慈寺傳》，對於成都知名寺廟大慈寺的歷史，做了有系統的研究。我對這本書印刷的品質很感訝異：它是一部精美的平裝書，卻有著質地粗糙的封面。

「這本書講的是僧人在解放後是怎麼被打成右派的。」在毛澤東時代，「右派」是他加在那些被認為不夠左的人身上的名詞。「僧人怎麼能是右派呢？簡直胡扯，但是當時就是這樣啊。這書裡面都有，但我也沒特意和政府過意不去，這裡只是闡述事實。這就是我寫書的風格：要事實，要清晰。」

「你最後還是出版了？」我問他。

「當時書就在出版社的庫房裡。我從監獄裡放出來之後，他們不發行。我就去跟國保講，他們說：『你沒被定罪啊，可以出版。』我說：『好呀，那你們能不能把這個告訴出版社？』他們說：『那可不行，我們親自告訴他們會把他們嚇死。但是你可以轉達一下。』所以我把這個資訊轉達給出版社，他們發行了，但是基本上哪裡都買不到。我們印了五千本，我賣了大概二千本，大部分是直接在廟裡賣的。」

「你為什麼選擇要寫一個佛寺？你個人有什麼信仰嗎？」

「沒有，沒有，我沒有信仰，我沒有任何宗教，不是佛教徒，但是我受基督教的影響，主要通過王怡。我太太也個是基督徒。我雖然沒有信仰，但我不是個無神論者。人這種精神是有價值的，這個價值我不否認。」

他和王怡是老朋友了。當冉雲飛在二〇一一年遭到當局拘留的時候，王怡寫了一封感人的公開信，題為〈忍看朋輩成新囚〉，頗有暗中嘲諷的意味。從前，王怡和冉雲飛曾經相當激烈的討論宗教，弄到王怡半開玩笑的表示，他簡直不敢想像冉成為基督徒的那一天；要是冉雲飛真的信了主，王怡就會一天到晚看到他，他們豈不是爭辯得更不可開交了。不過現在，王怡必須懷抱著一個悲慘得多的打算：他的朋友被關在牢裡。「為國家心碎，」王怡寫道：「為正義發聲。」

冉的妻子走上樓梯來，帶了一大碗黑花生給我們嚼。「你們在這玩，我出去了。」她禮數很周到，人卻顯得疲倦而厭煩：她的丈夫這會又來了，又對著外人說他不該說的話。

我們沉默了一分鐘，然後冉雲飛接回方才的思緒，在他大笑、開玩笑和諷刺政府的宗教觀時，他的想法急如星火般迸射而出。

「共產黨對宗教的破壞非常嚴重。他們根本不懂宗教。你看西藏，我跟『國保』都探討過，我說你們太過分了，你們不讓掛達賴喇嘛的像。你們沒有信仰，所以是不能理解的。所以藏人的內心非常憤怒，也非常難過。然後你還把毛澤東的像掛到廟裡。你們真是太過了。這怎麼能是對的呢？你們想想。怪不得他們去自焚。」

我問他宗教團體還能提供給人們什麼，主要只是給予人們慰藉嗎？

「不，遠不止這些。如果政府想讓中國發展得好，那麼它需要信仰，也需要民間社會。我曾經在網路上說過，很多人對NGO的認識非常膚淺，還停留在『好人好事』。這顯然是不準確的。社會上必須有NGO，因為不能只是政府在那裡做事，然後我們在那裡支持或者反對。我們必須親自去做很多事情，而不只是被政府帶著走。你懂我什麼意思嗎？」

「教堂就是這樣的，那些家庭教會就是這樣的公共空間。它們差不多是現今中國社會唯一的公共空間。並且我經常說，正是因為它們我的思考才變得更清晰。」

「是教會讓你思考更清晰嗎？」我問。

「在網上總是有人在不停地罵我。但是我也慢慢學會了接受。」

「是不予還擊嗎？」

「對，或者至少我是保持文明。我是這樣的：我和人爭論是有規則的。一，你罵我，我不在意；二，我不誇你，也不會拍你馬屁；三，我很大度，比如我從來不會和國保打起來。當然啦，我們意見有所分歧。」說著，他爆出一陣大笑，指了指嘴，試著想停下來。「但是我們會討論很多事情，我個人從來不把別人當敵人。我們相互之間是很有禮貌的。現在中國哪有幾個人不罵人的？知識份子之間就在那不停地吵，不停地罵。這也就是為什麼中國公共討論的環境這麼爛。」

「所以你為什麼寫關於教育的東西？這個與公共討論和信仰的缺乏有什麼關係？」

「現在這個社會中的教科書都是教孩子怎樣愛黨，所以直接導致信仰危機。」

「我不太懂。」

「教科書中讓你學習的人物全是假的。現在他們又在推崇雷鋒。」他如是說道。雷鋒是幾十年前的共產黨員英雄人物，被標舉為無私的模範。

「但是所有人都知道雷鋒是假的。他的事蹟基本上都是編造出來的，都是胡扯。他是個普通的士兵，結果派一個新華社的攝影師專門去給他照相？還有那雷鋒日記？簡直就是侮辱人們的智商！他們的這些英雄全都是假的：王傑、劉文學、賴寧，全是假的！所以當他們講道德的時候，這些工具都是假的，完全是假的。」（譯按：王傑（一九四二—一九六五），山東金鄉人，參加解放軍，官方說法：一九六五年七月，他參加民兵炸藥訓練時出了意外，為了掩護在場受訓學員，自己撲上炸藥而犧牲。劉文學（一九四五—一九五九），四川合川人，參加少年先鋒隊，官方說法是他於一九五九年因「見義勇為」制止地主偷盜農作而遭到殺害。賴寧（一九七三—一九八八），四川雅安人，官方說法係自願撲救山林大火而殉難。）

「所以當學生長大後瞭解到雷鋒是假的，這個後果是毀滅性的。你所被教的一切都被摧毀了。你覺得世界上沒有東西是真的。那他們怎麼講道德？根本不可能，因為你已經發現你最應該崇尚的東西是假的。信仰所提供的是一個底線，但是政府沒有這樣的底線。他們什麼都敢說，也什麼都敢做，成功都是靠騙你，靠這樣統治你。」

「那你怎麼應對呢？」

「主要是你要學會怎樣和別人討論。中國的知識份子有公共討論能力的人實在是不多。他們學不會怎樣討論問題，結果就是互罵。基督教教給我的一件事，就是不要老罵別人。我是急性子，但是也慢慢學會了冷靜。我覺得基督教教給了我這個，讓我變得更理性。」

這是一個有趣的轉折。沒有信仰的世俗論者覺得宗教是非理性的，要是他們對宗教抱有任何同情，那麼頂多也只是將其看作是人們生活中那神秘的、不合邏輯的一部分，而我們必須接受罷了。然而正如幾週以前北京的倪老所說的那樣，信仰可以是一個簡單的命題：做好事，過上單純而正直的生活。難道這不是真正幸福的普世基礎嗎？

相比之下，中國激進世俗論者建立起來的社會，似乎要來得複雜得多：他們不但製造出假的道德英雄，還甚至還像對待冉雲飛這樣，硬是派給他一份不是真正工作的工作。這個人因為部落格上的文章而遭到逮捕，之後被釋放了，但是某種程度上還是處在軟禁之中。我問冉，為什麼他不辭掉這個工作。

「他們不讓！他們說：『不行，你可不能辭職。』然後他們繼續給你工資，不管你寫信也好啊，說什麼也好啊。四川這邊的國保想讓你待在體制內，不讓你離開。」

「這樣是比較好管嗎？」

「沒有那麼直接。如果有什麼事，他們不用直接找你。這是很微妙的。比如你是我單位的領導，你對我很好。所以他們去告訴他某個事你不能去做。他女兒要上大學，然後他也很慚愧，但是他要問你：『你真的那麼需要出版那本書嗎？真的總需要這麼批判嗎？』所以你反而要問自己：『我要不要讓他的女兒上大學？』」

「所以你在單位一個月什麼都不幹，就拿一千五百塊錢？」

「這個社會是很混亂的。我舉個簡單的例子：我還能出版、發文章，王怡就不行。但我坐過牢，他沒坐過牢。他們的黑名單上可能剛好沒有我，但是有他。你說說這是怎麼回事。」

「因為他是牧師？是搞宗教的？」

「是呀，你可不能低估家庭教會在中國社會的影響力。他們才是真正的非政府組織。王怡這樣的人有真正的支持者，不像社交媒體，人們可以隨時下線。我和王怡開玩笑說，政府更怕他，不怕我。他們才是真正的民間社會。」

後來我們又聊了一個小時才離開，走的時候沒有遇見讓人恐懼的「國保」。我的思緒又回到王怡的教會，感覺他們可能難以長久這樣維持下去。在王怡於冉雲飛被拘捕時所寫的公開信裡，曾經預測自己也將迎來牢獄之災。即使這則預言到現在還沒有發生，信中還有另一段讀來怵目驚心的文字，那就是他和妻子蔣蓉談起，關於自己可能被捕的情況：[3]

妻子說，我原來以為，你一定會比雲飛先進去。從週三開始，我禁食三日，和妻子商議了未來的各種情形。禱告中，得著一個確據，就是既然蒙召，我或者自願、或者被迫，無論去任何地方，都是去傳道。我的妻子，無論在任何情形下，也都是師母。人間的勢力可以輕易改變我們侍奉的時間、地點和方式，卻無法改變我們侍奉上帝的本質。所以蔣蓉問我，如果我被抓了，她當如何？我說，去監獄如同去非洲，我還是傳道人，你還是師母。昨天以福音為生，明天還是以福音為生。因為召我們的，既是昨天的神，又是明天的神。

第二部——驚蟄

中國有志於現代化的人士之所以反對採用陰曆，其中一個原因是它會逐漸地偏離失準。月亮繞地球十二次只有三百五十四天。每年大約會短少十天。因此每隔三年，陰曆就需要重新校正一次，加上一個閏月，但是這仍舊表示陰曆裡的所有節氣和陽曆中的日期對照，每年都會出現變化。所以有時候陰曆新年是在陽曆的一月，有時候卻又落在二月。

這種情形看來似乎無傷大雅，畢竟在其他宗教的曆法中，節日也經常變動日期。但是中國的曆法不只是用來標定宗教節日而已，它還關乎人們的作息。在傳統中國這樣的農業社會中，農民需要一套可靠的季節導引準則：大地在什麼時候回暖、開始下雨、或是結霜。為了解決這個問題，人們所必須估算的是地球與太陽之間的相對位置，而不是月球與地球的距離。

他們靠觀察太陽上升與星辰運行的位置來達成這一點。由地球的角度來看，當我們正繞著太陽公轉時，位於太陽後方的星辰似乎都在移動。這個概念頗類似於西方人所熟悉的黃道十二宮，後者判定太陽升起時是哪個星座在其後方運行而過。當然，是我們繞著太陽轉，而不是太陽穿過這些星辰，但是基本的概念卻是正確的：它說明了地球在繞行太陽公轉時三百六十度的位置。公轉的動態是準確而可以預測的，繞行太陽的每一度，大約就等於每年當中的一天。

上古的中國人運用這套規律，將每年的日子以十五或十六天為一組，編為各個節氣。每年有二十四個節氣，一個季節有六個節氣——這些節氣各自擁有特殊的氣候模式、頌詩、格言警語、甚至還有關於特定節氣吃哪些食物的規則——譬如：在炎炎夏日該吃哪些食物，才能讓身體降溫下來；在寒冷的冬季又該吃些什麼才能保暖，或是在天乾物燥的幾個月裡補充身體的流質。這些節氣的名稱帶領我們進入一個農村時代：像是穀雨、夏收、霜降、小雪、大寒等等。

近年以來，這些節氣作為一種文化象徵，有復興的趨勢。到了一九九〇年代，藝術家開始利用節氣作為政治和文化事件的譬喻。大約在二〇一〇年，中國的消費文化重新發現了節氣。雜誌為二十四節氣製作專刊，重新為讀者引介傳統年曆，並建議合適的食物、茶飲以及衣著。北京有一家連鎖生活用品商店聘請民俗專家，為二十四節氣設計出一系列特別的食材：春分時節要吃剁碎了蒜泥做內餡的春餅，以避免隨著溫暖空氣而增生的細菌；小暑時節要吃冰涼的綠豆糕；而立秋時節要吃以健壯豬隻烹調而成的豬腳，好培養應付嚴冬的健壯體質。各式書籍和手機應用軟體紛紛解釋與節氣有關的詩句、奇談，以及神話寓言。小學請到客座講師，對學生們說明節氣這個概念。朋友彼此之間開始在電子郵件後面，用重要的節氣作為祝福語：願君冬至安寧！

驚蟄是最能喚醒人們回憶與感情的節氣之一。它在陽曆三月初降臨，人們相信這時春季常見的雷雨，會喚醒原本處在蟄伏狀態的昆蟲。驚蟄是春季六個節氣中的第三個，此時地球在繞太陽公轉的軌道上，位於三百四十五度，正是即將播種的時節。在農曆新年的歡慶氣氛消散以後，世界自己醒了過來。四世紀時的道家隱士兼詩人陶淵明，是這麼描述驚蟄的：

> 仲春遘時雨，始雷發東隅。
> 眾蟄各潛駭，草木縱橫舒。（陶淵明，〈擬古〉）[1]

附表：二十四節氣

季節	經度	日期	名稱
春	315	二月四日至十八日	立春
春	330	二月十九至三月四日	雨水
春	345	三月六日至二十日	驚蟄
春	0	三月二十一日至四月四日	春分
春	15	四月五日至十九日	清明
春	30	四月二十日至五月四日	穀雨
夏	45	五月五日至二十日	立夏
夏	60	五月二十一日至六月五日	小滿
夏	75	六月六日至二十日	芒種
夏	90	六月二十一日至七月六日	夏至
夏	105	七月七日至二十二日	小暑
夏	120	七月二十三日至八月六日	大暑
秋	135	八月七日至二十二日	立秋
秋	150	八月二十三日至九月七日	處暑
秋	165	九月八日至二十二日	白露
秋	180	九月二十三日至十月七日	秋分
秋	195	十月八日至二十二日	寒露
秋	210	十月二十三日至十一月六日	霜降
冬	225	十一月七日至二十一日	立冬
冬	240	十一月二十二日至十二月六日	小雪
冬	255	十二月七日至二十一日	大雪
冬	270	十二月二十二日至一月五日	冬至
冬	285	一月六日至十九日	小寒
冬	300	一月二十至二月三日	大寒

第五章 儀式：喚醒過去

周朝是過往中國的黃金歲月，這是一段傳奇的年代，開始於距今三千餘年前，並延續了八個世紀之久。如孔子這樣的哲人大賢，讚揚古代的聖王是智慧的典範，因為他們憑藉德行來治理、並且啟發其臣民，而不端恃武力。在這個王朝的許多舉措當中，有一項在歷朝歷代不斷地受到仿效：據說首位周天子下令建造了一座被稱為「靈台」的建築，作為寰宇一統的象徵。有一首當時的詩歌，描述人民是如何的受到感召，紛紛自發前來，很快就將建築修造完成的情景：

> 經始靈台，經之營之。
> 庶民攻之，不日成之。
> 經始勿亟，庶民子來。

一九五九年，中共也起造了屬於他們的「靈台」。為了慶祝其建政十周年，黨以暴君般的規模，下令興建「北京十大建築」，當中包括一座新鐵路車站、一座大型體育場、規模宏大的展覽中心、一座國家級博物館，以及一座施展政治權力的集會廳：人民大會堂。共產黨動員了七萬工人，幾乎用上了建築營造業裡的所有人手，包括第一章提到的倪老和他的父親。工人們分成兩班施工，每十二小時換班一次，在短短幾個月裡完成了這些規模巨大的建築。在每一處地方，都有成群的工人，像上古時代的勞工那樣辛苦地幹活：他們日夜不停地徒手搬運磚塊與石頭。然後，黨也和數千年前的周王朝一樣，強調完成這些工程時的速度與人民的自發性：這些建築是一項指標，代表廣大人民支持共產黨的統治。或者，如同一位參與其事的建築設計師所說，群眾「歡迎這項光榮的使命……獻身於這項巨大的建築戰役之中。」[1]

在這十大建築之中，只剩下人民大會堂還在獨領風騷。其他的許多建築，早就因為這樣或那樣的理由——有了更大的車站、更受矚目的博物館、更顯眼的體育場等——而被超越，逐漸走下舞台。但是人民大會堂仍舊是公眾對於中國政治聚焦的核心所在，它位於天安門廣場西側延伸出去一千兩百英尺之處，看上去像是一塊巨大的花崗石。這裡是國家領導人公開露面、展示他們權力的地方。這裡也是舉行國宴、接待尊貴顯耀的外國來賓、以及具有象徵意義的政治會議的場所。這裡是中共要人的金鑾殿，是他們的聖域。在公眾世界裡，各種在昏暗空間裡做成的決策，都會在這裡宣示、公諸於世。

以上種種與昔日中國政教關係的相似之處並非偶然。人民大會堂外觀嚴峻方整的線條，反映出中國在一九五〇年代追隨蘇聯模式時施行的各種史達林式政策。但是建築的細節卻是傳統的。[2]正門迎面的十二根大門柱，都安座在蓮花瓣上，這是佛教常見的象徵，代表純潔與正直。門柱之所以是十二根，是有意與紫禁城的中心建築——太和殿的十二根門柱看齊。大會堂的可用樓地板面積超過四十二英畝，是由原來較小的容積設計擴充而成，如此便可以超過整座紫禁城的面積。

考慮到中國傳統的風水理論，人民大會堂並未直接座落在天安門廣場西側的正中央位置，因為這樣一來，將會使其門面入口處正對著「人民英雄紀念碑」，它是為了紀念為共產革命而犧牲生命的勇士——這是關於死亡的不祥之兆。因此，整座建築就向北挪動。「生者不該面向死者，」有位設計師就這麼說道。

人民大會堂的室內格局同樣也反映出在傳統觀點中，政治中心要如何看待、並團結其統治的疆土。四千多年以前，中國的第一個王朝夏王朝，就曾經在其銅器上以代表天下九州及其進貢方物的象徵作為裝飾。在人民大會堂裡，則由代表中國三十四個省、自治區及省級特別行政區的「廳」作為全國版圖的象徵。香港廳裡最顯眼的擺設，是一幅壯麗的絨繡壁畫，呈現維多利亞港的夜景，以突顯香港作為中國最國際化城市的特色。湖南廳和陝西廳則有上古青銅器作為陳列擺飾，以表明這兩個省分的古代歷史傳統。新疆廳以鋪設了「北京最大的絲地毯」為榮，而西藏廳則掛有唐卡圖樣的巨幅壁畫。

將這些延綿千萬里的疆土串聯在一起的，是共產黨的各式徽記。其中最顯著的一個莫過於大禮堂穹頂上的巨型紅星。大禮堂在設計時依照毛澤東的指示，可以容納一萬人；「萬」這個字在中文裡，就等於「無限大」，就如同「萬歲」一詞，雖然字面上意思其實是指「一萬年」。根據設計團隊的一份聲明，人民大會堂大禮堂的穹頂：

> 寓意無涯浩瀚的宇宙。在穹頂中央，一顆巨大的紅色五角星燈，由樹脂玻璃材質製成，象徵黨的領導。紅星輻射狀散發出鎏金般的光芒，周遭環繞著鍍金的葵花瓣以及數環水波形狀的嵌入式暗燈。燈飾背後想要傳達的設計概念相當清楚：所有人民都自動聚集在黨的領導之下，跟隨黨的步伐前進，邁向一次又一次革命的勝利。

每年大約在「驚蟄」這個節氣的前後，在萬人大禮堂穹頂燦若繁星的燈光下，中共會發動其最具重要性的權力展示活動：為期十天的「兩會」。「兩會」其中之一是中國人民政治協商會議，共產黨的領導班子出席會議，與企業界人士、電影明星、宗教領袖和學術界人士共同商討。這麼做是為了宣示「來自各行各業的各界人士」是統治中國神聖使命的一個組成部分。

另外一個集會則是中華人民共和國全國人民代表大會，這是一個形式化的議會機構。全國人大設有代表，不過這些代表並不是經由選舉產生的。人大通過法案，但是決議文字在別的地方起草。人大公布法律，但是它們的實施卻反覆多變。就像人民大會堂那些金碧輝煌的廳室或上古時代的青銅器那樣，上述的各項舉措也是一種政治方向的聲明，其真正用意只能在漫漫長日中漸趨明朗。今年，人民大會堂特別適合「兩會」在這裡召開，因為領導人宣示，中國將要復興其精神生活。

中國和世界上所有的一黨制國家一樣，對於「文化」相當執著。所謂「文化」，指的並不是撥款補助歌劇院或愛樂交響樂團一類的事情（儘管政府確實在這麼做），而是指某種接近「企業文化」的現代經營管理術語——也就是讓組織發揮作用，或是鼓勵人們付諸行動的理念與哲學。並非只有威權體制的國家才會面臨這樣的挑戰。在近代之前，許多社會仰賴世襲的君王而得以維繫，他們都擁有某種天賦或神授的統治權力。當世襲統治瓦解，新形成的民族國家通常採取以種族與共同歷史為基礎的集體認同策略，例如德意志是德國人的國家、法蘭西是法國人的土地等等。時至今日，大部分的國家都體認到它們是由多個種族共同組成的，極力爭取更寬廣的認同。像是今天的德國業已建立起勇於面對過去的形象，而法國則揭櫫大革命時代的各種理念。美國、加拿大、澳洲和其他擁有悠久外來移民傳統的國家，則傾向於強調平等與基本人權。

要凝聚一個國家的共識總是相當艱難，尤其在那些極權體制的國家更是如此。缺乏言論表達和集會的自由，就表示在這些國家裡，公眾討論與辯論受到阻遏，因此領導人通常要編造某種國家神話，其效果如何則各有千秋。中國官方宣揚中國是一個多元種族的國家，一視同仁地尊重境內所有民族、宗教信仰和傳統。這個敘事版本的問題在於，實際執掌國家權力的是漢族，而這個國家的視野也由漢族的價值觀、夢想和傳統來界定——而不是中國境內其他五十五個民族群體。而想要提出一個更可行的國家願景，則因為中國近代歷史的發展而顯得更形複雜。清代是中國的末代王朝，係由北方入侵中原的滿洲人所建立。清代於一六四四年到一九一一年的統治期間，大幅擴張中國的邊界，將那些地處偏遠的民族納入帝國的版圖，而這些民族先前受到中國統治的時間都相當短暫，或僅僅是受到中原政權非常鬆散的羈縻而已。清王朝確實是一個多民族的大帝國，朝廷的諸多檔案和碑文都同時以各種語言進行書寫，像是中文、滿文、蒙文和藏文。維繫清朝統治於不墜的是中國傳統的世襲統治，以及舊日那充滿強烈宗教色彩的政治體系。

＊＊＊

清廷的統治於一九一一年土崩瓦解，取而代之的中華民國與隨後興起的共產黨人（都是漢人居絕大多數的政權）繼承了滿洲大帝國的疆界，卻苦於無法提出新的理念和價值觀，來取代清代舊有的意識形態。

毛澤東對於這個問題的解決之道，有部分是將他自己推上台，扮演神一般的角色。毛成為「偉大的舵手」、或是從東方冉冉升起的紅太陽。但是由於他的統治帶來了一連串的浩劫，遂使他的接班人面臨缺乏可信度的困境。他們的應對之道是將施政聚焦於拚經濟，使經濟發展成為國家政策的首要目標。稍後，愛國主義加入這個施政信念混合物當中。學生們必須接受義務軍事訓練，而政府則大力宣揚以下的故事：國家遭受外國的欺凌侮辱，直到共產黨拯救了中國。

即便如此，在一九八〇和九〇年代，有一種惶然不安的感受開始發芽生根，到了二十一世紀之初，這種感覺已經瀰漫全中國——社會中缺乏信任，讓許多中國人感到憤怒，這樣的憤怒反映在民意調查和各種研究當中。政府當中有些人認為，倘若能謹慎地對宗教加以掌控，後者可以成為消解這樣憤怒情緒的良方。葉小文便是這些官員當中的一員，他是國家宗教事務局的領導，也是一個備受爭議的人物；國家宗教事務局是掌管國家宗教政策的中央單位，它能任命指派各宗教的領導高層，並且能拍板定案，決定哪些寺廟、教堂或清真寺可以興建。葉小文是前國家主席江澤民的緊密政治盟友，他在一九九五年時，以中國官場中相對年輕的四十五歲之齡，就成為國家宗教事務局的局長。他在這個位置上幹了十四年——這段資歷使他很容易就成為改革開放年代，在中共黨內對宗教事務最具影響力的一號人物。

在西方，葉小文往往被認為是主張強硬路線的鷹派，但其實他是一個思想相當複雜的政治人物，對於宗教有著一定程度的認識。[3]在中共建政後的早期歲月中，黨要不是試圖查禁宗教活動，就是心懷不甘的認定，宗教對於若干少數民族（例如回民和藏人等）具有某種重要意義，所以最好是將其擱置不問。葉小文的態度要來得老練世故得多。他出身貴州，這是中國最貧困的省份之一，在一九七〇年代攻讀社會學（譯按：葉小文為貴州大學哲學系本科，貴州省社會科學院研究院哲學專業結業）。[4]許多年以來，社會學這門學科遭到查禁，被視為沒有存在的必要，因為共產主義的意識形態應該能解釋社會中的一切現象。所以像葉小文這樣訓練有素的社會學家，在當時人數奇缺，很快就在官場中嶄露頭角。到了一九八〇年，葉小文就已經成為貴州省社會學會的副會長兼秘書長，當時他才三十歲。五年以後，他出任共青團貴州省委書記。一九九〇年，也就是六四屠殺過後不久，葉被召往北京，擔任共青團中央統戰部的副部長。統戰部這個單位，其目的在於爭取並控制社會中非共黨的團體——例如宗教。當時中共正試圖要修補六四之後與社會的聯繫，統戰部扮演關鍵的角色。

葉小文的態度強硬，但是身段靈活。二〇〇三年，他赴美國訪問，說明當前中國的宗教政策，並且「有如二手車銷售員那樣侃侃而談，有問必答」。[5]在洛杉磯，他面對一群抱持質疑態度的記者，仍然口若懸河的解釋，為什麼由他這樣一位無神論的共產黨官員來負責宗教政策會毫無矛盾牴觸。正如他在稍後所表示的：「如果我信仰某個宗教，其他的宗教會不高興的。正因為哪個教我都不信，哪個教我都尊重，我才能為他們服務。」[6]

不過葉小文在任內的實際做法，並不如上面這番話那樣不偏不倚。他一面下狠手重打那些有外國關係的宗教，一面則扶持那些被認定為本土的信仰體系，尤其是佛教、道教、以及儒家思想等。二〇〇五年，他出席新設立的「儒教研究中心」揭幕儀式，藉此公開對其表示讚許。很快的，那些批評「將儒家當作一個宗教」的學者，紛紛從重要的研究機構位置上被拉下馬，取而代之的是那些願意支持「儒教復興」的學者。[7]沒過多久，全國各地的大專院校、高中小學都設立研究機構或專班，教授儒、道以及其他傳統學派的思想價值體系。

為了跟上中共強調經濟發展的新形勢，葉小文主張，宗教可以透過建立社會信任，以及緩和社會上的緊張局勢，為經濟發展做出貢獻。[8]「宗教是中國最重要的社會力量之一，中國從宗教裡汲取力量，」二〇〇六年，葉小文在一場國際佛教會議上如此表示。[9]

二〇〇四年，中共開始提高宣揚其自身價值信念的聲量，於是創造了「和諧社會」一語。這個詞彙相當傳統，令人回想起道家和諧處世的理念。二〇〇六年，中共又提出了另一個聽來頗為八股的社會主義道德觀：「八個為榮，八個為恥」，列舉事項，要求黨的官員以做到八樣事情為榮，以觸犯八件事情為恥。

上述這些標語聽來空洞，但是它們實際上標誌著一個重要轉折的開始。在毛澤東當政的年代，共產主義的理論基礎是社會必須處在永久革命的狀態中。鄧小平上台，改革命為「改革」，調性較軟，但是仍然涉及痛苦的變革。因此，實際上這是一個相當激進的理念，也就是二十一世紀的黨應該確定其扮演的角色，不再是社會變革的推動者，而成為社會中各種傳統價值相衝突時的調和仲裁者。

這些明顯看來膚淺、空洞的口號標語並非真的毫無意義，之所以這麼說還有另一個理由。這是因為在中國，各項計畫的實質內容總是姍姍來遲。中國是一個愛搞「試營運」的國度：先是大張旗鼓的宣布重大政策，接著豎立結構展示意圖，一直到了這個時候，才會填入實質的內容。從這個角度來說，在中國要發展出一個全國一致的意識形態，很像是在打造一座購物商城：合約建案先被公諸於眾，然後開始起造建築，接著有少數幾間商店開張，不過要等到好幾年以後，所有的商家和餐廳才真正投入營運，此時已經有為數不少的承租戶宣告破產了。這種臨時湊合、將就的模式，和西方看待政策計畫的態度相當不同——西方人在事前設想與籌劃妥善周全，然後按圖索驥，依照設計執行完成。不過中國人有自己的邏輯。政策計畫如果可行，就先試著實施看看；要是不可行，退回來也更加容易。

五年以後，這些新任務的內涵開始浮現了。當時是二〇一一年的秋季，正值國家主席胡錦濤、總理溫家寶這一屆政府任期內最後一次中共年度會議召開期間。大會發布的公報以坦率的語氣，描述這個社會「許多領域道德敗壞，缺乏誠信，社會中許多成員的價值觀和生活觀體系都被扭曲。」[10]

解決之道是以「社會主義核心價值」來教育人民。所謂「社會主義核心價值」主要是若干不具實際意義的詞語（例如「愛國」、「誠正」、「勤儉」等），不過它們隨即便以傳統中國的思想內涵作為補充，像是「孝道」，或是「大同」這個反映理想政治世界的詞彙。事實上，該報告稱中國的傳統思想遺產乃是「中華民族的共同精神園地」。現在，隨著一個新的政治時期開展，這些口號詞彙也在人民大會堂的一場儀式性會議上被賦予生命。

＊＊＊

在傳統中國宗教裡，一位主持儀軌的法師能默唸背誦一段經文，使原來平凡無奇的空間搖身一變，成為眾神降臨的聖域，諸神在這裡領受信眾的祈求，並為群眾消災解厄。法會可能會持續好幾天，當中穿插著休息與廟會，一直到整場儀式結束，人們恢復正常生活為止。在中國的政界，春季的法會儀式就是全國人大常會，而國務院總理則是主持這場法會的法師。他以一場演說宣告會期正式揭幕，而用一場裝模作樣的官式記者會來為本次大會畫下句點。總理的角色表明這場會議的象徵性質。在中共黨內握有實權的並非總理，而是黨的總書記。通常選擇總理人選的標準，是看他是否具備領導統治這個國家巨大官僚體系的能力。不過，實際上總理只是權力階層面向公眾的那張臉孔，真正主導政府、做出決策的，是那些藏身幕後、少有人知的政治局常委和派系成員。總理的用處很多，但並非不可替換。

這些有如宗教法會般的政治儀式即便是年年舉行，每年的會期仍舊有其特殊之處。二〇一二年的全國人大常會，標誌著國家主席兼黨總書記胡錦濤、國務院總理溫家寶這一屆政府，要將權力轉移給下一屆的習近平和李克強。在秋季，胡錦濤會主持他任期內最後一次儀式作為告別。現在，在全國人大常會上，則是溫家寶總理要率先說再會。

和其他會議的年度會期一樣，二〇一二年的全國政協常會照本宣科，完全按照事前擬定的劇本演出，人們甚至可以拿出去年的議程來照搬套用。[11]大會於三月五日準時召開，這一天是節氣「驚蟄」的頭一日，上演的戲碼是溫總理的施政報告。這是一場長達一個小時的講話，其內容通常重複上一年秋季黨的全會所決議的事項——以今年來說，就是宣示要採用新的思想價值觀，並推動傳統中華文化。他的報告一如往常，完全按照文件宣讀，以至於根本無需聆聽。講稿全文已經在一小時前向外界發布，而在總理正式做報告時，媒體記者的報導文章早已寫好，他們現在只需要兩相對照，以確認總理沒有漏讀了講稿裡的哪一行文字。

接下來的幾天，大會也一如既往地展開。其中，討論議案環節是一項多年來反覆上演的老戲碼，好像政協常會真的是一個審議法案的機關，能夠採納新的理念並加以辯論似的。這一年，有代表們提案禁止電視廣告，而另一些代表則建議政府應該鼓勵年輕女子嫁給較年長的男性。他們所持的理由是：只有年長男性才有辦法在城市裡擁有房子。另一個正經八百的提案來自一位代表，建議不允許農村兒童將來到城市去念大學。這位提案代表說，如果農村裡的孩子上了大學，他們就不會返回祖先世居的家園了，而各項傳統都會因此喪失。用不著說，上述這些提案在送進委員會審議之前就被封殺，它們只是這場政治表演的一部分而已。

每一年，黨都會以幾乎一模一樣的模式記錄下這些儀式性的會議。黨的五家主要喉舌媒體——分別是《人民日報》、《光明日報》、《工人日報》、《解放日報》以及《經濟日報》，其頭版標題幾乎毫無差別。這一年，五大報當中領頭的《人民日報》在頭版刊出標題為「全國政協十一屆五次會議閉幕」的報導。前一年，頭版報導的標題是「全國政協十一屆四次會議閉幕」，而再前一年，則是三次會議閉幕。今年、去年，還有前年，頭版新聞配的照片看來全都一個樣：全景圖像的照片擺在版面正中央，圖中是一排以彩花精心裝飾的會議演講壇，上頭坐著的人有著相同的面孔，同樣的西裝，同樣的染髮。在版面中右的照片上，大會主席正站在麥克風前面，手上拿著一張紙。這兩張構圖完全相同的照片，絲毫不差的出現在去年的報紙版面上。

為期十天的會議，以總理溫家寶主持的記者會作為尾聲，溫總理就在這次記者會上向全國政壇告別。十年之前，總理朱鎔基就是這麼做的；十年之後，即將接任總理的李克強也將會這麼做。溫家寶身形單薄削瘦，看起來幾乎像是個禁慾苦行僧：他的脖頸蜷縮在襯衫的領子裡面，嘴唇緊抿，好像是一位牧師正在聽取令人感到相當尷尬的告解時，臉上展露出來的神情。[12] 溫家寶早年曾經支持過黨內的改革派，他本人看來也像是主張改革的人士：這是一個辦事謹小慎微、體貼牢靠的人，地方媒體稱他為「溫叔」。然而，這種克勤克儉的形象完全是一種欺騙。外國媒體記者稍後證實：溫家寶的家人賺飽了錢。他的年邁母親被用來充當多家空殼公司的人頭，而他的手足與妻弟在國外輕鬆獲取高薪的職位。[13]就最客氣程度來說，溫家寶也是無能、失敗的，因為他沒能做到儒家「先齊家後治國」的勸誡，是負面的範例。

溫總理的記者招待會歷時三個小時；他看起來並不想要告別政壇。在這個時候，在這個政治倫理淪喪的首都，最受到各界矚目的是一起政治醜聞，省級領導薄熙來牽扯在內，他的妻子據傳涉嫌謀殺了英國商人尼爾．海伍德（Neil Heywood）。溫家寶在記者會中對此似乎意有所指，因為他「迫切」的呼籲進行一場政治改革——這場改革當然不是民主改革，而是某種更加公正、更為透明的制度，能夠保障法治不受暴虐的地方勢力所宰制。

溫總理的個人意願和他提出的政治告誡相當耐人尋味，但是對大局而言無關宏旨。在人民大會堂穹頂紅星照耀之下，今年這場政治儀式其實只有復興傳統文化的訴求才真正具有重要意義。這是中共在本年度接下來的時間裡將要採行的政策，亦即政權的新權力基礎。在記者招待會的尾聲，溫總理像是被打敗了一樣，步履蹣跚的走下台去。這不是一個政治改革的時代，而是開啟了一個召喚中國過往神祕而博大之歷史的局面。它源自於中國各地盼望有個更加穩定、更有道德的社會的期待，而以揀選自過去的各種傳統文化作為根基。

第六章　北京：「說不清」

倪金城現在身處煉獄之中。[1]他平躺在床上，在極度的痛苦之中，等待奇蹟的出現。和往常一樣，每逢遭遇巨大壓力的時候，他就用力把腰桿給挺直。壓力的來源不難推測：他的父親病情急遽惡化。癌細胞已經擴散，老人的身體也因為腹水而變得腫脹。就在上次他於農曆新年時見我的廳室邊間，老人現在躺在一張吊床上，舉步維艱。家人們為他更衣，試著用湯匙一口一口的讓他進食，但是老人很快就拒絕了。從老人臥病的房間出去，穿過客廳，對面是一間供奉祖先牌位的小房間。房裡有張大桌，上頭鋪著絲布。桌面上供奉許多小尊的神像，在中央的是一尊兩英尺高的觀音菩薩銅製聖像。在神桌前面是一張紅色的拜墊，旁邊放著一個大銅缽和一柄木槌。每日清晨五點鐘，倪金城會到這裡來做早課。他先點燃三炷清香，用木槌敲擊銅缽，然後頂禮叩拜，祈求父親恢復健康。銅缽會像一口低音大鐘一樣，發出悠揚的回響，穿過廳堂，送到老父親的耳畔。

因為倪老病重的緣故，倪金城成為家族的領袖，但是他心底卻不是那麼篤定，他不確定自己有沒有那個時間能夠繼續帶領倪家的「全心向善結緣茶會」。倪金城是倪老的大兒子，十五年前協助父親創立這個朝聖進香團體。他慷慨布施，而且每年春季都會參加茶會，在北京近郊最神聖的妙峰山為期十五天的進香期間，在廟前設立一座小神壇。他們在這裡提供進香的信眾茶水，這是象徵虔誠與布施的舉動。

但是實際上是他父親的信仰鼓舞了人們，讓他們奉獻出自己的時間和金錢。之前倪老的癌症康復，看來像是一場奇蹟。他身上透著一種莊重和威嚴，而這種氣質與他的長壽同時增長。他見過那些老廟宇遭到拆除前的模樣。他認識那些從前鄰近倪家老宅道觀裡的老道士。他還曉得許多年輕人所無法知道的事情。和倪老比起來，倪金城是個富有而孝順的兒子，年紀只有五十五歲，在共產革命成功以後出生。文化大革命爆發的時候，他還是個年輕小夥子而已！如果沒有他父親壓陣，他怎麼能有辦法將倪氏一家帶領起來？而現在，命運好像在考驗他似的，就在進香的幾星期之前，他因為搬動一只箱子而導致腰椎間盤移位。

在一連好幾天的劇烈疼痛之後，倪金城到體壇中醫醫院骨科去住院。這是一間小型診所，名聲並不響亮，不過位置鄰近他們的老宅。醫院的名字裡，就蘊含了倪家從北京老城區被迫遷移到分鐘寺那一帶的故事。「體壇」兩字分別是兩處地方的簡稱：「體」指的是於一九九二年建成的國家體育總局大樓，也就意味著倪家老宅的拆除；而「壇」則是指天壇，倪家老宅附近的地標景點。「體壇」這個名字或許會讓倪家人回想起他們的損失，但是倪金城並不這麼看。對他來說，這個名稱開啟了一道與過往歲月的鏈結，在充滿磨難艱困的時候，別有一種連續傳承的感受在心頭。

和其他有紳士風度的人一樣，他堅持站在病房門口迎接我的到訪。不過他的背是弓著的，原來的滿頭黑髮，髮根處現在見到了灰白，這表示他有一段時間沒上理髮廳了。他邁開吃力的腳步，慢慢走向床邊，我跟著他。他小心翼翼地側著身子坐在床沿，低頭端詳著自己的雙手，為自己遭遇的困境感到難為情。

在前清時，倪家是駐屯在今天分鐘寺一帶的滿洲士兵，他們開闢了倪家村這個聚落。此村今已不存，可是地名仍然能在北京市地圖上找到。十九世紀後期，倪家靠著為村人籌辦婚喪喜慶而興旺起來，然後搬進城裡，在天壇附近買了宅子。他們成為地方上宗教信眾的領袖。在民眾的婚喪喜慶場合，他們會設置臨時的祭壇，敦聘道教的法師或佛教的比丘前來主持儀式，並且確保後續各種繁雜事項，在接下來的幾天當中都能順利進行。上面所說的這一切，使得倪金城的祖父成為地方社群當中的教父級人物：要是有一位備受尊敬的寡婦過世了，他會確保死者能得到適當的送行場面，所有開銷花費，都由他自掏腰包逕行支出。

這種情況在共產黨得天下以後發生改變。原先小生意做得興旺順當的人們，現在都成了國家的雇用人員。倪金城的祖父和他的父親都參加了天安門廣場和人民大會堂的建築工程。之後，倪金城和弟弟們也隨著長輩進入這個行業。他們整個家族都住在鄰近天壇的老宅。和北京大多數地方一樣，老宅在解放後的前幾十年間仍舊保持原樣，這是因為政府實在是太窮，以致於無法落實其改變中國都市景觀的激進計畫。

接著到來的是一九八〇和九〇年代的經濟改革時期。這時候國家富裕了，政府有了錢，可以在中國各地的城市執行其「改造」計畫。在北京以及在其他數百座城市，「改造」就代表要將舊日的鄰里聚落社區拆除得一乾二淨，然後建造公寓大廈、購物商城、高架道路、以及規模宏大的體育中心等建案。倪家被迫從神聖的首都搬遷出去。最後的落腳棲身之處，幾乎就是一個世紀以前祖先居住過的同樣地方。倪金城為父親蓋了一間有陽台的小屋，幾個月之前，我曾在陰曆新年時造訪過那裡。他替自己建了一棟狹小的四層樓房。倪家人將一、二樓分租出去，三樓留作自住。

四樓雖然是頂層加蓋的棚屋，不過倪金城親手將這裡打造成一個城市頂端的隱居之處。後面那間房間的神龕供奉祖先牌位和佛像，面積比他父親的起居室還大，當中那尊三英尺高的觀音聖像，幾星期後就要請往妙峰山了。前面那間是起居室，擺了一口體積龐大的陶瓷魚缸，裡頭養滿了肥碩的金魚。旁邊是一間儲藏室，放了好幾籠賽鴿，牠們成天在那裡咕咕噥噥，昂首闊步的走來走去。外面有一個陽台，從陽台看出去是北京南郊的風景。這間頂樓加蓋屋子選用的都是便宜而臨時的建材，可是當我們坐在屋裡，邊喝著茶、抽著一塊錢人民幣一包的「大前門」牌香菸時，卻有洗滌塵俗、恍如隔世的感覺：好像時光倒轉，我們又回到了分鐘寺猶然屹立的年代，鐘聲裡傳達的訊息，依舊與村民產生共鳴。

我向倪金城提起政府即將召開的幾個大型會議，還有最近雷厲風行的嚴打貪腐運動，他卻笑了起來，好像我正在警告他天氣：天氣是這麼個力量，你可以預測它，準備好怎麼應付它，但是你無法改變它。

和許多與他同年齡的人一樣，現在倪金城也不再天天去上班了。「我還挺高興的，這樣我就能照顧爸爸了。而且我也不必去應付那些成天只想搞錢的官。他們一點兒底線也沒有。」

中文裡「底線」這個詞，很難準確的翻譯。字面上它的意思是「最低限度」，但是指的是最低標準的道德規範，低於這條道德底線，人們就忍無可忍。沒有了這條道德的底線，為了達成目的，就會不擇手段。對倪金城和許許多多的中國人而言（也許甚至是絕大多數的人），這正是他們在這個國家裡感受到的現象：這是一個人們什麼事情都做得出來的地方。

無論何時，只要倪金城出門在外，和外面這個大千世界打照面，就會經歷上述這種感覺。他在一九五〇年代和六〇年代初期長大，那時候的北京，感覺上要比現在單純得多。即便共產黨那時已坐了天下，許多老「規矩」仍然還在。[2]這些「規矩」小至一些關於個人禮節的規範（比如不可以在餐桌上吐痰），尊重個人隱私（比如沒有敲門，不可以進入他人房間；沒有事前禮貌通知，不可以貿然造訪他人住家），乃至於一些更大的規範——你得尊重那些宗教領袖人物。你不得炫耀自己的財富。你努力工作，那是因為不想令家人、師長和友人蒙羞。

「今天的人們什麼都不知道，」我們坐在醫院裡他的那間小病房，倪金城說道：「就只知道把你給攆出去。」

這讓我想起另一位進香的領袖趙寶琪，他帶領的團體在妙峰山上表演武術。有一回我問他，了解進香團體的關鍵是什麼？他也重複了「規矩」這兩個字。規矩，底線，約束，這些正是當下這個社會所欠缺的。中國社會就像是一艘解錨啟航的大帆船，控制風帆的中央船板破損了，而風帆卻鼓脹飽滿、順風前進——從岸邊看來，令人振奮；但是駕駛船隻的舵手卻膽戰心驚。

＊＊＊

「誰是我們的敵人？誰是我們的朋友？這個問題是革命的首要問題。」這是毛澤東在其選集第一卷的第一篇文章當中，開宗明義說的第一段話。[3]這段話是一個暴戾世界的「創世紀」，也是像倪金城這樣的中國人所極力想要遠離的社會。毛澤東這段話界定了一個敵我分明的兩極世界。任何反對革命的人就是敵人，而敵人將要被消滅。這並不是一種比喻。在毛統治的時代，殺戮無處不在。數百萬被稱作「地主」的人——他們通常是數百年來維繫傳統社會的力量，但是當中許多人僅僅只有幾塊薄田——遭到活埋、斬首，或是在共產黨幹部的煽動之下，被鄉村農民活活毆打至死。

十年之後，文化大革命接續了這樣兇殘的暴力。北京的家家戶戶舊日庭院，就像全國各地數百萬戶人家的院落一樣，遭到紅衛兵洗劫。倪家便在這次浩劫裡失去了原來供奉的所有神像，而接鄰的道觀則被肆意破壞。之後軍隊奉令進駐北京和其他城市以恢復秩序，局面卻更加惡化，搶劫、燒殺的情況，甚至比紅衛兵還有過之而無不及。[4]接著士兵們帶來數十萬他們的親人，他們佔據了原來住家的庭院、各單位的宿舍大院、或是曾經金碧輝煌的寺廟。突然之間人們的身邊到處都圍繞著陌生人，而社會上規範人的行為舉止應有的規矩，已經被摧毀大半了。信任只存在於人們的核心家人和少數關係密切的朋友當中。

文化大革命結束以後，很多人不知道自己是不是能再信任他人。有些人期盼出現一個更加仁慈、溫和的社會，取代毛澤東時代的暴力。在整個一九八〇年代，人們寫文章、大聲疾呼要喚醒倫理道德。例如像作家巴金就撰文呼籲，必須成立一座文革博物館，以紀念這段恐怖駭人的過往，並對後世的人提出警告。

但事與願違的是，公眾討論遭到了扼殺；一九八九年對示威請願者的屠戮，更進一步的抹煞了任何有關於社會該如何組織的公開討論。隨著經濟改革的腳步在一九九〇年代初期逐漸加快，國家將其關注的重點擺在讓人民先富裕起來。但是在這個繁榮興盛的新時代底下，卻潛藏著一股憤怒與暴力的暗流。人們在網路論壇上便感受到了這一點，即使是在禮儀要求標準不高的網路社群當中，爭議也很快就會發生殘酷的轉變，結局通常都以網民公審群毆作收。這些網路上的暴民發布對手的個人資訊，意在羞辱對方——這是毛澤東時代批判鬥爭的當代版本。正如北京大學的倫理學者何懷宏所說：「我們可以感受到，野蠻殘忍層層堆疊在我們的日常生活之中。」[5]

我們不該忘記，對於許多人來說，這些改革無異是上天恩賜的及時雨。新的政策讓數億人脫離窮困。更多人因此而大開眼界。原先種地的農民，為了能在工廠裡找到一份賺錢的差事，遷徙到沿海；年輕人因為受教育而開展新的人生；更還有數百萬人晉身中產階級，有生之年頭一次出國旅遊。對他們當中的許多人而言，改革的時代是一個洋溢希望的年代。

可是不安焦慮仍舊存在，而且還愈發加深，使得原來因為經濟繁榮而帶來的興奮逐漸褪去。

在傳統社會裡，學校和醫療照護都是以人們與地方教師、醫師的關係為根據。在「單位」體系當中，上述這些服務全都由工作單位提供。而在改革開放後的共產黨體系中，所有的事物都待價而沽的——不只是顯而易見的事情，像是醫院的病床、學校的入學資格、或是政府裡的一個位置可以用錢買到，甚至連健康檢查的證明、報紙上的書評、科學研究論文等，也都能花錢取得。事物的標準，例如衛生水平、職業道德門檻、學術嚴謹程度等等，全部都在墮落、腐化。

信任感必須透過私人之間小心翼翼的推敲琢磨才能建立起來。我之所以能夠相信這瓶酒不是假酒，是因為我表親的妹夫在蒸餾廠裡工作。這碗飯裡沒有殺蟲劑殘留，是因為出產米的村裡，還有我老同學的親戚在。這位醫師不會在看診三十秒以後，就把我從診間裡給趕出去，那是因為她是我八堂弟的女兒。儘管人們其實並不真的相信這種貧乏薄弱的關係真能辦成什麼事，他們還是緊緊抓著不肯放手，期盼自己不會遭到欺騙。即便他們知道自己會被騙，也仍舊如此：唯一真正安全的食物，全都拿去供應在中南海大院裡辦公的領導人了；真正醫術精湛的醫師，在價格貴得嚇人的私人診所裡執業；比較像樣的公立學校，每年都要求至少一萬美金以上的檯面下「捐款」。

無力感特別讓人們感覺尊嚴掃地。許多國家都存在著類似的問題，但是卻也有可供庶民百姓表達他們挫折感的機制，甚至還可以更換整套制度體系。然而中國沒有遊說團體、工會或自由媒體的蹤影。非政府組織只有當他們將自己的活動限縮在賑災一類的服務時，才被當局允許。想要組織起來改變社會是受到禁止的。示威抗議和獨立運作的政黨同樣也在被禁之列。人民只能靠自己。他們或許可以指望共產黨對某項特殊議題採取行動，或者是仰仗他們自己的人脈關係。為數眾多的民意調查都察覺到了這種求告無門的無助感。二〇一四年的一項調查聲稱，「信任淪喪」是當前中國面臨的最嚴重問題，有百分之八十八的受訪者同意這個說法，認為中國受到「一種道德淪喪與信任感缺乏的社會病態」所困擾。[6]

中國存在著一種「潛規則」，取代了原有的規則。[7]「潛規則」一詞的創造者是歷史學者吳思，他也是影響力深遠的期刊《炎黃春秋》的前任編輯。你的成功是奠基在你的人脈、偏袒護短、以及有違道德的交易之上。這就好比好萊塢的演員靠著和有力人士上床來取得角色——只不過這種骯髒的利益交換，在中國社會裡相當盛行。

深受倪金城鍾愛的公寓，正是這種「潛規則」之下的典型例子。當時政府威脅要拆除鄰近分鐘寺的房屋——不是一或兩棟建築預備要拆除，而是十幾個街區的房屋，全都要騰出地來，讓位給許多新的高樓豪宅建案。居民可以在新建案裡獲得一戶公寓單位，但是這就意味著必須和黑暗的官僚體系打交道。政府官員幾乎都能保證拿到條件最好的單位，不過如果倪金城策略運用得宜的話，倪家最後或許可以得到二、三戶明亮舒適的公寓單位，說不定他還能拿其中的一戶改成佛堂。不過要是沒能成功，他們將會落到只分得一戶強人意的公寓。全家的命運就繫在這件事情是不是能成功了。「我得去找人搞明白這事兒，」有天倪金城在他家裡這樣對我說。

「找人」是另一個特殊的中國語彙。如果你家的房子即將遭到拆除，「找人」就表示你不能單單指望向政府提要求。你得有個知情人士，可以給你透露些內幕消息和建議——當然，全都是建立在互惠的基礎上：是的，你家的房子即將要被拆除，而政府給你的新單位公寓絕對不會比某某面積多出一個平方米。所以，要是到時候它提供的單位少於這個面積，你可以指望換到大一點的公寓，不過如果你堅持還要更大的面積，你會被罰款，而且調換到面積較小的單位去。還有，要確保你的女兒在明年夏天之前嫁掉，因為到時候她就有資格申請自己的公寓了。過了明年七月一日，她就不符資格了。對，這個七月一日的期限是確定的，而且到現在還沒有公布。因為是你的朋友，我才告訴你這些。「朋友」是另一個涵義被扭曲的中文詞彙：現在我告訴你這些，所以你就欠我些什麼。在過去，人脈關係確實很重要，但是人與人之間的關係和義務更能預知，而且受到道德和規矩的約束。今天的社會從某種角度來說，變得更加簡單：真正算數的只有權力和金錢，其他的都只是嘴上說說而已。

上面所說的這些事情，全都讓倪金城覺得世風日下，卻也讓他欣賞起朝聖茶會來。這裡的三十個人彼此相互信任。他們當中大部分人都有這樣那樣的親戚關係，不過也有外來的人加入，並且成為朋友。他們就像是一個大家族，這種大家族在大多數的中國人離開他們世代祖居地的村莊、落入當局家庭計劃的掌控時，就已經失去了。茶會裡的這些人會爭吵、會爭執、會高聲地爭辯。可是因為對碧霞元君的信仰，讓他們能維繫在一起，而且彼此看顧。這些都不需說出口（因為誰會需要想這些事情，或需要把這種事情說出來呢？）——他們就像處在一個吵鬧不休、還有些機能失調的家庭裡面，彼此關愛著對方。

我帶給倪金城一本新近出版的書，書名叫做《禪的行囊》（*Zen Baggage*），作者是美國作家比爾．波特（Bill Porter）。多年以來，波特一直是位貧困的翻譯家，他將中國詩歌與佛教經典翻譯成英文，靠著微薄的版稅以及欣賞他譯作的虔誠佛教信徒捐贈，勉強過生活。波特定居在華盛頓州的鄉間，他實在是太過窮困，以至於他還公開承認若干他的著作是受到美國聯邦農業部的贊助才能完成——因為他領取該部發放的食物救濟券。但是到了二〇一〇年，波特有一部談論中國隱士的旅遊紀行被翻譯成中文在中國出版，頓時讓他成為書市明星。[8]這本書在中國銷售達數十萬冊，讀者熱切地想要知道，他們居住的地方在這個外國人眼中是何等模樣。在為波特舉行的簽名會上，讀者為了得到他的簽名，排上好幾個小時的隊。國營電視台專為波特攝製一部紀錄片，甚至還有熱情粉絲，為他在銀行開設戶頭，預先存入款項，好讓他在訪問中國時花用。

倪金城很高興。他拿起書，用書背抵住額頭。「謝謝你。這能當作供品，」他說道，接著就把書放在床頭櫃上、某個用黃絲綢覆蓋住的物品旁邊。

我說這本書內容很簡單，他可能沒辦法從中學到些什麼。

「不，我不這麼看。他是用心來觀察事物，而這是最根本的。與是不是中國人沒關係。如果他做事情和我一樣，那我才什麼都學不到。」

他掀開放在書旁邊的黃色絲綢布。在黃絲綢布下面的，是一尊小型可攜帶式的紅木祭壇。祭壇裡面放著一把銅鏡，由一柄小木架托著。鏡子的旁邊是兩張撲克牌大小的薄紙片，其中一張的正面印著一尊千手準提佛母菩薩像，背後是「準提神咒」，這是一組由十個梵文組成、讓信徒大聲誦念的短唱真言。倪金城解釋說，準提咒威力強大，但是必須經常持誦。

「要多常持誦？」

「起碼兩萬次。持誦八十萬次，可以達到開悟的境界。」

「誰有那個時間啊？」

「應該說，你每天要念一百零八次。上午念五十四次，傍晚念五十四次。每念五十四遍只需要十分鐘的時間。」

「你花多長時間念經？」

「上午和下午各一個小時。在半年之內，你就可以持誦兩萬次。如果你很虔誠的話，這並不算多。如果你排不出這樣的時間，你就念不了那麼多。」

我們談到今年的香會。它開始的日期是陰曆四月初一，今年剛好落在陽曆四月二十一日。絕對不能太晚去，他告誡道。在香會開始正日子前一晚到達是很重要的，也就是陰曆三月三十那晚。照這樣算，你得在四月初一開始時，也就是深夜凌晨趕到。那是整個活動最精彩的部分。等到香會正式開始的時間，好戲老早就散場了。

我一邊看著他，一邊在想：在妙峰山上待兩個星期，真是你的願望嗎？你家裡的佛堂、賽鴿、陽台、每天誦經祈禱的時間，難道你不是屬於這些地方嗎？

「也許你不該去，」我委婉地探詢道。「你病了。」

「沒錯，」倪金城慢吞吞地說道。「但是不行，我必須得去，別忘了，要早點到！沒人會晚到的。如果你半夜才到，那你就錯過精彩的了。」

他把手伸進包裡，掏出一本破破爛爛的小冊子。這算是他作為一個在家佛教徒的官方文件，裡面註明了他受戒的師父、以及一所佛寺的名稱，他曾在這裡上過關於佛教歷史與思想的短期課程。成為佛教在家居士或是俗家道教徒，是愈來愈普遍的趨勢。有些知名人士，比如歌手王菲，就是一位在家佛教居士。王菲從前是性感偶像和暢銷情歌的歌手，現在則以簡單明白的風格，演唱原本深奧的佛教音樂，形象煥然一新。

其他人則選擇信仰藏傳佛教，他們認為這是一個更加純粹原始的宗教型態，因為藏傳佛教來自西藏高原，是他們心目中尚未受到汙染的淨土。[9]不過，這種對於藏傳佛教的興趣，卻不能解讀成他們同情西藏人，許多藏人要求更大程度的自治，甚至是獨立。從本質上來說，這是一種自私，而如果這種自私的心態具有政治意義的話，很像是對藏人的巧取豪奪——這就像美洲的原住民遭遇的處境，他們先是遭到征服、土地被奪佔，接著他們的信仰又被流行文化所劫持。對於中國人來說，藏傳佛教就像是一帖更具療效的藥方，或甚至是一種身分地位的象徵：我皈依拉薩的上師，或者我皈依色拉寺的仁波切。倪金城在網路上見過一些這類藏傳佛教上師的視頻，不過他還是把金錢挹注在茶會，並且專注於內心信仰的虔誠。

倪金城指給我看，銅鏡上有一塊貼片，比其他地方都來得光亮。

「我沒有碰過那裡。它比較亮，是因為持誦的關係。這是其中一件——你沒法兒肯定或不肯定，你說它不科學，但是你就看到它發生了。你說不清。」

他指著擺在小祭壇前面的玻璃罐子，瓶子裡面盛滿了水，上面用金屬瓶蓋旋緊。

「我每天喝一次這水，我的血壓好得不得了，心跳也是。這你怎麼解釋呢？說不清。」他說，這小瓶子是他從家裡的佛堂帶過來的。你不該一次把瓶裡的水全都喝光，而應該每次喝掉一半，然後重新裝滿。這樣一來，原來瓶裡的法水，就能讓新裝進瓶裡的水具有同樣的效力。

「瓶子並不重要。重要的是這瓶子擺在祭壇前面。是持誦讓這水變得特別；不然，這只不過是瓶子裡的水而已。它為什麼有效？說不清。」

「我來告訴你另一個例子：我老頭。沒錯，他病得很重，可是等到去年王德鳳過來看他，而且為他祈福以後，他又多活了一年。去年他就該往生了，可是現在他還在。這你要怎麼說呢？說不清。」

「你會發現有太多的事情，你說不清，除非你了解這個，」他說，用手指著自己的心。「靠這裡才能明白。」

第七章 儀式：牢籠中的大師

中華文明發源於北方，鄰近黃河流域和太行山脈的區域。然而在很久之前，因為地理和氣候等因素，中華文明發展的重心移向南方的長江流域一帶，也就是江南地區。江南氣候較溫和，雨水較豐沛，生活繁榮興旺，因而產生出比中國其他地方更多的官員、學者、畫家與作家。即使來到了今天，江蘇和浙江兩省仍然是中國經濟的發動機，再加上超級大都會上海，在國內中產階級的基礎上，共同形成了一個經濟區。儘管在喧囂的程度上，江南不比四川，在政治重要性方面，江南也不如北京，但是這個地區的財富與精緻風雅的程度，卻依然是舉國無雙。[1]

江南的核心在太湖。太湖是一個模樣奇特的半圓形水域，也是中國某些最受人豔羨的產品出產之地：像是湖州的毛筆、宜興的紫砂壺、蘇州的絲綢、還有浙江山區的茶葉，以及洞庭山象徵「學者」的青石灰太湖石等等。雖然人們有時會將太湖的形狀歸因於流星撞擊所致，然而太湖的功能其實更像是一座鐵路的轉車盤，不但將貨物和理念送往江南各地，更透過大運河，傳送到深具政治重要性但經濟發展貧乏的北方。

太湖也是當代中國最負盛名的聖哲、時年九十四歲南懷瑾的居所（譯按：南懷瑾於二〇一二年、即本書作者往訪的隔年逝世，享年九十五歲）。南懷瑾的一生橫跨了大半部中國近代史：他原先是東南沿海的一個富家子，後來到名山之巔修行，也曾經投身軍旅；因政治動盪的緣故，使他先後逃往台灣、美國和香港。而如今，在他的生命行將來到尾聲之際，又回到了中國大陸。

南懷瑾的人生旅途很像孔子的周遊列國，因為後者也是在他那個時代已知的世界中努力奔走，尋覓一位願意聽從他建議的君主。只不過，南老師在他有生之年裡，已經得到了世人的認可。在大陸，他成為知名的禪宗大師，而且撰述多部著作，用樸素、平易簡單的語言，詮釋中國各種傳統思想——這就類似一對美國夫妻檔作家威爾（Will Durant）與艾里爾．杜蘭特（Ariel Durant）所合寫，介紹西方哲學思想的十一卷巨著《文明的故事》（*Story of Civilization*），在二十世紀中葉成為每一個美國中產階級家庭書櫃上必備的書籍。相較之下，南大師的著作更加別具一格，也更具有他個人的風格——他並不贊同學術界既有的詮釋，也未嘗試圖以系統性的理論架構闡述中國傳統思想——但是他的著作已經銷售超過六千萬冊，而且在政府經營的書店裡被擺放在顯著的位置。透過一家基金會的支持，他還協助各地的公立小學重新恢復對傳統經典的教育，並且開設由他親自主持的傳統學堂。

最讓我感興趣的是，就在這太湖之濱，南懷瑾的身邊有一個組織緊密的小團體，成員由他的追隨者、敬仰者，或是富有的贊助人構成。這些人每晚都競相對南老師叩問，盼望在現實生活中令他們困惑的事物能夠得到解答。在北京，政界領導們才剛接受各種傳統的價值觀與信仰，但是在這裡，在南老師的諄諄教誨之下，這些傳統思想竟然已經培育滋長了十多年之久。我對此感到好奇，想要知道其中原因。

所以，就在陰曆節氣「驚蟄」開始的那一天，我來到太湖之濱，拜見南老師。他的太湖大學堂十分寬敞舒適，由數棟傳統風格的建築構成，在湖邊還有好幾座花園。可是，這個地方感覺也像一座低度戒備的監獄：警衛和狼犬駐守在建築群的周圍，各個戶外場地通常都維持淨空，讓人感到怪誕、害怕。到此的訪客由一位前中央官員嚴格把關篩選。南懷瑾大師出版了許多著作，但是他從未接受過媒體訪問。他的演講禁止錄音和流通傳播。他不讓座下弟子們傳授他的思想理念。而他逐漸將自己塑造為一個神祕的隱者，與質疑他的人，以及各種故事謎團，始終保持距離。

我到太湖大學堂頭一天的最後時分，終於見到了南老師：他的身形矮小清癯，頭髮往後梳攏，更突顯出他輕快敏捷的氣質。他穿著一襲深藍色的長袍，一手握著一根手工雕刻枴杖，另一手上則是一根熊貓牌香菸。他高齡九十多歲，看來卻相當詼諧有趣，態度就像任何好客的主人一樣熱誠。他問我：對他的隱居之處看法如何？

我回答說：我喜歡這個地方，可是也感到困惑不解。空蕩蕩的校園，駐守警衛與弟子門徒，風靡全國的名聲和刻意保持的低調的奇怪組合：這一切到底代表什麼？

他豎直枴杖，像一柄劍一樣將它夾在兩腿中間，眼光超過面前的我，看向太湖，然後他笑了起來。

「你的故事就該這麼寫。你來到這座大湖，中國最大的湖泊，在湖畔有一個成天說各種胡話的糟老頭子。你的故事就該這樣說起。」

＊＊＊

南老師生於一九一八年，古老傳統的中國到此時幾乎已經煙消雲散。中國的末代皇帝已於一九一一年退位，而新成立、立志現代化的政府在國民黨的領導之下，即將統一全國（譯按：國民黨北伐成功為一九二八年之事）。不過，南老師就和大多數那個時代的人一樣，上傳統學堂，熟記各種經典。他的老師都是成長於十九世紀中後期的傳統讀書人，現在都已邁入老年，他們灌輸他看待中國文化的傳統方式：即將傳統文化看作從孔子以來兩千五百年一脈相傳的連續整體。老先生們傳授給他的，並不是對傳統中國的批判與評價，而是要他承襲浩瀚的道統、觀點，以及既有而廣被時人接受的世界觀。這種世界觀在過去千百年以來形塑了中國人的思想。

不過南老師並未忘卻外面的世界。對於日本在一九三〇年代對中國領土的不斷蠶食，他感到憤怒，因此而投身軍旅。南懷瑾從二十一歲起帶兵，手下已有數千之眾。當時的他，雖然身形矮小，卻體魄強健而儀表堂堂，臉上兩道濃眉，富有領導能力。

接下來卻出現了一個奇怪而原因不明的轉折，從而決定了南懷瑾的一生。儘管當時中國正在對抗日本的侵略，南老師卻拋下原本的軍旅生涯，轉而追求修行之路。他最終來到位於西南省分四川的峨嵋山隱居，在此地以佛教修行者的身分住了三年。當一九四三年，南老師從峨嵋山下來、重返紅塵人世時，發現自己已不熟悉人的氣味，並且對人的味道感到厭惡。於是他開始抽菸，好讓自己不必聞到他們的氣味。在往後的人生歲月裡，他繼續吞雲吐霧，好似在身前形成一道隔絕氣味的防護盾。

當共產黨人於一九四九年在內戰獲勝、建立新政權之時，有超過兩百萬依然效忠中華民國的軍民撤退到台灣去，南老師也是其中之一。彼時台灣島仍舊在傾向傳統價值的國民黨政府有效控制之下，並且在毛澤東於中國大陸發動激進社會改革實驗時，成為人們的避難之處。由於南懷瑾是一位富有個人魅力、言語鏗鏘有力的演說家，於是他身旁招攬了一群人，當中有台灣最知名的知識份子，以及權勢熏灼的政治人物。後來的事態發展證實，經營這些人脈關係是有風險的。一九八〇年代初期的台灣仍然處在戒嚴統治之下，而南老師的幾名入室弟子觸怒了當局。南老師收到警告：他有麻煩了。一九八五年，他離開台灣，前往美國華盛頓特區，在那裡消聲歛跡，隱居起來。在美國待了三年之後，他最終前往香港。

二〇〇〇年，南老師終於大張旗鼓的回到中國。他的著作已經被地下出版社在大陸到處刊印，並且在為數日漸眾多的中產階級當中極受歡迎。南老師的作品，大多以一部偉大的經典作為討論的主題，像是孔子的《論語》，或是老子的《道德經》。學術界通常抱怨說，南的著作錯誤甚多——不是錯認詩歌，就是誤用引證出處。至於學術價值——算了吧，他的書裡實際上完全沒有文本分析的註解，考據之後的新發現也付之闕如。可是他的書卻讓廣大中國讀者產生了共鳴。為了迎頭趕上西方，他們已經在各種殘暴、嚴苛的政治運動底下隱忍了一百多年。他們大規模的拋棄了自身原有的傳統，像試穿衣服那樣，試驗過各種各樣的新意識形態：軍閥統治、法西斯主義，還有共產主義。[2]現在，他們已經找到一種混合了專制與威權統治的制度，可以為許多人帶來發達與繁榮，可是同時也帶來了一個亟待解決的問題：在失去了這麼多傳統之後，到底什麼才能算是中國人的內涵？南老師可不是又一個夸夸其談浮誇言論的學者，也不是那種能言善道的電視名嘴，講述傳統思想卻沒有半分可信度。相反的，他的年紀、他所受過的教育、再加上他的名聲，使得南老師成為地地道道、千錘百鍊的大師，能夠清楚闡釋這個國家複雜的過往，並且提出對未來的願景。

所以，當南老師回來時，他的重返故土被看作是一件頭等大事：當今世上最了不起的中文國學大師，選擇回到中國，這就證明了人民共和國乃是中國過往光輝歷史的正宗繼承者。然而，真正要定居下來，在中國生活的現實便浮上眼前。南老師搬往上海，試圖購置房產，可是遭到政府單位的反覆峻拒，而政府實際上掌控了整個房地產市場。二〇〇一年，也就是南老師回國後的第二年，一位弟子向他提議，去一處位於太湖岸濱的地產看看。南老師和他的隨行人員從上海出發，驅車四小時來到那裡，發現那塊地是一片沼澤。於是他們就折返了。

就在他們回程距離住處只有幾分鐘車程的時候，在前面開路的前導公安摩托車突然偏離原來的路線，將南老師一行人領到一家地方上的賓館。官員們已經鋪好紅地毯、張掛大橫幅在迎候，宣布他已經買下那塊沼澤地。這事情看來和在中國的許多事一樣，有某位高層已在某處做下了決定：歡迎南大師歸國，但是他必須要住在這裡，這個離中國城市中心有幾個小時車程的地方。他算是返回故鄉了，可是又處在另一種形式的放逐當中。[3]對此，南老師處之泰然，在八十三歲高齡，仍舊開始重新建立他的生活。他說的話便是他的武器，而他的戰場則在晚餐的餐桌之上。

＊＊＊

太湖大學堂的日子，在每天傍晚六時準時開始。這是南老師在餐桌上「開庭」理事的時間。今天，有一位從天津來的房地產開發商人求見南老師，請他開示，究竟是否應該挹注資金到某個計劃裡去。這位開發商本錢雄厚，他還想要賺得更多。他解釋說，最近有一個機會可以資助阿茲海默症的治療計畫，但是他無法確定這個計畫是否符合道德倫理的規範——對於阿茲海默症，這位高齡九十三歲的大師，也會有自己的見解嗎？

「這個案子你不該投資，」南老師堅定地回答。他對這個治療計畫的效果表示懷疑，尤其是最近中國充斥著各種醫療詐騙。說完這番話以後，他環顧餐桌，將同桌的十幾個人掃視一遍。「老而不死謂之賊，」南老師說道。他停頓了一下，確定大家都聽懂這句格言的意思，「人總是會老，」他說，「我們對這個沒有什麼可做的。」

天津來的房地產開發商點頭表示同意，但是就像任何一位優秀的中國企業家一樣，他能夠在瞬間轉換話題。「最近我還得到了另一個機會，投資電動汽車的電池……」他說，他的聲音因為帶著期望而逐漸變小。

「聽起來好多了，」南老師說，「這是未來導向嘛。」

這位開發商感激地頻頻點頭，並且舉杯向南老師的智慧致敬。杯裡裝滿香醇的紹興酒，他為了表示誠意，一口吞下杯中物。南老師也舉起杯子。要是在十年前，這杯裡裝的會是威士忌，而他也會一口乾掉。可是現在歲月不饒人，他杯裡裝的是沏得濃濃的釅茶。他啜飲了一口茶，然後點了點頭。

晚餐是歡樂的聚會，訪客們分別在周邊幾個大圓桌入座。我們一邊吃著家常烹調的菜餚，啜飲紅酒，然後聽南老師講話。他的聲音透過麥克風放大，而在他身旁有一位比丘尼，將他話中的重點記下，抄寫在一塊白板上。南老師說了一會話之後，便入內休息，這時他的追隨者們會展示各種傳統技藝：誦讀經典、表演沏茶，或是演奏如古箏這樣的傳統樂器。

晚餐聚會通常有五十多人參加，這些參加者有些是航空公司的主管、銀行經理、年輕學者、建築師，有的則是資深領導人的子女，非富即貴。他們當中的許多人，屬於過去數十年來不斷壯大的新世襲菁英集團——人稱「紅二代」。這些「紅二代」都是共產黨領導人的兒孫輩，他們的祖父或父親在一九四九年時建立了人民共和國。「紅二代」們很少真正信仰共產主義，許多人已經反過來，成為傳統文化的贊助者。對他們來說，南老師就像是一位時空旅人，來自他們父祖輩還沒有發動共產革命的那個年代。他奇蹟般的出現在他們面前，對他們開示在他們的父母掃蕩中國原來的信仰和價值觀之前，中國人是怎麼過日子的。

我參加太湖大學堂的靜修課程時，發現聽眾裡包含一位資深黨政人物的女兒、一位金融監管機構領導的兒子，以及另外三位富有的生意人。對於像前面提到的那位天津房地產大亨這樣的企業家來說，南老師的開示具有革命性的意義。他給的建議，無關投資報酬率或是必須以賄賂手段贏得勝利，而是著眼在是否能帶給社會潛在的裨益。南老師在進行討論時，通常會質疑中國只注重經濟發展，未免太過狹隘。他譴責如此發展會摧毀中國固有傳統，而如此一來將使得這個國家追求財富與權力的唯物主義目標，缺乏制衡的力道。中國事事都複製西方，他表示，最後自身的傳統什麼也沒有留下。

「中國人像是心靈上的乞丐，」南老師在起身離開前對團體說道：「向所有人要求施捨。」

南老師之所以具有魅力，有部分是因為他雖然批判時政，卻不是異議份子。他從不在公開場合上貶抑政府，反而堅定的主張台灣和一些經常有政治爭議的地區，像是新疆與西藏，都是中國不可分割的一部分。從更深一層來看，他的著作和演說都是在支持政府，藉由宣揚中國的輝煌歷史來培養人民對國家的自豪感。在很多中國學者眼中，這麼做是對中國歷史的過度簡化，十分危險。

在著名的上海復旦大學任教的知名經典學者朱維錚，就是抱持質疑態度的其中一位。[4]我和朱維錚見面的那天，正值我在太湖大學堂停留參訪期間，當時我開車到上海，與朱共度白天，晚間再趕回去，和南老師共進晚餐。我是在上海腫瘤醫院與朱教授會面的，當時他已經因為罹患癌症而入院治療好幾個月了。他在隔年逝世，但是在與我會面的那天，他依然思緒靈敏、態度親切，給了我一整個下午的寶貴時間。那天他的妻子進進出出，照顧他的各種需求。

「我反對某些所謂『國學』的用途，」他告訴我：「我不認為它應該被用來鼓吹中國的民族主義。」

朱維錚於一九三六年誕生於太湖之濱的無錫。他早年就讀復旦大學，在文化大革命爆發之前，是一顆在學術界快速竄起的明日之星。文革開始後，他和大多數受過高等教育的人一樣，被下放勞改，因此斷送了隨後十年的學術生涯。一九七〇年代後期，他才重返學術崗位，並且在八〇年代再次出版研究傳統經典的著作。

到了一九九〇年代，中國瀰漫著一股「國學熱」。中國大陸開始到處重印，研究傳統經典，這是兩個世代以來的頭一次。接下來的十年間，人們則見到國學普及推廣者的出現，特別是政府支持的電視演講名師于丹，她以輕鬆活潑的風格講述孔子的著作，對於若干歷史爭議之處輕輕放過，從而將過往的歷史描繪成一幅美好的圖像。各主要大學也紛紛設立營利的「國學中心」，開設各式各樣學費高昂的周末假日課程（並頒授大框鑲嵌的結業證書），好讓那些生意人及熱衷於證明自己博學的人士進修。中國政府也運用「國學」這個概念，在世界各地廣設孔子學院，推廣中國的國際形象。

但是朱維錚卻阻止他任教的大學設置國學中心。他認為，中國擁有如此悠久的傳統，學者們應當深入發掘鑽研，而不是推銷一個簡化版的儒家學說來營利，或是迎合政府。當中國人談到回歸儒家信條時，他質問道，究竟他們所指的是儒家對身分階級制度的熱愛，還是其對社會正義的推崇？他們要回歸的是和諧的概念，還是揭竿而起、討伐獨夫的權利？

朱維錚告訴我，「國學」這個概念，其實來自外國。和「宗教」一詞一樣，「國學」這個詞彙起源於日本。當時的日本，為了因應諸多外來的挑戰，因而發展出這樣的語彙。「國學」一詞背後的概念，是將傳統文化與昔日治理國家的政治、宗教複合體系拆分開來，以求拯救傳統文化。凡是強權國家都需要誇耀自身的偉大文化，所以「國學」給予中國人若干可資運用的東西，即便在隨後的數十年之間，皇帝制度和傳統科舉系統都遭到廢黜時，也依舊如此。

「在二十世紀初年的早期『國學』運動，學者們做了不少原創研究，我們到今天仍然仰賴他們的研究成果，」朱維錚說道，「他們都受過非常良好的教育。但是接下來幾十年，我們毀掉了太多傳統著作，以至於現在的人，包括我這個年齡的人，並不真正的了解這些著作。對大多數中國人來說，它就像是一個外國文化。」

他舉出孔子的《論語》做為關鍵例證。朱維錚表示，像南懷瑾這樣的國學大師，在教授《論語》時將其簡化，將這部經典看作是孔子實際寫下的文字。然而他說，學界普遍認為《論語》這部作品經過大量的編輯，很可能是孔子的眾多門人與追隨者們記錄下來的語錄和軼事集。我問他，怎麼看待像于丹這樣的國學普及推廣者。

「她講的那些段落，她自己也不懂，」他說，「她甚至沒辦法正確的斷句。這些都是替政府效命的人。」

那麼南懷瑾大師呢？

「他不一樣。他沒那麼政治；這位老先生很有趣，但他並不是學者。」

朱維錚表示，「國學」的問題，在於它已成為一個政治課題。在國家贊助支持之下，推出了一部改編自孔子生涯的高成本商業電影，而中國國務院投票表決，準備於二〇一二年時在北京設立一座國學中心，以便協調和傳播傳統文化。然而朱維錚說，這些事情有不少都流於膚淺表面：儘管擁抱過往的傳統，政府卻不容許學術自由存在，不允許學者以自由心態去探索學術。

「在中國，以中立的立場舉行一場針對國內議題的辯論，幾乎不可能。所有的出版社都由政府控制。大學也是政府控制。基金會也是政府控制。政府愈來愈希望運用國學作為工具，達成自己的目的。」

無論南老師的著作有什麼長處，在太湖岸濱的這個小團體學習會之中，他本人依然是一股強大的磁吸力量。這是他個人魅力最頂盛的時候，而雖然如今他已經上了年紀，還是可以看出為什麼在這麼長期以來，他能成為中文世界中如此炙手可熱的人物。

談話會總是在晚間進行：南老師在夜間工作與打坐入定，他清晨時就寢，下午時起床處理信件。晚餐時間是他一天當中的第一次露面，南老師之前是個練家子，有武術底子，他帶著輕盈的腳步踏入室內。他的眼力如今開始衰退，因此閱讀經典時不得不使用弟子特別為他準備的放大字體版本。但是他依然是全場的主導者。他一進來，總是直接走到餐廳牆上的控制面板前，調整光線和空調，就像一位導演，確認舞台上一切布置就緒。

大多數夜裡，南老師開場時總會考問我們，在今天裡成就了什麼事情。有一位男學員是建築師，他在南老師的大學堂裡學習禁食與觀想。

「老師，我已經打破了清醒和睡眠之間的障礙！」

「是啊，你看來像是這樣了，」南老師乾巴巴地回道。

另一位學員白天大部分時間都在禪修堂裡冥想，禪堂是南老師為了打坐冥想而特地修建的。

「別花太多時間在冥想上，」南老師告誡他：「冥想是工具，不是目的。」

其他幾位學員在一旁忙碌奔走，試著將電子郵件分門別類，他們都從原來的工作中脫身，過來協助南老師身邊的工作人員，落實他的各項慈善計畫。一天晚上，南老師問了一個過去這個世紀以來，一直困擾著中國思想家的問題。

「過去這一百年，中國用的都是西方的思想，不是中國思想，」南老師說，「共產主義是西方來的，不是中國的。資本主義也是西方來的。社會主義也是西方的。什麼才是中國的？」

他的賓客們不安地在椅子上挪動身子。南老師定定地望著大家，等待著。

「這就是為什麼我們必須讀經典，」勇敢發言的是一位年輕人，他才剛以一年的時間隱居修行，現在創建了一所佛寺。「我們不知道什麼才是我們的。」

「一點沒錯，」南老師說，「讀經典。」他很快的讓現場氣氛變得輕鬆起來。「你們至少可以從哪個具體的事情開始做起，比如你們身上穿的衣服！」

他轉而說起一個自己最愛提的故事。許多年前有一次，南老師過境舊金山國際機場，被美國海關人員攔下，詢問他為何攜帶裝滿整個行李箱的中藥材入境。最後說服海關人員的關鍵，在於南老師當時身穿一襲如同他個人註冊商標一樣的深藍色長袍，這代表他尊重自身文化，所以美國海關人員也應該尊重他。

「這是長袍的威力，」他說著，然後笑了起來。

所有人都舉起小酒杯向他致敬。然後我們稍作休息，欣賞一位南老師的弟子（他是上海電視台的知名主持人）以流暢動聽的聲音，為在座的人朗讀經典。這位男學員的朗讀風格溫暖而富變化，可惜，他和大多數當代的中國人一樣，對於古典成語的掌握程度不佳。念到中間段落時，他已經讀錯好幾處地方，惹得一直閉目傾聽的南老師不快。他瞿然睜開雙眼，環顧室內，對他所見的景象感到惱怒。

隨後南老師聽到了某個聲音，使他感覺到情緒放鬆，將身子靠回到椅背上。聲音來自主樓建築的另一側，那裡是寄宿學校。孩子們正在那裡做晚課——朗讀經典，這是南老師傳統課程的其中一部份。我想起有次南老師曾告訴我一件事：既然孩子們可以一字不漏的記住最愚蠢的流行歌曲或廣告台詞，為什麼不努力讓他們把《道德經》或其他經典爛熟於胸呢？沒錯，他們確實不明白其中意涵，但是等時候到了，他們會了解的；而到了他們坐下來提筆為文的那一天，這些孩子的腦裡就裝載著老子的優美詞彙，而不是香港哪個作詞家的陳腔濫調。

孩子們此刻正在朗讀孔子《大學》的摘錄句。他們當中有些還只有小學一年級，實在是太小了，只堪堪能扶住課本，打開在朗讀的那一頁。老師們耐心地來回走動，確定孩子們沒在發呆、做白日夢，讓他們跟上節奏。年輕的聲音像祈禱一樣冉冉上升，這樣祈求的聲音，在中國吟誦了幾千年，祈願有一個更好的未來：

意誠而後心正，
心正而後身修，
身修而後家齊，
家齊而後國治。

我在太湖大學堂的停留將屆尾聲，南老師邀請我到他的寓所，討論我在這段時間裡的所見所聞。他的居所位在校園一端，一棟寬敞的別墅內，當中包括一座兩層樓的私人圖書館，以及好幾間以知名書法家真跡裝飾的書房。我在開始時先問他若干比較常見的問題，像是中華文化是否能夠真正復興？

「文化大革命刨了它的根，」南老師說道，「沒有了根，如何恢復？它是有一個老根，可是這個老根很快就要死了。」

「可是你的學生……」我說，但南老師截住我的話。

「他們只是幼苗。我們不知道他們將來是否能長成。」

對於這個議題又談了十五分鐘以後，他顯得愈來愈疲倦，閉上了雙眼。但是他突然間又振奮起來，雙眼閃爍有神。

「在外國，所有事情都得有個重心。你的文章和書也都得有個重點。我很煩惱這一點。」

「好吧，我很好奇……，」我說，但是他把我的話打斷。

「中國古代有另一種寫作方式。作者談論的是花草。而你可以引用一首詩，所有人都會明白你的意思。這比起你的方式要來得微妙多了。」

「你該看看這首詩，」南老師說道，隨即背出一段詩句。這首詩是唐代詩人白居易所做：

江南好，風景舊曾諳；
日出江花紅勝火，春來江水綠如藍。能不憶江南？

我一臉疑問的看著他，南老師默默地嘆氣：唉，又是一個文化文盲，連這麼一首簡單的詩，也需要詳加說明。

「這詩講的是從前，」他說。「講的是已經失落，而現在無法恢復的從前。」

第八章　修行：學習吐納

房間裡很暗，我們四個人靜靜地坐在用稻草編成的厚蒲團小墊上。房間角落厚重的落地窗簾外，閃爍著城市微弱的人造橘黃色光線。我們已經進行了半小時冥想，來到靜坐階段。過了一段時間後，秦嶺開始用她輕柔和緩的聲音，引導我們觀想自己的內在：

把盤膝盤好。

兩肩、兩臂、兩肘、兩腕、兩手都放鬆。

脊柱正直。

嘴唇微閉。

牙齒輕叩。

舌頂上顎。

下巴微收。

抬頭。

睜開眼睛。

我們睜開雙眼。

兩目平視。

往遠看。

穿過這個牆。

看得越遠越好。

看看遠方，

發不發光？亮不亮？

要是你沒有辦法看見光線，秦嶺容許學員們揉揉眼睛，鬆弛神經，讓血液流通，光線就會映照在眼簾，不過通常不需要到這一步。在漆黑的房間裡，你一直定定地朝前面看，總是能看到光線的。

漸漸地把遠方的神光往回收，
收到兩眉中間，
輕輕地把眼睛閉上。

現在你的神識回到自己的身體裡，在一個可能會迷失的空間內飄浮，所以她要確定你已經回過神來，專注在此地、此刻：

想一下，我們這個房間有多大？
是什麼形狀的？
房間裡有幾個人？
他們的位置在哪裡？

我們現在位在北京西郊一棟小公寓裡，這棟公寓向南，正對著道教信仰中心白雲觀。身在十二層樓的高度，依稀聽得到汽車鳴按喇叭的聲音。這裡是北京，天子腳下。這個地方的外國人不多，附近都是政府部門、集合住宅、以及軍方單位。春天的腳步悄悄到來：溫暖的空氣，春蟲開始活動，春風從北方吹拂而至。但是上面所有這些，全都在外面，一牆之隔，在我們的身體之外。

我們平時呼吸，吸氣，吐氣，我們的胸腔在空氣進入時擴張，在吐出時收縮。可是，現在我們要推動自己的「氣」，下沉到腹部。所以秦嶺要我們倒轉呼吸——這是一種常見的冥想技巧，腹部在吸氣時收縮，吐氣時擴張。

吸氣，吸四面八方之氣向全身毛孔擠壓。

呼氣，呼全身毛孔之氣向四面八方外放。

吸氣，收身。

呼氣，全身外放。

吸氣，把自己收得很小、很小。

呼氣，把自己放得很大。

吸氣，把自己收得很小，小到一粒米那麼小。

呼氣，呼全身毛孔之氣充滿整個房間，並把這個房間往外擴。

吸氣，把自己收得很小。

呼氣，把自己放得很大。

吸氣，呼氣。

轉為自然呼吸。全身放鬆。收心靜坐。

倒轉呼吸大約花去了十五分鐘的時間。現在，則是大約三十分鐘的靜坐，要放空我們的思慮。說比做要來得簡單得多。秦嶺告訴我們，讓我們的思緒像播放電影膠捲一樣，向前劃過腦海。別去想新的事情，而讓它們自動播放。到了某個時候，膠捲播放來到了尾聲，滴答，滴答，滴答，最後什麼都沒有了，腦海中的銀幕一片空白。

我回想起我們所讀的經書裡，開場的一段話：

> 道無名相，一性而已，一元神而已。性命不可見，寄之天光。天光不可見，寄之兩目。

我們的雙目，這就是一切起始的地方。兩眼帶來光芒，並且轉而向內，映照、顯示出我們內心的想法。而如果我們能澄清自己的思緒，就能達到許多宗教所企求的境界：永生不朽。我們靜坐，等待著思緒的放空，我們心中的念頭和想法，仍舊朝著過去未能實現的計畫呼嘯而去，並且回到我們已無法改變的過去。

＊＊＊

我在一年前認識秦嶺，當初是透過一位在南懷瑾老師的晚宴上認識的年輕人引介的。[1]這位年輕人的家人，是參與人民共和國建立的第一代共產黨人的後代，而他本人是在北京西郊「大院」裡長大的孩子。在「大院」裡玩在一起的，都是中共領導人的子女。我們在南老師的隱居處晚餐時，他向我提起，家裡有一位成員精通如何「發氣」之道。這位大師功力很強，甚至可以發功將人從地板舉起再放下，而他的學問淵深，因此吸引到來自全國各地的徒弟追隨。

「這位大師能發氣？」我問道。這聽起來很像是氣功，氣功是一種兼容身體和心靈的修行，近似冥想，但有時候也涉及超能力。一九八〇、九〇年代時，氣功成為近代中國歷史上最受到矚目的宗教運動之一，數以百萬計的人們每天早晨齊聚公園，或盤坐，或搖擺，或懸浮，或抱樹。有幾所國內最知名的大學，例如清華大學，以及軍方機構，都在研究「氣」是否真的存在——據宗教人士和中醫表示，這種能量充盈於我們的身體內。救世主般的氣功大師行遍全國各處，對於正瀰漫全中國的道德敗壞，他們聲稱已有了解答。但是在一九九九年之後，隨著法輪功這支氣功修行的激進支派遭到當局鎮壓，氣功也突然消失在大眾視線之中。所以這位年輕人所說引起我的注意，於是我問道：「現在還有人敢練氣功嗎？」

「當然，只不過現在改叫別的名字。」

「是內丹嗎？」我問。「內丹」是道教的身體修行術語，與氣功近似。[2]

「你對這很熟悉嗎？那麼，等我們回到北京，我會帶你去找一個認識我們老師的人。或許你就可以跟她學習了。」

幾個星期以後，我在北京主要幹道旁的一棟集合公寓前，和這位年輕人碰面。這裡距離天安門廣場西側約五公里，靠近木樨地十字路口。這棟集合公寓有十二層樓高，建於一九七〇年代後期，用以吸引海外華僑回歸。那時候正值毛澤東當政時期結束，某些毛的政敵正陸續從監獄中釋放出來。當中有些人在被逮捕之前，原來是中國的最高級官員，新上台的領導班子想對他們所遭受的苦難做出一些表示，於是他們就分得了這棟公寓，而那些歸國華僑就被分發到其他的公寓去了。大樓裡的住戶包括了李銳，他是毛澤東的前任私人秘書，現在已經年近百歲高齡，還在為啟動政治自由改革大聲疾呼。其他曾經住在大樓裡的知名人士，現在大多都已離世，比如劉少奇的妻子王光美。劉少奇曾是毛之下的中共第二號人物，後來死於獄中。紅衛兵曾公開羞辱王光美，強迫她穿上娼妓般的服裝、戴著乒乓球串成的項鍊示眾。她一直住在這棟樓裡，直到二〇〇六年去世時為止。

在當時，這棟大樓可以說是國家所能提供的最好待遇了：現代化又寬敞的公寓，座落的地點距離共產黨的中央機關及鄰近的紫禁城只有幾條街之遙。可是時至今日，這棟大樓看起來很像是一座低度戒備的監獄：斑駁剝落的水泥牆，連通各公寓單位的戶外通道。整棟建築呈長條形，設有六個出入口，每個出入口之間大約相隔五十碼。我們想從二號門進，但是大樓為了省錢起見，只有單數號出入口才啟動電梯。所以我們走到三號門。在電梯車廂裡，有一個看來煩悶無聊的女人，年紀大概四十多歲，坐在一張小折凳上，正在看一本翻得破破爛爛的漫畫。我見狀笑了出來：這是一個愛管閒事的大嬸電梯操作員啊！我已經有好些年沒在中國看到這樣的人了。這種感覺就像是走進了時光隧道。她問我們要找誰。

「找蕭先生，」我的朋友回答。那女人點點頭，按下最高樓層的電鈕。電梯遲笨緩慢地向上時，碰撞牆壁，聲音砰砰作響。

那女人盯著我瞧了一會兒，然後又埋頭看她的漫畫去。在政府行事曆的某些敏感的日子裡——例如各種重大會議、紀念日、以及某些人物的死亡——對於外貌長得不像中國人的人士而言，這棟大樓就成了嚴格禁止踏入的禁區。不過今天只是個普通日子，而我們要拜訪的蕭先生一家，不管怎麼說，也總是會有外國客人來拜訪的。在毛澤東時代的政治風暴毀掉他們家之前，蕭先生的父母，一度曾經是共產中國最具世界主義、四海一家情懷的夫妻檔：先生蕭三是中共黨內的詩人兼宣傳家，他美麗的德國裔妻子葉華（Eva Sandberg）則是攝影家。現在這戶公寓屬於蕭三的第三個孩子蕭維佳所有，蕭維佳於一九四一年，在中共當時位於陝北山區的總部延安誕生。

我們出了電梯，來到最高層，沿著連接各戶的走廊一路走去。走廊設在公寓的外面，看起來很像是後來才加蓋上去的，只靠著那些勉強關上的廉價窗戶，抵擋著來自蒙古高原的風暴侵襲。在我們腳下的，是木樨地閃爍的燈火，在一九八九年六月三日到四日期間，這裡曾經發生若干最殘酷的殺戮。我們經過了好幾戶公寓單位，然後來到了本該搭乘、卻沉默靜置的電梯，最後終於來到蕭先生的家門口，敲門，等上足足一分鐘。我正打算敲第二次門時，年輕人阻止我說：「他們可能正在靜坐冥想。可以的時候，她會過來應門的。」

果然，幾分鐘以後，蕭維佳的妻子秦嶺出來迎接我們。她年紀四十多歲，身材結實，充滿自信，像個運動選手，剪了一頭短髮造型，臉上兩道漆黑的濃眉。她說著一口輕快的南方腔調，直接、率真而詼諧有趣，彷彿是她知道自己正在教授某種非常深奧的事情，所以拿幽默風趣當作解釋非傳統概念的唯一方法。

她帶著我們穿過走廊，來到客廳。有幾個人正在那裡揉搓他們的關節，顯然才剛結束一段冥想靜坐。在電視前面是一塊白板，上面貼著一張盤腿軀幹圖，畫滿了標示「氣」流動的線條。

正當她的學員準備收拾回家時，秦嶺告訴我，她的老師是王力平。她拿出一本青綠色的平裝小冊子給我看，封面上畫著山丘景色，以及朦朧的日月。這本書的書名是《大道行：訪孤獨居士王力平先生》，背面標示了售價：人民幣五點八五元，或者大約等於一元美金。這本書的用紙很廉價，紙頁很薄脆。我小心翼翼的拿起它，端詳它的出版年份：一九九一年。這本書已經有英文譯本，書名叫做《開龍門》（*Opening the Dragon Gate*），述說的是一個俗家道教徒和三位年長的道士為了躲避紅衛兵的迫害，而穿越崇山峻嶺，並且在旅途中學習如何靜坐冥想的故事。

「王老師所傳授的內容，是根據一部知名的道教經典而來。幸運的是，這部經典已經被李察德威廉翻譯成外國文字了。」

「你說誰？」

「李—察—德—威—廉，」她隨即以很慢的速度，彆扭笨拙地用英文發音念出這個人的名字：「Richard Wilhelm（譯按：即德國漢學家衛希聖，字禮賢，亦作衛禮賢）」。

「那你一定要讀《金花的秘密》這本書，」我訝異地說道。這本書是關於中國式冥想靜坐的典籍裡，最知名且最艱深困難的一部。

她微微一笑，揚著眉毛問：「你要加入我們嗎？」我點點頭，然後回家時一路上都在出神尋思，想知道自己究竟參加了什麼。

這就是我的傳統中國冥想靜坐技藝入門經過。這樣的入門並不理想——我有點像是一個法文的初學者，手上突然拿到一部普魯斯特著的厚重小說，倉促選了一位教學拙劣的教授開設的介紹課程，理解程度可想而知。可是沒過幾個月，我就深深為之著迷。我們上課用的教本，是中國關於靜坐冥想最古老、最知名的引導：《太一金華宗旨》，這部經典之所以廣為西方世界所知，都要歸功於漢學家衛禮賢將其翻譯為《金花的秘密》（*The Secret of the Golden Flower*）。

這部經典是道教「內丹」傳統的一部分。「內丹」起源於早期道教想要將人們從疾病和死亡當中拯救出來的意圖——它追求的不是死後的來生，而是沒有死亡的今生。尊崇長生不老的思想，並不是道教所獨有。舉例來說，猶太教經典裡就記載了許多像以諾（Enoch）和瑪士撒拉（Methuselah）這樣的族長，個個都活了幾百歲。然而早期道教的特殊之處，在於其信眾一開始時企圖運用藥物來延長壽命。這當中包含了煉金術的諸般實驗——不過並不像西方的一眾煉金術士那樣，試圖提煉出金屬，而是想要製煉出長生不老的靈藥。術士們將有毒金屬，像是砷、鉛、硃砂或硫化汞，加上蜂蜜一類可食用的天然產品，製作成長生不老的丹方。在他們的設想中，服用這類丹方，應該能淨化身體，並且避免死亡。

隨著時間過去——以及稍後若干道教人士的中毒死亡——這樣的想法產生了變化。有一些煉金術的理論和實驗，或許對於日後中國醫藥知識基礎的奠定產生助益，中醫的從業人員嘗試運用各種礦物質、以及植物、動物作為藥材，以求治癒疾病。與此同時，長生不老則成為一種精神心靈上的追求。「丹」逐漸轉變成來世的同義詞。長生不老仙丹轉而成為某種形而上的寓意：人們可以藉由冥想來淨化自身的心靈，從而在「內」修「丹」，因此稱為「內丹」。一般常見的冥想形式，通常要求修行者將光或能量向下導入位於下腹部的「丹田」。光有如術士的煉丹爐火，通過各臟腑器官，促進長生之花的出現，並且在肉身死亡時，引領靈魂超昇上達天堂。冥想至此已經不是純粹的身體修行。道德在其中扮演重要角色，正如《金花的秘密》一書中的解說：[3]

> 所有廣行善事之人，皆有精神能量，稱為元神，行善之人死時，此種能量既純淨且清晰。……然而，在人的一生當中，如若元神被神識用於貪婪、愚昧、慾望與色慾等，而犯下諸般罪行，那麼在為惡之人死時，元神將混濁且困惑，神識則隨著呼吸而告消失。

《太一金華宗旨》在西方的名聲，源自於衛禮賢於一九二九年的德文翻譯本《金花的秘密》。[4]衛禮賢是定居在中國的德國籍漢學家，他譯出《金花的秘密》後，瑞士精神學家卡爾．榮格為其作長篇評述譯註。衛禮賢和榮格交情甚篤。當衛氏於一九三〇年去世時，榮格領銜致追悼詞，稱與衛氏的來往是他「畢生最具意義的事情之一。」《金花的秘密》很快就被迻譯為英文，並且多次再版重印。這本書現在屬於公共版權，並且在新紀元運動（New Age）的信徒中，被視為經典之作。

榮格為《金花的秘密》所作的導讀，使得這本書更容易讀懂。他大量列舉基督教義的例證作為類比，而且注意到基督教神祕主義支派的信徒，也曾運用光作為淨化心靈的途徑。榮格還將

《金花的秘密》中提及的冥想描述成一種原始版本的精神分析，後者是他和佛洛依德所共同提倡的學科。《金花的秘密》表明，在西方之外的其他文化，也擁有內在導向探索自身的思想傳統。

在《金花的秘密》正文前面，衛禮賢寫了一篇序文，詳細說明自己當初知道《太一金華宗旨》的經過，並且將這部經典的重現人世，描述為二十世紀初年中國精神信仰危機的一部分。根據傳統說法，這部經書起初是以口語傳播，現存的第一部印刷版是在十七世紀時，於華南的一座道觀裡被找到。不過即便在那個時候，修煉書中所傳之術者，也僅限於道士與其親近弟子。二十世紀初年中國宗教界的動盪，改變了這個情況。和宗教改革時期的歐洲一樣，這時的中國也逐漸擺脫「宗教知識由各宗教神職人員所壟斷」的局面。人們開始企盼能直接閱讀各宗教的聖典，因此在一九二〇年時，就印出一千部《太一金華宗旨》問世。衛禮賢在書前序文裡寫道，自己就是在北京的琉璃廠買下其中的一部。琉璃廠是一條街道，以書鋪、書畫古董行的集中地聞名。

這時候也是若干世俗宗教領袖成名的年代，他們對於日後像南懷瑾等的大師級人物，產生了深刻的影響。[5]其他人則排斥既有的宗教，轉而提倡以靜坐冥想來追求幸福。這類似同一時期在印度發生的宗教運動，當時印度民眾相當愛戴治療者兼瑜伽士奎師那阿闍梨（Tirumalai Krishnamacharya），他整理歸納各種瑜伽，並且將其中一部分世俗化。

這種自我修煉的概念，也與當時的政治局勢相互呼應：許多人相信，透過培養一個完整、正直的自我，他們也能夠建構出一個強大的現代國家，能夠抵禦國內軍閥與國外侵略軍隊的蹂躪。這些團體有時被稱為「秘密社會」，不過他們從來沒有真正秘密過，所以比較中性的名稱，應該是「救贖集社」（redemptive societies）——即想要以行動匡正、拯救社會的團體。[6]他們擁有自己的哲學體系（通常當中混合了儒、釋、道三家教旨，有時候還夾雜了基督教與伊斯蘭的教義），以及身體修持的形式，例如靜坐冥想。有些團體的地方組織非常強大，像是一貫道，就掌握了中國的大片土地。根據一項一九五〇年的調查顯示，一貫道擁有一千八百萬名信徒。[7]

共產黨人於一九四九年取得政權後，立刻對這些新成形的「傳統」展開攻擊。新中國不能容忍任何獨立組織的存在，因此這些團體都被宣告為「反革命」——「反革命」是一個涵義籠統模糊的名詞，適用於一切政府想要掃蕩、消滅的團體或個人。數十萬人因此在新中國成立後，針對宗教團體所發動的首波大掃蕩當中，被送進大牢。

* * *

一開始時，共產黨人不確定要怎麼稱呼這些靜坐修行功法。中共黨內的一個委員會，草擬出「精神療法」、「心理療法」和「咒語療法」等稱法，最後定案為「氣功療法」。「氣功」一詞是新造詞語，由「氣」和「功」兩個概念組合而成。支持「氣功」的人士在一篇文章裡表示，這種功法能夠避免「舊日的迷信渣滓」。

於是，氣功成為傳統中醫機構建制中的一個組成部分，與針灸、草藥和按摩一起傳授。原來師徒授業的關係被課堂教學所取代，修行的場所也轉移到診所。修煉者進行實驗，發表研究論文，並召開研討會議。當局對氣功的認可，到了一九六四年時終止，後來在文化大革命爆發之時，更遭到查禁。在當時，一切與傳統文化有關聯的事物，哪怕僅只是絲毫相關，都會被禁止，因為毛澤東是唯一允許存在的神祇。

但是等到文革隨著毛澤東的去世而於一九七六年結束時，氣功以一種奇特的新形態重返社會：它成了一種大眾宗教。由於它已經遭到查禁，所以支持者改在公園傳授。到了一九八〇年代，開始有自稱是「氣功大師」的人士出現。他們都有情節相似的「出山」故事——和耶穌一樣，徘徊於荒野之中，以鍛鍊自己的決心意志，最後重返世間，拯救人群。這個氣功新運動讓戰前的各項普及計畫都相形見絀，因為後者大致只侷限在知識份子和上層階級之間。新出現的「氣功大師」透過國營電視台、錄影帶和書籍，感動數以百萬計的民眾。

氣功因而成為一種通往精神心靈體驗的門路：從伴隨著身心健康而出現的滿足與喜悅開始，它引導修習者進入到更為深刻的神祕體驗。人們吹噓超自然力量的威力，聲稱這些力量已經得到許多中國科學研究機構的證實。過去這一個世紀以來，中國在科學發展方面被看成是二流國家，某些官員相信，中國可以透過運用此種「氣功科學」，得到超凡的力量，一舉超越西方。這種看法與二十世紀初的某些類似運動頗有互通之處，例如義和拳，就是一群聲稱能抵擋西洋槍砲子彈的練武之人。氣功同時也引來一種毛澤東時代的妄想：由於要達成現代化與繁榮的路途相當緩慢艱辛，當中包括教育民眾、建設基礎設施，以及其他曠日費時的步驟，需要花費許多工夫、投入數十年的時間，才能看到成果，毛時代的想法希望能完全繞開這些曲折，快速完成現代化。為了實現國家榮耀，毛因此踏上不切實際的捷徑之路，例如他發動大躍進，在民居後院起爐煉鋼、以及種種違背科學的農業耕種方法，導致了一九五〇年代後期到六〇年代初的饑荒浩劫。

氣功在毛死後不久即告興起，並不是一種巧合。他的離世意味著之前對於各種傳統修行功法的禁令將會逐步開放，不過人們對於超自然能力潛在的信仰，則與毛在世時並無二致。一九七九年，在一場高層參與的會議裡，資深政府官員聽取報告，了解「氣」不僅可以運用在醫療目的上，還能釋放出各種超自然的能力。有一位與會者當眾演示，他可以將一本書高舉過耳邊，然後在幾秒鐘的時間裡「讀」出書的內容。這場會議聽取了許多關於「氣」如何離開身體、並且完成諸多壯舉的事蹟。科學家受邀表演「氣」如何使電視機發出劈啪爆裂聲。在五天後的一場後續會議當中，有一位中國科學院的與會者表示，上面這一切都讓他想起伽利略的各種大發現。兩年以後，來自全國各頂尖大學的研究者提出關於「特異功能」的發現。這些科學家們毫不懷疑：氣功可以開啟超凡的力量。

抱持懷疑論者認為這是偽科學，但是氣功的支持者卻請出中國最知名的科學家錢學森作為反制。錢學森曾經參與創建美國加州理工學院的噴射推進實驗室（Jet Propulsion Laboratory），於一九五五年回歸中國，領導中國火箭計畫。一九八六年，錢學森說服中國科學技術協會成立「中國氣功科學協會」。該會同意了，還有一位提倡者聲稱：「氣功已經離開宗教和民俗傳統的領域，進入科學的殿堂之中了！」[8]

這是過去的歷史背景，也與今日的議題相呼應。一九九〇年代，關於要如何推動中國前進，在中共黨內展開激烈的辯論。一九八九年的示威抗議讓許多官員深感震驚，他們原本認為政府對於經濟改革的承諾就足以滿足政權鞏固其合法性的需求。八九年的抗議示威及其後展開的鎮壓，讓很多黨員競相找尋對於社會具有號召力的理念，這些理念需要具有傳統根源，而且能夠由他們挑選、採擇。氣功看來正是理想的選擇。

＊　＊　＊

氣功很成功地將自己置身在一個三不管灰色地帶，因此而得以免於受到政府的控制，這一點和其他諸多事情有雷同之處，在宗教層面上更是如此。氣功和五大官方信仰（佛教、道教、伊斯蘭教、天主教、基督教）不同，它並未被認定為宗教。實際上，在當局眼裡，它被當成是一種武術修習。這一點使得氣功團體得以靠著分送傳單、書籍和錄影帶等方式進行傳播——而宗教團體卻不被允許用上述這種種方式傳教，到今天依然如此。

很快地，在中國各城市裡的公園，每天清晨都可以看見許多人，或是靜坐，或是斷續間隔的移動身體：他們哭喊、跳躍、抽搐、打嗝、有的時候嘴裡甚至說著含糊難解的話語。正如人類學者陳南西（Nancy Chen）在她對這個時期的研究裡寫道，當文化大革命造成的種種痛苦過去之後，出現了大規模的心理釋放抒發，「公園、居家後院、乃至於街道，全都成為可以不受拘束、盡情哭喊大叫大笑的場域了……一位氣功大師在一場數百人的修習課程結束時，恰如其分地總結說：『氣功釋放了中國的靈魂。』」[9]

而對於政府來說更為棘手的是，這些氣功大師們採用種種類似於宗教的宇宙觀和解釋說法，甚至是對於人們應該怎樣過生活的訓誡。當中有些人發展出自身的道德規範。其中有一個名叫「中功」的團體，將自身定位為一套教育、政治和工業的思想體系，還有自己的商標——是一個修改調整過的太極符號，「至高無上的旋轉」。而組織發展最健全的則是法輪功。法輪功的創始人李洪志著有兩本內容相當複雜的書，分別談論創立法輪功、以及天堂與地獄等故事。李洪志主張清淨生活、不可離婚、不可有婚前性行為，也不可以說謊。久而久之，幾乎可以在中國的每一座公園裡看見修習法輪功的團體，從它的發源地、中國東北的衰頹工業地帶，擴展到各大城市裡最頂尖的大學研究所，都可以看見他們的身影。

到了一九九〇年代中期，法輪功的興起已經引來愈發激烈的爭辯。一九九八年，幾家佛教刊物攻擊法輪功是「邪教」——在以前的中國，「邪教」是一個含意模糊不清的語彙，如今到了二十世紀末，又重出江湖，用來描述像美國的大衛教派（Branch Davidian）和日本的奧姆真理教一類團體。一九九七年，中國公安部對法輪功展開「非法團體」的調查，並在隔年宣布其為「邪教」。

慢慢地，對於法輪功團體的抨擊，開始在中國各媒體上出現。當一九九九年（也就是天安門屠殺十周年），這些團體到北京市中心組織一次抗議媒體報導的大規模靜坐時，法輪功遭到取締的命運就此底定。在抗議行動開始後幾天內，政府成立具備全國性組織架構的「六一〇辦公室」（**譯按：正式名稱為「中央防範和處理邪教問題領導小組辦公室」**。名稱來自於該辦公室成立的日期：六月十日），領導鎮壓法輪功的行動。法輪功成員為自己辯護說，他們是愛國人士，而且只是單純想要練功。接下來近兩年的時間裡，他們大批來到北京陳情抗議。他們大多試圖在天安門廣場上拉起標語、盤腿靜坐，或是開始修煉法輪功。公安會撲過去，將他們當中的許多人丟進非法的監禁機構——惡名昭彰的「黑牢」。在黑牢裡，法輪功成員如果不聲明退出法輪功，就會遭到毆打。很多成員拒絕了。根據人權組織估算，有上百人被毆打致死。其他上萬人遭到拘留監禁，數千人被移送勞改營進行思想再教育。這起陳情抗議仍舊是天安門事件以來最大的陳抗騷動。

雖然政府表示，廣大的氣功運動並沒有問題，可是大多數較有規模的氣功團體還是受到法輪功的牽連。一九八〇和九〇年代時中國城市最顯眼的特徵——在公園廣場上修習各式各樣功法與冥想的人們——全部都消失無蹤了。在這些人原來的位置，當局使用運動彩券的收益，架設起廉價的運動健身器材，這些器材漆上明亮的黃、藍顏色，通常還會豎立一塊「科學運動」的標示。法輪功之後仍然在海外持續活動，並且成為一個反對中共的異議團體，擁有自己的報刊與電視頻道。但是在中國內部，其他的氣功團體似乎都已經消滅。

＊＊＊

從當初我和那位年輕人一起去拜訪秦嶺算起，到現在已經一年多了。在這幾個月裡，我定期到這棟公寓大樓來找她上課，每星期也花幾個小時的時間自己練習。對我而言，內丹功有兩處吸引我的地方。它是觀察一九八〇、九〇年代氣功運動的窗口，不過我也曉得，幾千年以來，這類氣功修習已經成為中國精神與宗教信仰的核心。世界上所有的傳統文化全都有某種形式的身體修行方式，就像某些基督教教派，或是瑜伽等等，不過在中國，身體修行絕對居於核心位置。改變你的身體，可以昇華你的靈魂。在中國各地，像王力平或是南懷瑾這樣的大師，吸引了數以百萬計的人追隨。而就我所知，唯一能夠瞭解這種趨勢的辦法，就是親自參加到其中去觀察。

我首次明白身體修行位居中國傳統的核心位置是在一九九〇年代，當時我和以北京為主要活動據點的美國商人陸修泉（Brock Silvers）見面，陸修泉是一位虔誠的道教信徒，創辦了一個名為「道家光復學會」的註冊慈善團體。[10]這個團體協助重建那些在動亂世紀裡遭到摧毀的道觀，而我在其中的角色則是幫助他，探勘、找出這些道觀來。這是我第一次和真正的中國宗教信徒接觸，而我開始明白：對於很多人來說，身體修行是根源於他們的個人經驗。陸修泉本人靜坐冥想，而我也嘗試過，只不過並不固定。要是沒有老師在旁指導的話，看來似乎很難找到靜坐冥想的入門途徑。但是在當時，我並不知道要怎麼找老師。所以當我經人介紹認識了秦嶺的時候，我明白這是一次特殊的機遇。

除了學習這些深奧的功法，我還很高興能與她談起一九八〇、九〇年代的那些日子，當時王力平大師巡迴中國各地，步履踏進各座體育館場。有一天，她抽出一片DVD給我們看，裡面述說的是還不算太遙遠的過去。

「這是一九九〇年，或一九八九年，」她說，我們在看的這段畫面是在一座大禮堂的看台上拍攝的。很多追隨的信徒盤膝趺坐在蒲墊上，和我們上課的情況很類似。比現在年輕許多的王力平大師在信徒行列裡穿梭，他擺動雙臂，像是在施咒，臉上則帶著慈祥的微笑。慢慢的，有些冥想的信徒開始往後仰倒，他們的雙腿仍舊維持原先的蓮座姿勢——雙腿交疊，腳掌擺在大腿之上。王力平的身後跟著好幾名助理，幫忙扶助仰倒的信眾，讓他們緩緩躺在地面，有時候還拿來枕頭墊在他們的脖頸之下。攝影機鏡頭偶爾會帶到座位席——那裡有好幾百人正在專心致志的觀看。

秦嶺將視頻快轉，我們看到畫面中的人們彼此面對面，有些人蹲著，將雙手擺在對方的臉或肩膀上，動著手指，好像是在恍惚出神的狀態下，為對方按摩一樣。王力平面對一位站姿的信眾，他的雙手下垂，顯然已經睡著。王像個指揮家一樣來回搖擺，他伸出手，及時引導、攙扶著站在對面的信眾。

鏡頭畫面越過群眾，定格在正在宣講的王力平身上。他使用一部架設在頭頂的投影機，投射出北斗七星的圖像。數千年以來，它們一直是天的中心，我們則繞著它們旋轉。我突然若有所悟：在我們頭頂上是宇宙星辰，而我們在地面上重新創造它們，我們都是這大千世界的其中一份子。人就像一個具體而微的小宇宙。光在我們的體內流轉，將整個禮堂空間都引導入你的體內。

正當我們在觀看這段錄影畫面時，秦嶺的丈夫蕭維佳走了進來。

「你們在看的是經典片段！」他笑著說，然後和我們一起坐在沙發上。他的個頭很高，有一頭平順的灰髮，配上低沉的嗓音，是個英朗的男人。秦嶺遞給他一杯熱水，然後我們安坐在沙發上，觀看更多錄影片段。但是蕭維佳的臉上慢慢有陰翳開始浮現。他看著我們，然後又看向影片。突然之間，他似乎覺得這很不適當。

「夠了，」他堅決地說。秦嶺慌忙找來遙控器，趕緊把影片給關了。蕭維佳轉身過來面對我們，幾乎是用道歉的語氣，試圖向我們解釋剛才看到的視頻。這是對另一個中國的一瞥，是大約數十年之前的情景，但是不知為什麼，讓人覺得有些窘迫。那是一個混亂、自由而脫序的時代，當時這個國家還沒有安定下來，政府對精神生活的控制還沒有那麼深入。蕭維佳很認真的說：

「我問過王老師，他為什麼要做這個。為什麼要這麼費盡心血，揭露出這麼多匪夷所思的事情？在這個團體裡大部分的人，肯定沒法學習得非常好，對吧？所以為什麼要這麼辛苦？大多數人只能學到皮毛，沒法太深入。」

「他說，沒錯，但是他希望向人們展示，宗教生活確實存在。人們老說它已經被摧毀了，但是他想讓人們看到，它依然存在，而且影響力仍舊驚人。到了今天也還是如此，只是又換了一個形式。」

第三部——清明

在驚蟄之後、酷熱的夏季到來之前，有一段時期，風將天空中的雲吹散，農民們等待著春雨的降臨。這段時期，在二十四節氣裡排行第五，叫做「清明」，字面上就是「清淨而光明」的意思。在這個時節，草樹將要開花，老鼠從洞裡出來，農民也準備要下田耕種。在中國，每個季節各自都有六個節氣，而在春季的六個節氣當中，清明是最重要的一個。

清明最為人所知的就是掃墓節，這是一年之中，三個紀念已逝者節日當中的第一個，另外兩個節日分別是農曆七月十五日的中元節，以及農曆十月十五的下元節。在這三個節日裡，人們最常過的就是清明節，或許是因為它恰好落在春季，象徵大地春回的緣故。正當在世的人們準備下田插秧，以供他們生存所需的同時，他們並不敢忘卻已死去的先人。人們到離世者的墳碑、或是在標示墳墓位置的土墩前叩頭、焚燒紙錢和獻祭食品。由於清明節是這樣的重要，因此在二〇〇八年時，它被訂為國定節日，日期訂為陽曆的四月五日。

就和時間差不多的復活節一樣，清明節同樣也引來令人困惑的複雜情緒。或許我們會感謝那些先行離世的人們，可是我們也會感到一種更為黑暗的哀傷情緒，和那遙遠渺茫的希望。這些矛盾的感受反映在關於節日的詩歌之中，就像下面這一首，題目簡簡單單兩個字：〈清明〉，作者是九世紀時的唐代詩人杜牧：

清明時節雨紛紛，路上行人欲斷魂；
借問酒家何處有？牧童遙指杏花村。

第九章 儀式：烈士

這是個風急雨驟的日子，原先蔚藍的天空，被來自蒙古高原的風吹送而來的厚重雲層遮蔽起來。當空氣澄淨下來以後，感覺好像已身在春天。可是沒過多久，一陣冷冽透骨的強風呼嘯肆虐街道，我的眼裡立刻就湧滿冰冷的涕淚。我在尋找馬路上一輛黑色奧迪轎車的身影，但是什麼也沒有找著，所以我和幾位路旁賣花的小販攀談了起來。他們問我，這麼早到公墓來要做什麼？清明節還有一個星期呢。我說，我在等一個朋友，她在清明當天沒辦法來掃墓。他們點頭，建議我買花圈。我婉謝了。徐珏已經挑好了鮮花，而這些鮮花從未改變。[1]每年掃墓的儀式都一樣：四十朵花束、四位警官、兩輛轎車，以及一位老太太。

徐珏住在北京西面、鄰近永定河的郊區，永定河是大運河的支流之一，大運河則是從杭州到北京、由南向北長達一千六百公里的水道。她在首都的住處十分舒適：兩間臥房、一套廚房，還有一間採光良好的客廳——這是在政府單位裡有個好工作的額外福利。這住處是徐珏工作的單位、中國地質學院在二〇〇〇年時配發給她的，距離她的兒子在一九八九年天安門屠殺中遇害已經過了十一年，距離她的丈夫抑鬱而終也有七年的時間。她一個人獨居，她的家裡一直保持靜謐沉默，只有星期六那晚例外。每到星期六的晚上，她會拉開鋼琴的防塵套，彈奏教會的聖歌，讓自己接近上帝。

徐珏是一個身形嬌小、精神活潑的七十三歲老太太，她染了一頭黑髮，穿著黑色長褲、鮮花圖案的女襯衫，以及一件開襟羊毛衫。她用一種高而尖、幾乎像是小女孩的聲音說話，可是說起話來全是短句子，又像是老師在教訓小孩。當我在清明節前幾天前登門拜訪時，她忙得不亦樂乎，一會忙著泡茶，一會又焦慮家裡沒有餅乾。可是對她來說，原來的正常日子在一九八九年就已經結束。她的兒子吳向東，在學生示威抗議活動開始時，還只是個二十歲的學生。剛開始，他並沒有參與其中。吳向東當時是個單純善良、率直敢言的高校學生。校方高層說他們不能推薦他參加大專院校高考，建議他去找份差事。他在東風電視機製造廠找了份工作，同時還在北京儀器儀表職工大學進修夜間部課程。因此他被歸類為藍領工人階級，而與此同時在天安門廣場上的示威抗議，則由國家的菁英、北京的大學生領導。可是當五月下旬，政府威脅要對廣場上的抗議份子動用武力時，吳向東便和許多其他北京市民一起走上街頭，找士兵理論。起先，他們成功的阻止軍隊，逼使他們撤退。但是在六月三日那天晚間，新的部隊進駐，決定以武力強制驅離廣場上的群眾。這位年輕人決心再到廣場去。

「我們說別去了，這個時候特別危險。但是我兒子他逃跑出去，去擋坦克去了。」

徐珏平淡無波地述說著事情經過，她沒有哭泣。她說這整段故事，像是在講述一連串的謎團：為什麼她的兒子要到廣場，他在哪裡遇害，他的遺體在哪裡被發現，被埋葬在哪裡，怎麼悼念他，以及每年的清明是怎麼到他的墳上去祭悼的。

「當時到晚上十二點兒子還沒回來，我跟我丈夫就特別著急。我們兩個人就騎著自行車。那時候也沒手機，發生什麼也不知道。我和丈夫騎著自行車，一直到西單。一路上騎車看著這些學生抬著擔架，有的已經死了，有的是給坦克壓扁了的屍體。

「我們心裡面就急啊，就想趕快找到兒子。三號那天晚上，好多老百姓在馬路上看熱鬧。結果一看正好打槍了，他們就往胡同裡跑，結果有士兵掉隊了，舉著個機關槍繼續到胡同裡追老百姓，那些老頭老太太跪下了，投降了，最後也被殺死。但是因為他們掉隊了，胡同裡其他老百姓看到周圍沒有解放軍，就把他們活活打死了。老百姓後來把這些事情告訴我了。我們到處騎，還是要去找兒子。

「我們到了木樨地。那兒的老百姓說，你兒子是好樣的。他和好多年輕人手拉著手在那裡擋坦克。但是坦克太大了，他那麼渺小。這是太殘忍了。」

夫妻倆騎著單車回家。到了第二天，他們又出門去，想要解開另一個謎團。

「我們兩個騎車到各大醫院找啊。每個醫院外面都貼著死傷幾百人的名單。我們問：『這個名單上的人在哪個病房？』一個小夥子說：『這都是死的人了！』

「最後到了復興門醫院，我們找到了他的名字。我們求他們，又跟他們吵，最後終於有人讓我們去找屍體。後來醫生說，我們得想辦法，越快越好，把屍體運走，再等兩天等戒嚴部隊一進來以後，這些屍體就集體火化了。我們借了個三輪車，把他運回家了。」

她邊說著話，邊打開一只盒子，裡面收著兒子的遺物。她攤開一件褪色的藍色工作服，擺在沙發上，這是當晚他身上穿的衣服。那件衣服已經洗過，兒子的同事們在上頭簽滿了名字，墨跡已經模糊，滲進棉質內裡。她接著拿出一張兒子的黑白遺照，那是她兒子原來的模樣。照片中的他很年輕，小嘴巴和熱切的眼神，都和母親徐珏很相似。他的姓名被貼在相片底部：吳向東。

然後她展開兩條狹長的白棉布條。它們一左一右位於那件工作服兩邊，在遺照的上端交會，像兩支長矛那樣交叉伸展出去。左邊那布條上寫著：

「六．四」英靈永不朽，下為嶽河，上為日星。

右邊的布條寫的則是：

碧血千秋志難酬，名在京門，功在寰宇。

在工作服的左邊，她放了一只兒子曾經戴過的星辰錶。為求平衡，她又放了一部擺在皮盒裡的照相機在右邊，那是兒子當年隨身攜帶的。當他們在醫院領回這部相機時，裡面已經沒有底片。

「我們要給兒子下葬，但是沒地方敢收。到處都問死因，那我們怎麼說呀？最後終於有個在八寶山的人什麼都沒問，就答應了。」

這是一處公共墓園，緊鄰著同樣名字的革命烈士公墓。不少知名的共產黨人，比如秦嶺的公婆蕭三、葉華，就葬在這個革命公墓裡，不過八寶山人民公墓同樣也為外界熟知，而且離北京市郊區並不算太遠。徐珏很滿意這個地點。

「向東小時候，我一直在山溝裡面搞研究。生出來以後就調到北京，不到一個月我就去工作去了。我丈夫從這麼一點點，餵大的，餵到二十二歲。所以兒子死了以後，對他刺激大得不得了。沒有幾天，一頭黑髮就變成白髮。他身體一直特別好，後來身體直線下降，得白血病死了。他是氣死的。」一九九三年，她也將丈夫安葬在八寶山人民墓園，就在她們兒子墓地旁邊的區段。

不久之後，徐珏到德國去考察研究，在那裡遇見了一群從台灣移民過去的基督徒。這群基督徒的聚會所，屬於世界上規模最大的五旬節運動教會（Pentecostal church）旗下，稱為「真耶穌教會」。當年在中共還沒有得天下時，真耶穌教會在中國大陸相當受到歡迎，而在一九四九年後，則被指控為邪教而飽受迫害。真耶穌教會的成員在星期六舉行禮拜，因為耶穌是猶太人，而猶太人在星期六過「安息日」。徐珏在一九九〇年代末回到中國後，覺得國內的地下教會行事太過詭秘，有點邪教的感覺。加上教會裡有人說，某年的七月七日將會是世界末日，所以她不再去教會聚會。然而國家承認、支持的教會，卻是那個殺害她兒子的體系裡的一部分。因此她開始在星期六的夜晚自己研讀《聖經》，唱聖歌給自己聽，不時彈鋼琴，有時候還一直彈到深夜。鄰居埋怨她聲音太大，可是等到他們發現有便衣公安在監視著她時，所有人都止步不前了。她被當局監控，沒有人想要牽連其中。

公安開始監視徐玨，是在她積極參與一個名為「天安門母親」的團體之後。在每一年年初，這些女性（剛開始時都是中年人，現在都已經是老人了）都會給全國人大寫信。徐玨和其他的母親們都期盼當局能平反對於「六四」抗議的判決。政府不該將他們貼上反革命運動的標籤，因為他們是在推動反貪腐的示威陳情。

每年到了「六四」屠殺的紀念日，這群母親總是試圖在木樨地的路口點燃象徵悼念的蠟燭，因為這裡是她們的孩子喪生的地方。當然，她們始終無法靠近木樨地；公安總會在幾周或幾天之前，將她們軟禁在住家中。

但是公安要禁止人們舉行各種清明追思悼念的活動，就比較困難了。清明節活動在毛澤東當政時期基本上被禁止，或是遭到淡化，但是這個節日並沒有消失，因為它與共產黨本身崇敬死者的傳統有重疊之處。中共紀念死者的傳統，就是崇拜所謂的紅色烈士。

＊　＊　＊

一九四四年，有一位農民出身的士兵張思德，在一場燒瓷窯洞崩塌的意外中身亡。要不是因為張思德曾經擔任過毛澤東的警衛員，這場意外可能不會受到人們的注意。[2]為了紀念這位時年二十九歲的年輕士兵，毛致上一段著名的追悼詞：

> 人固有一死，或重於泰山或輕於鴻毛，為人民利益而死，就比泰山還重；替法西斯賣力，替剝削人民和壓迫人民的人去死，就比鴻毛還輕。

毛澤東借來運用的，是中國悠久的殉道者歷史。歷數中國早期的知名異議人士，最為著名的莫過於屈原。屈原是西元前四世紀的詩人和大臣，為了勸諫他所奉獻的國家，不致因為貪腐而傾覆，憤而投江自盡。幾個世紀以來，像屈原這樣的人，會被人們尊奉為正直和忠誠的典範。可是，共產黨的烈士們和屈原不同，他們大多數人的故事都相當平凡無奇，並不激勵人心。和張思德的情況類似，他們似乎都是在突發意外當中身亡的。雷鋒是最知名的紅色烈士，也是冉雲飛最討厭的人民英雄，他也是死於一場意外：電線桿倒塌時，他的頭部受到猛烈撞擊而喪生。正如冉雲飛注意到的，雷鋒的故事特別的讓人感到失望，因為有很多關於他無私奉獻的事蹟，很明顯的都是出自於中共的編造——雷鋒所到之處，總是不可思議的都有攝影師隨行跟拍記錄，將一個原來可能無害的善良年輕人，轉變成為關於犧牲與英雄事蹟的史詩傳奇。在一九五〇年代，清明節被改名為烈士紀念日，以紀念雷鋒為中心。

所有的公眾記憶都會受到國家政權的影響，但是在中國，政府扮演的角色幾乎是鋪天蓋地。北京除了打造一般親歷戰爭者的回憶錄以外，還推出革命烈士的傳記。烈士事蹟在電視上佔了重要篇幅。他們的面容出現在廣告看板和公車站廣告上。在過去幾年中，對那些據稱該為烈士之死負責的人，當局甚至主導了多場電視公審。

在共產黨於一九四九年取得政權之後，開始在北京為烈士墓園尋找落腳地點。最後將烈士墓園設在北京西郊、八寶山的護國寺。護國寺原來是一些老太監從宮中退休後度過餘生的地方，也是他們存放當年被閹割的生殖器之處。一九五六年，護國寺遭到沒收充公並且拆除。當時還在寺裡掛單寄住的幾十位老太監，每個人都拿到一隻布袋，裡面裝著他們風乾的「寶貝」（這樣他們就不會在死時無法和自己的「寶貝」一起下葬），然後被送往其他地方居住。他們當中，有些人在其他寺廟度過餘生，也有些人在貧苦之中過完人生最後的時日。

中共以鄰近的山丘為這座新公墓命名：八寶山革命烈士公墓。稍後，當局將「烈士」兩字拿掉，以容納任何「為革命做出特殊貢獻」的人士入葬。這些人士當中包括許多資深政治領導人，以及像美國記者安娜．路易斯．斯特朗（Anna Louise Strong）與艾格妮絲．史沫特萊（Agnes Smedley）這樣的支持中共的外國人。座落在革命公墓旁邊的，就是吳向東安息的八寶山人民公墓。

在毛澤東死後，清明節恢復舊稱。到了二〇〇八年，更成為國定假日，主要的政治領導人開始公開參與相關活動。清明節祭祀先人儀式與政治最明顯的連結，莫過於每年這天在陝西省舉行的祭黃帝陵儀式了，黃帝是漢族傳說中的共同始祖。祭黃帝陵這件大事在黃陵舉行，這是一座占地近十六平方公里的龐大建築群，在一九九〇年代，以及二十一世紀前十年之間，分為幾個階段、耗資四千萬美元進行重建。出席這場祭祀活動的人員，通常包括了一支儀隊、高層官員，以及數千名觀眾。[3]

不過死去的人並不總是能夠得到安息。一九七六年，備受愛戴、被認為是黨內唯一能稍稍制衡毛澤東激進政策的總理周恩來去世，在天安門廣場上的群眾追悼活動，後來演變成為對於當時極端主義政治作風的抗議。而在一九八九年，大批群眾追悼另一位甫逝世溫和派領導人胡耀邦的活動，則擴大成為後來的天安門抗議示威運動。

政府要是想禁止徐珏去替自己的兒子掃墓，是輕而易舉的事情。畢竟她正處在全天二十四小時的監控之下；我只進去過她住的公寓一次，那是因為我走錯了入口，無意間反而避開了祕密警察的監控。可是政府並沒有不許徐珏在清明節時去祭掃丈夫和兒子的墳，大概是觸犯「追懷先人」這項傳統的後果太過嚴重的緣故。所以，每年清明節前一個月，公安都會到徐珏府上拜訪。他們討論即將來到的清明節，並提出一個其實她別無選擇、只得接受的建議：在清明節大約一星期之前，一個安靜的早晨，公安會派人專車「護送」她到八寶山人民公墓去，讓她祭掃丈夫和兒子的墳。這樣一來，政府就不會受到指控，說不讓她在清明節為丈夫、兒子上墳。所以也就是在這一年，我在公墓的入口處等候。

＊　＊　＊

徐珏搭乘一輛黑色奧迪轎車抵達，後面又跟著一輛。四名便衣警察隨即下車。其中兩名警官佇立在他們的車旁，另外兩名亦步亦趨，跟著她走向墓園入口。我站在一旁賣花小販旁邊，看著他們一行人走過去，然後自己也跟著進去。

她向右轉，走到丈夫的墳前。她說，每回來，總是先到丈夫的墳上祭掃，因為他倆結婚已經超過三十年了。她也感覺，丈夫的墓比較不會有麻煩；要是掃兒子的墓時出了什麼狀況，至少她已經掃好丈夫的墳了。

墓碑正面刻了三個大字，那是她丈夫的姓名：吳學漢。墓碑的背面刻了一首詩，是他們夫妻的一位友人所作，裡面有「學漢含怨早逝」的句子。解釋上面這句詩意思的文字，就在這幾行詩的底下。它們列出了要擺在這位男子墳前的花朵：

八枝馬蹄蓮
九朵黃菊花
六枝白鬱金香
四朵紅玫瑰

花朵的數量，每行第一個字，「八九六四」，指的就是一九八九年六月四日。兩名跟隨徐珏的便衣公安，此刻帶著尊重的態度站在遠處，看著她將這二十七朵花擺放在丈夫的墳前。

然後她走回主要通道，前往兒子的墳所座落的區段，那兩名便衣警官小心謹慎的在後方尾隨。這個區段每隔五、六座墳墓，就栽植一株松樹，給予人們一種幽靜的感覺。她走進這片小松林，找到兒子的墳：第三排，第十三號。墳墓小而簡單，和其他墳墓擺在一起，很難認得出來。許多中國人每年掃墓必做的事情之一，就是用紅漆刷補墓碑上的刻字，讓它們看來比較顯眼。

徐珏從隨身的包裡拿出一小罐紅色油漆和一把小刷子，接著她彎下腰，刷寫她兒子墓碑上的三個大字：

吳向東

然後，她又打算刷寫姓名旁邊的一行小字，這是向東的生卒年。可是她彎下腰去，突然露出痛苦的表情。她的背很痛，於是便以手扶著臀部，一陣疼痛和疲憊感登時襲來。其中一位警官見狀走上前來，伸手接過油漆罐和小刷子。她沒有拒絕。這位便衣警官蹲下身子，用小刷子仔細地描著墓碑右上方的那一小行字：

生于一九六八年八月十三日
故于一九八九年六月四日

然後是左下角的那行小字：

父　吳學漢
母　徐　珏

徐珏說了些什麼，而那位便衣警官點了點頭。他用紅漆塗刷了墓碑的頂端和兩側。很多人這麼做，是為了讓親人的墓碑看起來更亮眼些，而她也想要這樣。即使這暗紅色油漆的象徵性意義有點明顯，不過那位警官並沒有爭辯這一點。可能他想趕快完事早點回家，也許他願意給她一些尊嚴，又或者他自己也有一個兒子。他在墓碑頂端和兩側大量塗上紅油漆，讓墓碑在成排的白色墓石當中看來十分顯眼。有些油漆噴濺到墓碑的底座上，不過他把這差事辦得不錯。全程沒人說話。在未來的一個星期之內，所有的墓碑看起來都會像吳向東的這樣，但現在，只有他一枝獨秀，就像他在生時那樣。

那兩位便衣警官往後退了幾步，留下徐珏獨自立在兒子墓前。她在墓碑前擺上一朵紅花、十二朵白花，然後低頭行禮。接著他們三人便走回入口處，和守候在那裡的另外兩位警官會合，一同搭車離去，他們每年一度的儀式就此告成。（譯按：徐珏於二〇一七年四月二十四日因肝癌於北京逝世，享年七十七歲。）

第十章 山西：埋掉的書

四月初的華北顯得出奇安靜。[1]天氣清朗而透亮，很適合開車出遊或登高遠足，不過氣候還是太過乾燥，不適合播種，所以農田到現在都還是空蕩蕩的。離下一個節氣「穀雨」，還有幾個星期的時間，這才是農民們關心的重點。在這個節氣降臨以前，人們準備、等待著，並且去掃墓祭拜先人。

既然徐珏在清明前一周完成了她的年度儀式，我便到山西去，和李家一起過清明節。李家住在太行山的另一邊，太行山脈從北京郊區向南延伸，到南面廣達八百平方公里的肥沃區域。我差不多每隔幾個月就會開車到那裡去，在那兒待上一個星期，跟著李家的人一起走遍各個村莊，看著他們過著兩種截然不同的生活：在山西時，他們是平凡的殯葬業者、占卜吉凶的算命先生，到了國外卻搖身一變，成了在紐約卡內基音樂廳演出的音樂家。

北京幾條堵車嚴重的主要幹道，在出了幾道知名的長城關口之後就變得順暢許多。高速公路一路向西，朝張家口而去，這座河北省的大城，即將主辦二〇二二年冬季奧運。這個地區人口較稀少，而且氣候乾旱——大部分都是石礫和旱田，亟需雨水潤澤，但是降雨量通常很少。目前這個區域正在整合成一個擁有一億三千萬人口的「京津冀」超級都會圈（「京」是北京的簡稱，「津」是口岸城市天津的簡稱，「冀」則是河北省的簡稱，北京、天津都位在河北省境內）。透過區域內基礎建設計畫的驚人進展，逐漸將各個城市凝聚結合在一起，形成一個共同生活圈。一切都符合工程師的夢想：順暢，平坦，而且快速。但是它也使得農村地區淪為區域發展中一個模糊不清的印記，一個被鋼筋水泥打造的超鏈結所繞開、放棄的化外之地。這片土地看起來荒涼、貧瘠，而且空曠。

經過五小時車程、四百八十公里開外之後，景觀開始有了變化。當時我離開高速公路，走上國道二〇二號線公路，這是一條雙線大道，兩旁栽滿了楊樹和柳樹。在我轉過第一個彎道，進入一段長程直線道路後，春天降臨了。突然之間，好多樹木出現在我的四周，一排又一排，密密匝匝地從道路兩側一直延伸到地平線。遠遠看過去，它們模糊淡薄的色調，就像水彩畫一樣，層層疊合在一起。道路被一層亮綠色暈染——像是在一張過去的黑白照片上，繪上了新春的綠意。

清明節這天，我想和李斌的父親一起度過。李老先生不肯搬到縣城，寧可待在鄉下老家。他在老家保管族譜，而我聽說他還在自家的農舍旁邊，設立了一個傳統音樂訓練中心。所以我直奔上梁源村，這個村子位於李斌現在住的陽高縣城十多公里外的地方。

上梁源村有五百戶人家，大多是蓋瓦片的磚造平房，沿著狹窄的巷弄蜿蜒排列，隱身在高聳的磚牆之內。這是華北的典型聚落，這些村莊構成了一條對外面世界的封鎖線——這是對於城市一成不變地理景觀的反動，也與中國南方那種不受政府管束而形成的聚落，形成鮮明的對比。

村裡的大街最近才鋪設好，但是兩旁的露天溝渠裡，滿是積水和垃圾。鎮中心是一家販售生活必需品的雜貨商店：像是食用油、香菸、啤酒和「奧利歐」（Oreo）餅乾，都可以在這裡買到。這家商店位於一棟以白漆粉刷的磚造平房裡，建築裡唯一的裝飾，是一顆石造的五角星，這顆五角星是毛時代的遺物——本來它是紅色的，現在已經變得灰暗而褪色斑駁。當時我以為，這顆五角星似乎是那個年代在村裡留下的唯一遺跡，後來我才明白，這個印象是大錯特錯。

＊＊＊

李家的老宅位於一條巷道的盡頭，鄰接一座杏樹果園。我推開漆成紅色的大門，穿過栽滿果樹與蔬菜的庭院，來到一棟平房前面。這棟平房是新建成的鋼筋水泥建築，外牆鋪設磁磚，屋頂則是傳統的黃瓦樣式。進入大門之後，通往一條走廊。臥室在入門左手邊，而右邊則是廚房和客廳，李老先生正坐在炕上看電視。炕是北方民居裡常見的擺設，同時具有床鋪和長椅的功能。李老先生盤膝坐著，不過身子歪向一側，用手肘撐著，正小心翼翼地從一本破破爛爛的筆記本上抄錄一些陌生的符號。他頭上戴著一頂拉得緊緊的鐵路工程師帽子，身穿藍色窄條紋襯衫，模樣看上去很像是一個作風老派的火車站長，正在為忙碌的一天做準備。

他慢慢地抬起頭來，臉上綻放出燦爛的笑容，盡可能地說著普通話迎接我的到來。李老先生的妻子也出來招呼。姚秀連是個溫暖而友善的女人，只不過她那一口山西腔調實在太重，弄得我們溝通困難，只聽得懂最基本的幾個句子。她的臉上一直掛著笑容，先離開到廚房去準備食物。

李老先生示意我坐到炕上來。今天正好是他的休息日，不過就像在村子裡的大家一樣，他其實從沒有真正放下過工作。他特別撥出今天來準備命理占卜的用書。這些用書都是小筆記本，裡面記滿各種日期與圖表，列出一整個甲子的天干地支年分，以及其他交互參照的材料：月亮盈虧的週期、以及顯示「五行」交互作用關係的圖表等——「五行」當中蘊含的複雜訊息，幾乎是無止境。他把這些小筆記本放在胸前口袋，一年到頭隨身攜帶。筆記本裡廉價的紙頁終究會磨損，裡頭記載的資料必須靠手抄謄錄。他很小心的把這些冊子收進一個已經褪色的皮包裡，然後給我倒了一杯茶。

「你到縣城裡找過李斌了，」李老先生說道。

我點點頭。

他也點了點頭，若有所思的喝著茶，然後什麼也沒說。

我們兩個同時保持沉默了一會。李老先生說任何話，都有他的道理。我決定探探他心裡到底在想些什麼。

「你常去縣城嗎？」

「我？」他故作訝異地回答。

「城裡很熱鬧，」我說。陽高縣城有十三萬人口，以中國城市的規模來看，它可能不算什麼大城，可是全縣三十萬人已經將近有半數都在這裡。而且陽高的發展非常快速，南邊又設立了一個新區。好幾部起重機正在興建大約三十棟住宅大樓，每一棟都有二十層樓高。很快地，全縣的民眾都會住在這裡。「那裡挺發達的。」

「挺發達的，」他說，一邊仔細地端詳著自己的茶杯，好像是第一次親眼見到縣城似的。

「你也想過搬到那裡去嗎？」

「我？」

「我相信李斌肯定找到新客戶了，因為他搬到城裡住的關係。」

「搬去新的地方，不會讓你找到新客戶的！」他堅定地表示，說話的樣子，好像是在摘引《論語》裡的格言名句似的。然後，為了緩和一下氣氛，他又補充說道：「不過很多我們老家裡的人，都搬到城裡了，所以他現在也在那裡。」

在李老先生還是個孩子時，上梁源村大約有七百五十位居民。本村人口數在一九八〇年代來到接近一千人的高峰，這個時期正值經濟改革讓農民拿回他們的土地，而都市化的進程才剛開始起步。在這個時期前後，全國民眾大約有四分之三仍舊居住在鄉村聚落之中。而現在，根據官方數據顯示，超過半數以上的中國民眾，生活在都會區中。上梁源村的情形反映了這項轉變。官方數字顯示，本村有五百戶人家，可是當中有許多人其實已經不住在村裡了。只剩下老人和孫輩還留下來，其他人都離開村子，到城市去了。

李斌就是這一波移居潮的其中一員。他離開鄉下，主要是為了替兒子李炳昌（譯音）找一所城裡的好學校就讀。那間學校在兩年後不幸破產了；不過沒關係，李斌又在別的城鎮找到一所寄宿學校。這孩子現在幾乎完全從家人的生活裡消失，只是隔週回家一次。但是如果從逃離農村生活這個角度來看，這一切的犧牲似乎都是值得的。

「很可惜李炳昌沒辦法學到這全套本領，」我說。李老先生是第八代傳人，而李斌是第九代。會出現第十代嗎？李斌非常堅持，他的兒子不會繼承這個職業。在我見到這個男孩子的時候，他正在玩電腦遊戲，夢想著有朝一日在大城市裡生活，我很確定李斌是對的。

「可能吧。如果他通過他的那些考試，就能上大學念書。那他就不會作陰陽先生。可要是他沒考過……。」

「可是到了那時候，他大概就二十歲了。這個歲數才開始學，年紀不會太大了嗎？」

「就算你是三十歲（才開始學），你也能成功，」他說。

這聽起來似乎只是老人一廂情願的想法，可是等我們繼續談話，我開始了解：也許他是對的。

* * *

一九五八年，在北京拍板定案的一項政策，決定了李老先生的人生。當時國家的領導人毛澤東認為，常規經濟發展的各種做法——譬如耐心的製造生產、儲蓄、以及投資等等——全都過時落伍了。反而是信念才能帶領中國大步躍進到繁榮境地。農民因此被要求將作物穀苗密集栽種在一起。這樣一來，產量就會是原來收成的兩倍、四倍，乃至於無限高——這叫做「放衛星」，名稱來自於當時蘇聯新近發射升空的人造衛星史普托尼克（Sputnik）。工業方面，農民們接到指令，要搭造原始的煉鋼爐，以製造出質量勝過已開發國家現代化煉鋼廠的鋼鐵。

這些幻想導致了一場大災難。將作物幼苗密集栽種，結果導致的是作物歉收，而不是大豐收；而在此同時，土造高爐只能煉出品質最粗劣的鋼材。但是因為毛指令要創造奇蹟，所以必須找到奇蹟確實存在的證明。地方官員們因此將農民手上的少量作物糧食充公，甚至把預定明年播種的種子也一起徵收，充作產量總量大豐收。而由於土造高爐煉不出真正的鋼材，農民被迫將手上的鋤頭、刀和犁具全部送去熔化重煉，以求能填補上總產量的缺額。中國農村裡的作物、種子和農耕器具，因此全被搜羅一空。

「大躍進」造成的飢荒，使得超過三千萬人喪命，同時也嚴重破壞了農村生活的內在結構。飢荒初起時，家家戶戶到處搜找食物，絕望之餘甚至開始吃樹皮草根。有些人試圖到鄰近的城市找吃的，但是政府宣布地方民眾遷徙是非法的，違反者最嚴重可以判處死刑。為了糧食，人們開始說謊、欺騙、偷竊，甚至殺害人命。當上述做法都無效時，他們便逾越了最後一道禁忌的防線：吃人。人們將屍首挖出來，把肉切下來吃。也有人家互換死去小孩的屍骸，這樣他們就不必吃自己孩子的屍肉。父母雙親死去以後，失怙的孤兒彼此殘殺，吃對方的肉。末日看來正在迫近。在四川的一個村子裡，有傳單宣稱說：「天兵天將就快來了，毛主席維持不了多久的。」[2]

事後證明，這樣的預期是錯誤的。毛澤東堅持落實他的政策，而飢荒則持續擴大。在陽高縣這樣栽種作物本來就很辛苦的地方，情況更是嚴重。當飢荒於一九五九年襲擊陽高時，李老先生才八歲大，他記得人們因為太過虛弱，沒辦法逃走，只能待在家裡靜靜地死去。

「人們死了，很多人都死了。那時候我才多大？可是我知道沒有人能夠懷上孩子，因為他們吃得太少了。我們的日子過得很不好。或許人們一天能吃上三或四兩的糧食。沒有蔬菜或肉可吃。」

他的父親為此被迫參加鄰近城市大同的一個民俗音樂巡演團。李老先生和母親還有兄弟手足被留在家鄉。他們幾乎快要餓死，李老先生還記得，他被教導哪種草可以吃，哪種草不能吃。「有些會堵塞你的腸胃，而且害死你，」他靜靜地說道。

伴隨飢荒而來的，是禁止傳統文化和宗教信仰的激進政策。在一九五八年，李老先生說，村裡開始有寺廟遭到攻擊。飢荒於一九六一年結束，雖然較為溫和穩健的政策隨即重新施行，但是為時僅僅三年，又遭到新的政治運動所吞噬。這個政治運動是「破四舊」，再一次拿農村宗教習俗開刀。

我對李老先生說，我還不知道上梁源村原來有過寺廟。

「它們全都不見了：地藏殿、觀音廟、三清殿、財神廟、五道廟、三官廟、真武廟。有些廟，像是三清殿，那是真的大。它原來就在這條路上，在那個小山嶺上。」

兩年後，文化大革命開始，結束了十多年的音樂巡演。李家一家人都是造詣深厚的禮儀專家，在共產黨掌權之前相當發達興旺。中共得了江山以後，李家原來的工作對他們非常不利。他們被冠上「富農」的階級成分，在文革期間被點名批鬥。我請教李老先生當時紅衛兵做了什麼事情。

「他們說，我們是牛鬼蛇神。紅衛兵都是村裡面的學生，學生。村裡的。各村各村的，沒有外地的，（都是）當地的。他們把一切都給燒掉了。」

「他們燒了什麼？」

「所有我們祭拜用的經書。所有我們的書。音樂。樂器被砸爛。道袍被燒掉。」

李老先生還補充了一件事情：他說這是一個人們不再相互尊重的時代。對長者的尊重、對權威的尊重、甚至是一般的行為規範，在文化大革命期間全部都宣告終結了。當人們被毆打時，上前去幫助是被禁止的。[3]被打得奄奄一息的鄰居，就倒在路邊。如果你上前施以援手，那你也與這人同罪。我想起那曾被學者研究的、社會中的冷漠——不願意對於那些在你的人際「關係」網絡之外的人伸出援手。這有部分要算是中國文化裡的深層結構：將人分成兩種，一是關係網絡之內，以及那些關係網絡之外的人。不過共產黨掌權後的前十年，卻讓這種情況變得更形惡化。幫助他人現在不但沒有好處，還可能會惹禍上身。

李家的人當時實際上處在被軟禁的狀態下，只允許他們去耕田。到後來，他們從自己的家被掃地出門，被迫住在鎮上街角搭的棚子裡。被發配到田裡勞動的李老先生，一直到一九七三年才被批准可以結婚。四年之後，李斌誕生，而有些被打壓的傳統，也開始重新浮現。

文革那些年裡造成的創傷，在往後的數十年裡還在擴散。因為受到迫害，李老先生沒能學會吹奏笙。而寺廟遭到搗毀這件事，意味著李家討生活的本領範圍也跟著萎縮。在過去，寺廟經常舉行廟會，但是現在沒了寺廟，這類廟會集市活動就跟著減少，而其他的活動，比如在地大戶傳統於冬季時舉辦的謝神廟會，則幾乎都已完全放棄。然而某些傳統還是歷劫餘生、存活了下來。儘管李老先生從來沒能學會如何演奏樂器，可是他還是從父親那裡承襲下不少技藝：他加入一個樂團，靠著打小鼓來計時、算拍子。他朗誦經文。他還學會卜斷吉凶，廣受好評，認為他鐵口直斷，十分可靠，能夠承繼父親的招牌。這樣一來，就表示成為一位陰陽先生所需的五項技藝——吹奏（笙）、敲打（敲鑼打鼓）、書寫（寫訃聞和符咒）、誦唸（誦經）以及斷事（占卜吉凶與挑選日子）——李老先生已經學會四樣。雖然不夠理想，但是已經足夠了。

這就是為什麼，他不願意一口斷定他的孫子日後絕不會繼承家業的原因。也許這孩子以後也沒能學會吹奏樂器，但是他會找到自己回歸傳統的路，就像李老先生這樣，在當時那個動亂的時代摸索出一條生存之道。要是這孩子真是踏上回歸傳統文化的道路，會有某些徹底不同的面貌出現，也許他會成為一個更符合時尚潮流的殯葬專家，或是禮儀諮商師。

不論未來會怎麼走，都不會重蹈過去的覆轍，或甚至是現在的道路。過去在鄉間辦喪事，通常規模龐大，有些地方辦的後事，甚至要歷時五天，而現在的喪事，一般而言只有兩天。除此之外，還有不少傳統儀軌被舉行。這些儀軌，有一部分保存在禮儀用書裡，但是李老先生說，至於這些儀軌到底要如何舉行，沒有人敢真正斷定。反過來說，現在鄉間的喪事最多只有兩天，而城市裡的喪禮甚至還要更為簡約。

唯一沒有太大變化的，是算命占卜吉凶這一項。看來這種情況反映出社會上更為深層的需求。「有時候人家請你來算命，你也會給出一些心理上的建議，」我對他說：「在元宵節那時候，一個老人家的後事，有個女人來問你，她該不該離婚。你還記得不？」

他點點頭。

「算命取決於時辰走到了哪一個時刻。當你在算某個人的運勢時，你得弄清楚自己在年曆的哪個位置，還有你在哪一個日子。算命和運勢有關。哪一個日子對你的影響最大。上回那個女人，她當時不是說，『我心裡有事，我想（到廟裡）去求支籤。』你看，如果你有什麼難解的問題，你可以求神明幫助。但是你必須要清楚，你是真想要一個答案，因為當你求到一個答案，你必須照辦。所以她想要在開始行動之前，聽聽我的建議。她說，她的心很痛，她可以這樣做（離婚）嗎？她能夠採取下一步嗎？」

「而你告訴她，只有她自己能做決定。」

「最後如何，得由你自己決定。你可以尋求別人的建議，但是決定在你。這是我的建議。」

＊　＊　＊

和這個地區的所有屋舍一樣，李家老宅是一棟長形平房，裡面分隔好幾間房，彼此相鄰。有些房間彼此打通，這樣你就可以從前廳走回臥房或起居室，而不必走到戶外去。但是宅子裡有一間邊房，只有一扇朝向院落的門。門上掛著一塊銅牌，以紅色的浮凸字體寫道：「恆山道樂培訓基地」。

屋裡設置了一間小教室，有好幾張小課桌，桌面上貼著亮面膠布。課桌旁就是紅色小凳子，看起來很像是一間設在農舍裡的小學。每個位置上都擺著一副銅鈸，而且很仔細地做好記號，貼上標籤。最奇怪的地方，是這裡幾乎一塵不染。在這個如此乾燥的地方，平日裡所有東西好像都蒙上一層塵沙，但是這房間就像鑲嵌在玻璃框裡的藝術館一樣乾淨。

用大頭釘固定在側邊牆上的，是一面宣揚「恆山道樂團二〇一一年第二期培訓班」開幕儀式的橫幅。下方掛了好幾面官方頒授的牌匾。其中最重要的一面，上頭聲稱本團體是「國家級非物質文化遺產」，這是一個受人豔羨的名號。

左側牆上張貼了三張布告。第一張布告上面列著六組對仗的句子，這是訓練課程的學員守則，內容是政府對於文化和衛生關切事項的一盤大雜燴：

一、熱愛恒山道樂，有文化基礎；
二、認真學習，有吃苦的精神；
三、尊敬教師，團結學員；
四、遵守紀律，按時作息；
五、舉止文明，講究衛生；
六、愛護公物，助人為樂。

另外兩張布告羅列出一連串構想中的計畫和活動。它們的用意，可能是要給來訪的政府官員留下深刻印象：看哪，即使是在陽高縣這樣的地方，我們依然在守護著傳統文化價值。其中一份布告，時間是二〇〇九年六月，列舉了之前的培訓課程，據說有八十名學員參加。到了二〇一五年，預計要組成一個新的道教音樂巡迴演出團體，並且在全世界打響名號。這很明顯沒有發生過。另一張布告甚至更讓人難以置信：它列出了學員的學習課表。照這份課表，學員們要在凌晨四點半起床，練習樂器兩個小時，接下來一直學習到晚間七點，然後再練習樂器。

上述這些全都是偽造的，但是在中國，情況經常就是這樣，細節其實無關緊要。真正重要的，是整體的方向，而這些布告裡釋放出來的訊息就是：已經得到政府的批准。李家熟悉的各種儀軌，不再被政府指控為「封建迷信」，反過來得到政府的支持。李老先生對著牌匾點了點頭，然後解釋道。

「那時候，我們有很多東西，都是好幾代以來傳承下來的。國家現在擔心這些東西沒辦法傳下去給未來的世代。」

我問李老先生關於這些培訓課程的情形，但是對於這些課程在什麼時候舉辦、誰來教授課程、又有什麼人出席上課，他全部都不能確認。八十名學員？這個這個。授課教師？嗯這個這個。學員？嗯這個嘛……

原來，陽高縣還有另外一個道教音樂巡演團，和李家打對台，這也就難怪這些培訓課程沒有真的舉行了。李家確實請來了一些兼職的樂手，在比較忙碌的場合過來幫忙，但是這些人全都本領高強、技藝純熟。而且從整體來說，傳統文化正在簡化之中。這些課程和計畫都反映出都市裡的人想要創造文化「活化石」的意圖。

不過在這間房裡也確實有真正的寶藏。在房間後面一個金屬材質、帶玻璃門的小書櫃裡，堆放著大約二十多本手抄小冊。剛開始時，我匆匆一瞥，沒注意到這些小冊子，不過李老先生走了過去，把它們拿出來。冊子的尺寸很小，大概長五英寸，寬三英寸，厚度則只有一英寸。但是我明白，就是這些小冊子，讓一切都成為可能：它們是李老先生的父親李清親自抄錄下的手稿本。和其他在華北的十幾個道教音樂團不同的是，李家的祭祀用書保存了下來。但這是怎麼辦到的？李老先生不是說這些書都被燒掉了嗎？

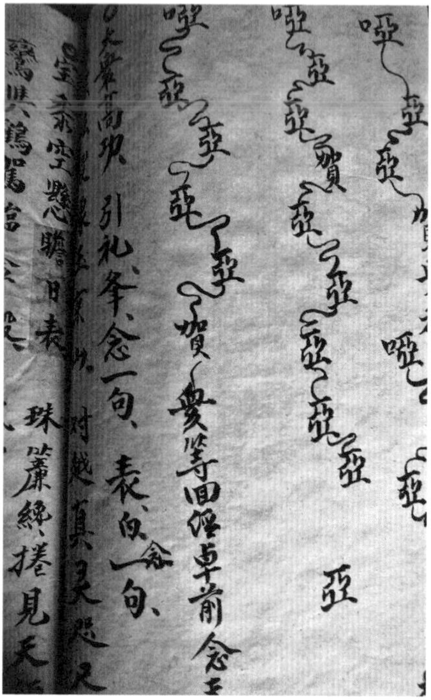

我小心翼翼的翻開每一本冊子，對每一頁書法之優美驚訝不已。這些冊子的封面，就像傳統中國的書籍，全都是手工縫製，頁面由右往左翻，而文字則是由頂端往下寫。而這些文字當然都是正體中文，而不是共產黨人掌權以後推行的簡體字。這些書以傳統正體字書寫，排列得密密麻麻，甚至比英國國教聖公會以傳統英文書寫的《公禱書》（*Book of Common*

Prayer）還要密集。但是我可以從美學上來欣賞它們。頁面上的文字以堅定有力的筆觸書寫，標點符號（通常罕見於傳統中文書寫之中）則以鮮紅色的墨水標記，讓冊子上的頁面看來像是一幅抽象藝術的作品。有些冊子裡畫有符咒，這些符咒從文字開頭，但之後變成代表另一個世界的漩渦形線條。另一些冊子裡，在頁面裡大片空白中寫下若干文字和漩渦狀的線條，其中連接的線條，像是裊裊上升的煙霧，又有如在頁面裡焚燒的香，要將這些文字帶往天庭。冊子的書名，像是《禳災經》、《召請全部》、以及《靈寶進表科範》——全數都是道士常用的經典之作。如果有人認為民俗信仰全是迷信，缺乏進步的儀軌內涵，那麼這就證明民俗信仰並不總是如此。

不過，李老先生是把這些冊子看成工作時使用的器具。它們的頁角都已經翻舊磨損了，有時候他會查考其中的內容，如此而已。這些冊子可不是博物館裡的藝術收藏品。這讓我回想起，小時候我的祖母給我的那本《公禱書》，那是一部真皮封面精裝的口袋型小書，但是祖母用鉛筆在上頭密密麻麻標記著小字註記。

所以，到底這些冊子是怎麼逃過一劫的？我曾經聽說，李老先生的父親努力將這些經書全都背下來，記到腦子裡，然後等到文革結束以後，再將它們全部默寫出來。

「不，不是那樣。沒有人有那樣好的記憶力，」李老先生發出一陣大笑。「有些冊子送到其他人的家裡去。他（李清）有些徒弟或願意幫忙的人。還有，像我的伯父李培森也收了一些去。有些是原來文革以前的老版本。有些是後來才抄回來的。」

而這些老版本，是在哪裡被燒掉的？是在外頭大院裡嗎？

「不是。在廚房。擺在爐子裡燒掉。」

「你必須看著（它們被燒掉）嗎？」

「對，」他笑著說道。

我們起身折返，但是李老先生叫住了我。

「我想問你件事，」他說，我點了點頭。

在房裡其中一具壁櫥裡，收著一罐義大利渣釀葡萄酒（grappa）和一包義大利香菸。他指著菸盒上一排大而粗的字體問我，這是什麼意思？那行文字是「*Il fumo uccide*」，對他來說神祕難解，對我而言，就像是見到文言文一樣。我笑了。

「這說的是，『抽菸會害死人。』」

「那這又是什麼？」

「這是一張照片，是抽菸以後肺的樣子。」

李老先生從嘴裡噴出一口煙，盯著菸盒包裝瞧了一陣。我問他那瓶義大利葡萄酒要做什麼。

「我們有用處的。」

我們在小教室裡又多待了一會兒。李老先生不斷問我關於義大利的事情。幾個星期之前，他們才剛去那兒旅遊，義大利這個陌生的國度，對他來說非常新奇。佛羅倫斯主教座堂，以及興建於明代的巨大教堂穹頂，在他心中留下非常深刻的印象。他問我關於羅馬「母狼哺嬰」雕像的事（**譯按：the wolf that suckled two men，這是一尊雕塑於西元前五世紀的塑像，母狼腹部下方**

有兩個正在吸吮奶水的嬰兒，分別是羅慕勒斯〔Romulus〕和雷姆斯〔Remus〕，相傳他們是羅馬的創建者。這兩個嬰兒是文藝復興時期添加上去的。該雕像目前收藏於羅馬卡比托山博物館〔Musei Capitolini〕），我們因而展開一場關於中國神話的對談。我們講到西方的葬禮，我解釋了西方的「守靈」概念，他一聽便明白了。在葬禮進行以前為死者守靈，同樣也是中國傳統之一。

在我們對談的時候，我注意到他關注的地方，在於我們各自文化裡的某些特定細節，那些微觀層面的相似與不同之處。但我希望他能夠概括比較一番。我問他，把神明、音樂、祭祀儀軌這些，通通帶出國，有什麼感覺？感覺很奇怪，他回答道，因為在中國，他們是受喪家委託來主持各項禮儀，但通常很少有人會真的注意傾聽。在西方，他們是在大禮堂裡演出，所有人都屏息安靜傾聽，可是這些內容對他們來說，沒有任何意義。那裡沒有喪禮，舞台上沒有棺材。然後他沉默了片刻，整理自己的思緒。

「其實也沒有啥感覺吧。只是在咱心目中，這個道教能走出國門就是咱的榮幸了，也是咱的光榮。一個地方就有一個地方的好處。不像咱這個地方一颳風就有土，那地方不可能有土。它（威尼斯）本身就是個水上城市，天天就是坐船。河那邊一個小島上有好多鳥。我們在那個孤島上，吃著飯，看著鳥，景色可美了。那天真的很美，非常美的一天，是我永遠不會忘的一天。

「但是我聽說今年冬天那邊的湖一結冰，凍死了一百多人。外地人去了，好像穿的薄，沒防禦，所以一喝酒就凍死了。那地方人，一看你不是本地人，就不讓你隨便去暖暖和和，是吧？也許離開家鄉就是這樣，你不是人家的一員，人家也不管你。」

＊＊＊

李老先生的家，就和中國所有舒適的住宅一樣，面向南方，得到最大程度的採光。從他炕上的一扇大窗戶，我們一起看著夕陽西下。晚風把雲層吹成拂過天空的淡淡條紋。在地平線的左側，月亮已然升起，它是這麼的明亮，以至於月缺的那一部分，也同樣清晰可見。距離月圓還有兩天的時間。

姚秀連料理我們的晚餐，已經弄了好幾個鐘頭了，對此我感覺很過意不去。他們是一對上了年紀、行動緩慢的夫妻，雖然兩個人同樣都是六十一歲，可是還不如我那今年高齡八十三歲的老父親來得靈活敏捷。這兩個人過著很傳統的生活：工作就是運動，沒有其他的娛樂活動。道教是一種家庭行業，卻不是一種健康形式。抽菸（*Il fumo*）是一種奢侈享受，而不是走向死亡的道路（*uccide*）。

我們安靜的坐著，李老先生抽著菸，看向窗外的景色，若有所思。然後他跟我說，自己很喜歡看電視。「她不喜歡我這樣看電視。」

「我不贊成！」她從廚房裡向外面吼道。

為了證明她是對的，他打開了電視。我們看了一段當地的新聞節目，然後他的妻子在廚房裡咯咯地笑。

在晚間七點全國新聞聯播開始的時候，姚秀連及時將一桌小型的盛宴端上餐桌。我們沉默地吃著，一邊聽著新聞播報。我有一個北京朋友喜歡開玩笑說，全國新聞聯播一向有三大主旋律：第一，中國是繁榮興盛的；第二，領導人們都十分忙碌；第三，外國都陷入混亂之中。今晚的新聞節目聚焦於前面二者。新聞聯播開始以後，和每年的清明節一樣，首先播報的都是中共中央政治局常務委員們訪視農村、栽植樹木的新聞。主播是一位態度堅決嚴峻的女性，頂著一頭燙髮、畫得誇張的眉毛，她表示常委們「極其認真」的完成了他們的工作。所有的領導人都穿著同樣的「制服」：黑皮鞋、黑西裝褲、以及黑色大領風衣，拉鍊拉到最頂端，看上去好像一群一九五〇年代的書呆子工程師聚集起來開會。這件風衣的大圓領與軍人的外套款式很接近，給予他們整齊一致的官方外觀造型。這群男人都有著烏黑發亮的頭髮，幾乎可以確定都是染過的，再搭配上這些其實很少栽種樹木的老年人，身上那種蒼白的膚色。唯一形成對比的，是在場軍方將領的穿著，他們身穿綠色的軍常服，上面以各種顏色的緞帶點綴。

過了一會之後，我發現自己是唯一還在看電視的人，像個愣頭愣腦的學者一樣，找一些沒有人在意的細節線索。姚秀連去洗碗，而李老先生則忙著把那些古老的祭祀儀軌抄錄到一本新的冊子上去。

＊　＊　＊

還沒有六點天就亮了，真是好一個清朗明亮的日子。我走到巷子盡頭的果園。園子裡種著幾棵梨樹，不過其他大部分都是杏樹，大約有五十株栽種在一塊小黃土坡上，距離李家老宅約有八公尺遠。這塊地就是原來三清殿的遺址。我費了一番工夫爬上去，在已經發了小紅芽的花樹下漫遊。在田野中，農人們已經在翻動泥土，等待下一個節氣「穀雨」的到來。在我身邊周圍，除了幾棟房子以外，空蕩蕩的什麼也沒有。原來的寺廟已經被摧毀，它們的遺址和故事，都有待考古學者的發掘。

回到屋裡，李家老宅突然熙熙攘攘熱鬧起來。原來，在昨晚深夜，李老先生接到一通緊急電話，來電者是一位生意做得很興旺的鐵礦石開採業者，名叫王宜滄（音譯），他迫切需要李老先生的堪輿技藝，在隔天為他家族探勘墓地。李老先生答應了，不過必須要及時結束，以趕上他祭掃自己家族的墳地。王先生同意，並表示他會在清晨七點三十分過來接李老先生。

王先生開著一輛鍍鉻的Nissan廂型轎車前來接人。在前往墓地的車程中，他說明自己面臨的問題。問題要說回毛澤東當政時代，當時政府允許農村土葬——那時和現在一樣，黨並不堅持農村民眾非得比照城市居民，採取火葬形式——可是，卻不允許樹立墓碑。王先生想要糾正這項錯誤。問題在這些墓碑應該要怎麼排列。同時，他還希望能在每個角落，都以石柱和小株的松樹準確標定墳墓的位置。但是墓園的界線並不明確。準確地勘定墓園的地界，代表對已逝先人的尊重，同時也確認他們安息之所，不會干擾在世子孫的生活，這是必須顧及的重要因素。李老先生若有所思的點了點頭。這個情況似曾相識，他之前解決過類似問題很多次了。

十分鐘以後，我們到達墓園，李老先生很快就投入工作之中。他蹲在地上，瞇起眼睛盯著一具羅盤，這是一只正方形盒子，長寬各一英尺（約三十點五公分），厚度大約是一英寸。在羅盤中央是一個指南針，從指南針為圓心，輻射狀發散出十二條線，切分整個圓盤。每一個切分的區域，各自表示一個天干與地支，用來計算一甲子六十年周期之內的年份與日期。還有其他多得數不清的特性，也在他的注意之中，他將這些特性與項目，與自己算命小冊子上的註記，以及在地底安息先人的生卒年日期相互比照。他就像是一位土地測量員，只不過他是在一塊貧瘠、脆硬的土壤上，測量著精神世界的位置。

這是一項費時而要求準確的工作，不過天氣相當舒適，氣溫從一開始的攝氏十度以下，很快開始暖和起來。陽高位在大盆地當中，北面和東面有山脈環繞——這些山脈屬於太行山的支脈，北從妙峰山，一路連綿而下，到中國多雨的南方。橫亙在我們北邊的是龍鳳山，它的山脊在早晨的曙光之中，顯得清晰，讓人心情為之一振。但是，在山陵下方三分之一、靠近人們聚落的地方，卻籠罩著一層灰濛濛的汙染物。這使得龍鳳山看來像是盤旋在田野上空的山麓，和下方的地面切開來。

在查找他的手冊許多回以後，李老先生取出一條約兩英尺長的紅線，將它貼在有指南針旋轉的羅盤中心點。接著，他朝著指南針尖指的方位，將紅線拉緊，然後檢視紅線與哪個天干地支交會。李老先生將紅線稍微向右邊移動——這是根據今年「乾旱」、「艱苦」的特質而做出的調整，他已經從自己的小冊裡看出了這一點。王先生接下來拉緊紅線，然後把線頭綁在一條長繩子上，好讓他可以標定墓園的界線。

當他們正在忙碌工作時，其他的家人在兩座主墳前面擺了一張小供桌。這兩座主墳，仍然只是離地面大概四英尺高的小土墩而已。有幾位家族成員拿起鐵鍬，把他們從附近田地運來的泥土，撒在土墩上面，這是清明掃墓儀式的一部分，為的是要確保墳墓的土墩不會遭到侵蝕。其他人則將厚紙板鋪在墳墓土墩前，然後擺上水果、蛋糕和餅乾。還有些人剝開水煮蛋，以及用竹葉包裹的糯米飯糰。隨後，他們燒紙錢，把一點掃墓祭拜用的食物撒在土墩上，然後把剩下的大部分帶回家食用。這樣一來，已經離世的先人和還在世的子孫，就能共享一餐。

「這是我一直以來想要做的事情，」在我們看著李老先生工作時，王先生說道。「這事沒做，我就沒辦法安心。我們是賺了錢，但是如果你不去照顧這個，你的生活就不能穩定。」

王先生今年五十一歲，他有三個兒子和五個孫輩，此刻正在互相追逐戲耍。他向我探詢英語班和移民的可能性。他的三個兒子都沒能接受很好的教育，但是他現在一心寄望幾個孫兒能夠移民到澳洲或是加拿大。

「在那些國家，如果你努力工作，你會得到回報，」他說，「在中國，事情就複雜了。現在我在挖礦，但是在短短幾年內，可能會有別的人控制了這些礦。在中國，你沒有辦法像這樣真正擁有一項事業，」他說道，而據我推測，他的財富是靠著賄賂和請客吃飯才累積起來的。

在將近兩個鐘頭的探勘以後，地面上已經標示出小石柱和墓碑豎立的位置。幾名王家的男丁開始挖掘供石柱和小松樹栽植的洞穴。這大概會佔去一整個早晨的時間，不過他們可以自己完成這項工作。王先生向他們道再見，他讓一位一起過去的人開車載我們回李家老宅。王先生悄悄塞給李老先生兩百元人民幣，作為替他排憂解難的酬謝，然後開車離去。

李斌正在等我們。他穿著一件黑格子襯衫，那是他在義大利買的紀念品。現在輪到李家掃墓祭祖了。我們開車出了村南，沿著一條距離村子大約有一百英尺高的山路開去。這條路其實只是一條泥巴路，黃土持續的侵蝕作用，造就了大量的溝槽。這些車轍溝非常危險，因為它們有時太深，使得汽車的底盤會擦撞溝槽之間隆起的土墩。李斌操縱著方向盤，將他這部小車的左側輪胎放在溝槽間的土墩上，右側輪胎則置於山路的右側。我們一路滑行，然後車子滑下山路，有時候還擦撞到底盤。

十五分鐘以後，我們到達一處從村子那邊緩緩延伸下來的田野。道路正下方是一個很大的土墩：這是李清的墓。這個拯救了家族傳統事業的男人，身後埋骨之所卻與其他家人的墳地相隔很遠。這樣的安排並不是特殊的榮譽，而是出於實際的考量：家族墓園已是人滿為患，苦無空地可以挪騰，所以李老先生他們將父親葬在這裡。李家人在墳包的南面擺放供品：水果、餅乾，還有成堆的紙錢。

然後李老先生拿出了此行最重要的物件：那瓶義大利渣釀葡萄酒。原來這就是葡萄酒的用處。

「哈哈，現在他也喝了點，」他說，然後倒了一杯酒給爸爸。李斌過來幫忙，把其他的供品擺好。從道路上看過去，他們顯得很渺小：兩個身穿黑衣的男子，站在淡黃色的土地上，而這片淡色的黃土地，會從這裡一直延伸下去到河谷，再到幾公里以外的龍鳳山。

天空是淡藍色的，而你可以感覺到：已經起風了。風開始打在我們的臉頰上，弄得我們都瞇起眼來。遠方的地平線，看過去像是被一陣白色的風翻攪著，變得灰白而難以辨識邊際，彷彿是受到嚴重干擾的電波，產生波動而模糊了遠方的視線。李家父子倆開始燒起紙錢堆，但是強勁的陣風一陣陣吹襲過來，把供品吹到灌木叢覆蓋的小山丘上。李斌找來根棍子壓住紙錢，讓它們不會被風捲走，可是還是有六張紙鈔——每張都是面值人民幣十萬元、支付給「陰間銀行」——隨風翻飛，落到田野。乾草也燒了起來，李老先生撿了根樹枝去拍打火焰。我也連忙用腳踏熄另一堆枯黃乾草上點著的火。如果這片山坡不是這樣侵蝕光禿，很可能早就已經遍地野火了。

一輛銀色的廂型貨車開了上來。來人是李老先生的弟弟李雲山，他現在是縣政府裡的職員。李雲山還是孩子時，就喜歡吹奏笙，但是後來因為要上大學而被迫放棄。不過他的吹奏技巧仍然夠好，所以也還是跟著李家一同出國表演，讓這一切傳統看來從來沒有改變過一樣。他的名字列在演出名單上，看起來好像李家有三位成員在樂團裡演出。實際上，只有李斌才不是濫竽充數、是真正在吹奏樂器。

李雲山和他的兒子下車，手上拎著好幾袋糕餅甜食。他們把一株塑膠「金錢樹」、幾堆紙錢擺在地上，還有兩幅掃墓祭祀用的紙花圈。所有東西都還在塑膠袋裡，李斌把它們全部堆進火裡燒掉。塑膠袋蜷曲，而且開始熔化，發出令人厭惡的氣味。那株塑膠材質的金錢樹開始悶燒，接著變成一大坨有毒的硬塊，在所有紙錢全部化為灰燼以前，又繼續燒了十五分鐘。我心裡好奇，死者會不會也感覺窒息。

在我們正忙著幹活的時候，李雲山十六歲的兒子在一旁走來走去。「這確實很有意思，」他說的是家族的傳統事業。「可是我年紀太大了，沒法學。」他把目標放在進省城裡的大學讀書，去念物理。「中國有很多所大學，大部分都挺不錯。」在這幾句話裡，我聽懂了他的意思：去哪兒都行，就是不要留在這裡。

我們把事辦完，回到李家老宅，姚秀連正在做菜。飯菜飄出香味，很快我們就開始大快朵頤，吃著水餃、豆腐、蔬菜，還有一大鍋燉湯。

「很快就要下雨了，」李老先生宣布說。

我問他是怎麼知道的。

「下個節氣是穀雨，」他很簡單的回答。

這聽起來有點匪夷所思，但是兩個星期過後，真的下起雨來，而農人們的播種便開始了。

第十一章　成都：聖周五受難日

在山西度過清明節之後又過了幾天，我和張國慶一起，開車穿過成都的街道。[1]張國慶是一位會議籌辦人，也是秋雨聖約歸正教會的主要成員。在中國，許多公司行號會在春季舉辦員工郊遊活動，而張國慶的工作，就是為這些活動準備餐食、以及各項團隊之間協調一致、團隊管理的訓練課程。幾年慘澹經營之後，現在他已經在這個行業裡略有小成，並且建立都會專業的品牌形象：牛仔褲、開領襯衫，以及棕褐色的便裝外套。但是今天他並不是出門去見客戶；今天是聖周五基督受難日，是耶穌被釘十字架的日子。張國慶一早起床，趕著去拜訪成都幾位境遇最差的人士。

張國慶是秋雨聖約教會與社會邊緣群體之間的聯絡人。一九八九年天安門事件時，他也在杭州參加反政府的抗議活動，當時他還是個剛從浙江大學畢業兩年的年輕人。學生們涉世未深，中國社會上一般都認為他們年輕、不懂事，而且具有特殊地位，所以對他們輕輕放過。可是前來抗議的社會人士就不一樣了，他們被認為閱歷較深。張國慶只參加了幾次示威活動，就被抓去拘留了三個月。後來他遷居到成都，終於把對政治的能量，轉換到宗教上面。不過，張國慶還是維持著和社會邊緣群體的聯繫，他協助王怡的教會，在如何保持社會參與一事上給予各種建議。今天是評估幾個計畫的日子，打頭陣的是一個收容無家可歸街友的計畫，教會支持這項計畫，一年提供美金一萬四千元的捐贈。

我們開車向西，駛向三環路，但是這條立體快速道路還沒有完工，原本該是立體交流道的地方，現在只是高速公路旁的幾堆泥土。我們的車經過一座泥土堆成的小丘，他這輛雪鐵龍汽車的底盤被刮了一道。緊接著看到的，是蜿蜒的橋梁和斜坡，現在都還是空蕩一片，不過將來很快就會被車陣堵塞。車子顛簸地沿著一條還沒鋪設好的馬路前進，好不容易又回到高速公路，然後一路向南。

「共產黨就喜歡投資像這樣的大型計畫，」他說起這座精心打造的立體交叉道，「對人民的生活福祉沒有興趣。」

「這樣對人民來說不好嗎？」

「某種程度來說，是好的，但是所有這些計畫——道路、高速鐵路其他等等，全都交由國營公司經營。沒有其他人可以從中得利。私人企業被取代了。我是從很多客戶那裡聽到這些的。」

彷彿是呼應我們的談話，橋上出現一條紅色大橫幅，上面寫著：「中國鐵路總公司第十一鐵路局向成都人民問候」。

問候，凡人，來自大地的聲音。

我們的目的地是三聖村，這是一個位於山區的小村落，擁有茶館和餐廳，環境淳樸優美。這裡曾經是最富饒的農業區域之一，但是由於成都都會圈對於土地的需求，原來的果園和菜圃搖身一變，成為郊區的住宅發展地、馬術中心、以及供給富裕人士進行小規模農業休閒耕種的土地。在尋找了一陣子以後，我們找到了收容所，它座落在一棟兩層樓的鋼筋水泥農舍裡，四周圍繞八英尺高的磚牆，還有一扇生鏽的金屬板門。

張國慶下了車走到門前，門用鐵鍊鎖著。他拉了拉鐵鍊，朝門縫裡大喊：「張兄弟，開門哪！」

張斌趕忙跑出來開門。現在已是上午九點，門早應該要開了；張國慶看來有點不高興。我是在教會裡認識張斌的。他今年四十九歲，外貌修飾整潔，滿討人喜歡，不過有時候稍嫌迷糊、搞不清楚狀況。張斌的穿著一如往常，是窮人簡單得體的打扮：腳蹬一雙磨損的拖鞋，皺巴巴的聚酯纖維長褲，藍色法蘭絨襯衫，以及一件破破爛爛的獵裝外套。他是這個收容所的管理人，但是比起那些接受他幫助的人，他不過也只是好上一點罷了。

這棟農舍收拾得很乾淨，但已經老舊。進門後，院裡種了銀杏和桃樹各兩株，白漆粉刷的牆壁上，刻印有幾十句引自《聖經》裡的句子作為裝飾，像是：「你擺設筵席，倒要請那貧窮的、殘廢的、瘸腿的、瞎眼的，你就有福了！因為他們沒有什麼可報答你。到義人復活的時候，你要得著報答。」（**譯按：出自《路加福音》第十四章第十三節。**）

張斌和十二位被收容的人住在這裡。我們在屋內各房隨意走走看看，同時張國慶則考問他一些數字。張斌答錯了好幾個，顯然事前沒有做好功課。

「成都的流浪漢都是流動的，」張斌說：「我們一年裡收容了大約兩百個人。他們大多數都只待上一陣子，我也鼓勵他們出去找工作。」

「如果你身心健全，你就必須出去工作，」張國慶表示同意：「否則教會是不會支持的。」

「哎呀，反正我們的規模也大不起來，就算我們想也沒辦法。政府不希望這裡有太多人，所以我們沒辦法有一個大的收容中心。他們怕我們會開始幹出點什麼。只要我們收的人稍微多了點，」他一邊說，一邊朝跟著我們進屋裡來的幾個收容人點頭打招呼：「公安就會過來找麻煩。」

住在這間收容所裡的人，都有各自悲慘而不幸的故事。

劉建雲（音譯）是一位四十九歲的中風患者，他被家人趕出家門。「我們發現他的時候，他正從垃圾桶裡翻東西吃，」張斌說：「原來他只能拄著枴杖走路，但是通過祈禱的力量幫助以後，現在他不需要枴杖了。他的手狀況也變得更好。」

站在他旁邊的是于辰遠（音譯），今年六十一歲，有一隻眼珠呈現混濁的灰白色。之前他在省城裡的一家公司擔任修理員。有一次他站在梯上，正在固定一盞燈，沒想到一片玻璃突然碎掉，其中一塊破片刺進他的眼裡。事後他的老闆拒絕賠償，於是他的家人興訟求償。老闆派了好幾個惡棍流氓來威脅他家，最後殺死了他的妻子。于先生在風聲鶴唳之下被迫逃走，有長達五年的時間無家可歸。

兩年後他被收容進來，現在是這裡的廚師。

「這對他的心理健康有影響，」張斌說道。于先生低下頭，笑了起來。「他遭受過太多悲慘的事情，以至於他沒辦法正常工作，但是他能燒飯。」

唯一將來有就業希望的，只有甄昌農（音譯）一個人。他今年三十六歲，身材很矮小（身高大約不滿一百六十公分），牙齒灰白，頭髮油膩，但是人挺機靈，很會說話。他還是個孩子時，經常遭受繼父毆打，於是他就從那個家逃出去。沒過多久，他被地方上的幫派綁架，要他做形同奴隸般的差事。他想辦法逃了出來，後來到了北京郊外、河北的一處村莊裡，成了耕種玉米田的農民。他最近在一家餐館裡找到一份清潔工的差事，但是後來他和老闆因為細故發生爭執，於是又捲鋪蓋走人。從他自己的描述聽來，他的脾氣似乎是罪魁禍首。

去年，張斌帶甄昌農回他的老家，甄終於和他臥病在床的母親和解。他的繼父這時已經去世了。

「我很高興我做到了，但是我必須去找其他的工作。我必須得工作，而我也要回家去看她。」

張斌很自豪地看著他，好像他的故事已經為今天這番談話作了結論似的。

「我第一次到這裡來的兩年後，我並不想要受洗。我常離開這裡，有的時候沒有回來。」

「我們看得出來，他的心還沒有定下來，所以我們也不去催他，」張斌說道。

「但是，去年四月，我感覺自己可以了，就去受洗。現在我是基督徒。我心裡現在真的感到平靜，感覺可以應付所有事情。」

「你應該找份工作，」張國慶語帶讚許地說道。「你應該靠自己的雙腳站起來，找到住的地方，或許還要建立自己的家庭。」

我們坐在從垃圾場裡搶救回來的舊藤椅上，有人把茶拿過來，張國慶開始談正經事。中心很感謝秋雨聖約教會的支持，可是還需要更多經費——大約是現在的三倍。有一位挪威籍女士提供了若干費用，可是外國資金不是個好主意，他說。張國慶點點頭。這話確實不錯；境外的資金總是會使事情變得更複雜。對政府來說，這正是關閉一家非政府組織的最簡單理由。

「你們需要和教會的會眾多多接觸，」張國慶說。「每隔一段時間，你們會來找我們，可是你們和教會的關係其實並不好。你們只有在需要什麼的時候，才會過來找我們。」

「我們確實和教會裡的弟兄姊妹談過，」張斌說，接著他意有所指地補充道：「教會派遣很多人過來這裡，可是他們這些人並不真的做事。每個人都想要過來看看，感覺他們是其中一份子，然後說自己也有貢獻，但是他們做得真的不多。」

「但是你為什麼不公開你的帳簿呢？如果人們看到了你做的事情，他們會更願意幫忙的，這並不複雜啊。」

「這很難，」張斌含糊地表示。他絮絮叨叨地抱怨，簿記是如何的複雜。張國慶和我對看了一眼，我們兩個都不知道他說的是什麼意思。

「這事很簡單，」我們離開前，張國慶對張斌說道。「人們要的是透明。如果你從某人那裡拿了錢，那個人有權知道自己的錢花到哪裡去了。」

秋雨聖約教會的社會救濟事業開始於二〇〇八年的四川汶川大地震，這場地震造成六萬九千多人不幸罹難。對於很多社會活動人士和基督徒來說，這場地震是關鍵的轉捩點，其重要性有如一九八九年的天安門事件對於早先世代的影響一樣。當政府領導人由北京飛來、試圖指揮救援行動的同時，主要的救援努力其實是來自全國各地的民間團體，人們自發性的出錢出力，從距離四川遙遠的省份，自行駕駛裝載水和食物的汽車，或是租用卡車前來救援。這些人被政府將自己打扮為救難英雄的做法深感震驚，許多人更因為政府後來疏遠他們的做法而離心離德——政府彷彿不斷在提醒人們其自身施政的失敗，而不是激勵人心的社會慈善範例。這使得許多公民更密切的關注社會是如何組織，以及支撐社會的價值理念。

災難發生以後，參與王怡新教會的人們開始在成都一家醫院裡，幫忙受傷的災民。他們還為川西阿壩的窮人提供平價蔬菜超市，阿壩是一個西藏人自治州，是這次震災的震央所在。然而，秋雨教會最具政治敏感性的救助計畫，是以金錢資助那些政治良心犯的家庭。成都是北京以外異議份子人數最多的地方，而教會試圖協助那些政治犯的家人，幫助他們一起面對摯愛家人入獄後的各種問題。二〇一一年，當阿拉伯諸國歷經了推翻威權領導人的茉莉花革命之後，這種情形開始演變成一場政治危機。中國的社群媒體上，開始出現呼籲民眾起來進行類似反抗暴政運動的聲音。這種聲音並未受到重視，但是卻大大地觸動了政府的緊張神經。當局隨即抓捕了數十名政治異議人士，其中就包括了冉雲飛，這位與王怡教會關係密切、意志堅強的作家。由於冉雲飛的高知名度，使得他很快就獲釋，但是其他被捕的人士仍然被繫於獄中。談到這些政治犯的家屬，王怡有一次曾經這樣對我說道：「在中國，這些家屬就像印度的賤民一樣。通常他們的妻子或配偶會丟掉工作；他們的家庭幾乎沒有什麼可以依靠。在中國社會，除了教會的人以外，沒有其他任何獨立而有組織的社會力量，可以來幫助這些家庭。」

張國慶和王怡都再三強調一個關鍵重點，就是這些金援資助全部都不是來自境外：只要有國外援助，可以確定當局一定會喊停這些計畫。這些錢全部來自教會的會眾，而且都不是匿名的。要是公安局想知道捐錢的是誰，教會願意提供名單。張國慶也強調，資助獄中異議人士的家屬，不代表教會支持這些受刑人——資助的對象是家屬，這是人道主義的立場。

現在我們來到成都大學校區的西側門。張國慶向門口警衛輕鬆地揮了揮手，他們便放行讓我們通過。在經過幾個新設立的校園新區後，我們驅車來到一處安靜的角落，這裡矗立著六棟一九七〇年代興建的建築物。它們都是五層樓的鋼筋水泥建築，上頭布滿了黴菌和灰塵。有幾株杏樹環繞著建築，將它們保護起來，彷彿要遮擋某種見不得人的事情似的。

張國慶把車停在路旁，我們走上其中一棟建築，爬了四層樓梯。他敲了一陣子門，然後大聲叫喊，直到一個高個頭、看來異常疲倦的女人出來應門。王慶華是一個快六十歲的婦女，她染黑的頭髮有部分梳攏成一個髮髻，有部分則垂下來，散落在耳際。她的膚色蒼白，一口小巧整齊的牙齒，上面卻都是尼古丁的漬痕。

她和張國慶彼此熟識，他一進門，立刻就把身後的門給關上。我們坐在一張木質的小桌上。

「我想知道現在你的情形如何，」張國慶說道。

「我哪部分的情形？」她反問。

王慶華一人獨居已經有三年的時間了，她的丈夫譚作人因為反對在居民區附近興建石化廠，遭到當局拘捕，後來被判處五年徒刑。他被關在雅安的監獄，雅安是川西的一個小城，距離這裡大約有一百四十多公里。

譚作人被捕入獄，並未令王慶華感到震驚。譚作人之前便在成都參與一九八九年的反政府抗議運動，之後轉入地下，潛逃到深圳。「那時候我們以為他死了，因為他沒捎來隻字片語，」回想起這段往事時，她笑著說道：「然後他從深圳打電話來，我就過去那裡，和他結了婚。」

後來譚作人並未遭到逮捕，所以最終這對夫婦又回到了成都，譚成為一位自由作家，並身兼獨立電影製片者。二〇〇八年地震以後，他是第一個出來指出貪腐與建築崩塌之間關連性的人，他還為失蹤兒童設立數據資料庫。他的被捕在香港引發好幾波抗議，並且因為行動藝術家艾未未的關係而受到各方矚目。當時艾未未到達成都，試圖為譚作人出庭作證，並宣稱自己在旅館房間裡遭到不明人士的毆打。

為了我的緣故，王慶華在一種同時夾雜著自豪與惱怒的氣氛下，特地把上面這一切前因後果很快的介紹一遍。然後她話鋒一轉，跳到將來丈夫獲釋那天，夫妻倆久別重逢時，他會說些什麼話。

「我想，首先他會解釋自己入獄這件事為什麼是正確的，關於六四，他為什麼是正確的，還有關於地震，他為什麼是正確的，」她說：「他總是在解釋，在各種各樣的事情上，他都是正確的。他在這種事情上做得特別好。」

張國慶點點頭。他似乎想說，慢點來。

「不過他還得做些別的事情：他得找份工作。他需要掙錢來養家！」她的嘴唇因為情緒激動而顫抖，而我想到他們的女兒，就是因為家庭有政治問題，才沒辦法上大學。結果，她只好接受一個線上市場行銷的工作，收入既差，又看不見未來前景。王慶華本人則在五十歲時，就被迫從電話公司提早退休，現在只靠領取秋雨教會每個月人民幣六百元的救濟金過生活。這些人都受過高等教育，理應過著很好的生活啊。她試著想再說些什麼，但只是不停的喘著粗氣。

「沒錯！」張國慶趕緊插話，以免她真的哭了出來。「他四肢健全，沒理由不能工作。每個人都應該為了溫飽而工作。」

張國慶這番話，有部分是出於他身為基金管理人的職責，但也是出自他個人的信念。成都的基督徒就像早年的清教徒一樣，篤信勞動的價值。譚作人固然是中國最為知名的異議人士，但是當他從監獄獲釋之後，仍然是五十多歲的壯年，他理當要工作。

王慶華接了通電話。來電者是她的母親。她掛上電話以後，解釋道：「我媽已經九十多歲了，還在替我操心。她知道我一個人在這兒，丈夫不在身邊，希望我過得好。」

「她對譚有什麼看法？」張國慶說道。

「我的父母在解放前都是中共地下黨。我爸爸——這兒不大好使，」王慶華說道，手指著她的腦袋。「不過我媽挺支持譚作人。她說在中國，總得有些人站出來說話。如果都沒人敢站出來，中國要怎麼進步？所有人不能一直這樣保持沉默下去。總要有人出來說話。」

「他現在撐得怎麼樣？」張國慶問道。

「很沮喪，」她說。

「冉雲飛不是寫信給他嗎？」張國慶又問。

「他寫了一封三頁的信給譚作人，鼓勵他，要他在獄中堅持住，但是他們不願意送這封信。冉雲飛嘗試在電話裡給他讀這封信，他們就把線路切斷。所以冉雲飛親自把信交到我手上，由我重抄一遍，裝作是我寫的信。然後我把信寄進去。過了一陣子以後，他們把信交給譚作人。管理員告訴他：『我們本不想拿這封信給你，因為這是很強烈的東西，但是既然信是你妻子寫的，所以我們動了惻隱之心。』不過譚作人知道信是冉雲飛寫的。這對他有很大意義。」

我想到成都的異議份子、博客站主黃琦。他經營一個名為「六四天網」的網站，報導全國各地動亂與抗議的信息。不用說，這個網站遭到中國當局的封鎖，但是這引來一個問題：為什麼一開始國家容許他將博客上線公開？為什麼不在一開始就完全拔掉他的插頭、阻斷他的網路存取，或他的VPN（Virtual Private Network，虛擬個人網路）？我向王慶華提出這個疑問。

「因為他們辦不到，」王慶華說。「他們或許可以在敏感時期阻斷網路存取，但是那是由另一個部門控制，就是電信部（譯按：正式名稱為國務院工業和信息化部）。他們可以要求這個部門，關閉你的網路存取，然後跟你說它『壞了』。但是你會投訴啊，到了第二天，他們會覺得很尷尬，因為如果每個人的網路都是付費的，他們應該都能夠上線才對。所以到了第三天，網路就會重新上線。」

「別忘了王彬，」張國慶突然插話道。王彬是網路工程師，也是黃琦架設網站的左右手。他同時也是秋雨聖約教會「良心犯家屬援助基金」管理委員會的成員。但是所有人同時也相信，他替「國保」工作。

「黃琦知道他是『國保』的人——我們都知道他是——但是黃琦認為他也可能是清白的。如果『國保』想要在你身邊安插一個電腦專家，你不妨接受下來。」

這是一團混亂中的混亂。也許所有的國家社會都有各自極端的部分，但是在中國，各種話語言談當中模糊不清的程度，令人無所適從。如果拿中國的情況與前東德相比，根據估計，東德民眾當中有百分之三曾經做過祕密警察的線人，而相比之下，中國的體制就來得更為精細、也更加微妙。[2]人們可以輕易地將這種情形貶斥為社會中的某個特殊部分，或將其一筆勾銷，但是它其實是其他一切事情的基礎，它是社會腐敗的根源。一個依靠恐懼進行統治的政府，是無法在社會中建立道德的，它只能以強迫手段來約束人民的行為。這就是為什麼王怡的教會，選擇與王慶華這樣的人站在一起的原因。

「六百元對我們來說是一筆很大的數目，」王慶華說，一邊拿出一包新的香菸。她拆開菸盒包裝上的玻璃紙套膜，然後把它放在桌上，慢慢地攤開。

「但是這不只是錢而已。（透過這筆錢）知道人們在關心著我們，我們沒有被遺忘。住在這裡……」她說道，聲音漸漸變小。我環顧這棟混凝土公寓，然後從窗戶看出去，窗外的銀杏樹上，大片的葉子露出芽頭。「和我期待的不一樣。我在想，為什麼，我在做什麼？為什麼我們在這裡？」

「我是這麼看，」張國慶平靜的說道，「我們都是為了同樣一個目標在努力——為了打造一個更開放、更美好的中國而努力。有些人在裡面，其他人在外面。我可以在那裡，他在這裡。」

＊　＊　＊

在王怡人生前三十年的思緒當中，看不見太多宗教的蹤影。他在四川大學研習法律，二十三歲就開始教書。很快的，他就成為一位眾所周知的理想主義法律維權鬥士，在「關天茶館」與「世紀沙龍」這兩個線上大眾思想論壇上尤其活躍。到了二〇〇一年，他設立了另一個討論憲法的線上論壇，以及第四個談論他個人各種興趣（譬如電影）的網站。沒過多久，他便成為全國知名的評論員，在若干最具影響力的刊物，例如《東方》、《讀書》、《南方周末》以及《二十一世紀經濟報導》等撰寫專欄。有一份全國性刊物將他列名為當今中國五十位公共知識分子之一，而他大聲疾呼、提倡憲政主義，似乎也與即將在二十一世紀初接替江澤民執政的胡錦濤政府，準備推行實施的政策相呼應。

二〇〇二年，有位朋友給了王怡一部系列紀錄片影集，名叫《十字架：耶穌在中國》。這部紀錄片影集的製作人是遠志明，他曾於一九八〇年代後期，協助參與知名紀錄片《河殤》的攝製。《河殤》這部紀錄片於一九八八年在全國電視頻道當中播放，片中聲稱中國太過內向、文化太過封閉，政治的道路過於狹窄。它對於一九八九年參與天安門事件的青年學生，造成強烈的影響。許多人讚譽《河殤》是一部開眼界的作品，使他們意識到大規模的改革的需求，不僅是經濟變革，也包括了社會變遷。在六四鎮壓以後，遠志明被貼上學生抗議「幕後黑手」的標籤，因而移居海外。和許多參與抗議運動的人一樣，他也開始懷疑：在精神心靈層面沒有變革的情況下，中國是否能進行政治改革？於是他改信基督教，並且貢獻自己在攝製電影方面的專長，以影像來記錄基督教在中國傳播的故事。

「在那部片子以前，我完全沒有意識到中國有基督教的歷史，」王怡告訴我。「我知道有一或兩所教會，但是當時我不認為教會在中國的歷史上，或在當代中國，扮演了什麼角色。」

王怡和我，還有他的妻子蔣蓉，一起坐在他們的家裡。他們家在一棟小而舒適的公寓裡，這棟公寓位於一個住商綜合區，鄰近成都最大的寺廟。到他們家來訪問總是一件很麻煩棘手的事：警衛要求訪客出示身分證件，並且要登記。但是一進入室內，所有這些都離我們遠去了；他們的家裡以年幼兒子的圖畫當作裝飾，有一面牆擺放了許多櫥櫃，上面堆滿了幾百張DVD——這提醒了訪客，王怡長期以來對電影抱持的興趣。這也就難怪，一部紀錄片便喚起了他對基督教的興趣。

遠志明的紀錄片，以景教作為開場，景教就是基督教的聶斯托留（Nestorians）教派，於西元七世紀時由波斯商人引進中國。儘管景教慢慢從歷史舞台淡出，還有其他人陸陸續續嘗試將基督教信仰帶入中國，最後到十六世紀、耶穌會傳教士抵達中國時，終於水到渠成，基督教信仰就此在中國落地生根。在西方的炮艦於十九世紀迫使中國打開對外門戶之後，外國傳教士緊接而來。

雖然在中國的教科書、博物館的文字說明、以及電影裡，全都一致將十九世紀描述為屈辱的年代，可是《十字架：耶穌在中國》卻對這個時期採取不同的敘事角度。它呈現出一個充滿活力的時代，就在傳教士致力於傳播教義的同時，他們也協助建立起中國最早期的現代化醫院和學校。

二十世紀的中國基督教歷史，是這套系列紀錄片當中最受到矚目的部分，當中講述像王明道這樣勇敢無畏的中國基督徒的人生，王明道是一位放言高論、砲火四射的傳道人，他因為拒絕加入政府控制的教會，而在共產黨的勞改營裡度過將近三十年的歲月。其他的例子，還有像倪柝聲這樣，為了堅持自己的信仰而死在共產黨獄中的信徒。他們的事蹟在國外、在網站、在書籍上流傳，但是在中國，這些故事都被排除在歷史紀錄之外。王怡回憶起當自己看到這些片段時，自己內心的震驚：「對我而言，這段過去是一片空白。儘管我是一個公共知識份子，對中國社會投注極大的關注，但是我對這些事情，竟然一無所知。」

同樣讓人感到震撼的，是基督教的信仰（不是信仰如「民主」、「人權」那些抽象的理念），如何奮起抵抗毛澤東的極權專制。實際上，有些人將共產黨的迫害比作是一口大熔爐，一次極其嚴峻的試煉。在毛澤東專政時代於一九七〇年代後期告終以後，基督宗教的信徒，特別是新教信仰，開始蓬勃發展。基督教原來有一百萬信徒，到了一九四九年、共產黨取得政權時，發展到千萬之眾。

「他們只是很單純的鄉下人，沒有受過教育。但是在文革的時候，他們拒絕唱毛主席的歌，不肯在他的肖像前祈禱。於是他們遭到判刑、霸凌，甚或是遭到毆打。比起那些知識分子，他們要勇敢得太多了。他們是最強悍、最堅強的人。他們成功了。那些知識分子失敗了。」

另一起發生在二〇〇二年的事件，讓王怡更加用心去思考宗教信仰與中國未來之間的連結。在成都東邊有一個步雲鄉，是落實基層民主的實驗場，相當引人注目。過去數十年來，中國容許鄉鎮層級舉行選舉，直選村委會幹部；而選舉的結果，與選舉的過程，公平的程度各自不同，端賴地方官員的心胸開放的程度而定。步雲鄉則把選舉帶往另一個層面。該鄉擁有一萬六千人口，下轄十二個村。抱持樂觀看法的人士，認為步雲鄉的選舉，是將來朝向縣一級首長直選的初步，甚至或許還能指望省一級的選舉——這類「緩慢但持續穩定」的民主進程，我們在幾十年之前，便已經在台灣等地區見到過。事後證明，這樣的想像實在是太過樂觀了，步雲鄉成為最後一個舉行地方選舉的鄉鎮。不過對王怡來說，這沒有關係。他已經發現了某件更具重要性的事情。

「我注意到宗教。那個鄉有十二個村，每個村都有宗教活動中心。它們大部分都是佛教寺廟，或道觀，又或者是民俗信仰，也有一個信仰天主教的村落。當然每個村都有政府的辦公機構——黨的委員會、村長鎮長等等——但是每個村的宗教中心也都有自己的財務安排，以及監察委員會。還不只是這樣，每個宗教機構的財務管理都比官方更好！這十二個村，每一個村都背負二十萬到三十萬元人民幣的債務，但是這十二個村裡的所有宗教團體都有盈餘。而每一個宗教團體——它們被稱為『會所』——竟然是選出來的！所以在村莊裡經營得最好的組織，並不是共產黨，而是地方上的宗教機構。」

這看似有些牽強，但是這反映出一些政治科學的學者在中國所記錄下來的情形：在一些宗教

團體具有地位的地方，它們能夠扮演制衡政府權力的角色，讓官員為他們自身的行為負責任。 3
王怡不禁開始好奇：政治改革是否需要一種更高的權威力量來支持？這種權威力量不是理念或是憲法，而是來自一位賦予所有人同等權利的上帝——這樣的權利，是任何政治領袖所無法奪走的。

王怡說話的時候，妻子蔣蓉就坐在他身旁的沙發上。這對夫妻自打小時候就認識對方，在大學讀書時才開始交往。他們在一九九五年、畢業後不久就結婚了。蔣蓉的身形嬌小，頂著一個「妹妹頭」的短髮和堅定的下巴。她的心思機敏，在旁密切關注著我們的談話。她保持緘默，不過當她開口時，看來通常都領先談話一到兩步。我沒有問蔣蓉，但是她主動提起王怡在政治和宗教上的覺醒，如何造成他們夫妻間的關係緊張。

王怡開始他的法律維權事業時，蔣蓉在一家舉辦音樂會的公司裡做事。由於擔心丈夫參與社會活動，會導致他丟掉教職，她拚命加班工作，以增加儲蓄。有天，她到辦公室上班，拆開一封信。這封信把所有她個人的資料羅列無遺，包括她的工作、她丈夫的工作，然後說她的丈夫是邪惡的。信裡接著說，如果她還跟著這個人，她的公司就會完蛋。這封匿名信建議她趕緊和王怡離婚。蔣蓉整個傻住了，這就好像文革裡的東西又出現了一樣。沒過多久，政府就到她工作的公司查帳。蔣蓉把那封匿名信拿給她的老闆看。

「他是個有義氣的人。他說，這不公平。他說：『別辭職，你在這裡是有工作的。我一直都很佩服王老師——告訴我，他最新的文章寫了些什麼！告訴我，造成這些問題的原因是什麼！』」

蔣蓉照辦，她自己也讀了王怡的文章。之後她發現，自己之前其實並沒有放太多的心力，去關心丈夫的事業。

「我開始仔細地讀。我開始了解他。之前我以為自己了解他，但其實並沒有。我發現我們的想法非常不同，就好像是在兩個世界一樣。」

了解並沒能使他們兩人達成一致。她對丈夫結交的新朋友尤其不滿。他花許多時間和那些「維權」律師們在一起。他們正在推動一個意義重大的法律運動，在二十一世紀初期大約延續了近十年的時間。維權運動讓國內外許多人普遍抱持著希望，覺得法治是能夠實現的。他們為土地遭汙染的農民打官司，代表那些受到非法逮捕的人士，以及其他與現行體制發生衝突的人。他們並未挑戰共產黨的統治，但他們希望政府能為其制定的法律負責。大約有四分之一的基督徒（其中包含很多推動這項運動的知名成員），都受到此一信念當中強調社會正義的啟發。[4]

「我覺得他們做的都是好事情，但是我其實並不認為這和我有什麼關係。當時我真的認為，他們為什麼要做一些政府不讓做的事情呢？他們全都受過很好的教育。他們這是在毀了自己的人生啊。重點是什麼？這不值得。」

對蔣蓉的騷擾持續出現。有好幾次，她在凌晨三時接到電話，來電者用親暱的口氣，好像是在喊自己女兒那樣，叫著她的小名「小蓉」。然後來電者就把電話掛掉。還有幾次，來電之人一五一十道出她白天的詳細活動內容，證明自己什麼都知道。

她也接過好幾封信，說她的丈夫有外遇。她去問王怡，而他說自己也收到過類似的信。

然後在二〇〇三年，具高度傳染性的ＳＡＲＳ（非典型肺炎，Severe Acute Respiratory Syndrome

的縮寫）襲擊中國。這個肆虐全國的呼吸道疾病，迫使任何公眾活動全部喊停。蔣蓉的公司沒了生意，員工們紛紛被資遣。有一天，她正賦閒在家，丈夫把余杰帶回家裡來，余杰是一位敢言的成都作家，現在住在北京。他才剛受洗成為基督徒，非常想要將他個人的故事和朋友分享。余杰給了蔣蓉一本書，作者是一位美籍華裔女性，她的婚姻因為基督信仰而獲得拯救。現在這位女作家正在成都訪問，蔣蓉給她打了電話。他們開始定期聚會，之後又有黃維才加入，黃比蔣蓉大上幾歲，對基督信仰也有興趣，後來成為秋雨聖約教會管理委員會的重要成員。到了二〇〇五年春季的現在，他們在戶外公園聚會，參與的人數逐漸增加。

「有天王怡說：『你們總是在外頭聚會，為什麼不在家裡聚會？』那時候是四月，於是聚會就這樣開始了。有愈來愈多的人在星期六的下午前來參加。」

只有在蔣蓉了解基督教信仰以後，她才算開始真正認識自己的丈夫。她曾經嫌棄過他，討厭他的不切實際：譬如說，他身為一個大學教授，明明可以獲得教員宿舍，他竟然拒絕了。當時她覺得他這麼做實在很愚蠢。現在她明白，自己的丈夫是不願意欠下任何人情。很快的，她心中的挫折就轉變為仰慕之情。

「我明白這是必須要完成的工作。必須得有人出來，為大眾的福祉做點事。」

到了二〇〇五年八月，在一個於河畔舉行的戶外儀式上，一位由美國來訪的華裔美籍牧師，為蔣蓉、黃維才，還有另外幾個人施行洗禮。像老派的基督徒一樣，他們的身子完全浸在水中。可是，王怡卻還沒有做好受洗的準備。

「從哲學上來講，我認為基督教是好的，但是我的心當時還沒有打開，」他說：「他們全都開玩笑說，他們多帶了一套衣服，以防我回心轉意，突然想要受洗，但是，……呃，我不知道。」

王怡沒完沒了的對著余杰猛提問題，像是早先世代的良善中國人，死後都到哪兒去了？他最喜愛的詩人蘇東坡，死後去了哪裡呢？身兼文人和幹練行政官吏的蘇東坡，可是中國歷史上最知名的人物之一。他死之後，到地獄去了嗎？針對王怡的各種疑慮，余杰持續進行開導。任何時候，無論是余杰回成都，還是王怡到北京去，這兩人都會花上大量時間，在一起長談。最終，改變成真了。二〇〇五年的耶誕節這天，余杰回到成都過節。他們在王怡住的公寓舉辦受洗儀式，有九個人在這一天歸主，王怡就是其中的一位。

到了這個時候，在王怡夫婦公寓定期聚會的教友，已經超過二十位。他們並沒有向政府登記。他們這樣算是一個家庭教會，而他們想要知道，該怎麼稱呼這個團體？有一位教友提到他最喜愛的一段《聖經》章節，那是《舊約．申命記》第十一章第十四節。他們讀了這一段章節，並且按照其中的一句，為這個新教會起名：

他必按時降秋雨春雨在你們的地上，使你們可以收藏五穀、新酒和油。

我們拜訪王慶華過後幾個鐘頭，秋雨聖約教會「良心犯家屬援助基金」管理委員會聚在一起開會，準備商討出一個最佳方案，來幫助像王慶華這樣的人。耶穌受難日的禮拜，已經在上午稍後舉行過了，現在我們這裡只有六個人，圍著一張小桌而坐，看著外面成都的煙霧。

當然，張國慶也是其中一員，現在他參加教會活動的穿著，要正式得多：藍色西裝、紅藍條紋襯衫，以及一條漂亮的紅色領帶。他表現得活潑詼諧，讓在座的人都感到放鬆，他還很樂於分享先前我們去訪視王慶華與那些無家可歸人士時，所得出的心得感想。另外四位也在這裡：一個身穿綠色風衣的不耐煩女子，拘謹自持，卻畫得一臉濃妝；一個安靜不多話的男子；以及轉行做房地產的前異議人士──這是一個戴著超大眼鏡的失意男子，穿著藍色西裝，頂上毛髮已經稀疏，給人一種感受：所有這一切都將對參與者產生惡劣的影響；最後是一位擔任會議主席的女性，也就是和蔣蓉一起受洗的黃維才。她現在五十多歲，有點神經質，不過風趣幽默，做起事來很有效率。她到這裡來，一是要確認這些家庭都得到了幫助，其次也是要確保這場會議不至於轉變成反政府的密謀團體。教會想要對外釋出一個訊號：別勒令我們停止活動。

在唱讚美歌和短暫的禱告之後，我們開始閱讀本小組正在讀原文版的一本書。這本書叫《公義在望》（*Good News About Injustice: A Witness of Courage in a Hurting World*），內容大致是基督徒該如何打擊人口販賣、強制賣淫、迫害與折磨等罪惡。這個讀書小組每個月聚會一次，每次讀一章。現在他們正讀到第五章，談到關於同情的意義，每個人輪流逐段朗讀。

半個小時後，委員會的第六位成員現身了：王彬，這個被認為是替當局充當線民的人。幾年以前，當他在教會出現後沒過多久，就有消息傳出：王彬在替當局工作。教會裡的人們都很擔憂，可是很快就形成一致的共識：讓他參加教會活動。這就是王怡極度公開做法的一部份，讓他們徹底了解我們在做什麼，這樣他們就不會畏懼我們。

王彬在桌子的另一端坐下，對其他人不加理睬。他長得很胖，身穿一件淺藍色的馬球衫，飛快地敲擊著手指，彷彿像是小提琴手在演出前暖身準備的模樣。他拿出裝著茶的熱水瓶與一部小開本的《聖經》，開始布置起來。接著他拿《聖經》塑膠軟膜封套的一角，去刮熱水瓶口上的茶漬。他就這樣刮啊刮，完全不顧還有其他人在場。在座眾人很快的抬起頭來瞥了他一眼，然後又把注意力轉回書本上。

黃維才問我們，對這一章的意義有什麼想法？接著她貢獻自己的心得：「我們該怎麼面對不公不義？在過去，人們並沒有很多的談論個人所應負的責任。反過來說，人們認為這個責任是集體的。如果一個人犯了罪，那麼所有人都是有罪的。不公不義是每一個人的責任。」

她注視著王彬，然後要我們翻開《新約聖經．羅馬書》第九章，第十九到第二十六節，並且大聲地朗讀：

> 這樣，你必對我說：他為什麼還指責人呢？有誰抗拒他的旨意呢？你這個人哪，你是誰，竟敢向神強嘴呢？受造之物豈能對造他的說：你為什麼這樣造我呢？窰匠難道沒有權柄從一團泥裡拿一塊做成貴重的器皿，又拿一塊做成卑賤的器皿嗎？

我向那位當局的線民看了一眼。這段經文釋放出寬恕的信息，說的似乎就是他：窯匠同樣也造出了你，所以你的羞辱，我們不應該加以評斷。可是王彬根本就沒在讀這段文字。他兀自在那裡刮啊刮，把《聖經》當成一把刮除茶漬的不鏽鋼小刀。

倘若神要顯明他的忿怒，彰顯他的權能，就多多忍耐寬容那可怒預備遭毀滅的器皿，又要將他豐盛的榮耀彰顯在那蒙憐憫早預備得榮耀的器皿上。這器皿就是我們被神所召的，不但是從猶太人中，也是從外邦人中。這有什麼不可呢？

我把這一幕情景也擺進腦海裡思忖：寬恕憐憫是可能的嗎？那些注定要遭受毀滅的線民、警察、國家，能成為光榮的載具嗎？然後我們讀了這段經文的最後幾句，這是一段寬恕的信息：

就像神在何西阿書上說：那本來不是我子民的，我要稱為我的子民；本來不是蒙愛的，我要稱為蒙愛的。

從前在什麼地方對他們說：你們不是我的子民，將來就在那裡稱他們為永生神的兒子。

張國慶起身發言。他說，讀了這段經文，讓他想到中國的情形。神應許了災難的降臨，像是地震，或是政治迫害。有一條道路可以彰顯神的大能，那就是在這些劫難來臨時，以慈善事業來顯現人心的良善。

「在那麼一個特別的時期，在中國最受政治壓迫的，最壓抑的政治氣氛，那個時刻感覺到我們的權力隨時都會喪失的情況下，我們也稱之為政治災難，在這個時候我們對家屬進行支援，在某種意義上說也是在全世界都在向後退的時候，我們在向前。所以我們通過災難認識自己，通過災難認識上帝，通過災難來做好自己。」

他表示，最近才剛和王怡談到這個，王怡告訴他，民主並不是唯一的解決之道。

「最開始的時候，我們指望著領袖，後來又崇尚民主。但是民主不能解決所有的問題。這個世界上沒有什麼是能指望得上的。」

整個團體開始你一言我一語，很快地七嘴八舌說起話來。

「現在良心犯──包括出獄的──其實大多數的情況都是很差的。」

「有些人出獄之後精神就不正常了。」

「他們其中一個人跟我說過，我們不要你們的錢，我們需要愛。」

王彬仍舊保持沉默。他的指甲已經被齧咬成塊狀。他開始用筆戳自己的左手無名指尾端。很快的，上頭就布滿了小點。當他還在那裡戳呀戳時，其他人則在他身邊大發議論。

「有人是個賭徒，還經常去打麻將。」

「我們需要跟他講清楚我們是反對賭博的。我知道他不是基督徒，但是這樣做在社會上是不好的。」

「但是你不能因為他賭博就不給他生活費啊。那是一種病態。」

「我們這樣看，我們給教會低保的兄弟姐妹一般一給只給六百塊錢，但是給這個賭徒，還不是基督徒，一給就給一千二百塊錢。教會裡面的人會質疑我們的。」

「這些人的狀況是很困難的。他們受到的外界的壓力太大了。我們所做的是有關於愛的，跟我們剛才讀的是同樣的道理。」

最後這句話是張國慶說的，他接著開始談論他最感興趣的議題：中國的政治要如何進入改革時代。黨的全體會議在今年稍後就要召開了。來自政府的壓力將會緩和的。這一點他很肯定。

終於，這位臥底線民開口說話了。王彬不但有雙下巴，而且臉頰上坑坑巴巴全是痘疤，不過他的聲音卻很冷靜、清楚、準確，而且符合邏輯——算是室內最理性的人：「這種說法是沒有道理的。昨天綿陽的公安局一千多個員警在北川抓訪民（**陳情抗議的民眾**）。前天，幾百個員警在另一個地方也是抓訪民。怎麼能說政治環境在改變？這只是希望，根本不合邏輯的。」

聽了這話，張國慶吃了一驚，但還是保持著樂觀的論調。

「據說最近對『六．四』可能有意想不到的變動。」他說，舉中國改革者長期以來的希望為例，人民期盼當局能將一九八九年的示威抗議重新定調為愛國運動，而不是反革命暴動，這樣的修正，就代表了政治上的改革。「總的來說，中國的政治氛圍是趨於好轉的。」

線民暗自竊笑。「現在良心犯越來越多了，這是客觀的事實。」

大家慢慢安靜下來，然後黃維才宣布散會，下個月再見。所有人都起身準備離開，並且瞥了王彬一眼。他還坐在位子上，一面用《聖經》的膜套清理自己的指甲，一面嫌惡的搖著頭。

第十二章

北京：上妙峰山

人們常說中國人看起來很遲緩，這是因為他們受到數千年的歷史拖累的緣故。[1]但是在日常生活裡，人們卻顯得很急躁，每逢各項活動，他們早早抵達，彷彿想逼使未來快點來到似的。今天是陰曆三月三十，明天就是四月初一，妙峰山進香廟會活動開始的日子。但是真正虔誠的信徒，從不在那時候才到場。他們都清楚，上山進香的最佳時刻就是今晚——進香活動開始的前夕。今天，他們可以細細品味這些時刻，等到午夜時刻來臨，月份轉換，每個月的月色最黯淡的一天於是降臨。只有在這個時候，進香廟會儀式才具有最大的意義：隨著月色由黑暗到光明的進程，到十五天後、滿月時分圓滿落幕，宛如重獲新生。

倪金城還在住院的時候，就已經吩咐過我了——千萬要早到，但是我錯以為下午四點鐘出發，對一個午夜開始的活動來說算是很早了。結果我錯了。各個停車場早已經停滿車輛。後來才到的汽車任意停在道路兩旁，就像被拋棄的火箭推進器，在北京周邊的強大軌道上四處飄浮。幾名手上別著保安臂章的男子指令人們避開他們的車輛，但是我指著自己車子裝滿補給品的後座，說自己是「全心向善結緣茶會」的。這話一出，好像具有符咒般的效力。保安人員放行讓我通過，我於是一路往上開，來到主要出入口的折疊式鐵柵門前面。

寺廟建築群不大，位於一塊小高台上，很像是一座天文台，上達天堂，或是下瞰山腳下的北京市。我沿著一條小徑，在走了一百碼之後，道路陡然變寬，來到了一個小方場。方場的中央有一株高聳的松樹，以及一方石碑，上頭刻著「命運本源」。遠處就是最後的小山丘，上頭就是崇祀碧霞元君的寺廟。左邊是一排單層建築：各個香會的本部都將在這裡度過未來整整十五天，提供茶水、白米粥、豆菜和蒸饅頭。

在第一間建築前面，有一群男子圍著牌桌坐著喝茶，開著喧鬧的玩笑。在我往他們走去的時候，被一個身材矮小、敦實的女人攔住，她身穿一件鮮紅色的羽絨外套。

「我叫祁會敏，金城給我打過電話。他因為背傷的關係，趕不過來了。如果你有任何需要，都由我來照應。事情就是這樣子。懂了嗎？」

我聽話的點點頭。之前在倪家，我已經見過祁會敏一次。我去看望倪老先生時，她和其他幾位女士坐在後面的房裡，可是很難把她看作是內房裡的退休女性。祁會敏和那群男人一樣，抽著「大前門」牌香菸，對誰在那兒胡言亂語充耳不聞。我很快就看出來，這個地方歸她管。

她要我把帶來的補給品擺到廟裡去。它座落於一棟二十英尺長的建築裡，這棟建築按照傳統樣式興建，左、右、後三面是灰磚牆，門面則是紅漆木格門。屋頂是歇山式的重簷瓦片，延伸到天空。前庭有棵高大的橡樹，從橡樹看過去，妙峰山頂就是碧霞元君的主廟。在茶會設置的廟壇一側，下去一個小斜坡，是寺廟群的辦公室，另外設有餐廳和洗手間。另一側則是小山坡，上面有更具中國傳統特色的建築，其他六個進香茶會和他們設置的廟壇，就位在這裡。

倪家設置的廟壇，是我歷來見過最不尋常的一個。一張木質供桌，鋪著黃色絲綢，上頭擺著幾十組茶壺做裝飾，它們的大小和形狀各自不同，畫著道教與佛教的神祇，並且有茶會的名稱：「全心向善結緣茶會」。這些茶壺是向景德鎮訂製的，景德鎮這個南方的城市，是中國瓷器產業的歷史重鎮。它們雖然是擺設，但是數量是這樣的多，以至於幾乎無法看到鋪在下方的黃絲綢布，彷彿在說：「這裡是一群虔誠的人，無論任何人數的進香客，只要感覺口渴，他們都能夠解除。」茶壺圍繞著一尊四英寸高的銅製神像擺放，這尊神像通常是供奉在倪金城家裡的佛堂。這是觀音，一位慈悲的佛教神祇。即使妙峰山主要祭祀的是一位道教女性神祇，這也是很正常的。它們只是通向這座山的不同路徑罷了。開滿大黃百合的花盆、陶瓷香爐和燭台，填滿了剩下的空間——這是一個充滿虔誠信仰的聚寶盆。

在廟壇後方，從屋頂到地板吊掛著一條黃色絲綢布幔。布幔後面就是若干茶會成員夜裡睡覺的吊床。「普渡眾生」四個大字，就貼在廟壇前方，因此也等於懸掛在觀音聖像的上面。觀音聖像身後、貼在布幔上的，是一個巨幅的單字：茶。

＊＊＊

祁會敏啟動了一個小盒子，這個小盒子長得像老式晶體收音機，只不過原來該是選電台錶盤的位置，被觀音菩薩的聖像取代，圖像散發著迷離閃爍的光芒。從一個小型數位顯示器裡，可以看出這只小盒子正在播放哪一首宗教歌曲。祁會敏選擇〈大悲咒〉，這是觀音菩薩的教誨，長約四百多字。〈大悲咒〉的第一句是這樣的：「歸命三寶。歸命聖觀自在菩薩、摩訶薩、大慈悲尊者！」梵文聽起來則是：

南無．喝囉怛那．哆囉夜耶。

這幾個字在中文裡不具任何含義。它是從梵文直接音譯過來的，作為咒語之用，或者誦念，或是凝神傾聽，以使人的思緒澄清，或是觀想之用。這就好像將耶穌的「登山寶訓」（Sermon on the Mount）從古希臘文直接音譯為英文，並且吟唱以表達出悲天憫人的情懷，或是與某些天主教信徒和新教徒頌唱《垂憐經》（Kyrie Eleison，希臘文「求主垂憐」之意）的情況類似——有時信徒在頌唱時，並不曉得其中含意。

佇立在廟壇一角的，是祁會敏的丈夫常貴清。他的手腳有如竹竿般細瘦，頭戴一頂式樣流行的寬邊軟帽，和他及肩的長髮很搭配。他身旁擺著好幾罐燕京啤酒。一如往常的，其中一罐已經打開，放在他的右手邊，他舉起啤酒罐，算是對我表示歡迎。

薩婆薩哆．那摩婆薩多．那摩婆伽。摩罰特豆。

咒語播放完畢，祁會敏重新又播放一遍。

唵．悉殿都。漫多囉。跋陀耶。娑婆訶。

「這對你的健康有好處。它也能幫助你的家庭。你可以一直重複播放。」

我問她是在什麼時候成為信徒的。

「一九九〇年一月吧。我信佛。我真的信。這一切我都信，」她說，同時對廟壇比了個手勢。「但是我也很迷信！」

我連忙憋住笑意。她用了一個禁忌的字眼「迷信」，這是中國當局在過去這一個世紀裡詆毀許多宗教信仰的用詞。但是她毫不介意的用上這個字眼，好像這是另外一個信仰體系似的。

「我做所有的事情。我看得出吉凶禍福，然後告訴人們，該怎麼布置房間擺設。」

「你是說風水嗎？」

「沒錯！所有的風水我都行。人們結婚和入土，我幫他們挑選良辰吉時。沒錯，我絕對可以做到這些。人們都說我在迷信上挺行。」

「你認為這些都是迷信嗎？它比佛教更迷信嗎？」

「呃，」她沿著進香者的路徑向下看，臉上又恢復從前常見的皺眉愁容。「他們是這麼叫的，迷信。我不知道這是什麼。反正我們就信這個。」

我想到他們的小院，麻將牌，供奉觀音菩薩的茶壺，厚厚一層的灰塵與霉味。這算是迷信嗎？這與他們的信仰密不可分。這是他們的人生。

「重點是持咒念經。這你可不能敷衍了事，」她說道。「我早上六點鐘起床，然後念經。我念經文。你可以躺在床上念，或是坐在椅子上念，都隨你。每個人都有自己的方法。然後到了傍晚，也許再過個把小時，有時候就是在做清潔的時候聽。這樣是行得通的。」

「那你的孩子呢？」

「我兒子本來不信，但是他現在開始信了。今年他會上山來，這是第一次。他有些問題，想要開始做這個。我們會看看他適不適合這個。」

廟壇裡擠滿了支持香會、捐獻金錢的親戚、友人和同事。他們當中有許多人，又帶來對進香活動好奇的新參加者。我問在場的一個女人，她信不信這些。

「我猜我信吧，」她慢慢地說道。「我不知道。我還在想這件事。我知道有某種比我們還偉大的事物在導引著我們。我是從我先生的朋友那裡聽到妙峰山的，我們覺得來參加可能很有意思。我想從這個活動裡學習。」

祁會敏就坐在她身旁，頻頻點頭，並且抽著大前門香菸。現在是晚間十點鐘，距離午夜開始的儀式愈來愈接近了。復活節和清明節已經過去兩個星期，所以我們現在迎來新節氣的第一天：穀雨。彷彿是說好了一樣，正好有一片雨雲，像層布幔那樣籠罩著妙峰山。茶會的廟壇由裝設在建築屋簷上的鹵素燈照明。我們面前是一片開放場地，後方是通往主寺廟群和停車場的道路。這條道路上有更多燈光照明，但是霧氣讓它們看上去像是朦朧的光暈。在這個夜晚，我們的世界似乎只剩下眼前這座山峰。

慢慢地，前來進香的一般信徒到達了。他們不是朝聖香會成員，也不像倪家這樣設置廟壇，但是就人數來說，他們是絕大多數；數千名信眾會在今晚來到妙峰山，以表達他們對碧霞元君的崇敬。他們之中人脈較好的人開車前來，運用關係讓警衛放行，進入主出入口。大部分人則開車或搭乘巴士到山腳下的村莊，然後步行上山。人們群集寺廟裡，手裡拿著長香。很多人是搶在午夜人潮之前，直接到廟裡上香，最後才到如倪家這樣、各家香會設置的廟壇裡，供奉免費的食物和飲品。有一位倪家的成員就坐在香爐旁，手握一把小木槌，敲響銅缽。它的聲音不斷地響起，點綴著雨勢和音樂，在小方場的四面迴盪。

＊　＊　＊

雨勢稍稍停歇的時候，祁會敏終於有機會可以擺放自己的供品。她點燃十二炷一英尺長的香，使力將它們聚攏，讓它們形成一把小火炬。她用雙手緊握香束，並將它們高舉過額頭，燃燒的那端朝外，像是握持聖火，然後持香頂禮，三次鞠躬。香燃燒得很快，成灰的餘燼不斷掉落下來，她完全不以為意。突然間，她以讓人訝異的靈活身段轉了一圈，向四個主要方向各拜了一次，然後將還在燃燒的香束插進香爐中。倪家的其他人現在也開始焚香祭拜，可是他們都不如祁會敏這樣讓人印象深刻。她的鞠躬敬拜，似乎宣示了這場進香活動正式開始。

大約十一點鐘的時候，王德鳳，這位身形健壯結實的寺廟管理人，過來加入我們。他有著在地農民強健、紅潤的外表，但是論起妙峰山複雜的歷史淵源，他的了解鉅細靡遺，可以與任何學者媲美。對於來山進香的信眾，他培養出一種如父兄般慈愛的態度，經常敦促他們，當齊聚在這座可以俯瞰北京的小山頭的時候，彼此之間要同心協力、齊心齊德才行。

從一九八六年開始，王德鳳就被黨派來擔任負責協助妙峰山主廟的重建，這樣的努力，是為了要恢復在文化大革命時所造成的破壞。當各個進香茶會聽到這個消息時，他們很快就開始重新組織起來，並且在一九九〇年時上妙峰山，這是數十年以來的首次。一九九三年，地方政府創設了一家國營的觀光旅遊公司（全名為「北京京西風光旅遊開發股份有限公司」），並將其股票上市。這家公司的收入進項來自於北京西郊所有寺廟的門票收益，也包括妙峰山在內。入場門票為人民幣四十元，約折合美金七元。

許多進香茶會或許在這時都不願重返妙峰山。舉例來說，像倪老這樣的人，就不同意到已經商業化了的寺廟裡進香參拜。但是王德鳳讓進香廟會活動繼續辦下去，這得大大的記上他一筆功勞。他和所有的茶會發展關係——比方說，在陰曆大年初二這一天上門拜訪倪老——而他也熟知這些人難伺候的脾氣。他敦請他們上山來，並且免除入場費用。他還因為沒有提供他們經費，而贏得了這些人的支持，這和一般直覺的設想完全相反。進香活動也被稱為廟會，而時間一久，這個詞語裡的商業含意便居於主導地位。有些人給表演團體出資，希望藉此吸引更多的訪客，他們既付入場費，也花錢買政府的許可證。王德鳳不來這一套。表演團體不需要付費就能進入主寺廟群的各個空地方場，但也就是這樣了。他們來廟會表演，不會得到任何經費，也無法抵銷他們在交通上花費的成本。但是王德鳳能提供更好的東西：那就是參與北京最負盛名廟會活動的榮耀。如此一來，就能確保他們不是為了追求物質收穫而參加廟會。到了廟會結束時，雖然各家參與活動的茶會，僅僅只會得到一面小錦旗，但是這面錦旗卻是受到豔羨的，因為它是茶會真正參與、備受尊崇的證明。

王先生今年六十一歲，已經超過官員規定退休的年限，但是政府要他繼續留任；所有的人都覺得，他是不可或缺的人物。

今晚他又成了外交官似的人物：四處拜會走動，和人們寒暄話家常，然後接受各家茶會的感謝，因為他把進香廟會辦得這樣體面。可是廟會即將拉開序幕，似乎沒有使他開心起來。在他過來找我，和我說上幾分鐘的話時，他飽經風霜的臉孔，此刻漲得通紅。

「你們這些人——我不是指你們這些外國人——你們這些學者、作家、研究人員還有記者，我可沒空陪你們。你們來這裡，拿了什麼東西，會讓你出名，然後你就離開了。但是我呢？我今年六十一了，從一九八六年就到這兒來重建寺廟。可是我得拿出什麼來證明呢？我不貪汙，所以我沒有錢，沒有車子，我甚至沒有一堆豪宅公寓。這個（廟會）帶給我什麼了？」

「每個人都尊敬你，而且說這是北京最好的廟會。」

「這是真的，人們說到妙峰山，他們說這個，」他豎起自己的大拇指說道，「不說這個，」比出自己的小拇指。「我做這些，是為了碧霞元君，這是我的職責，要保證神明能得到適當的尊敬。」

「可是你是個共產黨幹部，」我盡量把話說得婉轉。

「是的，我是個唯物主義者，」他說。然後他試著解釋。

「我的信仰在這裡，」他說道，一邊用手比劃著自己的胸膛中央，象徵著他是遵循儒家的中庸之道。「可不是這裡，」他指著自己的心。王先生這番話的意思是，確保崇祀碧霞元君的進香廟會活動得以順利舉行是他的職責所在。而當然，這種「盡忠職守」的形態，至少從二千五百年前孔子的時代說起，就一直是中國的理想。他努力的程度，遠遠超過一般人投注於工作時付出的心力。至少，這是他的熱情，他生命的召喚。別的人或許會將之稱為信仰。

「很難向上面的人解釋這一切，」他說。「他們不懂。他們問有多少人會來參加，我說，『因為是民間信徒，沒辦法算得這麼精確。』他們可能來，或者可能不來。不能確定是什麼時候，出於什麼原因。所有人都要一個準確的數字，但事情不是這樣的。」

王德鳳繼續到別家香會去打招呼，完成他晚間的致意。我們身處的小廳現在愈來愈擁擠。屋裡這些人看起來很像是盛裝打扮、要參加大型賽事的熱情運動粉絲，每個人都養成了一些古裡古怪的行為。常先生留著一頭及肩的長髮，戴著一頂鬆垮垮的帽子。有一段時間，有個男人拿進來一袋軟呢帽，把它們分發出去。這只是他的一個想法：讓我們戴上軟呢帽吧。所以在這個晚上，我們都這麼做了。

我在各個場地上漫步，在一家提供免費蒸饅頭的饅頭會前面駐足。有一個紅色的標語，上頭顯示了這家香會每天要奉獻多少個饅頭。明天，也就是進香廟會的開始，將會是最忙碌的一天，他們將會提供六千磅的饅頭。這家香會是一百多年前由一群老北京民眾創立的，不過現在則是由浙江台州出身的生意人經營——台州市是上海南邊的沿海城市，距離北京大約有一千六百多公里遠。

「我們在北京做生意，做了有些時候了，聽說有這個饅頭會，」白先生說道，他是茶會的經營者之一。「當初創立這個饅頭會的人，現在已經過世了。本來準備要收起來，因為他的孩子沒有興趣繼續辦下去。我們想，要是讓這樣的傳統消亡，是多麼可惜的事情！所以我們聚在一起，將它繼續辦下去。」

他在說話時，一輛廂型車開來，人們開始卸下裝著饅頭的大袋子，這些袋子會先囤放在類似倪家設置的廟壇後方。

「在從前，進香的信徒都很餓，所以各家茶會都提供食物。但是現在所有人都能吃得飽，」白先生說：「所以我們是為了健康和幸福來製作這些食物，饅頭受到進香者的福佑，如果你吃了這些饅頭，你也會得到保佑。」

回到倪家的廟壇，我看到一個身形高大、引人注目的男子坐在一張摺疊桌上，在一張五英尺長的鮮紅色紙張上，寫著眾人的姓名。他的年紀大概五十出頭，頭髮剃得精光，下巴留著灰白的山羊鬍，讓他看來很像一個禿頂的艾米許（Amish）男子（譯按：艾米許人是基督教之中一個信徒支派，以過簡樸生活、不用汽車、電力等現代產品著稱）。不過，他的衣著打扮卻是時髦打扮：頭戴一頂柳條邊、漩渦黑白斑馬條紋的馬夫帽、牛仔褲、以及一件黑色皮衣外套。他的手上戴著兩只寶石戒指，右手腕上佩掛了一串樟腦念珠。

他是倪金堂，我朋友倪金城的弟弟。他的言行舉止和哥哥金城很像：強壯、嘶啞，時常會有驚人之語。不過比起兄長，倪金堂更喜歡和人交遊往來的場合；甚至早在父親倪老無法起身處理茶會事務之前，他和祁會敏兩個就已經默默地在茶會裡承擔起更重要的角色了。或許倪金城覺得，自己身為長子，有責任要維持茶會的運作，但是還是在自己家的佛堂裡，最能讓他開心。把進香廟會從頭一晚的混亂狀態中組織起來，不太適合他的性格；但是對倪金堂來說，這卻是他一直熱切在期盼的事情。

在過去這個小時裡，倪金堂把大部分的力氣都擺在處理一項茶會最要緊的任務：將這次所有茶會成員、友人、捐獻人士和虔誠信眾的姓名，逐一登錄寫下。他熟練地揮舞著傳統毛筆，偶爾喊祁會敏過來，幫忙確認一下姓名。他就快要完成了。

＊＊＊

祁會敏走了進來，手上搖著一個小搖鈴。現在是出發的時候了。

祁會敏燃起更多香。現在時間已接近午夜，所有人都走上通向峰頂的道路。位在岬岩上的主廟，顯得若隱若現，在我們走上前時，慢慢就能看到它紅色的外牆。

一座寬闊的階梯出現在我們面前，引領我們走上最後的斜坡。現在它被試圖在午夜進入的信眾，擠得水洩不通。主廟本身並不大：中間一個庭院，建築則分布在四邊。庭院裡現在擠滿了人，還有一只巨型的香爐。人們推擠著向前，爭相把手上的香束丟擲進香爐內；而與平日不同的是，今晚沒辦法好好的將香插進香爐，或是在香爐前叩首頂禮。實際上，這個由鋼製成的大香爐裡，現在已裝滿了香，戴著口罩的廟方工作人員，揮舞著金屬製的耙子，將那些從香爐溢出的香束撥下來，好讓它們能掉落在他們已經預先拉出一塊隔離區的空地上，落在石板鋪面的地上。

現場十分擁擠，不過秩序相當良好，而代表倪家的成員們也都朝著香爐進前。倪金堂很快的把寫有姓名紙條的信封投入香爐，火焰只花了短短幾秒鐘的時間就將它吞噬。他注視了一會兒，確定這些姓名都已經燒化成灰、上達天聽之後，就回返主入口處，去觀察這萬頭攢動的盛況了。

現在已經過了午夜時分，這漫長的一夜繼續往前延伸。回到我們的廟壇，有些倪家的友人半醒半睡的坐在椅子上，另有幾個人還撐著在玩牌，希望時間過得快一些，黎明拂曉快點到來。整晚都會有信眾到來，不過真正的人潮將會在清晨六時左右再次出現。

我往廟壇裡頭看，見到常先生，一副被綁在椅子上的模樣。他哇哇大叫，並且把手上那罐燕京啤酒高舉起來。

「你在這裡做什麼？」我問他。

「老頭不能過來，」常先生說，他指的是臥病留在北京的倪老。「我發過誓，要一直在這裡守夜。」

＊＊＊

千年以來，中國人一直將山嶺視為天地的交匯處。中國有歷史紀錄以來的第一個王朝，商朝，它的歷代國王都對一座山嶽獻祭，這座山嶽很可能是位於華中的嵩山。在西元前三世紀的經典《周禮》中，列舉出五座聖山，分別與風水上的五個方位相合：東嶽泰山，也就是妙峰山崇祀的女性神祇的出生地；西嶽華山，中嶽嵩山；南嶽衡山；以及北嶽恆山，李家的道樂團就是以這座山嶽命名。千百年來，在這五座聖山之外，又陸續添上無數其他的山嶽。這些山嶽從本身是受到崇拜的地方，成為神仙的居所，或是佛寺道觀名勝所在。它們是進行嚴肅沉思的地方。正如四世紀時的道家思想家葛洪所說的：「未可輕入山也。」[2]

從西元八世紀或九世紀開始，到名山朝聖，成為社會各個階級盛行的活動。山嶽和朝聖活動連結起來，以至於有「朝山進香」這樣的名詞出現。隨著時間過去，這種思想極為盛行；凡是神聖的處所，無論它的地形地貌，都被稱為「山」。舉例來說，上海附近的普陀山，乃是中國最知名的佛教朝山進香勝地之一，實際上只是近海的一座多岩石島嶼而已。

妙峰山位於太行山脈起始之處，太行山是一道山勢崎嶇的山嶺，一直蜿蜒延伸到華中。妙峰山的最高點只有海拔四二三五英尺（約一二九一公尺），而從山腳下的村落算起，更只有約一千英尺高。所以倘若你開車前來，在山腳村莊停車，步行走上這條號稱「千人胳膊肘」的山道，也能輕鬆地在四十五分鐘內登上山頂。妙峰山的歷史同樣也不長。不過自從一六八九年（清康熙二十八年），史書記載第一次朝山進香廟會以來，妙峰山已經位列中國最知名的勝地之一。妙峰山之所以香火鼎盛，其中一個原因，是該山崇祀的主神碧霞元君乃是華北最受民間歡迎的女性神祇。祂通常被人們簡稱為「送子娘娘」，不但是象徵子嗣繁衍的神祇，也是道教眾神裡的重要人物。過去多年來，北京有八座崇奉碧霞元君的大型寺廟或道觀，分別位在「五頂三山」。所謂「五頂」，是北京的北、南、東、西以及中區的五座小丘陵。而「三山」則位在北京的郊區。前二座山，丫髻山與天台山，得到朝廷的庇護；而妙峰山則受到百姓的崇奉。

妙峰山的地理位置鄰近北京這一點，也有助於打響它的名號，使它與皇家，還有北京城裡多采多姿的文化生活連結起來。[3]妙峰山上的石碑記錄了十八、十九、乃至於二十世紀的歷次朝山進香盛會。從這些紀錄當中看來，到了十九世紀中葉，已經有表演團體上山獻藝了。進香廟會的高峰，可能出現在一八九九年（清光緒二十五年）。根據一塊當年豎立的石碑上的記錄，這一年造訪妙峰山的進香團體，共有一百四十一個之多。

時間來到二十世紀，妙峰山搖身一變，又成為學術研究者朝聖的名勝景點。在一九二〇年代，年輕的中國上古史學者顧頡剛，以及其他打破舊傳統的知識份子，合力協助中國民俗信仰研究的建立。妙峰山是他們進行研究的主要地點。對顧頡剛這樣的學者來說，比起歷朝歷代編修、學童們背誦的官方正史，像妙峰山這樣的民俗信仰傳統，才是真實的歷史。各種民間習俗被視為「活化石」，現代的人們可以從中看見過去的各種活動，是怎麼組織起來的——這種觀點，對於過往抱持極度浪漫的設想，尤其是對於這個只有幾個世紀歷史的進香廟會活動來說，更是如此。

在這些年間，顧頡剛多次到妙峰山造訪，並且撰寫、出版第一部研究妙峰山民俗信仰的著作。

許多國外的研究者也到中國來，從事社會學的田野調查研究，像是出身大企業寶僑（Procter & Gamble）世家的美國學者甘博（Sidney D. Gamble），就是其中一位。甘博於一九二四到一九二七年之間，三次到妙峰山進行研究，期間他拍攝出一部震驚各界的十五分鐘記錄短片。片中出現的各個場景，看來似乎來自另一個時代：有一名男子被嵌入在被稱為「枷」的刑具上——這是一塊木板，上頭開了三個孔洞，嵌住該名男子的頭和雙手——而另一個人像馬一樣，用四肢在地面行走，他的背上被安放了馬鞍。儘管這些場景現在已經不復存在，不過甘博報告當中的其他部分，卻和今天的情景非常類似。他說，妙峰山廟會時，有超過一百家以上的香會團體共襄盛舉，當中既包括了像今天倪家這樣，提供食物、飲品等服務的團體，也有另外若干在娘娘面前獻藝的表演團體，比如踩高蹺、武術、舞龍舞獅與其他技藝。當時這些香會團體和現在一樣，從組織到籌措經費，全部都是自動自發，它們可說是基本上不受到政府控制的自治團體，和中國歷史上大部分人的宗教生活，也有類似之處。

一九三八年五月，美國《紐約時報》撰寫一篇專文，報導了這一值得注意的進香廟會活動，文中寫道：「喬叟的《坎特伯里故事集》筆下描寫的朝聖之行，找到了一個中國版本：在北平（**譯按：民國時期北京的舊稱**）以北約二十七公里的妙峰山坡上，就在這個月，正在進行每年一度的進香朝聖活動。」[4]新近佔領華北的日軍當局，似乎無意去扼殺進香信眾的熱情；不但如此，日方還組織民團武力，以保護進香信眾不受匪徒騷擾。

甘博有兩位友人，在哥倫比亞大學任教的富路得（L. Carrington Goodrich），以及他的妻子安妮（Anne Goodrich），兩人都是傳教士的孩子；富路得成為哥大的名教授，而安妮則是優秀的業餘人類學家。一九九八年，已經高齡一百零三歲的安妮，出版了他們夫婦於一九三一年造訪妙峰山時所寫的報導。根據她在當時收集而來的資料顯示，那一年上妙峰山進香的信眾，大約有五十萬人。在與另外一對夫婦一同步行上山後，安妮和丈夫下榻於寺廟裡的一間很小的客房：[5]

> 寺廟的客房都很狹小，房內堪堪只能容下一張宿營用的吊床。它們位在高聳懸崖邊上的平台，眼前是北京近郊一片山巒起伏、大片平野的壯麗景色。在日出前起身，看著依附在山峰之間的雲霞，因為黎明破曉、東昇的旭日將雲層染成紅色，那是永遠不會忘懷的經驗。

最棒的是，安妮寫道：「那年過去以前，我們的友人生了一個女孩，而我和我的丈夫生下一對雙胞胎。我們讓送子娘娘高興了嗎？」

隔日清晨六點鐘，倪家搭設的茶棚還瀰漫著一股濃濃的睡意。祁會敏、倪金堂、還有另外幾個人，將會在這裡待上整整十五天，可是其他許多人只是為了頭晚和今天的演出而來；他們試著在自己的車裡、或是在露營椅上小睡一會，而現在正搖搖晃晃地起身，到處找茶和粥。常先生還坐在自己的椅子上，他那頂寬鬆的帽子蓋在臉上，右手握著一罐燕京啤酒。他叫喊了一聲，揮舞手上的啤酒罐，對我表示歡迎。

我也向他揮手，不過卻在隔壁的「西鐵匠營德清鮮花老會」門前坐下。它與倪家的廟壇接鄰，兩家之間只以一條僅堪一個人擠身而過的通道分隔開來。德清鮮花老會崇奉的是花神，這是一位民間女性神祇。鮮花老會是個小棚，塑膠托盤上堆著餅乾和水果，另外還擺放二十盆聖誕紅、風信子和鬱金香。小棚裡供奉的不是銅製神像，而是一幅漆木製的木框畫像。畫框裡是一個身穿傳統服飾的女子相片，她的頭頂上簪著鮮花。

花會的名稱和會首、創辦人的姓名相同：她是陳德清，這是一位八十六歲的老太太，也是倪家的友人。她坐在一把折疊椅上，這是一幅老時代的美麗圖像：一頭銀白而濃密的及肩頭髮梳攏在耳後，紅色的開襟毛線衫搭配裡面一件亮藍色的女襯衫，臉上永遠掛著微笑，突顯出滿嘴潔白的牙齒。這是她一年當中最要緊的重頭戲，之前為了這次進香廟會，老太太投注無數的時間和積蓄，都在這時候來到頂點。

「你回來啦，」她對我說，並且招手要我過去，坐在她身旁喝杯茶。早在一九八〇年代時，當時已經五十多歲的陳老太太，就從北京騎著三輪車一路到妙峰山上給女神供奉鮮花。從她位在北京的家騎腳踏三輪車到妙峰山，這段約七十八公里的路程，要花上兩天的時間，其中還包括最後二十四公里的路，全是陡峭的泥巴路，她不得不下來推車前行。

今年，陳老太太和家人不但花費幾千元人民幣籌辦鮮花、食物，還將在妙峰山上留駐整整十五天。她就睡在自家搭的小棚後面一張吊床上，黎明即起，一直在前頭守著。每回有進香信眾對著花神叩拜，她就用小木槌敲響銅缽。這是她為社群所做的服務。在這段時期裡，她就像一位溝通天地的女祭司。和大多數的中國宗教一樣，她沒有任何正式的憑藉。她之所以具有正當性，完全是因為自身的投入與付出。這就使得她在追隨信眾的眼中，具備了執行神聖職務的可信度。很多人乾脆稱她「活佛」，這個投注心力而虔誠奉獻的人，值得大家的敬重。

陳老太太和許多負責這類慈善團體的會首一樣，也是個罕言寡語的人。我想到王怡和那些進行自我反思的基督徒，他們寫出大量的文章、議論和書籍，解釋（幾乎是在證明）他們為什麼會成為基督的信徒。陳老太太與他們不一樣，她只是信仰花神娘娘，並且供奉祭品，如此而已。這讓我想起英國學者鍾思第，他出版了多部關於山西北方民俗宗教音樂的研究著作，李斌一家主持的喪事儀軌也包括在內。他為一部補充研究紀錄片DVD命名為《辦事》（*Doing Things*）——這是對民俗信仰的絕佳形容。對於那些四處晃蕩、做筆記的學者和作家來說，理論和歷史是寫給他們看的。而對於參與活動的人們而言，實際行動才是最重要的。

參與進香廟會的團體可以分為兩種，一種是「文會」，另一種是「武會」。我們這種算是「文會」，在廟會的兩個星期裡，我們坐在自己搭設的廟壇裡提供服務。「武會」的團體名稱，則來自他們表演的活動項目：長棍過招對打、旱船、中幡、比劍、以及舉大石等。其他團體表演舞蹈，或搬演荒謬小短劇——男扮女裝或女扮男裝、模仿抽鴉片菸者、或是愚蠢的僧侶，在脖頸上甩動有如呼拉圈一樣的巨大念珠。不管怎麼說，它們全都被歸類為武會。每個這類團體都擁有三十到四十名成員，當中包括表演者、樂師、以及家庭成員。他們抵達妙峰山的時間，是交錯分開的，每天最少都有二到三個團體到達，到了像今天，也就是廟會首日這樣的大日子，則會有十多個香會上山。他們很早就到了，在主廟「命運本源」的石碑前面整頓裝備。

這些香會團體怎麼能同時到達？對於每個不遠千里到這裡來的人，都是為了元君娘娘而來，而自己的德清花會也成為這場盛會當中的一份子，陳老太太至今還是感到訝異。她看著我，再次微笑起來，笑容裡的溫暖，無須用任何言語去說明。

在遠處，武會團體的音樂聲（大部分是敲擊鼓和銅鈸的聲音）不絕於耳。我們看到第一個上來的團體是舞獅團。幾乎所有成員都穿黃色的服裝，手持三角小旗與旗幟，而在他們走上坡道的時候，隨團的樂師則留在後面演奏。他們在神明前表演完畢後，就會下來為我們演出。這些演出總是伴隨著歡迎儀式，以及手寫的感謝函，感謝像倪家這樣，將在山上待滿整整兩星期的廟會團體。正當他們在表演的時候，陳老太太待在自己的小棚，雙手合十，並且向這些演出者鞠躬致意。所有上山的團體都知道陳德清這位「花兒老太太」的故事：當年她曾經騎著三輪車，一路從北京來到這裡，只為了崇祀花神娘娘。這就是宗教生活在中國的重生：透過這樣簡單、勇敢的舉動，重新回到人們的生活當中。

每個前來進香酬神的團體，都有類似的故事：上了年紀的老先生、老太太還能記得過去的景況，他們教導自己的兒孫輩，怎麼表演劍術和長棍，怎麼在滑稽短劇裡跳舞，或是唱老歌。有一個婦女組成的團體，會將六英尺長的三齒木耙子扔向空中，用她們的肩膀去接，然後讓木耙子從手臂上滾落，再將它們拋向空中。這是一個充滿力與美、讓人驚豔的演出。

不過，所有人也都同意，這些演出的內容並不如二十年前那樣讓人印象深刻，更別說和甘博拍攝到的那些場景相提並論了。很多團體現在已經沒有全套表演節目了。演出的動作也沒有那樣大膽或精確。這並不讓人吃驚：現在這個世道，很少人有這個時間，每天花上幾個鐘頭練習棍棒、或是滑稽舞步了。儀式的簡化在到處普遍出現，而幾乎所有宗教都是如此。關鍵在於人們前來參與，並且從其中發掘出更深的意義。而且看來很有趣的是，對於許多人來說，這個道理就和葛洪的告誡一樣深刻：這並不是他們可以輕易為之的事情。

＊＊＊

早晨接近尾聲的時候，我正坐在倪家搭設的廟壇前面，邊喝著他們家準備的茶水，邊看著人潮匆匆經過。祁會敏在播放的佛教音樂，飄送進了霧氣之中。那音樂是一段合唱，一次又一次的誦唸著「禮敬觀世音菩薩」，或者，在梵文的中文音譯裡，聽起來是這樣的：

南無觀世音菩薩

這是中國宗教世界裡最負盛名的一句誦唸，它的音節在雨中伸展、延伸開來。

南無觀世音菩薩

這才只是廟會的第一天，接下來還有兩個星期。我的心思飄離了眼前這個聖域，回到北京城裡，倪老已是奄奄一息、行將就木，而他的大兒子倪金城則正在動背部手術。倪金城會在明天出院，然後在一個星期之內，便會趕到妙峰山上來，以免錯過陰曆四月初八的觀音菩薩聖誕——那可是進香廟會活動的最高潮。觀音聖誕後再過一個星期，廟會就宣告結束。到那時候，六十九個前來進香酬神的「武會」團體，就會各自展開他們的表演：以舞蹈、武打、特技和歌唱來榮耀碧霞元君娘娘。台州商人組成的饅頭會，將會發放四萬兩百個饅頭。前來妙峰山進香的信眾將超過十萬人，他們之中，有些人是虔誠的信徒，也有些是觀光遊客，不過大多數的參與者，都是介於這兩種身分之間——他們焚香敬拜，然後找到自己的方向。

南無觀世音菩薩

在山西，穀雨節氣之後的幾場雨，表明李家的鄰居們可以栽種夏季收成的作物了。在四川，王怡正在準備訓練神學院的學生，研讀神祕難解的古希臘文。在政治世界中，惡魔已經被掃除了，所以行禮如儀的權力移轉，可以在秋天時如期進行。清朗明亮的日子已經過去，潮濕炎熱的夏季很快就要到來了。

南無觀世音菩薩

這段音樂一再重複，伴隨著雨勢和進香信徒，不斷迴圈。在早晨行將結束時，有五個人走近我們的廟壇。當時我正坐在香爐旁邊，這個外殼鏽蝕的金屬桶，正在微微地悶燒著，裡面的香已經要燒盡了。這五位訪客，年紀都在二、三十歲上下，看起來可能是白領階級，所以我猜想，他們是為了今天，特地開車上山來的。他們站在那裡小聲講話，好像是在打量著這棟建築，直到後來其中一位年輕人引起了我的注意。

「這屋是做什麼用的？」他問。

「這是拜觀音的壇，」我回答，「就是碧霞元君娘娘的佛教姊妹。」

他們聽完笑了起來，我問他們，是不是不打算進去參香。

「我們沒帶香來，」一個帶著厭煩表情的年輕女子說道，她穿著外出的昂貴外套，一副像是要出門登山的打扮。

南無觀世音菩薩

祁會敏從廟壇裡走出來。她從倪家存放補給物品的堆放處拿來一大把香束，默默地分給這個年輕的女子。女子先是猶豫了一下，然後伸手接過，同時從口袋裡掏出皮夾來，準備付錢。

「慈善事業！」祁會敏突然喊了一聲，而那位女子看來吃了一驚。

年輕的女子站在那裡，左手緊抓著香炷。另外一名年輕男子走進來，輕輕打開金屬材質的打火機，點燃香炷。他們倆走到那巨大的金屬香爐前面，把還在燃燒著的香插進去。煙霧裊裊升起，而他們倆站在那裡，不大確定接下來要怎麼做。

「怎麼做？」女子問道。

「叩拜，」祁會敏說，「叩拜三次。然後在心裡默念。」

「叩拜嗎？」

「默念。我應該說什麼？」

「說你心裡面想說的。你不就是因為這樣才來到這兒嗎？在心裡默念就是了。」

年輕女子大步走向跪墊，不過當她一個人站在那裡、面對菩薩時，臉上原來那副一成不變的厭煩模樣不見了，她的表情變得柔和，彷彿在心底想著禱詞似的。

祁會敏拿起那把小木槌。年輕女子小心翼翼地弓下身子，跪了下來，然後拜倒，完成第一次叩首。祁會敏輕輕扭動手腕。銅缽發出震動，一聲清脆的聲響傳了出來。

第四部——芒種

中國的夏季由六個節氣構成，其內容與炎熱與熱情、成長和收成有關。這樣的雙重二元性質，體現在一個夏季最重要的節氣「芒種」的名稱上，這是一個結合了收穫與種植的複合詞語。「芒」意味著發芽抽穗，或者是作物飽含穀粒的尖端。到了這個時期，像小麥、大麥和豌豆一類的作物，已經長滿穀粒，就到了收穫的時候。「種」意味著種植，因為這個時期，也是玉米、高粱、小米和大豆等秋季收成的作物，到了必須要栽種的時候；只要稍有耽擱，這些作物就無法在秋霜之前成熟了。陽曆六月初的這段時期實在是太過重要，以致於直到最近，城市居民都還可以請求休假，回到農村老家去幫忙農事。

現在這個時候，太陽位於黃經七十五度的位置，而下一個節氣，則標誌著夏季的高峰：六月下旬的「夏至」，日照時間在這時候是一年之中最長；接下來則是七月的「小暑」和「大暑」。到了那個時候，最炎熱的日子已經過去，而儘管看來確實來得有些早，下一個節氣「立秋」即將在八月上旬來到。

一年之中最是多采多姿的兩個節日，都是在夏季。其中一個是陰曆年第二個關於已逝者的慶典，也就是中元節，時間是陰曆七月十五，通常是陽曆八月。已逝者不幸的魂魄，必須在這個時候得到撫慰，以免他們繼續徘徊陽間，打擾活在世間的人們。端午是另一個大節日，這是第二個關於在世之人的節日（另外兩個分別是陰曆新年和中秋節）。端午節紀念的是西元前四世紀的詩人兼政治家屈原。不過，就如同中國大部分的節日，死亡也在端午節的故事裡佔有一席之地。屈原由於直言朝廷的失政，遭到朝廷的厭棄，終於決定自殺明志；今日划龍舟的習俗，據說就是在搜尋他的遺體。

屈原還留下了中國詩歌當中最重要的文體之一，特別是他的《離騷》。這是一首自傳體的詩作，不僅述說自己在政治上遭受的挫折，也描述了他和若干神話中的生物「薩滿式」（shamanistic）的相遇。在下面這段節錄裡，屈原引用江南茂密的植被花草，作為一段寓言，當中寄託了他對於家國的失望與擔憂：[1]

余既滋蘭之九畹兮，又樹蕙之百畝。
畦留夷與揭車兮，雜杜衡與芳芷。
冀枝葉之峻茂兮，願俟時乎吾將刈。
雖萎絕其亦何傷兮，哀眾芳之蕪穢。

第十三章 成都：朗誦

七月初的一個星期五早晨，王怡正帶領二十位男女進行禱告。[1] 我們在王怡辦公室前開放空間的磁磚地板上擺放橡膠席墊，要大家圍成圓圈坐下。有些人蹲著，有些則採跪姿，還有些人將四肢蜷縮在一起。感覺上這像是一支美式足球隊的賽前會議，球員們透過圍成一圈，所有人頭朝中央，替自己做好比賽的心理準備。我們引吭高歌一曲古老的長老教會讚美詩，歌詞隨歌聲穿過燠熱的成都空汙煙霧。我們一如往常的唱完所有詩句，在王怡的教會裡，絕不會抄近路、走捷徑。然後，我們重複了第一段詩句：

於基督受苦架下，
我樂意心堅決，
就好比經艱苦之旅，
得蔽盤石之蔭。

又像荒野能覓處所，
困苦終得竭息，
在此可以遠避日曬，
放下一天苦擔。

「那是在冷氣機和電扇發明前的時代，不過這也是個保持涼爽的辦法！」在我們擦拭額頭上的汗水、一邊坐下來時，王怡開玩笑說道。接下來，我們大聲朗讀了一段《新約聖經．馬太福音》的摘錄，解釋基督徒該如何禱告：

你們禱告的時候，不可像那假冒為善的人，愛站在會堂裡和十字路口上禱告，故意叫人看見。

王怡認為，這段話的涵義，就是要人不可以張揚的方式禱告。這在很多中國的教會裡，是相當普遍的情況，人們大聲禱告，彷彿要讓左右鄰近的人聽見他們的罪孽與希望似的。王怡不喜歡這樣。在他看來，這麼做並不適當——這確實不是他奉為圭臬的海外教會所採取的方式。「小孩子才大聲禱告，但我們既然是成人，我們要靜默禱告，」他這番話說得大家紛紛點頭：「這麼禱告也不那麼誇耀，它是你與神之間的對話。」

我們又唱了另一首讚美詩，然後再次禱告，除了默念《馬太福音》建議的禱告詞以外，每個人也輪流把他們的禱告內容講出來。好像他們需要把自己的看法清楚說出來——在中文裡，這叫「表態」，證明自己是團體的一份子。有些人祝禱今天能夠成功，其他人則希望他們能夠勤懇、堅持不懈。所有人都期望《聖經》能進到他們的心中。然後是更多的公開禱告，這一次所有人像蜜蜂般聚攏在一起，喃喃祝禱。

「我曾經失去信仰；求主讓我更堅信。」

「求主打開我的心。」

「讓我成為更好的人。」

「讓我遠離罪孽。」

團體中大部分是衣著光鮮的男性上班族，他們的年齡都在四十歲上下。我們的焦點都在王怡身上，他在團體人群中的魅力，加上他邏輯分明的論旨，讓我們即使處在酷暑的不適和燠熱之下，仍然能聚集在一起。說到底，今天我們之所以聚在這裡，正是因為王怡最近的大膽舉動：他開辦了一所神學院，專門培訓家庭教會的傳道人。

這是相當大膽創新的一步。中國政府的宗教事務管理機構主管的不只是國內的教會、寺廟、清真寺，也包括他們的神學院或人員培訓班。它決定誰能夠成為教士、僧侶、修女或比丘尼，還是阿訇。它制定培訓課程。它決定應該傳授哪一個版本的宗教歷史，哪種宗教儀式是可接受的，而哪些又是「迷信」——這個模糊、幾乎沒有實際意義的字眼，在上個世紀的中國，被拿來貶損其他人的宗教信仰。而政府當然也在宗教培訓課程裡安插了政治課程，好讓各大信仰的人員都能了解當前最新的口號。從某些方面來說，對於宗教從業人員要了解黨的最新政策綱領，這麼做是相當有用的；但是這樣的課程，也會將他們訓練成政府的傳聲筒。這種情況在各教會尤其如此，因為他們的佈道至關緊要。在政府掌控的教堂、教會中，傳道人刻意迴避社會中的種種問題，他們傳道的內容，即使往好處說，也是平淡無奇。而像秋雨聖約這樣的教會，則提供了另一種選擇：它就像巨大無倫的岩石，能夠遮擋正午的酷熱。

* * *

神學院在星期五開設的課程，是教授希臘文《聖經》。學員們正在使用的課本，是《聖經希臘文基礎》（*Basics of Biblical Greek*），這是當前西方最新的希臘文入門教程、在香港出版的中文譯本。課程的目標，是學會讀《聖經》各福音書的古希臘文原始版本。但是教室裡到處都是臉上寫著問號的托馬斯（doubting Thomas，**意指事事懷疑的人**）。有些人到現在還沒辦法掌握希臘文的字母，而大部分的學員似乎都對附加在希臘文名詞的字尾感到混亂、迷惑。

「我們了解這個想法，但是我們沒辦法背住全部這些呀，」有一個學員說道，引來更多的笑聲。

「你們已經學會很多實用的事情，像是怎麼組織起一個教會，或是一個會議，但是這同樣也很重要啊，」教師說道。「這是你們用福音書原來的語言去讀懂它的機會。」這句提醒讓所有學員都安靜了下來，他們開始專心研究文法。教師接著總結說，希臘文有二十四個字母，名詞有三種可能的性別語法：陽性、陰性和中性。有些人開始打起瞌睡。

王怡和妻子蔣蓉就坐在前排。他們倆靜靜地坐著，偶爾交換一個眼神，這對兒時就結識的青梅竹馬，現在依然深深相愛。這年稍後，王怡會這樣寫道：「二十年前，我有一個夢想，希望老師在課堂上忽然說，『王怡，你過去和蔣蓉坐一排。』上帝何等偉大，按他的時間，讓我的妻子成為同桌，實現了我初戀的願望。」

愛，是今天課程的中心。教師寫下「無條件的愛」的希臘文：*agapē*。學員們寫出這個字的字根「agap」和字尾。然後教師再寫下「話語」的希臘文：*logos*，猶如在書寫神的話語。

在場的二十四位學員寫出各種語尾變化，他們的臉龐因為和外國文字奮鬥，緊緊盯著筆記本。其中有半數的學員是成都本地人，裡面包括想要增進自己對基督教了解的秋雨聖約教會成員。其他人則來自全國各地，有些學員甚至從華東沿海地區遠道而來。在接下來的一年當中，他們還要上若干為期四到六周的課程，包括神學、歷史、以及各種組織技巧等等。大部分學員們年紀都在四、五十歲上下，其中大約四分之三是男性，幾乎都是由他們所屬的教會送過來上課的。今天的課程困難得讓人不敢相信，但他們至少希望能夠在佈道中使用「*agapē*」這個詞，而且我看出學員們心中的好奇感，就和當初我學起第一首中國古詩時的感受一模一樣。可是對他們來說，學習希臘文重要得多，因為它不但是了解另一個不同文化的窗口，更是記錄上帝旨意的語言。

在休息時間，我和一位來自阜陽的學員談話，這是一個位於東部沿海富裕地區的貧困城市。他今年四十五歲，信教已經二十年，在所屬的教會裡相當活躍。儘管在十年前，他就和許多四肢健全的男女一樣，為了尋找工作機會而搬到城裡，他的膚色仍然因為長年下田耕作而顯得黝黑。他穿著馬球衫和牛仔褲，身上一切都顯得不起眼——在城市裡，這副模樣的男子，你或許一天會見到幾百次。

「鄉村正在被掏空，」在我們坐在秋雨聖約教會崇拜大廳裡的時候，他這麼說道。這個用來舉辦受洗儀式的大廳，遠處的牆上掛著一具大十字架。「現在只剩下老人還留著，小孩都離開了，所以教會的工作是在城市裡面。」

「但是人們現在正在改變。從前在各個村莊裡，靠的是主持教會的人本身的魅力，可是現在人們已經不以此為滿足了。他們要更多內容。」

他約有六十多人的教會弟兄看出這種趨勢，所以贊助他來秋雨聖約教會進修三年。他的花費減少到最低：搭乘又舊又慢的火車抵達這裡，由本地一個基督徒家庭提供食宿。每個學期的學費和書本費大約是一千美元，而他每個月在生活方面的開支只有一百美元，這點錢已經夠他搭公交巴士往返，並在偶爾書讀得太晚時，吃碗麵當作消夜。下個月，他就要回到阜陽去，在那裡自修兩個月，並且在這段期間充當助理傳道人，協助所屬教會佈道。

「看來還有一段很長的路要走，」他笑著說道：「不過幾年以後，可能我就會建立起自己的教會，希望到時我可以傳授一些想法理念。」

在這個星期初，神學院開設了一堂看來更具實用性質的課程：「植堂」（Church Planting，也就是「創設新教會」）。課程由兩位來自紐約的講師傳授，他們使用十多部由英文翻譯成中文的書籍作為課本，其中包括：《植堂工作者錦囊》（*Church Planter's Toolkit*）、《在地植堂須知》（*Indigenous Church Planting*）、《跨文化植堂》（*Planting Churches Cross-Culturally*）、《建立新教會》（*Starting a New Church*）、《植堂使命》（*Planting Missional Churches*）、以及《倍加教會》（*Churches That Multiply*）等。

如何拓展新教會的「植堂」是中國基督徒社群裡最熱門的話題之一，也直接對秋雨聖約教會造成影響。由於秋雨聖約教會早已人流滿溢，它的領導人們開始討論在成都其他地方植堂。植堂的技巧，已經在世界各地試驗過：在一個需要教會的城市中尋找一處角落，派遣一群可靠的核心成員，在這裡開始舉行崇拜。在這個地方原來上老教會的人們會開始來這裡做禮拜，可能也會帶朋友過來。如果做得好，新教會就能在地方生根。

我心中好奇：哪個季節適合「植堂」？新的教會要怎麼站穩腳跟？當前眼下的土壤看來並不豐腴。由於有一場全國人大全會即將召開，政府正將大量資源挹注到傳統宗教上，當中可沒包括基督教，而同時更加緊對社會的控制。可是就像王怡在復活節的時候告訴我的那番話，中國的年曆裡總是充滿各式敏感的政治節日與周年紀念；在基層，這些事件的影響力慢慢消散，人們的生活按照更長久持續的節奏展開。

希臘文課程結束以後，王怡和我匆匆吃了一個簡單的便當充當午餐，盒飯裡裝的是白米飯和炒蔬菜，和班上學員正在狼吞虎嚥的飯盒完全一樣，都是價錢折合一美元的快餐盒飯。剛才我們經歷到的這些——先是禱告聚會，然後是文法規則深奧的古希臘文課程，和王怡的前半生，作為一位維權律師的生涯相比，似乎有天差地別的不同。我想知道在他扮演的這兩種角色之間，是不是有直接的連結？譬如像遠志明這樣的電影製片人，是在一九八九年的民主運動失敗之後，直接成為基督徒；這同樣也是王怡基督信仰的催化劑嗎？

「六四之後，整個傳統的教育和共產黨傳統的權威對我來講就已經破滅了，所以我就變成了一個自由主義者。」他講道，「我認為自由的思想對確保一個自由民主的社會制度是最重要的。」

「所以你覺得沒有基督教，就不會有政治改革？」

「不只是一個因果關係上的判斷，關鍵是說如果你相信有一位上帝，你相信這個世界不只是眼睛能夠看見的這個世界，你相信有永遠的生命，而生命也不只是肉體在世上幾十年的生命，那麼你看問題的方式就不一樣了。我們當然希望自由民主的制度肯定是更合乎《聖經》的，肯定是比專制的制度更合乎《聖經》的心意的。但是地上有沒有自由民主的制度並不是最重要的。如果上帝願意，他可以容許他的孩子們活在一個不自由的社會狀況之下，但是仍然可以愛他們，照顧他們，使他們仍然可以成為自由的人。」

「所以這一切並不是和政治相關的？」

「這是關於我們怎樣去聽到上帝的福音。」

現在是十二點三十分，午休時間。王怡會利用下午，繼續研讀古希臘文。我則回到青年旅館的房間裡，查看有沒有電話留言訊息。訊息中其中一則來自王怡的一個老朋友，流亡作家廖亦武。他也是四川人，曾經寫過一本關於雲南山區部落基督徒的著作。[2]不過廖本人卻還未信教，而在稍後跨越重重山嶺，通過中越邊界，在越南投奔自由。現在他和再娶的妻子，以及年幼的女兒同住在德國。儘管如此，廖亦武仍然密切參與為冉雲飛和其他維權運動積極人士爭取政治自由所進行的戰鬥，這些人的遭遇，在之前曾經是王怡生命的重心。

廖亦武正在對全世界提醒：當局對於李必豐的審判，很快就要開庭了。李必豐是另一位四川作家、維權積極活動分子。要是放在過去，王怡可能會大聲聲援李必豐，甚至還會替他上法庭辯護。但是現在他保持沉默。實際上，目前的王怡已經很少和像冉雲飛這樣在政治上積極活動的朋友碰面，轉而把心力都投注在秋雨聖約教會的事務上。

有一次，在前往華盛頓特區的旅途中，我遇見了王怡的另一位老朋友：余杰。他就是在二○○五年引介王怡受洗入教的人，目前定居美國。不過余杰和王怡不同，他並沒有自創教會。不但如此，他也仍然保持對中國政治的密切關注，不但為遭到軟禁的諾貝爾獎得主劉曉波撰寫傳記，更時常批判中國政治的各種問題。這是一個年輕而態度嚴肅的男子，余杰說起話來頗為謹慎，但內容卻很直率。

「上帝已經揀選了王怡做祂的傳道人，可是另一方面，我卻遺憾他不再是當初那樣一個公知、作家，或是一個法學思想家了。他的文字比起以前少了很多。他在教會裡有很多具體的工作，都占去他的時間。我希望在未來，教會更成熟一些的時候，他可以有更多的助手，幫忙他管理教會，讓他騰出時間去思考。」

將來或許有那麼一天，王怡會重新活躍在政治領域上，不過我也從另一個角度來思考這件事：在中國這樣政治高壓的國家，身為一位公共知識份子，王怡究竟能透過行動實踐什麼呢？是遭到軟禁，是網路連結被封鎖？還是像呼籲釋放李必豐的訴求這樣，沒有人看得到？作為一位教會傳道人與神學院的教師，王怡可以影響數百個人，並且在全國各地創建教會。從最低限度來說，他至少已經在這裡建立起自己的社群：在中國幾座超級大城市當中的一座，建立起一個合乎公理與正義的小世界。

＊　＊　＊

青羊宮是成都一處最熱門的旅遊景點，這是一座維護良好的古蹟名勝，在一片亭亭蓋蓋的樹蔭底下，還附有一個人氣活絡的茶館。我腦海裡一直在想像著一幕景象：一面喝著綠茶，一面在一株老橡樹底下，沉思著生命之道，這樣的道觀最值得欣賞。不幸的是，這種體驗最後往往會淪為以下的情景：你走到茶館的櫃檯，想買杯茶。櫃台空無一人。你在那裡等了半天，結果看見一位脾氣暴躁的大媽走出來，卻對你不理不睬。當你好不容易吸引到她的注意，她說不管你想點什麼，反正她不是管這個的。終於你找到了真正負責櫃台的人，通常又是個脾氣不好的大媽，嘴裡嘟嘟囔囔著答應著走出來。她漫不經心的把杯子、碟子和茶包端了出來給你。之後你在道觀裡四處漫步十五分鐘，想要找到一個空位坐下；空座椅確實不少，可是總是有人替其他人佔位子。最後你終於找到位子坐下來，那個負責倒熱水的男人卻一直沒有過來。一個小時以後，你會滿心希望出來一個道教的救世主，把滿園子的貨幣兌換小販全給趕出去。

有一個星期六，我去參加青羊宮的老莊學院開辦的道家推拿課程。這個老莊學院是兩年前才創立的公眾教育中心。創設這樣的教育中心，乃是道教廟宇為了招攬教育程度較高的城市階級所做的努力，因為他們當中有許多人都受到像王怡這樣的基督教會所吸引。在從前，道教廟宇總是作風神秘，很少對外開放。而這些少見的開放場合，通常也只是供信眾上香，或是提供場地讓人卜算吉凶。道教背後的儀軌、經典，或是理念——所有這一切，都處在一團迷霧之中。今天這場活動，目的在於努力推廣一個理念，即聲稱推拿醫療技藝源自於中國傳統，當中若干是來自道教對於宇宙和人體的思想。在共產黨的時代，這些傳統技藝都被迫和宗教脫鉤，使得許多人懷疑道教的價值：它究竟對中華文化有何貢獻？在道教寺廟裡舉辦傳統推拿課程，是一次顯示身體修行源自於道教的機會。

可是課程突然無預警取消了，所以我只好想辦法度過空出來的這個小時，試著去找杯茶來喝。然後我想起來，青羊宮有時會在星期六的下午舉辦《道德經》的讀書會——《道德經》是道教的基礎經典。我找到授課的教室，然後從門口探頭進去觀望一番。裡面只有一個六十多歲的男子，在一張沿著大廳擺設的木質長桌旁邊走來走去。教室裡設了二十五個座位，而他看來正在挑位子坐下。

「進來坐吧，」他對我說道，好像我的舉動也在幫助他做決定似的：「隨便坐，都可以坐。」

我選了靠門邊的椅子坐下。那個男子坐在我的對面。他看起來心有旁騖，一張臉被一副一九八〇年代樣式的大框眼鏡遮掉了大半，鏡架不太穩靠的掛在鼻樑上。他把名片遞給我。原來這人的姓名叫做黃牛，而他就和每個中國人一樣，擁有看來無止境的職位、榮銜和職稱——事實上，這些名銜實在太多，弄到這張名片都要對折兩次，才能容納下這許多頭銜和敬稱：他曾經建議政府，如何取得非物質文化資產；他曾經擔任《道德經》推廣委員會的委員；他擔任道教哲學思想研究協會的主席；他製作木質屏風；他還設計過多款硯台。在我對他的名片欣賞不已、感到嘖嘖稱奇的同時，他把一部《道德經》從桌子對面推過來給我。

「這版本是我編的，」他說道。「你看，這兒有『拼音』，你不需要看懂文字就可以讀了。」

他指的是以英文字母標寫中文發音的系統。

「我們要朗讀這部經典，」他說，「加入我們吧。」

「你們打算要讀這整部經書？為什麼？」我瞥了一眼手錶，「這要花多長時間啊？」

「如果你朗讀《道德經》，能幫你積德的，不過就算你只是想從知識面來了解它，唯一能了解它的方法，就是讀它個一百遍。」

「那敢情好，」我不安地說：「但這要多長時間？」

「整部經總共只有五千個字，所以你很快就可以讀完。從頭到尾讀完一次，大概要一個鐘頭或一個半鐘頭的時間。假如你夠專注，就可以在一個星期之內讀一百遍。我們今天會開始朗讀一次，讓大家了解該怎麼進行。主要呢，我不希望他們念得太趕。人們習慣匆匆忙忙念過佛經，因為佛經只是梵文的音譯，對大多數人來說，不具任何意義。但是你可以確實了解《道德經》，因為它原來就是中文寫成的。

「想要了解一部經書，你要做的下一步就是親手抄寫它。然後最後一步就是背熟它，」他說道：「不過等到你讀過也抄寫過之後，大概你也幾乎能背誦了。」

我是在一個貶低背誦重要性的年代裡長大的。從小學開始，老師就告訴我們，如果遇到問題，隨時都可以查參考書。後來我才明白，這個建議是錯的。因為即使參考書就在你的手頭上，也不能取代被你記進腦海裡的詩句。我很佩服我父親，他可以任意背誦出莎士比亞的詩歌和句子，好像這些句子天生就擺在他腦子裡一樣。我這個世代的人是從電視喜劇裡學會流行歌曲和台詞的。這樣想來，也許牢記整部《道德經》並不是個壞主意。

人們開始到來。有兩個年輕女子坐在黃先生旁邊。

「你要怎麼替道教辯解？」一個態度咄咄逼人的年輕女子，用一種幾近輕率無禮的語氣質疑他。

「現在每個人都在談基督教，」他說道，一面看著我。「在西方，人們認為上帝是至高無上的。只有一個神，祂統治世界萬物。不過道教不同。我們也相信上帝。只不過在上帝之上，還有一個自然。無論那個上帝的威力是多麼強大，它都比上帝來得更神祕，也更為強大。」

在英文裡，「自然」一詞經常被翻譯成「nature」，不過「自然」的意涵更接近宇宙、大自然，或是自發的生命之流。黃先生背後有二十片深色木板，上頭刻著整部《道德經》。在兩旁，兩根廊柱上裝飾著一副對聯，旨在惕勵、提醒我們：

弟子之中有聖人
無自然即無大道

他指著對聯的上聯，說「聖人」就是孔子（譯按：據《史記》載，孔子曾經問禮於老子）。孔子乃是一位重要的人物，黃先生承認道，但是他並不能領略全面的大道理。確實，聖王的統治與禮儀是很重要，但是沒有了「道」，這些都是空的。

到現在為止，又有十多個人進來，時間是下午兩點半，我們開始朗誦《道德經》。我認字的速度不夠快，不過幸好黃先生在經文的每個字底下加註拼音字母，讓我可以大聲把每個字念出來。我發現即使才朗誦第一遍，有些句子段落，因為我大聲朗讀的關係，突然之間變得清楚。這種感覺，就像是在理解上踏出了重要的一步。

一個小時過後，我們完成朗讀。在我們讀到最後幾句——「天之道，利而不害；聖人之道，為而不爭」時，頭昏眼花的看著對方。[3] 外面的世界，這時感覺離我們非常遙遠，而《道德經》

的經文，則出現在我們的身體之中。

＊＊＊

在穿越市區前往大慈寺的路途上，朗誦《道德經》的聲音還在我的腦海裡迴盪。大慈寺就是冉雲飛寫過一本書的那座佛寺，我們約好在那裡碰面，他要帶我到處看看。這是一座外觀不起眼的小寺廟，大部分建築都是文革以後重建的，但是這讓我想起今年初時，北京的倪老做過的一個重要區別：有時候最好的寺廟、或是最具歷史意義的古剎，並不是真正的宗教中心。譬如北京近郊的妙峰山，就是從文革結束後的一片狼藉當中重建起來的。這些重建起來的寺廟，或許沒有知名寺廟所典藏的文化珍寶，也不是位在名山聖地，但是這無關緊要。真正要緊的事情，是對於信仰的投入，而不是神佛塑像的年份。

冉雲飛筆下的這座佛寺，還提醒了我：佛教的組織模式要比道教好上許多。關於佛、道組織差異的理論有很多，當中都包含了精闢的事實，不過根本的道理其實非常簡單：佛教寺廟舉辦的活動場合比較多。一踏進大慈寺，我注意到的頭一件事情，就是一面巨幅的橫幅旗幟，上頭公布了好幾個佛教哲學的傳授專班。在此同時，正殿上正在舉行儀式，教導並引領著五十位新進俗家信眾（都是志工和活躍份子），如何分送經書、配置攤位，並且向進寺觀覽的遊客解說佛教的觀念。這些信眾有男有女，他們隨著僧侶的各項指示，跪拜，起立，並且誦唸。

正殿隔壁便是佛教慈善基金會的辦公室。一份製作得相當專業的報告，詳盡說明了基金會前六年的工作內容。參加這個基金會，只需人民幣一百二十元（約合美金二十元），該基金會承擔了各式各樣的工作：從放生動物（這是一項具有象徵意義的舉措，宣示不對有知覺的生物使用暴力）到資助窮困的學童，都在業務範圍之內。我不禁將上述這些活動和青羊宮相比。我們已經在那裡朗誦了《道德經》，但是其他的活動都被取消了，而這個星期的其他日子，青羊宮也沒有舉辦任何供一般信眾參加的活動。

最後，我在茶館裡找到了冉雲飛。他還是慣常那副我行我素的大剌剌模樣，還興高采烈地告訴我，有一個政府豢養的社群網站駭客，在北京一處公園裡遭到一位女記者毆打的新聞。我坐在那裡，欣賞著他連珠炮似講話的模樣：他腦子裡的念頭變動得太快，弄得他身體上下搖晃，活像是因為遭受電擊而顫抖。他因為夏天到來的緣故而剃了個光頭（他才剛從理髮廳裡出來），我覺得這主意不錯，因為剃個光頭，或許可以讓他的心思感覺涼快一些。

我們的談話方向轉到共同的朋友王怡身上，談起他所選擇的道路。

「每個人在生命裡都有他們的角色，他也正在盡到自己的一份力量。我告訴你，在中國，他作為一個傳道人，會比做一個知識分子更有影響力。現在教會真的變大了。它們對中國絕對非常重要。它們是中國唯一真正的獨立組織。這些寺廟都控制在政府手上。我喜歡它們，別誤會我，但是這不一樣。

「現在我自己讀《聖經》。我每天讀其中一篇裡的一章。這就是讀《聖經》的方法，對吧？你不需要讀得太多；你每天就是讀一個章節，然後去品味它的意思。這幾乎是我每天做的頭一件事。我起床後，只要確認電子郵箱裡沒有緊急的事，我就朗誦《聖經》。」

＊＊＊

星期日這天，輪到王怡帶領大家朗讀了。他穿著淺藍色牛津襯衫，袖子捲起來，打一條斜條紋領帶。王怡像是腿上裝了彈簧，靈活地向前一跳，站上講台。他說起今天要讀的篇章，這是耶穌以少量的魚與麵包，就讓五千人吃飽的故事：這是一個奇蹟。

「我想中國教會的今天也是達到了這樣一個轉捩點。我們聽到很多人講，也是基督徒的知識份子講，就是我以前也常常喜歡這樣子講，就是你看啊，基督教促進經濟的發展，其實資本主義是基督教帶來的嗎？基督教可以教育人，有沒有看到基督教帶來了相當繁榮的商業文明，基督教促成資本主義精神的產生？基督教也可以帶來自由民主。基督教可不可以讓中國成為一個憲政的、法制的國家？換句話說，基督教可以讓我們像得到嗎哪（Manna，《舊約．聖經》中，上帝賜給以色列人的神奇食物）、或得到麵包那樣養活自己。基督教可以帶來一個真正意義上的和諧社會。

「耶穌基督的福音跟資本主義有什麼關係？沒有關係。耶穌基督的福音跟自由民主有什麼關係？沒有關係。耶穌基督的福音和你的生命的一致有什麼關係？沒有關係。意思不是說我們不會一致，意思不是說我們不會向著更加自由民主和商業文明發展。這不是《聖經》對我們的教導。」

反過來說，王怡表示，《聖經》教導我們：上帝的意旨，透過耶穌基督顯現出來。它從每個人對自己的行動負責開始，他說道，它從希臘文動詞「是」（to be）開始。然後，他開始朗誦《聖經》經文。

「*Ego eimi*，」他以古希臘文說道：「我是。」

我是生命的糧。
我是世界的光。
我是道路，真理，生命。
我是。

第十四章

修行：學習走路

北京的北面與東面，是這座城市精心修飾的對外門面。[1] 這裡位於首都主要機場可輕易抵達的範圍內，裡面有喧鬧的酒吧一條街和外國人群聚的區域，大學校區與轉型為高檔文創區的胡同巷弄，商業區和大型連鎖旅館酒店，也都位於這裡。但是這座城的南邊，則像是在都市計劃之外發展起來的化外之地：北京城裡的貧民窟、大量公寓大廈林立，無止境似的從城內一直延伸到河北的玉米田裡，當中只有高速鐵路作為點綴，載運著人們快速地通往繁榮富庶的南方。然而，首都的神祕與力量，隱藏在它的西面，這裡的地勢沿著太行山脈北端、全城最為神聖的地方緩緩上升，它被簡稱為西山。妙峰山，以及幾乎所有明清時代便有的著名古剎，像是臥佛寺、大覺寺、八大處、戒台寺、以及潭柘寺等，全部都位於此處。

中共建國之後的建築格局，延續了這樣的傳統。紫禁城以西是作為領導階層辦公大院的中南海，這是一座前皇家園林，四周有圍牆環繞，建築群則散落在兩座湖泊旁邊。接著是一連排的部委辦公樓和住房，裡面全是這個國家的政治菁英。其中最著名的是南沙溝小區，它的出入口有衛兵看守，而裡面的十六棟大廈有「部長樓」之稱，因為每棟大廈都是一個部委或局處的辦公樓。[2]其中六號樓，是中國社科院的傑出學人宿舍。八號樓是電力機械部辦公處。十號樓是財政部所在地。十二號樓則是建築材料堆放處。許多出身顯赫的中共官員也住在這裡，例如習近平，在他的名號於各省打響以前，於一九七〇、八〇年代時就在這裡住過。[3]

這個地方相當安靜，它的權力是在靜謐之中行使。在城東，人們開著藍寶堅尼和法拉利炫富；城西則是秩序井然的街道，以及隱身在無趣飯店之中的高檔餐廳。它財富的鋒芒偶爾才會顯露出來，像是永定河運河畔的一整排連棟別墅。[4]為了酬謝那些為國服務的高級將領或官員，每套單位的地板面積，據說都超過一萬平方呎。當官員和他們的家人急需現金的時候，可以將這些單位出售；最低的售價是兩百五十萬美金。這些情形從未對外公開，但是住在附近的人們都看到，有好幾部深色的廂型車駛過街道，並且注意到室內裝潢的工程，這是屋裡有新主人入住的信號。這也就難怪，共產黨人將外交使節區與外國人聚居的區塊擺在城東——拜託，讓這些蠻夷之人離得愈遠愈好。

中共中央的這些權力重地，最後形成了一個又一個的軍事管制場所——是這些機構讓共產黨得了天下，也是這些組織讓黨得以保住權力。抱成團緊密連接在一起的，是國防部辦公大樓，以及它的姊妹部門鐵道部，和軍事歷史博物館。沿著路一直走下去，會到達八寶山革命烈士公墓，許多中共的革命烈士，以及盡忠職守的幹部，就葬在這裡。

在這塊軍事重地以北，有一處當代中國宗教領域裡最奇特的慶祝場所：中華世紀壇。這處場所於一九九九年時由前任國家主席江澤民在任時興建，目的是在慶祝一個新時代的降臨，而這個新的時代，將會是中國人的世紀。中華世紀壇是一座巨大的日晷形建築，設置在水泥壇座之上，環繞浮雕石壁和錘子鐮刀造型裝飾。現在看起來，這座中華世紀壇建得相當粗俗、缺乏品味，底座夾雜著泥土和積水，而原來日晷狀的探針造型，活像是防空高射炮那樣，筆直朝向天空。不過，這座粗俗的建築，在充分浸潤了中國靈性與魔力的泉源之後，確實散發出一種護身符般的力量。它等於是一語道破，在法輪功被鎮壓之前，曾經有一個對氣功狂熱的年代，當時的中國並不那麼僵硬保守，有勇氣敢表達對於命運與宿命的若干古老信仰。

＊＊＊

七月裡的一天，秦嶺召喚我和另外幾個修煉氣功的人，到城西去進行為期一周的內丹功修煉。她住在木樨地，就在南沙溝小區的南邊，距離玉淵潭公園只有幾條街。玉淵潭公園之前是皇家園林，占地三百二十六畝（約一百三十七公頃），當中有一半的面積，是一座湖水碧綠深邃的大湖——許多花園和小徑，就沿著這座湖泊周圍建立起來。

「修行不只是內在的，」秦嶺在電話裡對我說道。「外在的修行也很重要。我們要學習怎麼走路。」

我還以為道家的修行者都是騰雲駕霧的，可是秦嶺教導我們：真正的修道之人，更像是充滿力量的奧運競走選手，用幾乎是慢跑的速度，擺動著胳膊和腿。這看似很滑稽，但是我後來才明白這有多麼困難。我們的步法和呼吸有關。最簡單的步法，是每走六步吸一次氣，每走六步吐一次氣。另外一個辦法，是每走三步呼吸一次，屏息三步，三步吐氣，然後再屏息三步，以此類推。她還教導我們，保持抬頭挺胸，手臂來回擺動，這樣我們雙手的手背在後擺時就能幾乎觸到臀部，然後再往前甩。「看起來要像領導人在閱兵！」秦嶺吩咐道，但我忍不住想起蒙提・派森（Monty Python，英國超現實幽默表演團體）演出的電視影集《低能走路部》（*Minister of Silly Walks*）。

玉淵潭公園的湖畔，是我們練習走路的最佳場所。儘管它是北京城裡幾處較大的綠地之一，可是由於它的位置在城西，使得遊客罕至，人潮也相對稀少。我們走的比誰都快，而且還不停超車，這是一列在緩步前進的人群中快速擺動手臂的道教徒隊伍。從西方觀點看來，道教信徒成了走路速度最快的人，似乎有些搭配不上，因為西方人認為道教不外乎是放鬆與順其自然，但這是西方對道教的誤解。事實上，道教就像所有嚴肅的精神修行一樣，也是相當艱苦的修煉。

天氣既燠熱又潮濕，太陽躲在低空的雲層與一層煙霧後面。我們專注於自己的節奏，並且將這樣的節奏內化，讓我們的心思澄靜下來。這個時候，有一股沉重的氣壓，無聲地籠罩在我們身上。不過，在我們沿著碧綠色的深邃湖泊走了一個鐘頭之後，雲層開始聚集：這是北京夏季雷陣雨的序幕。大滴的雨珠落下，潑濺到堅硬、塵土飛揚的土地上，解除了咒語。我們一面大聲喊叫，一面打散隊伍，逐個跑到秦嶺位於幾條街之外的家。

* * *

我們先到公園運動，然後按照《金花的祕密》裡的教導來靜坐冥想。這是我們十天以來的模式。這種組合搭配感覺還不錯。因為我們在走路時得到放鬆，之後的冥想就顯得沒那麼痛苦，現在我可以靜坐一個半小時，而不會感覺到坐立不安。

我們回到秦嶺住處公寓，在平常上課的後房小間裡，坐在厚草蓆上。我們聚集起來後，秦嶺就會把一幅王力平大師的照片拿來擺在書架上，然後她會在我們身後坐下來，像個舢舨船的船老大一樣，留意著我們的一動一靜。在中國，表面形式總是最關鍵的事情。內在出現的變化固然重要，但是你必須內外兼顧，兩者缺一不可。這正與當代的一句口頭禪相反，亦即與「你的感受才是最關緊要的，那些外在的標誌，比如服裝和修飾，都只是空洞膚淺之物」相反。在中國傳統裡，儀式是承載意義的器皿。

我們從上次學到的呼吸吐納之法開始，吸氣，吐氣，安靜的打坐一個半鐘頭，試著讓整個人從團團轉的日常生活中放鬆下來。最終，我們進入本次課程的核心階段，也就是《金花的秘密》裡這星期學習的焦點所在。首先，我們將光帶入自己的身體之內，然後藉由循環來淨化臟腑器官。接著進行的是一個名為「安神祖竅」的過程：我們將雙手放在八卦方位，也就是膝蓋上，右手的拇指與中指接觸。左手拇指和中指的位置也與右手的姿勢相似，只不過左手拇指是位於右手掌中指關節的下方，而左手中指位在右手中指關節的頂端。這樣做，是要讓身體的能量渠道保持暢通。

抬頭。
似看非看。
往前看，往遠看。
我們在遠方構思一個真實的景象，或是一件真實的事情。
看看遠方。
發不發光？亮不亮？
我們在遠方，把它變小，變亮。
漸漸地把遠方的神光往回收，收到眼前。
做安神祖竅。

我們把神光往中間聚一聚。
順時針地把它往前推一推。
再逆時針地往回拉一拉。
再把它往中間聚一聚，變得很小，很亮。
兩眉展開。
似看非看。
全身放鬆。

我們深吸一口氣到下田。
從我們的穴到目，從目往下送。
從中田到下田。
兩個眼睛返觀內視。
眼觀鼻，鼻觀心，心觀肚臍達下田。

吸氣。
把我們的兩點吸住。
用氣包住它。
下田放鬆。
吸氣，下田內收。
呼氣，下田外放。
用兩個眼睛返觀內視看下田。
全身放鬆。
兩肩、兩臂、兩肘、兩腕、兩手都放鬆。
兩眼返觀內視看下田。
抬頭。

對於這部分的冥想過程，我總是略微抱著懷疑的想法。我們專注在某件我們想要的事物上，將它給帶進來，讓它成為我們身體的一部分。當然，這麼做可能是好的，但是對此並沒有任何教導。要是我們內心所求的是某種自私、邪惡的事情，該怎麼辦？要是這種傳統與政治權力相連結，又當如何？

＊＊＊

在我於一九八四年頭一次來到中國時，白雲觀是我最愛造訪的幾處地方之一，它同時也是北京城裡最古老、也最幽靜的寺廟。白雲觀位於北京城西郊，通常門前人聲零落，偶然走過看來奇裝異服的道士：穿著藍色道袍，髮髻上戴著黑色道冠。在中共建政後的頭十年間，白雲觀的規模大幅縮減。廟殿要不是被拆除，就是被充公挪作他用。與白雲觀毗鄰的寺廟則遭到摧毀，當中包括崇祀道教武神真武大帝的神殿，即規模宏大的真武殿，也遭到拆除。到了一九八〇年代初期，白雲觀的四周已經全是共產黨人蓋的公寓樓房，還有一座冒出滾滾濃煙的發電廠。不過這裡還是留下了一座高貴而古老的建築，時間可以追溯到一千年以前。

在過去這幾年來，白雲觀開始恢復從前的規模。在文革浩劫過去、經濟改革初起步之時，中國政府虛弱無力，而且缺乏經費。不過從一九九〇年代開始，國家的權力逐步回升。它增加稅收，開始挹注到各項政府部門，改善醫療照護，使警察部隊專業化，並且提高公職人員的薪俸。國家能更有效率的監控異議人士，並且營造統治這塊土地的壯觀建築。這些建築不像人民大會堂那麼宏偉，不過幾乎在每個城鎮裡，它們都算是首屈一指的廳舍：高聳、玻璃帷幕的建築結構，隱身在高圍牆、庭園和可摺疊式拒馬障礙物後面。它們是門禁森嚴的權力社群，平日鮮少對公眾開放。人民習慣用這樣一句帶有諷刺意味的話來說明：「共產黨現在可有錢啦！」

官方認可的五大宗教，也從政府的慷慨援助當中獲得不少好處。白雲觀在新近翻修落成的側廳廂房裡開設中醫診所，藉此恢復了若干傳統中國的醫療遺產。它創立了一所道教訓練學院，以官方認可的模式來培訓道士，教導他們如何平衡寺廟內的藏書、架設網站、申請政府的補助經費、以及如何在他們各自的區域內，監管主持寺觀的從業人員。會址設於白雲觀內的中國道教協會也投資房地產，廟門正對面的商業街，就是他們的產業。而許多道教的傳統習俗，例如山西李斌他們家演奏的道教音樂，就因為政府大力支持「非遺」而受惠。政府甚至還開始在官僚之間提倡道教的理念。[5]

不過時至今日，道教身上依然帶著一層不是那麼受控制、更為神秘的光環。關於這一點，從白雲觀對街路面上的一家書店就可以看出來。這家書店離秦嶺住的公寓只有幾條街，在我們晚上結束課程出來以後，我常到這裡來看看有沒有關於內丹功的書籍。這家書店又小又不起眼——寬只有十英尺，長二十英尺。但是由於它並非中國道教協會旗下關係企業的緣故，裡面擺滿了道教當局希望掩蓋的材料。書籍、雜誌、盜版的典簿、以及影印的論文成堆擺放，從地板一直到天花板，全都是一九八〇和九〇年代氣功熱潮流行時的產物。其中有些雜誌，現在已經被勒令停刊了，例如《氣功》雜誌，或《中國氣功》，此外還有許多「氣功大師」的自傳及嘉言錄。

雜誌裡的內容，都是些大雜燴式的短篇文章，聽起來頗像科學報導，實則內容相當誇大，譬如「胃管中部惡性腫瘤的氣功療法」，[6]以及若干伴隨氣功治療而奇蹟式治癒疾病的報導（「修煉一星期的氣功之後，我長期以來受苦的疾病牙齦出血，已經徹底的止住了」）、[7]武術配備的廣告，以及「神秘放電氣功老師」的整版彩頁廣告——這是一個奇妙的裝置，透過夾在身體上的管線，能夠散發出電磁脈衝。

書籍的題材包括王力平大師的自傳和修行手冊，不過大部分的內容都是更加跑野馬的鄉野奇談，不是說到某位偉大的氣功大師治癒了哪位知名人士，就是說這位大師在荒野之中自行體悟了如此這般的方法，而之後他為了全人類的福祉，決心將這樣的方法傳授給精心挑選出來的少數弟子云云。其中有一本名為《中國超人：陳竹的世界》，作者就是這位名叫陳竹的年輕人，封面是他穿著西服，雙手分開，彷彿抓握著一顆隱形的海灘球。在他的雙手間，添加上紅色、綠色和藍色的光圈。[8]另一本內容較陰暗的作品，書名叫做《走火入魔：一個氣功修習者的警告》。書名標題引用自傳統成語「走火入魔」，指的是修煉走向極端偏鋒，通常用來描述邪教。這些更帶有質疑批判意味的書籍，出現在一九九〇年代，當時社會上正在進行一場關於氣功的辯論，持正統觀點的共產黨人正擺好陣勢，要對決氣功的支持者。

* * *

在支持氣功最具知名度的人士裡，有一位同時也是一九八〇與九〇年代最受到歡迎的小說家。柯雲路在北京長大，就讀於名校一〇一中學，在那裡他結識了不少中國政治菁英的子女。[9]在文革期間，柯和幾千萬的城市年輕人一樣，響應毛澤東的號召，下放到中國的偏遠地區從事勞動，時間長達十年之久。這樣的經驗讓柯雲路深信，中國所受的創傷，只能透過精神層面來化解。

柯雲路在一九八九年出版的小說《大氣功師》，是他最暢銷的作品之一，賣出七十萬冊。[10]故事講述一名年輕人試圖透過中國傳統觀念（如「陰陽」）和經典（如《易經》）探索生命的意義。在他追尋的旅程中，遇見了一位氣功大師。這兩人碰上一個思想頑固的官僚，即便在親眼見識過大師種種奇蹟般的能力以後，他還是拒絕相信。在這本小說的序言裡，柯寫道：「目前，人需要一種新精神。我們的時代，需要找到一種新的意義，」然後他發出了一個精神復興的呼籲：[11]

我們將更大度、更坦蕩、更誠實、更無私、更從容、更藝術、更愉悅、更自然地實現自己的歷史合作、人生使命。
我們像金色的嬰兒。
我們像早晨的太陽。
我們大積極，大超脫，大光明。
我們光明普照。

柯雲路的小說於較早的年代寫成，當時中國還沒有決定日後發展的路線。在一九八〇年代，當時甚至連政治都可以公開放言高論，公眾人物公開提倡民主。這樣的討論在一九八九年時，隨著學生運動與其後的屠殺鎮壓而戛然而止。不過精神層面上的自由論辯又延續了十年，期間個別人士的魅力和特異功能扮演了關鍵角色，一直到一九九九年法輪功遭到取締為止。這些都不是上古的歷史。現在治理這個國家的高層人士，都是在當時成長起來的。這些過往都是影響他們成長最深的經歷。

即使柯雲路從未成為一位國際知名的作家（譬如，他的小說沒有任何一部被翻譯為外國語言出版），他卻明確點出了當時兩個最重要的事件：一是宗教藉由氣功復興，另一件大事則是中共第一代領導人的子女崛起，成為新的領導階層。他在另一部暢銷小說中，仔細刻劃了這位政治新貴，小說的主人翁是一位年輕的黨委書記，他的父親是知名的革命領袖。這位年輕人自願到毛澤東極左思想最根深蒂固的城鎮任職，以推動新的資本主義改革開放政策。這部小說在一九八四年問世以後，當即受到鉅大的迴響與歡迎，而小說的主角李向南，也成為家喻戶曉的人物，尤其是在小說被翻拍為電視劇以後，更是如此。

小說甫出版，幾乎是立刻，政治愛好人士紛紛試著猜測：誰才是小說裡這位年輕黨書記的原型人物。眾說紛紜，謠言紛飛；畢竟說到底，柯雲路可是和若干資深中共高層的子女從小一起長大，與他們全都熟識。而好幾位中共最高領導人的子女，都有著類似的從政軌跡。很多人相信，李向南這個角色的原型，是由三位現實中的人物組合而成。第一位是翁永曦，他是一位傑出的農業改革倡導者，之後退出政界。第二位是劉源，他是前國家主席劉少奇之子，也是軍方未來的高級將領。第三位原型人物就是習近平。而柯雲路的這部小說，名稱充滿了預言的意味：《新星》。

第十五章 儀式：新星

師問院主：什麼處來？主云：州中糶黃米去來。師云：糶得盡麼？主云：糶得盡。師以杖面前畫一畫云：還糶得這箇麼？主便喝。師便打。典座至。師舉前語。典座云：院主不會和尚意。師云：爾作麼生？典座便禮拜。師亦打。

——《臨濟錄》1

華北大平原沿著一片塵土飛揚、滿布村莊城鎮的農業地帶，慵懶地朝北京延伸而去。在這些平原上的農村當中，鑲嵌著幾座寶石般優美的小型城鎮，像是中國文字的誕生地安陽；邯鄲則是眾多神話與傳說的發源地，後來也成為中國成語的首善之都；還有德州，這座一度曾經富庶繁華的城鎮，當年是大運河船舶通行抽稅的重鎮。時光匆匆，在一些名不見經傳的新城市面前（比如像是規模日漸擴張的鐵路交會要衝石家莊），這些歷史悠久的小城鎮都為之失色。若干它們的文化資產或寶藏，要不是被人遺忘，就是年久失修而荒圮。到了二十世紀後期，它們已是落後陳舊的省級小城鎮，與沿海地區充滿希望的經濟改革有著遙遠的距離。

一九八二年，有一老一少兩名男子分別來到了上述這些黯然失色的小城鎮的其中一座，準備重新開展他們的人生。他們落腳的地方是河北正定，這裡是佛教禪宗最重要支派的誕生地之一，也擁有數座當今保存最完好的古寺名剎。第一個男子是知名的禪師釋有明，他在六歲之齡便皈依佛門，三十歲時就成為備受敬重的宗教領袖。但是隨後他被中共迫害長達三十年，逼使他離開寺廟，下田勞改。到了這個時候，當時已經六十六歲的有明禪師，正準備要在正定一座傳奇古剎被摧毀後留下的一片斷垣殘壁之中，接掌他人生的最後一個職位。

另一個人是習近平，這位中共高層領導人的兒子，當時二十九歲。習近平和柯雲路小說裡的角色一樣，也是自告奮勇到鄉下地方任職，執行省內規定必須強制執行的政策。他希望藉此向黨內資深前輩證明，他有在國內窮困地區工作的本事，期盼能夠為自己的履歷增色。在文革期間，習被下放到山區農村工作，不過當時所有的年輕人都有類似的經歷，所以這不算是真正的職業履歷。這就是為什麼，這些抱持上進野心的年輕官員，即使他們在文革年間幾乎全都有到鄉村勞動的經驗，在一九八〇年代時仍舊極力爭取到鄉下地方工作的原因。

對於上面這兩個想要做出點成績的人來說，正定是個希望黯淡渺茫的地方。正定位於河北省，離北京有一天的車程，縣境內以餬口自足的農業為主。在收成的時節，農民接管了兩條主要的南北向幹道：在收割了小麥、玉米和高粱以後，他們會將收成下來的穀粒撒在道路上，讓往來經過的汽車、卡車輾壓過去——這是一種相當粗糙原始的打穀脫殼方式。解決這種交通堵塞問題，是當地政府施政的首要之務。在官方的記錄裡，共產黨的行政官員用三個詞語來總結正定的情況：「混亂，骯髒，而且落後。」[2]

這兩個人在文革時期的遭遇，有著不少令人感到驚異的類似之處。有明法師從他原本修行的佛寺被驅除出去，被迫破戒還俗，到一家工廠勞動。習近平則是年紀輕輕就遭到下放，在農田當中幹活。現在，他們要補回這段失去的歲月。習希望能建立起當年他父親習仲勛曾具備過的那種政治事業。正定是他踏上成功之階重要的第一步，所以他必須成功。對於有明法師來說，這一步可能更加重要，因為現在是他畢生奮鬥的最高峰。

正定是臨濟寺的所在地，臨濟寺則是佛教禪宗臨濟宗的誕生地，又因為日後傳入日本，而更為世人所知。它是禪宗裡最知名的流派，而又以奇特、神祕的「公案」故事為其特色——這些「公案」旨在震撼聆聽者，使其開悟，通常都以大師擊打猶然身在夢中的人、希望他們醒覺過來作為故事的結束。這些「公案」故事被集結在《臨濟錄》一書中，受到世界各地修行禪宗的信徒學習。然而在經歷了數十年的動亂之後，臨濟寺唯一劫後倖存下來的，只剩下六世紀時興建的一座石塔。儘管有明法師常說：「寺院是弘揚佛法，修行道場，不是世間交易市場。」[3]然而即便是以公案啟迪眾生的禪師，也需要一座寺院，而為了重建臨濟寺，有明必須得到習近平的協助。而與此同時，處在這個孤獨職位上的習，也需要一個切切實實的成功。中共在日後終於擁抱傳統宗教，而上述這些，就是它滿懷著猶豫所踏出的第一步。

中國共產黨在其創始初期，對於宗教並不特別排斥。中共於一九四九年打贏內戰之前，該黨在西北地區建立起根據地。由於其原有人員因為罹患疾病與遭到攻擊而大幅減少，共產黨人遂亟需在地盟友的支持，這些人當中包括藏傳佛教徒與穆斯林回民，還有虔誠的中國農民。因此，即使此時期中共表面上仍然主張無神論，但在實際上對於宗教採取實用主義路線，只要宗教不對其統治構成挑戰，黨基本上不會插手相關事務。毛澤東本人很了解宗教的力量，常稱神權是束縛住傳統中國社會「四條極大的繩索」之一。（其他三條繩索分別是代表政治權威的「政權」、宗族權威的「族權」、以及男性家父長權威的「夫權」。）[4]日後到了一九五〇年代末，當毛澤東迎來人生最後二十年、也是他最為妄自尊大的階段時，他會試圖砍斷那條宗教的大索，最後終於主導將數十萬處宗教禮拜場所全部搗毀，並且禁止民眾的宗教生活。不過，早期的中共對於宗教的態度，仍然是謹慎小心得多。

習近平的父親是中共黨內務實作風派系的典型人物。在一九四〇年代後期，習仲勛便在中共佔領的甘肅、寧夏以及陝西等西北各省領導政治事務（譯按：習仲勛於一九四五年十月起出任中共中央西北局書記），這些地區擁有大量的藏族與回族人口。由於習仲勛以善於處理西北地區宗教事務，並且能與該地區宗教領袖合作而聞名，他成為黨內宗教事務的重要代言人。之後，習因為反對毛澤東的政策而遭到整肅，並且遭到關押、黨內的冷凍，在中國邁入文化大革命的無神論頂峰時，度過了十五年的光陰。

毛於一九七六年過世之後，習仲勛重返政壇。根據習自己的記述，他在一九八〇年時開始領導中共中央的宗教事務。[5]兩年後，也是在他的指示下，中共中央發布了迄今仍然是關於宗教政策最為重要的文件：「中共中央十九號文件」。這份總長一萬一千字的文件，不但告誡中共黨員，不得採取禁止宗教活動的做法，或是期待宗教盡快消失。它更呼籲要重建佛寺、教會與清真寺，妥善「安置」宗教從業人員，並且培訓下個世代的神職人員。

就在同一年，他的兒子習近平來到正定。[6]習近平對待有明法師以及這個古老縣城中的寺廟的態度，可能受到了多種因素的驅使。不像繁榮富庶的沿海地區，正定是個孤立無靠的小城，它乾旱的環境限制了發展經濟的可能性。然而它的文化財富可以用來開發旅遊產業。習近平動用家裡的關係，讓正定成為大型古裝電視連續劇《紅樓夢》的拍攝地。習大概和國內其他地方一樣，將宗教視為發展經濟大戰略當中的一環。

我在習近平上台前與上台後，到訪過正定好幾次。我訪談過的人們，全都眾口一詞的表示，習是個作風務實的領導人，他不但希望將正定發展起來，而且看得出他是真正發自內心的敬重佛教。習後來經常造訪臨濟寺，在有明法師為了重建寺廟募款、收到海外（尤其是日本）的資金時，他幫忙排除官僚體系在手續方面的阻礙。一九八三年，習批准臨濟寺重新對外開放，儘管當時該寺仍舊是殘破不堪，有明法師還住在石塔旁邊臨時搭建的小棚屋裡。[7]

隔年，在習近平的支持之下，臨濟寺得到國務院的批准，成為合法的宗教活動場所，而有明法師也當上住持方丈。這位年輕的縣黨委書記還幫忙組織了一次會議，正式拍板定案引入協助臨濟寺重建的日本資金。正殿的重建開始了，隨之展開的興建工程，是比丘居住的宿舍，因為有愈來愈多的僧侶，追隨有明法師的腳步來到臨濟寺。[8]習同時還推動正定縣內其他八座寺廟的重建。儘管其他地方的中共地方領導官員，後來同樣認為寺廟重建是一項值得推動的政策，但是習近平確實是走在這群人的最前面，而且還承擔了與他同世代的人想避免的風險。這是一段非同凡響的重建時期，而重建後的正定，也成為中國北方的宗教信仰中心。

＊＊＊

習近平到正定任職後不久，就通令包括他自己在內的全體官員：各自到一個村莊駐點，以了解民眾生活與勞動的情況。習本人駐點考察的村莊是塔元莊村，在當時，這是一個由泥磚農舍構成的村莊，四周有玉米田環繞。現在的塔元莊是正定縣城的郊區，有許多新建的十層或三十層高樓，從縣城來的投資客已經準備購買。

這樣高速的城市化腳步，完全抹去了習近平當年蹲點居住過的小村莊遺下的痕跡，不過塔元莊仍舊是他功績的紀念地。二〇一二年夏天，在習近平已經準備上台接班時，塔元村的地方官員正在努力確保習當年服務過的處所，看起來盡可能的讓人印象深刻。該村最近修造了傳統的拱門、涼亭，以及一道約十英尺高的長牆，並且配有大型宣傳看板。看板上列出官員們的權責範圍，而且用圖解詳列計畫在本地區建設的新公園與湖泊。宣傳看板上，在當地領導官員照片旁邊，是他們的歷屆前任領導肖像，當中也包括了習近平。

臨濟寺也已經改頭換面。從原來一座孤伶伶殘破的古塔，擴建為一個大得多的建築群，包括殿堂、經樓和僧侶的宿舍。有明法師於二〇一〇年圓寂，他從前的居所現在改建成小型紀念室，裡面裝飾著他的書法作品和一座佛龕，牆邊放著陳列櫃。

正當我參觀這間小紀念室的時候，臨濟寺的現任住持走了進來。他的法名是釋慧常，就住在隔壁一個又小又暗的房間裡。「這裡的確是有明法師住過的房間，」他說道，「他圓寂以後，我們就建了這個（紀念室）來紀念他。」[9]

慧常法師於一九八九年來到臨濟寺，當時習近平已經被調往沿海省分、出任更高職務一段時間了。但是在整個九十年代，他表示，早在習近平崛起成為最高領導人許久之前，他經常回到正定來，造訪臨濟寺與慧常法師。

「習主席為佛教做出了重大貢獻，」在我們參觀裝著有明法師的袈裟、書籍和照片的陳列櫃時，慧常法師這樣告訴我。「即使當他在南方工作的時候，只要他到北京，就會在這裡停留，到寺裡來。他表現出了尊重。我不確定他是不是信徒，但他尊重佛教。他比大多數人更了解佛教。」

我們在一張相片前停下腳步，這張相片攝於二〇〇五年，當時習近平是浙江省委書記，準備回到北京，接任如同「儲君」角色的職位。臨濟寺是他唯一造訪的寺廟，而有明法師再次親自導覽。習與有明一同在寺內漫步，欣賞圍繞著古塔新建起來的廟殿和佛像。

接著我們看到一張習與有明兩人合攝於一九八〇年代的照片。這是一對頗為古怪的組合：習近平算是他那一代中國人裡的高個頭，身高足有一百八十公分，一頭濃密黑髮，梳著有如韓國電影明星那樣的後掠式髮型。站他身邊的有明法師，則是身穿藏紅色僧袍的小個子，頭髮剃得乾乾淨淨，臉上帶著禪宗大師的那種笑容；他的模樣像是在說：和我走在一起的這個人，代表著一個試圖摧毀我的政黨，還有什麼能比我當前所處的境地更荒唐？我們現在看到的這一幕，算是哪一齣公案？誰又擊打了誰？

＊　＊　＊

過去這十五年歲月，對柯雲路來說並不好過。[10]在寫出兩部準確描述新一代政治領袖崛起與國家精神復興的小說以後，他就一直走不出之前成功帶來的陰影。一九九九年、柯雲路五十三歲時，法輪功遭到當局查禁。這起事件標示著氣功運動的壽終正寢，柯作為一位公眾人物的角色也隨之煙消雲散。他寫過四本關於氣功的著作，但是全部都突然被查禁。《新星》這部小說是唯一還在印行的著作，到現在還可以領到版稅，但是等到他寫作的主題又回到政治題材時，就沒有這樣的好運氣了。他開始撰寫一系列關於文革時期的作品，創作了五部小說，以及一部他青年時期的歷史著作，但是它們不是被查禁，就是無法登上媒體曝光。他成了一個被封殺的人。

不過隨著中國進入習近平時代，我不禁想起柯雲路來。這不僅是因為他早在二十世紀八十年代，就敏銳地看出習是一位嶄露頭角的政治人物。光是這一點就已經很了不起。不但如此，他還以一種自當時以來從來沒有過的方式，記錄下這個國家的精神復興。我從自己的經驗裡曉得，很多舊日的身體修行方式即將捲土重來。我很好奇，到了這個時候，他有什麼樣的遭遇。

透過中間人的介紹，我給柯雲路寫了一封電子郵件，介紹我自己的關注興趣，也說了自己正在練內丹功。出乎我的意料，他在幾天後親自回信給我：「你說讀過我的一些著作，那麼，也許會瞭解我在某些領域是被誤讀的。我並不急於自辯，早些年我說過一句話，『寄希望於時間』，現在仍稟持著這樣的信念。」

我再給他回了一封信，裡面寫到時間已經證明了他的種種看法：各種傳統價值正捲土重來；他的信仰並沒有被錯置。從這時候起，我們開始了一年的通信往來。他婉拒我見面的提議，不過在我們通信時，他的態度相當坦率。有一個我想要弄清楚的關鍵點，是什麼原因，促成了氣功的復興。

「我以為中國的氣功熱，是由於後『文革』時代民眾更加渴求身心解放，」他在電子郵件裡寫道。他說，各種非凡的力量，因為「主流意識形態」的緣故（這是他對共產黨思想及其禁忌的委婉說法）而被邊緣化，「中國當代社會還沒有做好包容和消化這樣一個生命科學問題的準備。」

我還問他關於《新星》這部小說的事。我幾乎可以聽到他在電子郵件裡的嘆息：又來問這種問題了。我向他求證的是「小說主角李向南的原型人物就是習近平」這種說法。他的回答很像外交辭令：

> 我還是聽任讀者們的各種解讀為好。如果一定要說什麼，那就是我對那一代李向南式的青年政治家一直關注，也有相當的瞭解，這種瞭解可能遠超過一般人。這個問題希望就此打住，容我不再多說。

但是我實在忍不住再繼續追問下去，於是我寫了一封回信，問到我們可以從這個世代的政治人物身上學到些什麼。他們在那個對氣功狂熱的年代成熟，並且容忍這種現象。柯雲路回信時不再客氣，他直言說道：

> 前面說過，我熟悉李向南式的人物。如果他們主政，一般會有如下幾個特點：
> 一，比較強勢，敢作為。
> 二，有改革意識，在某些方面不太拘泥於前任們的政治遺產。
> 三，有強烈的民族復興意識。
> 四，有足夠的政治經驗。
> 五，既理想主義，又現實主義，凡事注重可行性。

正定絕對不是習近平政治生涯中匆匆經過、不再回首的一站。在他日後調往沿海省份福建任職時，同樣也挺身支持文化維護事業，兩次出面制止房地產開發，以保護重要的文物古蹟。[11]在二〇〇五年重返正定、再次造訪臨濟寺時，習對著國營媒體說道，他已經指示浙江的一位佛教領導到這裡來考察，好好研究臨濟寺是如何重建的。這是一個再清楚不過的訊號，說明他在正定任職縣委書記時的作為，將是日後政府與宗教如何進行合作的示範榜樣。他還呼籲所有佛教徒團結起來，共同促進佛教這個中國最大宗教的發展。[12]

上面提到的這些，能不能證明習近平對於宗教信仰具備虔誠敬重的態度？或者上述這一切，只不過是他身為投機政客、經過算計後甘冒風險之舉？領導人的宗教信仰是一個禁忌的話題。身為共產黨員，他們理應是無神論者。當他們談論到信仰的時候，多半都是在表達對於共產主義事業的信念，而每逢清明節，當他們要追思已逝者的時候，通常是到八寶山革命公墓去獻花致敬。

可是人們卻想要這樣相信：他們的領導人是有宗教信仰的，而有若干證據則顯示，這些領導人對於宗教至少抱持著強烈的同情心態。其中有一個流傳最久、也最有可信度的傳言，是關於前任國家主席江澤民的。外界多半認為江的妻子是一位虔誠的佛教徒，而我曾經見過幾張照片，是這對夫婦私下拜訪各家佛寺時留下的身影。這不是那種作為官式行程一部分的宣傳照片——那是所有領導人都會做的事情，但並不表示他們個人具備虔誠的宗教信仰。相反的，這些照片是江澤民做私人拜訪時拍攝的，其中有一張江還持香在手，虔敬禮拜。這些攝影的技術水準都是業餘等級（很明顯是信徒或是寺內人員拍攝的），稍後被張貼在該寺的布告欄上。

江澤民還為他的家鄉揚州爭取建立了一座偌大的佛光山道場。佛光山創建於台灣，是一個佛教傳道組織，而不像同樣創始於台灣的慈濟功德會那樣，只是一個慈善團體。佛光山作為少數容許進入中國的境外宗教團體，可以看作是江澤民對於宗教信仰抱持同情態度的證明。

繼江澤民之後擔任國家主席的胡錦濤，似乎沒有宗教信仰，不過他的總理溫家寶，則被外界認為對於基督教抱持支持的態度。這其中的奧妙，並不像表面上看起來那樣牽強；中西方學者仔細研究溫的演說內容後發現，他在說到「愛」這個字的時候，運用的是基督教的含意——也就是基督教「愛人如己」、博愛眾人的概念。據說在二〇〇九年，溫對著前來參觀中南海的學生說道：「有愛才有一切。希望你們懂得愛，珍惜愛，學會愛。要把愛變成實際行動。」[13]

無獨有偶的，習近平在二〇一二年上台執政，使得他本人的信仰，在中國宗教界的民眾當中，引來相當多的猜測與討論，成為一個相當受矚目的議題。某些熟悉他的中國人士相信，習就與他的父親一樣，對佛教抱持著讚許的態度。一個習近平童年時的朋友——日後在一九八〇年代時還當過他的鄰居——在和美國外交官談話時，對這樣的看法表示支持。根據由「維基解密」（Wikileaks）發布的訪談錄音逐字稿顯示，這位在外交電文裡被稱做「教授」的友人說，他在習近平離開河北正定後不久，到福建拜訪過他。「教授」說，習近平「展示出了對佛家武術、氣功和據說有益健康的其他神秘力量，以及如五台山之類佛教聖地的濃厚興趣。」這位「教授」表示，自己不知道習近平是否真的信教，但他「深深震驚於習近平竟然如此了解這一領域，而且似乎相信超自然的力量。」[14]

如果說習近平對佛教頗有好感，那麼他和基督教就似乎有些不大對盤。從二〇〇二年到二〇〇七年，習在浙江擔任省委書記，當時他領導下的政府與當地的基督徒大搞對抗，使得整個浙江當局顏面掃地。當時，有一群教會的信眾在杭州市蕭山區的鎮上興建一座教堂，然而二〇〇五年時，政府卻宣稱那座教堂是違章建築，並且試圖將其拆毀。大批警力進駐，但是教會的信眾知道後很快的組織起來，數百名民眾湧入現場。儘管當局最後還是成功的拆除了這座教堂，但這起風波卻成了習近平主政浙江期間最尷尬的插曲之一。[15]

＊＊＊

習近平上台執政的那年夏天，臨濟寺裡的人都覺得：習主席是站在他們這邊的。有一位接受我訪談的女士，早在一九八〇年代初就到臨濟寺來，當時她是有明法師最早收下的俗家弟子之一。現在她守在臨濟寺的正殿前頭，一邊繡著衣物，一邊盯著遊客，確保人們沒有對殿內佛像攝影拍照。我問她認不認識習近平。

「習？」她說，「當然哪，我們全都知道他。他常到這來。」

「那他信佛嗎？」我接著問她。

「當然哪，他怎麼可能不信？」這位老婦人回答道：「他相信佛法。」

這麼講也許和真實的情況有點出入；習近平身為共產黨的領導人，他本人又極為精明，是官員中的佼佼者，是不會主動到寺廟參拜的。我把這個想法對那位女士說。

「好吧，當然啦，他是不會拿香的，」她說道。「但是當你看到他任期裡發生了什麼事，這寺廟是怎麼重建起來的，他是怎麼經常回來看望老和尚，還需要我多說什麼嗎？行動比說話更有力量。」

第十六章　北京：花兒老太

清晨五點三十分，在這個悶熱黏膩的北京早晨，信徒已經湧進中頂廟，這座北京城裡規模最袖珍的廟宇之一。[1]二十世紀的動盪使得這座廟的規制大減，到現在只剩下一個中庭。但是在陰曆六月初一這天，中頂廟正在進行年度祭典，所以善男信女們紛紛擠進這狹小的空間裡焚香禮拜。他們敬拜的是碧霞元君，也是妙峰山上崇祀的神祇。她常被人們稱作「送子娘娘」，而我總以為她是生殖崇拜的一部分。不過在我看來，在寺廟中庭的上百位女性當中，絕大部分可能都過了生育年齡有好一段時間了。

我走近一個舉目所及年紀最輕的女士。她年紀大概五十多歲，頂著一頭染紅的頭髮，手上拿著一束香，湊近蠟燭的火焰，耐心地等著香束點燃。

「這些女人不是在求孩子吧，」我對她說。

「她們年紀都太大啦！」她回道。

「可是這兒叫做送子娘娘廟。」

「她們祈求的是平安，還有家庭能夠綿延下去。但不是替自己求子，那樣太狹隘了。」

「所以你的意思是，她們是為孩子求的？祈求她們的女兒還有兒子可以有孩子，讓整個家庭傳宗接代，繼續下去？」

她思考了一陣子。

「算是這樣吧，但是她們求的更大。這是生命的世代相傳，」她這麼聲稱：「孩子代表未來。她們在祈求的是一個更好的未來。」

很多宗教都說永生和我們生活的這個世界無關；永生是上帝所賜予，或是你所獲得、存在於另一個世界的應許。但是這個世界確實擁有屬於我們的永恆。雖然有朝一日我們會死去，但是生命卻能透過子嗣，以及那些分享我們經驗與教誨的人，繼續存在於世間。你的精華質素就此代代相傳，它們融合、盤旋、構建成未來。當世界上的各大宗教要求它們的信眾去相信一個既無法看見、也不能證明的來生時，中國的宗教卻在這裡提供了證據：這個來世，就存在於紀念如倪老這樣離世之人的墓碑上，或是存在於在世之人敬拜的祖先牌位上，又或者存在於他們掃墓的舉動之中。

這時候，有一個身材矮小、頭髮花白的老婦人走到我面前來，她的背有點弓起，不過看起來卻充滿活力。她一手握著枴杖，臉上好像永遠帶著微笑。

「你認得我嗎？」

我盯著她瞧，足有一分鐘。

「你不記得了！想想看，你認得我的！」

「陳老太太！」我說。當然了，眼前這位老太太，就是妙峰山上的「花兒老太」，陳德清，將自家花棚設在倪家廟壇旁邊的女性——從前，騎著一輛三輪車，跋涉幾十里山路，載運鮮花來供奉女神娘娘的，也是這位老太太。「你在這裡做什麼？」

「這裡是我的村子，」她說道：「我是這兒唯一的香會攤位。一會兒你沒事了就出來看看。十三檔都在這兒。」

「十三檔？」

「十三檔會啊，」她用低沉、沙啞的嗓音說道，一面朝著我笑，彷彿我忘記了某項天大的基本常識似的。北京傳統上擁有十三檔朝山進香的香會組織。時至今日，這十三檔會每年只在兩次廟會裡同時現身，妙峰山是其中一個，另一次就是這裡：中頂廟。但是，他們為什麼願意來到這裡？中頂廟不但位置難找，而且也是北京最小的廟宇之一。然而人們向工作單位請好幾天的假，租用廂型車運來設備，聘請化妝師傅，然後登台演出酬神——所有這些，全是他們自掏腰包。為什麼？

＊＊＊

北京原來有八座崇祀碧霞元君的廟宇：三座位於山上，妙峰山就是其中之一，其他五座位在城內。這五座城內的娘娘廟分別位在北京城的東、西、南、北及中央等五個方位。儘管北京城的地勢向來平坦，然而這五座廟宇都被稱為「頂」。這樣的名稱提醒人們：山峰與靈性上的追求，幾乎可以當作是同義詞了。其中的二「頂」，今已不存。東頂娘娘廟原來在周家莊一帶，離今天時尚華麗的MOMA北京「當代萬國城」公寓建築群不遠，現在這裡是外國人及出手闊綽的專業人士聚居的地方。東頂廟在一九五〇年代遭到拆除，改建為集合公寓住宅。南頂廟的下場也是如此。該廟原來鄰近城南的大紅門。一直到二十世紀中葉時，該廟的山門牌坊猶然屹立，上頭還有匾額，寫著「群育」兩個大字。不過隨後，即使連這道牌坊也告傾塌，沒有片瓦留存到今日。

另外兩座廟宇今日依然存在，但是被移作各種用途。位於藍靛廠的西頂廟曾經被改作療養院，後來作為橡膠工廠，不過該廟的山門與正殿都歷劫倖存下來，現在西頂廟回歸作為功能齊全的廟宇，裡面還住了三位老道姑——只不過現在不再舉辦香會了。北頂廟的位置，就在「水立方」的南邊；「水立方」是二〇〇八年北京奧運的水上運動競技場館（正式名稱為「國家游泳中心」）。根據一篇每隔幾個月就會重新刊載在中國社群網站上的文章，奧運的水上運動場館及主體育場本來是要興建在北頂廟的位置，可是正當工人準備要拆除這座廟宇時，發生了神祕難解的事故，造成數名工人死亡——如果你相信那篇文章的說法，這就是娘娘顯靈；如果你不相信，那就是一場意外。無論如何，事故造成的延遲給了文物保存人士機會，即便在此事幾乎完全對公眾保密的情況下，能夠搶救下這座古蹟。

然而上述這四座廟宇，沒有一座的重要性能和陳老太太的中頂廟相提並論。它座落的位置在從前一個叫做西鐵營的村莊，這個地方和倪家從前住的分鐘寺附近很相像：簡陋的分租隔間屋舍，分布在從前是農田的土地上。二〇一四年時，這些房舍將被拆除，但是政府現在開始關注起傳統信仰的維護與保存，使得中頂廟這座小廟宇得以倖免，即便它在四周林立的高樓大廈環繞之下，顯得相形見絀。在五座娘娘廟中，也只有中頂廟還完全能夠充當廟會地點。

二〇一一年時，我偕同包世軒一起，頭一次造訪這座廟宇。北京城裡有幾個人，對於寺廟和宗教生活有淵博的知識，包世軒就是其中一位。他的個頭高大，手腳瘦長，現在是北京市古建築研究所的教授，出版了數十本專著和書籍，討論北京西郊的廟宇。他有點像是這些香會團體的歷史知識資料庫。每逢他們有一個大活動，或是一場大儀式，就去邀請包教授來，在主桌上給他留一個榮譽的位置。介紹我認識倪家的人，就是這位包教授，也是他向我說明，為什麼這座小小的廟宇，竟會在北京城的宗教生活中，扮演如此重要的角色。

我們在永安門附近碰頭，然後搭上一輛計程車往南駛去。他一直緊盯著道路右側的前排店面，在即將到往天津的高速鐵路站前，他突然告訴司機右轉。路的盡頭是一個小廣場，旁邊是一座規模不大的寺廟和村里政府辦公處。走進裡面，我們遇到一位六十八歲的鄉村老漢，他說這廟原本改作一家公司辦公室，直到後來寺廟交給村裡管理才恢復原狀。他和其他人對內部做了一些翻修，而且把人們在文革期間藏起來的零碎文物擺放進去。

我問他這樣算不算宗教。

「宗教，」他說，說到這兩個字時明顯矮了一截。「不，不是，這不是宗教。不是，這根本不是。」

「可是他們燒香，而且有幾千個人來叩拜碧霞元君娘娘。」

「呃，是的，那不是宗教。那是信仰。那叫文化。」

稍後，包教授笑了起來，但他說這就是政府看待宗教的典型矛盾態度。按照現在的宗教組織管理模式，這座廟宇應該歸中國道教協會管才對，因為這座廟奉祀的主神是碧霞元君。但是宗教組織是中國最虛弱無力的部門之一，因此他們名下的產業很容易被旅遊發展委員會或是地方的文化局拿去，這兩個單位都想利用它們來牟利。中頂娘娘廟現在歸地方村政府管，而它的各項活動，則受到一個新設立的政府單位支持；這個單位致力於保存「非物質文化遺產」，「非遺」是個沒有一定指涉範圍的名詞，所有各種準宗教和文化活動都能涵蓋在內。像廟會這樣的活動，竟然被歸類在文化領域裡，可以看作是宗教的挫敗，但其實這樣安排比起被列為宗教活動更好。一座被指定為「宗教活動中心」的寺廟，舉辦活動必須經由國務院宗教事務局批准與管理。將它稱為文化，事情就簡單得多。

「在中國，所有事情都亂了套。你看經營寺廟的是一家上市股票公司，而廟會卻歸政府管，」包教授說完後，嘆了一口氣：「這就是中國；混亂得很。」

對於像陳老太太這樣的人來說，上面這些全都無關宏旨。重點在他們被允許去祭拜。她的花會和倪家辦的茶會一樣，是家人和朋友之間的活動重心，特別是她的女兒、大兒子以及一位和他們家走得很近的友人。

幾年以前，我到她家去拜訪，得知她的故事。她出生在一九二六年，中共得到江山時她已經二十三歲了。「我基本上是個文盲，」那次我來訪時，她這樣告訴我，後來我每次見到她，她還是這麼說。「我一個大字也不認識。」

她見過父親參與了其中一次傳統進香活動。但是在共產黨統治的前十年裡，所有的活動都被禁止了。

「我那時害怕了一陣子，」一天，我去看她時，她這麼對我說：「你知道，解放後他們不讓我們燒香。他們要知道我們在那裡做什麼。你是不是在惹麻煩？你為什麼這樣做？我怕得不敢去。」

但是之後她在一九七六年退休，那年毛澤東去世。慢慢地，宗教又回到人們的生活當中，她就去參加廟會進香，希望能效法她父親的虔心。一九九〇年代初的好幾年間，她一路騎著那輛三輪車到妙峰山去。消息逐漸傳開。家人和朋友被她的舉動感動，紛紛投入「德清鮮花老會」的創設工作。我問她，從這些經過當中，她有什麼樣的心得。

「做好事，別說壞話，」她告訴我：「這就是我學到的。還有什麼別的嗎？」

＊＊＊

隨著廟會開始緊鑼密鼓的進行，陳老太太也在她的花棚前就定位。這個花棚是妙峰山上的縮小版。她的家人沒有將花神娘娘神像供在木架上，而是搭設了一個朝前開放的棚架。她在花神娘娘的畫像旁布置著各式題字橫幅與書法卷軸，還有幾顆藍寶石。陳老太太就坐在一旁的折疊椅上。有一個小孩爬上拜墊，試著對花神娘娘叩頭。四周擠滿了人，照相機快門聲此起彼落。

我就坐在陳老太太旁邊，接著另一個老朋友來了：我在妙峰山上認識的倪金堂。就在幾天以前，我剛出了一趟門回來，就收到倪老已經去世的消息。倪金城告訴我，喪事一連辦了三天，所有進香廟會的香會都來了，還在他的靈前演出。而現在，我們坐在夏天熾盛的烈日底下，倪金堂說自己還在努力地平撫心情。

「他的遺體已經水腫了。我們不能開放瞻仰遺容。現在太熱了，他被這病折磨得面目全非……」

他的聲音因為哽咽而微弱，然後又重新開口說道。

「上個周末，我回妙峰山去走走看看。」

「你自己一個人？」

「是啊，我開車上去，在那兒走了一陣。那時他過世已經有三十天了，我想去上香致敬。」

他沉湎在自己的思緒裡。然後他掏出一包新香菸，專心致志的拆掉外頭包裝的玻璃紙套與銀色錫箔紙。他說，現在父親已經走了，而他的大哥倪金城仍然為背痛所苦，所以他在倪家茶會裡扮演愈來愈積極的角色。

今天的活動時間實在太短，來不及將茶會的廟壇運到這裡，將所有的茶壺擺設起來。政府只希望活動長度在半天左右。

不過為了表示對陳老太太的支持，倪金堂特地趕來，而且為了這場活動而精心設計穿著：頭上戴著一頂草帽，搭配身上一襲黑底銀圓點綢緞套裝。

「她是我們到這兒來的理由，」倪金堂指著陳老太太對我說。「你知道，她算是某種特別人物。」

說著說著，這時候恰好有十三名男子走到她面前，這是十三檔進香「武會」的代表：武術團、踩高蹺的、拋中幡的、以及其他表演拳腳功夫和舉大石的。這些男子一手拿著他們香會的旗幟，一齊站在她的面前，然後鞠躬，右腿蹲個馬步朝前，讓他們的旗幟垂下致敬。

「致敬！」他們扯開喉嚨，一齊叫喊。

陳老太太站了起來，臉上帶著微笑。她緊握雙手，向大家表示歡迎與敬意。她的笑容煥發著光彩，眼神靈活的閃動。「謝謝你，謝謝你們，」她說。

這些人繼續往前走，到廟殿裡向娘娘參駕。陳老太太坐了下來。有一名市政府女雇員，穿著這次廟會活動的藍色汗衫，身上佩戴對講機，朝著陳老太太微笑。

「他們這是，呃，在拜你嗎？」年輕的女雇員問道：「他們向你鞠躬……」

「噢，你不懂，」陳老太太說：「他們拜的是娘娘，不是我！」

年輕女雇員看來鬆了一口氣。拜的是元君娘娘，不是這位女士，這是當然的了。但是受到如此的尊敬，究竟她是何方神聖啊？這位老太太可能具有什麼樣的地位呢？她張開嘴巴，想問更多問題，可是不知道要如何開始。

＊　＊　＊

在廟裡，各家進香武會已經參香完畢，隨即開始獻藝。他們表演的下一站，是本村位在高鐵沿線的小廣場。他們準備在那裡公演，但是得先等政府的儀式告一段落。現場已經搭起一個講台，上頭擺了兩排桌椅，足夠讓二十多名官員坐在台上觀禮。官員們開始致詞，說時遲，那時快，他們的「神」現身了：一列光滑的「和諧號」子彈列車，在接近北京時開始減速。官員們的致詞於是被淹沒在一陣混亂當中，不過沒有人在意。

就像這些香會擁有他們的旗幟，中共也有自己的口號。這些口號印在紅色橫幅上，在廣場上到處張掛：

> 挖掘文化价值　发展文化产业　振奋村民精神
> 全面贯彻北京市党代会精神　加快西铁营城乡一体化建设

仔細分析一下，這兩條口號背後的意思是：

> 發掘文化價值，因為沒人真相信共產主義，發展文化產業來賺錢，讓這個窮困地區不再這樣絕望。
> 黨代會的所有最新指示都要照辦，拆除西鐵營，使這個地方成為北京的又一個郊區。

司儀宣讀了在場貴賓的名字：北京道教協會的會長、中共北京市黨代會的一位代表、各個單位機構的專家與官員，一長串名單，族繁不及備載。當中最主要的人物，是來自「非遺」辦公室的代表。我回想起剛到這裡來的時候，那個村幹部的話：這不是宗教；這是文化。崇拜女神娘娘只是文化。這幾句話一直在我腦海裡重複。

接著開始各種表演。十三檔會上場，為在場的群眾表演舞蹈、打鬥過招、拋接中幡等技藝。此時旭日東昇。今天是陰曆六月初一。這一年已經過了一半，而六月初四就將進入到「大暑」這個節氣。這也是今年的大型進香公開表演活動結束的時候。要是在過去傳統社會中，這時人們會忙碌於各種夏季的家務和收成；所以這就是為什麼大多數廟會活動選在春季與初夏、播種插秧前後舉行的原因。秋冬兩季少有廟會進香活動；這是收成與養精蓄銳等待新年到來的時候。

北京的夏日以前曾經非常宜人。在一九八〇年代，夏天既燠熱又黏膩，可是這座城市卻有涼爽的微風吹拂。人們吃西瓜解暑，喝可以「清熱」的酸梅湯。沒有人家裡裝設冷氣機，實際上也真的派不上用場。北京的夏季只有六到八周的炎熱日子，而人們只要靠一把扇子就能撐過去。事實上，僅僅二十天後就是立秋——秋季正式開始了。雖然那時還只是悶熱的八月初，月曆會告訴我們：最炎熱的日子已經過去了，天氣會緩慢而穩定地逐漸涼下來。

這一切本來很有意義，但是後來人們在這個兩千萬人口的超級大都會裡生活，全都走了樣：人們感覺不到季節時氣的交替遞嬗，通常也看不見標誌著時日消逝的月亮圓缺。在像今天這樣霧霾嚴重的日子裡，甚至還有可能無法清楚見到太陽：它現在像是藏身在白色薄霧後面的一個紅色小圓盤。

到了上午十一點，活動差不多要結束了。可是在場的領導還想再上台講一次話。我想沒有人有心情注意聽。然而所有的與會團體都到齊了，等待著頒授錦旗，代表他們共襄盛舉，參加了這次廟會。最後的獎項則頒給了陳老太太。

現場開始播放一段交響樂團的錄音，是某段像《火戰車》（*Chariots of Fire*）的開場：樂聲嘹亮、鐘鼓齊鳴，而且充滿感情的樂章，將氣氛帶向最高潮。一位專業的司儀上來，告訴我們陳老太太的故事：當初她是如何騎著那輛三輪車，一路到妙峰山，而且還奉獻了這樣多的金錢。「因為陳德清有一顆虔誠的心，她留下了『花兒老太』的美名，無論是在這裡還是在妙峰山，這個名字已經眾所周知。」

話聲一落，台上所有官員全部起立，一齊鼓掌。陳老太太上台領獎：這是一面錦旗。她的女兒站在身邊。這位年輕的女士，肩頭上背著一個紅色的包包，上頭寫著陳老太太花會的座右銘：拜之。這兩個字上頭有著全部進香信眾的規則與實踐。很簡單的兩個字，就是「拜之」而已。

第十七章　山西：靈源寺

從李家老宅所在的上梁源村，經過一片玉米田，在八百公尺開外的地方，就是下梁源村。[1]這兩個村子不只是名字相像，很多地方都很類似：土坯圍牆繞著磚砌的平房，舊木板做成的大門扇，用鋼絲綁在門柱上，牛和馬匹拴在街角陰暗處，放到外頭閒晃的豬隻，在垃圾堆中用鼻子嗅來嗅去。美麗的景象只是偶然出現，但是印象鮮明：向日葵在泥牆上搖曳，白楊樹在一片綠色的田野中沙沙作響，而在秋末的月夜裡，泥濘的小徑閃耀著有如小溪般粼粼的光波。

但這兩個村子有一個不同之處，那就是寺廟。李家所在的上梁源村曾經擁有七座寺廟，但是到了文化大革命結束的時候，全數都已不存。而田那邊的下梁源村，居然還有一座寺廟，奇蹟似的倖存下來，這座寺廟叫做靈源寺。當靈源寺於一九八〇年代初重新對外開放時，早已殘破不堪。該寺的各座主殿皆已遭到拆毀。它鑲有金箔的神像被扔進柴火裡燒毀，法器被摔得粉碎，儀軌本子遭到撕毀揚棄。然而有間屋子因為被當成穀倉，而幸運地逃過一劫，達十五年之久。這間屋子裡因為有繪製於清代的壁畫，從而確保它作為歷史建築的地位，以免最後遭到拆除的下場。

於是這座寺廟開始逐漸恢復原來的規模。現在它起了四座新的廳殿，當中包括這座廟宇主神胡龍（或稱「胡老爺」）的塑像。[2]這位胡老爺在從前是朝廷裡一位政聲斐然的官員，後來成為地方的守護神。他的這三尊神像都是用混凝紙漿新塑的，有十英尺高，外表塗上鮮豔的油漆，極盡裝飾之能事。不過寺廟裡還有一座一九八〇年代的木質雕像。這尊神像只有三英尺高，比起來小得多，但是雕工極為精美，顯然出自天資甚高的匠師之手。在我的想像裡，這位姓名失傳、沒沒無聞的匠師，必定是在共產黨得天下以前學成出師的。這尊木像呈現出一個穿著寬袍大袖、臉上帶著憤怒表情的男子，它臉上深刻的縫隙，映襯著那對彷彿要燒出火來的眼睛。所有的村民都認為這尊木質神像才是胡龍的真身，今天是農曆七月初七，也是祂的誕辰。這尊小神像將會坐在一頂轎子上，和戲班子一同接受款待，然後主持一項繁複的儀式，好讓祂的神威降臨到凡間，保佑村莊，並且讓村子在來年能夠平安豐收。

不過首先，有點人事上的小問題得先處理。長年以來，主持胡老爺誕辰儀式並且奏樂的，都是李家的道樂團。李老先生還能想起他在一九五〇年代時在這裡奏樂的情景，後來等到一九七〇年代後期，宗教生活復甦之後，他又回來這裡演出，已經長達三十多年。可是現在寺廟來了一個姓袁的新任管理人，決定不請李家來演出。最近這幾年來頭一回，他要改為邀請由一個俗家信眾袁利山（和袁先生沒有親戚關係）帶領的樂團來演出。對李家來說，少了這次演出機會，在金錢上損失並不算太大。來靈源寺演出一趟的費用是人民幣八百元，比起他們每回接下喪事領到的二千元要少得多。可是，由於李家向來主持夏季的誕辰儀式，現在居然被取消，李老先生感覺受到了侮辱。他為了顧面子而沒有吭聲，但是兒子李斌決定運用自己在縣城裡的關係，把這事給糾正過來。他對陽高縣文化局裡的官員說了這事。官員們告訴袁先生，去邀請李家過來主持儀式，管理人照辦了。

在這個夏末的早晨八點，李老先生和李斌父子，還有吳美以及道樂團裡的其他成員，正坐在靈源寺的一間廂房裡，等待上場演出。從窗戶往外看出去，寺廟的中庭一覽無遺：崇奉正神胡龍的新建大殿在左側，中庭對面是廚房，還有一棵松樹，映襯著背後深藍色的天空。廂房的窗戶明亮又乾淨，可是鑲嵌在上面的卻是舊式的玻璃，而且已經翹曲了。

李斌忙著講電話，試著找到在這附近和他一起長大、現在搬到大同市區住的朋友。這些朋友都是那種他想要留下好印象的人。他用手指碰了碰腰間那在義大利買的皮帶扣環，幾個小時以後他就會在這些朋友面前顯擺。

「好吧，那就這麼定了。你十一點三十分來廟會這裡接我，我們到餐廳去。我再把這趟旅行發生的事全告訴你。」

他的父親生氣地瞪著他。在主持喪事或廟會的時候，他們這個團體總是在一起吃飯。這是樂團和團主之間培養同甘共苦情誼的方式。可是對李斌來說，那些朋友關係代表著未來。

管理人袁先生走進廂房。他身材矮小，頭頂童山濯濯，今天穿著一襲灰色的僧侶袈裟，腳上蹬著一雙黑布白邊、道士式樣的鞋子。這人長得尖嘴猴腮，神情有些咄咄逼人，活像隻憤怒的老鼠，而帶著一種相當粗啞的嗓音，彷彿這個男子即將要失去聲帶似的。

「你們都在這兒啊？」他說，一面環顧著室內。李老先生抽出一根菸來，然後看著他，點了點頭。

「是的，好，是這樣的。歡迎你們來演出。我完全沒有反對，對吧？哈哈。我沒有選擇。錢方面是比較緊張，所以我們請了地方一個樂團。他們也不錯——你們認識嗎？袁利山那團。」

「我們認識，」李老先生一反常態，話說得又快又硬。這兩個道教樂班子都可以追溯到好幾代以前。袁家也是道教樂班子，只不過在文革期間失去了一切——書籍、樂器，全部都沒了。袁利山的父親在毛澤東時代過世，他沒來得及學到父親全套真傳。動亂結束時，袁利山已經二十多歲，而且從來沒有登台演出過。可是他決心重新恢復家族傳統，所以跑去找上李老先生的父親李清。老人不但親自授藝，還透過關係聯繫，設法收集了幾本保存在其他人家裡、幸免於難的儀軌簿。而那些現在已經難以取得的部分，李清把他自己的儀軌簿交給這位年輕人。幾年以後，大約是一九八〇年代的後期，在李家的祝福下，袁利山離開他們，重新創辦了袁家的道樂班子。

現在這兩個道樂團正在分崩離析當中。袁家還是以鄉村為重心，而李家則分成兩邊，一邊是李斌去了陽高縣城，而李老先生則留在家鄉的老宅。這種情況，就造成了李老先生想要維持各種非正式關係時的沉重負擔。他實在不善於與人閒談：不但對酒精過敏，而且也已經厭倦為了要和袁先生這樣的人套近乎，而去邀約沒完沒了的飯局。

「好的，」管理人袁先生繼續說道：「他們已經在表演了，現在有兩個團，這樣也很好。我們很幸運。謝謝您。但是有一團必須要先上去，他們現在是定期來這裡；他們會先上去。」

「我們知道，」李老先生截住他的話。

「那，好的，你們都曉得了，哈哈！」他點了幾次頭，然後退出這間廂房。

＊＊＊

在中庭對面的一間小廂房裡，一群人正圍著一位四十多歲的女人，她的頭髮梳成一個髮髻，臉頰光滑，看不出風吹日曬的痕跡。她戴著一副鑲水鑽三角形粉紅色塑膠框眼鏡，身上穿帶有黑紅相間漩渦圖案的寬鬆連身裙，還有黑色緊身褲。一個大皮包擺在她的身邊，皮包裡的物件散落擺開在炕上。

她對面坐了一個男人，緊張侷促的說著自己的故事。他的年紀大概六十多歲，沉默寡言，肩膀很寬，腰板打得挺直。他的右手臂上了石膏，由一片厚紙板做成的簡陋吊帶支撐著，用條帶子掛著，繫在脖頸上。身為靈源寺慶典籌備委員會的中堅份子，他在替本寺跑腿辦事的時候，於大雨中趕路，結果不慎摔倒，跌斷了手腕。

他問這名女子，自己為什麼會摔斷手。他做錯了什麼？他已經盡了一切力量來辦好這次胡龍帝君聖誕廟會了。他招誰惹誰了嗎？

那個女子先是靜靜的聽著，掐掉了手上的香菸，然後開始用一種高亢、同時卻又粗獷的聲音唱起歌來，那聲音不像她本人。實際上，那還真不是她的聲音。她正在降乩請神：

你勤勉用事，
是一個好人，
但你的家雜亂無章。

「怎麼會這樣？」他問。

她停下問神，開始用右手食指點算著左手手指內側的關節。從手腕開始，她逐一碰觸了拇指關節、食指關節，碰了指關節連接處和頂端，然後沿著中指往下，來到無名指和小指。這個動作讓我想起之前在上氣功課程的時候，我們學到的關節名稱：每個名稱都與能量的領域相關。

「你家裡供的神明擺錯了位置，」她用自己原來那種沙啞、粗糙的菸酒嗓音說道。「你家的神龕供著哪些神？」

「財神爺和關帝君，」他回答。

他們討論起這些神明面向的方位。

「祂們的方位偏了，在你家裡的能量流動不正常，」那個女子篤定地說道。男子看來很是困惑，而且也覺得很難為情。他在村子社群裡本是個重要人物，這麼一來就等於在暗示，他家裡可能不是那麼順遂。

他似乎有些反應過度，直到我想起他在開始這番談話前說過的一些話，這才明白其中原因。當時他提到他的女兒。他女兒年紀快要三十歲，卻還住在家裡——這要是在城市裡只算年紀大了些，可是在鄉間那可是很丟臉的事。當這個女人說他的家裡「雜亂無章」的時候，說的是他家裡那個沒嫁出去的女兒嗎？是不是因為他滿心擔憂家裡的事情，而沒有真正顧及寺廟的需求？起碼，他的家庭生活就沒能符合村莊生活所嚴禁的事項。他的意外事故，換成其他人，可能會歸因給運氣差或笨拙，可是在他而言，卻已經成為象徵更廣泛道德敗壞的徵兆，這對他這個地方農村生活的頭面人物來說，是多麼的難堪窘迫。

男子謝過她，起身準備離去，並且謹慎地在炕上放了十元人民幣。那女子看也不看錢，把注意力轉到一群等待和她談話的婦女身上。她們當中有些佇立在中庭的人，已經推開廂房的窗戶，探頭進來張望。這女子和她們談到誕育子嗣、舉行婚禮和開工動土的良辰吉時。上述內容大部分都屬於典型的算命，也就是李斌和他父親經常在做的工作。每次談話結束，問事者就會留下十元，不過有的時候金額只有一半。

過了一陣，她到中庭來活動筋骨，休息片刻。我也跟著她一起出來，在一邊看著李家進到正殿裡去表演的同時，我們有了一番交談。我這才明白：在這類廟會活動中，存在著一種性別隔離。樂師全是男性，他們在正殿神明面前演出。在樂師旁邊的是村裡的耆老，清一色也都是男性，他們沿著牆壁坐下，觀看樂班子奏樂。除了我和那位困擾的男子外，我剛才待的廂房裡全都是女性。那是她們的空間。雖說那是一間側邊的廂房，但其實力量更為強大；外頭那些樂師正在祈求、呼喚神明的示現，但是在這裡，透過這個女子，神明不但已經顯靈降駕，甚至還批評了一位當地社群的領導人物。

女子說她姓張，住在鄰近的大同市。她今年四十五歲，目前不再從事固定職業；她說自己因為組織進香團、帶城市婦女參加廟會，所以日子過得還不錯，而且還能替人排憂解惑，就像方才幫那位男子解決疑難一樣。為了參加這次慶典，她已經帶來一團人，共有五名婦女。她們全都信仰虔誠，而且手頭寬裕；她們有汽車接送，今晚就要離開，接著到南邊另一間寺廟去。她沒有明確說出自己有多少收入，不過根據我的經驗，確切的數目字並不是那麼重要。她的收入多寡，可能要仰賴那團婦女而定；如果她們回來時感到很滿意，或許會給她幾千元、幾百元，又或者是不給錢，而以其他方式，在其他時間給她酬勞，比如替她介紹更多的有錢人、讓她打進這些人的圈子，替她解決麻煩（要是她遇上了什麼麻煩）、請她吃昂貴的大餐，或甚至出國旅遊等等。

「人們管我叫『定神』，」她說道。所謂「定神」就是靈媒。

「你在說話的時候，是替哪個神明說話？」我問。

「有很多，」她模糊的表示。在整個毛澤東當政時期，以及上個世紀的八十和九十年代，靈媒都被看成是迷信而受到貶抑。即使現在他們有捲土重來的趨勢，仍然處在社會的邊緣：通常都是自己冒出來、幾乎全是女性、年紀多半是四十或五十多歲、而且無須擔負家庭責任。她們不隸屬於宗教教團階層，通常也不受機構組織的邀請。然而她們能夠被包容，是因為她們代表的不只是自己，更還是神明的喉舌。

＊　＊　＊

半個世紀以前，陽高縣境裡遍布寺廟。縣境裡超過兩百五十個村莊，寺廟至少在五百座以上；僅李家所在的村莊，就有七座寺廟，而老一輩的人說，從前幾乎每個村莊都有兩座寺廟。這些寺廟並未正式隸屬於任何宗教組織，而當中擁有全職佛、道教神職人員的廟宇、道觀，更是鳳毛麟角。實際上，這些寺廟的組織管理模式，和傳統中國大多數的寺廟相同，都是交由像袁先生這樣的在地人士打點，然後再由寺廟管理人視需要聘請宗教方面的專業人士。

李家的角色，就是這類專業人士。每座寺廟都有某些年度的進香活動，像是廟中奉祀主神的慶典，時間通常是其誕辰。慶典活動的規模與辦理的頻繁程度，則要考慮許多因素，例如信眾的富裕程度。不過，在二十世紀文化遭到摧殘毀滅之前，李家和其他的樂班子在這些慶典活動上投注相當程度的時間——對比現在，他們的工作幾乎全是喪事。

寺廟裡的儀式和喪事很類似。樂師們在演出前先進到寺廟裡的一間廂房等候，就像他們在主持喪事時，在喪家家裡的房間一樣。他們同樣一天裡要演出好幾次，只不過現在是廟裡的神龕取代了棺木。大約有一半以上的演奏曲目，都和喪事時吹奏的一模一樣，像是〈開經奏〉、〈誦經奏〉，以及〈取水奏〉等。

不過廟會慶典也有其特別的曲目，特別是稍後於正殿在進行灑淨儀式時，主神神像被請出正殿的時候。這對信眾來說非常重要，因為如果寺廟沒有在儀式上事先準備停當，神明是不會降臨示現的。要是神明之靈不在寺廟，那麼慶典就毫無意義了。樂師們將今天的慶典賦予神聖的性質，這使得今天的意義，遠遠不只是寺廟前一個活絡的集市日，儘管對外人來說，很可能看起來是這麼一回事。

該怎麼形容這些宗教慶典音樂？在體裁上，慶典時演奏的音樂，和在喪事上的奏樂沒有什麼不同。它強而有力，但是缺乏像印度次大陸的「卡瓦力」（Qawwali）宗教音樂那樣的忘我境界，也沒有西方合唱作品當中的繁複層次。李家的樂班子是一群傑出的樂師，對自己這門行業可說是瞭若指掌，不過從根本上來說，他們演奏這些音樂的目的，是要陪襯這場儀式。

這些曲目段子在結構上通常都頗為一致。它們以鈸和鼓聲作為緩慢悠長的開場。然後其他樂器加入進來，接下來的幾分鐘裡（有些曲目短則七分鐘，長則有二十分鐘的）逐漸加強，直到樂曲在鈸、鼓和其他樂器發出的聲音一齊大作之下增強到頂峰，每個人都賣力吹奏。我最喜歡放任自己陷入某種恍惚出神的狀態，由著音樂逐漸增強。這時我不自禁地會用腳輕輕打著拍子，等待鑼鈸大響的那一刻來到。不過這種音樂可不是那種人們想要凝神傾聽一到兩小時的曲子。看來，編製出這些曲目的樂師將演奏的長度訂為四十五分鐘，還是相當正確的。

寺廟的儀式本身有著自己的模式。就和進行喪禮一樣，開始時的各項程序低調而有節制：先是打開經書，然後開始朗誦。之後的程序開始逐漸繁複：樂師出得廟門，在村子外圍的一口井裡打起井水，當作灑淨聖水。聖水要裝在一只祭典用的器皿裡，運回寺廟，或是喪事家屬的屋中，稍後使用。這個公開的行動招引來人們觀看，使得這項原本在廟裡進行的儀式，逐漸轉為公眾場域的活動。活動的最高潮帶出各種情緒。在喪事裡的壓軸是燒化供品，然後就是下葬。在這裡，慶典儀式的最高潮，則是寺廟的灑淨，以及將主神塑像從正殿請出，移到室外，這象徵了神祇與社群同在。而不論在喪禮或是寺廟的儀式，目標都是一致的：一個有節制的情緒發洩管道。

＊＊＊

下午的時候，張小姐又回來工作。可是這回她不是為本地村民提供諮詢建議，而是開始數落起寺廟管理人袁先生。她坐在管理人辦公室的炕上，袁先生就坐在她的對面。房裡現在擠滿了婦女。身為室內唯一的男性，袁先生惴惴不安的扭動著身子，用帶著疑慮的眼神環顧滿屋的人，邊聽靈媒用她那高亢尖銳的嗓音唱著：

你一無是處，
只想到自己；
你辦事不力，
不服務信眾；
你這管理人，
竟專擅自為！

你作為廟主應該記在心，一步一步去執行。我說的話兒不知對你心，你應該做出答覆表表心。神婆坐下說兩句，你做廟主是宣傳上的過。你在宣傳上面都沒做到位，所以這個神宮不滿意。再說那胡爺說你有激憤，但是你那心中早就忘了宗。

張小姐再繼續說了十分鐘，手指著袁先生，數落他的不是。她的各項指控，我沒辦法評斷，可是袁先生對李家的態度如何，我卻是知道的，而且不禁想到：比起這些年來我參與過的寺廟慶典活動，今天的儀式辦得甚至更加混亂。活動都已經進行了半天，可是管理人袁先生手下的工作人員卻還在布置，忙著張掛彩旗與各色旗幟。食堂裡的食物也很糟糕。我不禁好奇：他是怎麼獲得這個差事的。

靈媒停了下來。管理人袁先生尷尬地改換姿勢。所有人都在看著他。

「好吧，我接受你的批評，」他免為其難地說道：「我會更努力工作，但是管理這個要比你想的複雜得多。」

女子搖搖頭，又開口說話了，她話裡的每個音節都拉得很長，好像在吟唱一首詠嘆調似的：

告誡
可以讓人改邪歸正
要注意
地獄
它會引來

罪孽之人

修神修啥？是修自己的行，修自己的行，修下了自己的行，修下了自己的果，神賦元身就分人，誰下凡間都做神，誰離開的就憑命。

袁先生的嘴左側抽搐著，左側的鼻孔噴出咆哮的聲音。他看起來很憤怒，換作是在別的場合，我很擔心他會做出什麼事情來。但是他的雙眼因為害怕而微微閉上，他的嘴唇硬擠出一個勉強的笑容，一面退出辦公室，一面來回左右打量。最後他搖搖頭，走掉了。

靈媒張小姐環顧四周。她身邊聚集了好幾位婦女，個個都朝她微笑，準備提出她們的疑問。但是她點了根菸，疲倦的搖了搖頭。神明已經退駕了，現在的她，只是廟會慶典中的一個普通人罷了。

＊＊＊

隔天是陰曆七月初七，這「七七」之日，是胡龍帝君的聖誕。七月初七這一天已經被商業市場塑造成所謂的「中國情人節」——七夕情人節是天上的牛郎與織女相遇的日子，這兩個星座共譜出一段無法修成正果的戀情。不過很多寺廟也挑在這個時候舉行慶典活動。現在是盛夏之時，這一年的「大暑」節氣就是從這天開始的。這代表炎熱的夏季只剩下幾星期的時間，也可以開始期待秋收的到來。烈日當空，寺廟前的沙地廣場現在看起來像是一只閃耀著金光的大碗。街道擠滿了汽車，遊客們推擠著進入中庭，然後進到廟裡。

這場慶典活動吸引到許多村莊外的人們前來參加，比如像張偉（譯音），這個四十多歲的瘦高男子，身上穿著昂貴的服裝，臉上戴了副飛行員墨鏡。他駕著一輛全新的「自由光」（Cherokee）吉普車，載著妻子和女兒從陽高縣城過來這裡。在我們談話的時候，他從手腕上取下一串沉沉的念珠，開始用拇指和食指安靜地撥弄、計算念珠，這個舉動表示他是個佛教徒。

「你看到了嗎？」他指著廟宇前面的一桿旗幟，上頭寫著「雨順風調」四個大字。這句話字面上的意思，是風和雨都能按照農時而降臨，但是它也是古代兵學經典當中「知時而動」、把握時機行動的說法（**譯按：典出《六韜》：既而克殷，風調雨順**）。「它就是這麼一回事，」張偉說道：「能夠調節我們的生活，所以有效用。」

信眾魚貫進入正殿，李家正在這裡布置準備。許多人往捐獻箱裡添香油錢，捐獻的金額有專人登錄在冊。我從登記員的肩膀後方偷瞄。捐獻者的金額少則十元，不過大多數人捐獻的金額則是這個數字的十倍：在這個仍然仰仗農業的地方，這已經是很豐厚的額度了。

許多香客都想祈求好運。在講中文的地方，差不多在每一座寺廟裡，信眾都是這樣做的：他們在廟外面點香，然後將香插入一具大金屬香爐當中。今天，廟中的大香爐裡翻騰出如雲霧般的滾滾香煙，在中庭氤氳繚繞。接著他們進入正殿，拿了一個長而窄的筒子，通常是竹子做成的。筒子裡面裝著二十四根筷子長度的竹籤。每支籤上頭都有符號，可以對應解籤書中的章節。信眾先叩首，然後從旁拿起籤筒搖晃，一直到有支籤掉出來為止。求籤者將抽出竹籤上的符號，拿去與解籤書上的記載進行查對，有時候會因為求籤者的年齡或流年而稍做修正。之後求籤者就會領到一張載有運勢的紙條。它是以非常稀有、詩一般的古典文言寫成的，有時候必須靠解籤才能明白其中含意。

在崇祀胡龍的靈源寺裡，解籤的工作由三位年長的男子負責，他們坐在靠牆的長凳上，抽菸、閒聊，一邊收拾著被翻得破破爛爛的手抄本解籤書。這本解籤書的歷史可以追溯到十九世紀初期，在文革時期用油布包好，埋在豬圈裡，因而得以倖存下來。當這三位解籤人遇到難解的籤詩、連他們也無法解釋時，就會差遣一個人去找一位年紀更大的老人，他就住在廟的後面。

「他很老，」三位解籤人其中一位跟我說道，「但他見多識廣。」

「他年紀很大，」另一位解籤人插話道。

「很老了，」第三位解籤人說，一面還肯定的點著頭。

李家開始演奏〈上香樂〉，這是一闋曲折、冗長的曲子，長度約二十分鐘。它從吳美吹奏「管子」開場，樂聲輕輕飄過正打著節奏的鼓、鈸，還有兩支笙。

隨著音樂節奏加快，人群開始湧入。李老先生大概是人群中年紀最大的一位，但他也是樂班子裡最有活力的，他的鈸聲像是在督促著其他人。李斌手中的笙發出尖銳的聲音，他的手指在樂器根基部位鑽出的孔洞上飛快的前後移動。吳美將他的管子推向空中，彷彿朝著上天吹奏。他閉上眼睛，手中樂器的聲音穿透鼓、鈸和笙，就像爵士樂手在樂曲的節奏部分時展開即興獨奏。只不過，他不是在獨奏；這是一闋經過精密編寫的作品，旨在打開天門，讓祈求的信眾、燃燒的香燭、裝飾的彩旗，以及信眾對於未來的祈禱，能夠從人間上達天聽。所有這些，都在這座破舊的小廟裡上演，在這短短的幾個小時裡，它已經變成直達天聽的入口。

接著來到全場慶典活動的最高潮。胡龍帝君從廟裡被請出來，安放在一座轎子上。在這座長與寬都是二十英尺的中庭廣場上，現在安放了四個方位，第五個位置居於中央，就像是劃分傳統中國地界的五嶽聖山，或像是北京城內外崇奉碧霞元君的五座廟宇。每個方位都豎著一根桿子，上頭黏貼著紅紙，紙上用老式毛筆字寫著墨色大字。它們標明了四個方位各自的神祇，中央位置代表的則是北極星。

袁利山和李家兩個樂班子也走到廣場上奏樂。他們逐個走過四個方位，然後在中央停下，再循原路逐個退回去。他們色彩斑爛的袍服捲動著，直到退回最先開始時的方位才停下來。管理人袁先生很快地在桿子前面擺了張小桌，充當臨時祭壇。一位廟中耆老長者此時走向祭壇前，跪下叩拜。他身穿棉質藍色長褲，白色套頭寬上衣，赤足。和前面那位神婆不同，他沒有說話，或和任何人致意，但是他的雙眼瘋狂地骨碌碌亂轉，嘴巴則一直保持張開的狀態。圍繞在一旁的信眾群情洶湧，就像是鬥牛場上期待見血的觀眾。

袁先生給了那個陷入瘋狂狀態的老人一捆黃紙，後者立刻拿去點燃燒化了。可是他並沒有將這些點著了的黃紙放在什麼容器裡；現場沒擺放任何盆皿。相反的，他將黃紙拿在手上，讓火焰吞噬掉紙張，直到燒盡前一秒鐘，才拋到廣場的沙土上。夏末的陣陣微風開始將這些黃紙吹走，但他用雙手把它們抓回來。他動作輕快的碰了一下紙，然後從燃燒的高熱裡縮手，直到它們全都燒成灰燼。

接著袁先生拿來灑淨聖水，潑灑在中庭裡。那位起乩的男人點燃一炷香，插到桿子上，然後在黃土上磕頭叩拜，黃紙的灰燼彷彿有生命似的，在他身邊迴繞旋舞。於此同時，兩個樂班子在他身旁兩側一字排開，隨著他的動作，演奏起一闋名叫〈種者無名〉的曲子。

袁、李兩家的道士們再次繞著中庭方場巡行，在下一根桿子前停住腳步，然後吹奏一闋名為〈十滅罪〉的曲子，而這時那位起乩的年長村人則又一次走向前去，點燃更多黃紙，徒手拿著讓它焚燒，按住紙張，點燃一炷香，跪拜磕頭，然後跪著祈禱，一直到曲終樂止。接著在四根桿子、也就是四處方位前，都重複一遍上面的各個動作。最後，他們在廣場中央、代表北極星的桿子前完成儀式——北極星是天的具體象徵，永恆地為人們指引方向。袁利山拉出一根繩子，而一面錦旗隨即在桿子頂端招展。錢幣和糖果一下子撒得整個廣場都是。孩子們跑出來撿拾，群眾們大聲鼓掌、吶喊。

人群裡有不少人正在錄影：前頭的人運氣好，能夠穩穩地拿著他們的手機拍攝，那些在後排的人，就只好盡量拿高手機，想盡辦法拍到一些畫面。頭頂的烈日與持續的陣風，溫暖的土地和貧瘠的環境，傾圮的圍牆與柵欄裡開出的向日葵——所有這一切，讓我們感覺彷彿置身在另一個時代：人們乍然意識到，自己的民間風俗正在消失，於是他們想要將它紀錄下來。而我身在這裡，是的，沒錯，我真的在這裡，回到二十一世紀的第二個十年，回到了一個所有事物都已不同的時代——這個為了未來而搶救過往的時代。

午餐後我們在李老先生的宅子裡休息，然後在大約四點鐘的時候回到慶典，但是活動已經快要結束了。在演奏了兩首終曲後，樂師們匆匆地收拾一下，然後就離開了。在中國，在活動場合上總是會發生這種情況。事前的期望和氣氛的醞釀才是重頭戲。活動本身則總是讓人感覺敷衍潦草，結束的時候又匆忙輕率，使人尷尬難堪。

桿子上的錦旗垂下。日頭西斜，大地正在降溫。很快的，靈源寺就會再次成為一個隱密難尋的小廟，沒有交通堵塞來標定它的位置。這場慶典像是一次龍捲風，它呼嘯聚成，轟隆來襲，然後消失得無影無蹤。

第五部——中秋

元宵節，是一年之中的第一次滿月，月亮的頭一次大露臉。但是月亮最受慶祝的節日，卻是七個月後的現在，秋季，陰曆八月十五。這個節日就是中秋節，中國傳統曆法裡第三個、也是最後一個節日。

關於月亮的傳說故事很多，不過其中最知名的一個，是講述一位偉大的箭手（譯按：后羿），射下終日掛在天際的九個太陽，從而拯救了世界的傳說。作為回報，他得到了一種長生不老的藥水，並且登基為王。可是登基後的作為證明他是一位暴君，他的妻子喝下了藥水，讓他無法長生不老。盛怒之下，他追趕妻子，試著用弓箭射殺她，但是她帶著自己的寵物玉兔，一起飛升到月亮。現在這隻兔子自身就是一位神祇，稱為「兔兒爺」。這是一隻嚴厲而好戰的動物，牠目光兇猛銳利，使用杵和臼混合調製藥物，以拯救瘟疫之中飽受苦難的人們。在月亮表面，牠的輪廓清晰可見。

今年的中秋節，落在節氣「秋分」之後。此時的地球已經完成繞太陽公轉的一半，或是一百八十度。接下來的節氣，分別是「寒露」和「霜降」，預告著一個更嚴酷的新時期即將展開。

月亮是孤單寂寞的象徵，而長期以來，中國的詩人一直用月亮這個意象，來反映出當我們獨處之時（無論是默哀還是思考未來），心中出現的那些平靜、有時讓人不安的各種思緒。在八世紀唐朝詩人張繼的詩作〈楓橋夜泊〉裡，則描繪了這樣一幅景象：一個旅人，在停泊岸邊的客舟中深感自己形單影隻，秋季臨近，月亮落山，寺廟的鐘聲響起。千年以來，這首詩激發了整個東亞地區多少人的詩思靈感。一直到今天，來自中國、日本與韓國的遊客，還是會到蘇州這座江南城市，來看看這座寺廟，親自聆聽鐘聲。上面這些翻譯，是由美國佛教徒比爾・波特迻譯為英文。他是一位隱士型的學者，今年初的時候，我拿了一本他寫的佛教著作送給倪金城，他很感興趣。波特在翻譯時不加標點，好讓詩中的意象一起流動，就像人世時光匆匆流逝，只留下了千古悠悠的鐘聲：

月落烏啼霜滿天，
江楓漁火對愁眠；
姑蘇城外寒山寺，
夜半鐘聲到客船。

第十八章
修行：學習打坐

我在凌晨五點鐘醒來，爬上山坡，朝寶塔方向而去。[1]凌晨時分的月色圓又亮，讓原本熟悉的景物也蒙上了陌生的光影。月光在道路的瀝青上留下陰影，那彷彿是超自然的光線，隱約閃爍著光輝。這條路是從山側新開闢出來的，斷崖上暗紅色的土壤流失下來，到村莊，到寺廟，到堤壩上頭，它的水份彷彿試著要吸收光線似的，是深沉、閃爍著反光的藍色。

沿著路又走了二十分鐘，在前面看到了寶塔：這是一棟有著尿騷氣味的混凝土建築。與周遭景色相比，它很礙眼，不過位置絕佳。從寶塔屋簷下看過去，整座村莊的身影一覽無遺，灰白色的月光映照在村裡建築白色的牆壁上。鄰近處是一座崇奉黃大仙的道教廟宇，接下來的十天裡，我們每天都要在這裡見兩次面。這座山的山勢向北隆起，從而讓村莊不受風雨的侵擾。山脊高低起伏，像緊繃的肌肉般起張起落。岩壁旁的山洞通往地底深處，形成自我修行隱居的寧靜場所。出了洞外，景色豐富而柔和，讓人拋卻煩惱。我終於明白，為什麼一千七百年以前，人們會在這裡建這樣一座黃大仙廟。

黎明破曉，公雞啼叫。雲層聚集成形。旭日從山巔升起，和殘月並存於天際，後者的身影漸漸褪去，但是兀自不肯退場消失。天色漸成亮黃，有一架飛機在頭頂呼嘯而過，往鄰近的江南城市而去：它的目的地可能是蘇州、杭州，或者上海。噴射機引擎漸遠的轟鳴聲，後來淹沒在寺廟於五點半時響起的晨鐘聲裡。鐘聲低沉，像鑼一樣鏗鏘有金石之音，在山巒間迴響，停下，然後在它傳遍岩石、草樹和人們時回聲反響。這緩慢而悠長的鐘聲，告訴我們該開展新的一天。

一九八六年，這座山的山腳下，有一位住在金華的女子見到了異象。她知道有一位大師，正離開他原來位於遙遠山嶺中的隱居處，動身到這裡來。就和好幾百年以前的黃大仙一樣，他將在這座山的山洞裡靜坐冥想。他會在此臻於完美，然後出山教導一般民眾，協助將古老的技藝傳播出去。正如這名女子所預見的，有一位時年三十七歲的男子，在幾個星期後來到這裡，並且表明：自己是追尋精神之旅、已來到最後一階段的人。他的名字是王力平，而數十年後的今天，他又重回這座山谷，傳授長生不老之術。

＊　＊　＊

在法輪功於一九九九年遭到當局鎮壓之後，多位氣功大師也隨之從公眾的視線當中消失。不過到了二十一世紀第二個十年開始之時，政府看待傳統宗教的態度有了轉變。宗教從原來被視為迷信，或是製造動亂的因素，現在搖身一變，被看作是道德和社會凝聚的泉源。二〇〇八年起，王力平開始在黃大仙廟裡公開授課，大約有兩百多名學員參加。

秦嶺教我打坐冥想，而王力平則是她的導師。他的相片就放在我們練習冥想房間裡的書櫃上。為了和這位大師見面，我在去年參加了靜修課程。到了這時，參加的學員人數已經大幅上升到五百名，當中許多人似乎也出現在秦嶺播放給我們看的那部一九八〇年代紀錄片裡。這裡有一名男子，用蹲姿走來走去，像俄羅斯舞者一樣，把雙腿伸到自己面前。另一個人則是全程倒退向後走，從我們下榻的旅館到寺廟，一路上都在跌跌撞撞。有一位女子拖著她那半神智不清的母親來參加課程，盼望王力平能治好母親的病。一名自閉症少年在靜坐冥想時突然嚎叫，等到王力平在他的頭顱上針灸之後才安靜下來。還有一位老太太給了她親手縫製的鞋墊，以及製成薄板的王力平照片，他的頭上還有一圈曝光過度的痕跡。「這是他的龍魂（dragon spirit），但是它太亮了，放不進影片裡，」她這麼告訴我，順手把一份照片拷貝塞到我手裡。這老太太就是那位預言王力平將來到的人，她非常希望能講述這個和王現身有關聯的奇蹟。這是個粗糙、原始的場面，像是一座中國式的露天電影院，有著無止無盡的臨時演員，卻看不見有什麼指揮動作。

這一年的氣氛比較冷靜，但是在某些方面卻更引人注目。一位與王力平非常接近的人士告訴我們，奇蹟的年代已經過去了，而現在是一個「傳統文化」的時代——這個概念相當明智，因為它站在政府政策正確的這一邊。在中國，長期在檯面下活動並不是智慧之舉，特別是新上台的領導人立場堅定不移。當前的世道對於傳統文化是支持的，因此政府官員受邀前來。為了因應新的時代來臨，位於金華山的這處靜修地大舉改頭換面、重新自我包裝：原先那些活像《低能走路部》的人們，現在待在家裡，而期望以信仰治療疾病的信眾，也沒有在公眾面前現蹤。然而還是有五百名學員參加課程。和我一起打坐冥想的，有律師、生意人、音樂家、畫家，以及電影製片者。這場活動和大部分中國的宗教生活一樣，全由志工籌辦；他們放下手邊工作前來，只為了要使整場活動順利進行。他們來到這裡，並不是為了觀看某個人從手中噴射出能量，或是懸浮在空中（雖然真的要演示這些特異功能的時候，很少人會反對），而是要重建他們的精神傳統。

我們在寺廟場所裡舉辦活動，反映出政府的批准與支持。當初黃大仙原本是在地的一個牧羊人，後來在周遭的山區洞穴裡打坐冥想。之後他被神格化，並且成為道教眾神祇中最廣受歡迎的一位，在海外華僑社群當中，香火尤其鼎盛。在香港，黃大仙廟規模極為宏大，連立體高架道路、地鐵站和一處社區都以「黃大仙」來命名。位於浙江金華的祖廟，原來在文革期間被搗毀，之後於一九九〇年代時，在香港資金的贊助下重建起來。新建的金華黃大仙廟和中國許多重建的新廟一樣，都是「現代化的過往版本」。廟裡的道教元素可說是一應俱全：正確數量的燭台、安放水果供品的大碗盤、香爐、仙鶴雕像、雕工精細的木質神龕供桌、以及牆壁上的壁畫。然而廟宇的規模碩大無倫：正殿挑高竟達一百五十英尺（約四十五點七公尺），當中安放大量的廊柱，以及一尊手持長生仙丹的黃大仙巨型塑像。整座宮廟金碧輝煌，但是感覺像一輛還沒有發動過的新車。

我們的靜修課程就是一次試用這輛新車的實驗。本來道教儀式通常是這樣的：穿著五顏六色袍服的男女主祭，或朗誦或吟唱以文言寫成的祭祀文字，而幾乎沒有人能夠聽懂。他們在祭壇前做各種具備高度象徵性、卻隱晦難解的舉動：躬身、跪下、磕頭、旋轉身體——用意在於潔淨聖域。接著他們開始祈請，內容像是請求神祇的幫助，或是請求神明給鄉里賜下平安。這些儀軌都相當美麗，卻神秘難解，許多道教人士希望能改變。

因此，一改從前繁複難懂的儀式，站在門口歡迎我們的，是一位戴著眼鏡的五十四歲音樂家，名叫郭林安。他遞給我們幾張配上歌詞的樂譜，歌詞是十三世紀的詩人白玉蟾所做。白寫了一首名為〈道情〉的詩，郭林安將它譜成歌曲。我們在神像前空地鋪上厚厚的草蓆坐墊，而郭林安則坐在祭壇前，一架電子琴旁邊。單是看到這架電子琴，我就感到非常震撼；在這些年來我拜訪過的林林總總各座宮廟裡，從來沒有見過這類現代樂器。我們要像唱基督教復興教會運動的詩歌那樣，齊聲一致，引吭唱出這首朗朗上口的詩歌。問題是，沒有人知道該怎麼唱。我們先是囁嚅地念了幾個字，然後郭先生起來打斷。他起身說話。

「來，大家聽我怎麼唱，」然後他以宏亮的嗓音，唱起這首歌。之後，他用西方音符把這首歌重唱一次：「do-re-mi-mi-do-rei-mi, do-do-do-rei-mi。」「就像這樣，」他敦促團體，並且在電子琴上自彈自唱。人們開始點頭，隨即一起合唱道：

白雲黃鶴道人家，一琴一劍一杯茶，
羽衣常帶煙霞色，不染人間桃李花。
常世人間笑哈哈，周遊四海你為啥，
苦終受盡修正道，不染人間桃李花。

常世人間笑哈哈，爭名奪利你為啥，
不如回頭悟大道，無憂無慮神仙家。
清靜無為是吾家，不染凡塵道根扎，
訪求名師修正道，蟠桃會上赴龍華。

聆聽這首合唱曲像是置身在教堂裡，我開始覺得這才是重點所在。我們應該要參與其中，而不是站在後面，敬畏地看著主祭的道士。這讓人回想起百年以前的救贖集社，以及一九八〇與九〇年代的諸位氣功大師。他們也曾經試圖推動中國固有宗教的現代化，但是遭到國家力量的挑戰，並且遭到壓制，因為國家不認為宗教有一席之地。現在我們身處在一座政府支持的宮廟裡，即將獲得政府的祝福，這是一個新時代降臨的象徵。

詩歌唱罷，政界的領導們站起身來，對我們的靜修課程給予祝福。廟方很精明的在入口處張掛標語，宣稱「熱烈歡迎十八大三中全會——學習健康文化——服務和諧社會」。官員們即興地重複這些咒語。他們是一群模樣平凡的漢族中年男性，在政府裡主管宗教事務，分別代表統戰部、地方政協、以及省社科院等機構。每個機構的代表官員，分別按照其所屬機構在政府階層裡的高低位置，輪番上台致詞。這些致詞幾乎完全一樣。其中一位官員在短短兩分鐘的致詞裡，竟然提到「和諧社會」五次，「科學發展」達七次之多。這些口號屬於當前這屆即將下台離任的政府，在幾周以後即將於黨的全會上被取代。新一屆的政府將會提出自己的標語口號：「中國夢」，來年的靜修課程將會如唸咒般的複誦這句口號。祝福致詞結束，我們對長生不老的追尋正式開始。

＊＊＊

我們的第一次打坐，就像中國所有的公眾活動一樣，本來人們應該保持安靜，但事實上沒有人能安靜得下來：手機來電鈴聲響起、簡訊通知嗶嗶聲、再加上人們笨手笨腳地到處摸索找尋自己的隨身物品。宮廟的大門幾乎無法保持在關上的狀態，因為總是會有哪個人進進出出；在這些人心中，總是可以開例外之門的。既然參加的學員多達五百名，這就表示我們在每一次的課程中都遭受考驗。不過，這種情況引來一個很有價值的見解：打坐冥想與山林隱士之所以在中國傳統裡有著如此顯著的角色，正是因為社會的存在，而不是無視它。試想：要不是你到山裡，坐在一處石洞內，你還能怎麼擺脫這種以自我為中心的喧囂呢？不客氣的說，我認為這或許算是道教思想的一種結果，也就是每個人都是造物主的縮影。如果我自己就是一個小宇宙，那麼其他人的安寧與否與我何干？

一個小時過後，大殿裡終於安頓了下來。陽光很美，宮廟被溫暖的光芒照亮。我又想到這座宮廟的風水規劃；必定有某人知道陽光會像這樣在天空移動，而在正確的方位建造了宮廟。最簡單來說，這只是因為建築的方位朝南而已。不過這也讓人感覺，彷彿宮廟是躺在一條巨龍的懷抱裡，既能為它遮風擋雨，卻又可以為宮廟帶來溫暖。

又過了一個小時，我開始感覺自己全身發熱，而且頭暈目眩。因為前一天我才剛感冒，所以現在非但沒有放鬆，全身還出了大汗，而且覺得自己快要暈過去。我努力讓自己鎮定下來，戴上眼鏡，拎起鞋子，然後蹣跚地朝右邊的一排廊柱處走去。一位在王力平課程授課多年的資深講師走了過來，問我是否還好。他幫我穿上鞋子。我背靠柱子，喘了幾口粗氣。他過來給了我一瓶水，安靜地敦促我喝下去。我照辦了，而且開始覺得好過了些。現在我成了個以自我為中心的小宇宙，失控地打轉，擾亂到他人的安寧。

本次課程接近尾聲，所以我到後面坐下，然後觀察。我們每個人都領到一套棉質藍外套和長褲，整個團體因此形成一種使人賞心悅目的整齊一致。大約有一百名學員分成十幾排，坐在祭壇前面，祭壇後方就是十英尺高的黃大仙塑像。神像的每一側都各有十幾排，每排二十人。大約有一半的學員和我一樣，努力掙扎想要盤腿屈膝坐定。我本來以為只有西方人才有這類問題，這樣想自然是錯的。如果你在城市裡長大，總是坐在椅子上，使用西式馬桶，那麼你大概沒辦法蹲踞或屈膝盤腿。生活方式已經產生改變，當代許多中國人做不出這個姿勢。

課程結束前十分鐘，王力平的助理們開始在大殿裡巡迴查看眾學員的狀況。我看得出來，很多人都做得很痛苦。打坐對體力而言是非常嚴格的考驗；我很好奇到底有多少人可以真正做到。這當中突顯了一個矛盾之處：內丹功被宣傳為一種「養生」之術，但是實際上王力平和他的弟子們不斷提醒我們，你必須要有健康的身體方能修習。它不像打太極拳那樣柔軟而讓人愉悅；實際上，你的身體根本很少挪動。這是一項內在的修煉，旨在淨化自己的身體。要達成這個目標，身體必須做出犧牲。

但是同時我也注意到，有些人在那裡穩穩地打坐，彷彿巍然不動。有一位老女士像岩石那樣一動也不動，但是呼吸非常輕柔。秦嶺曾經說過，姿勢是最重要的，挺身坐直代表你身體內的管道全都開啟，你的內在會因此放鬆下來。這就像成都青羊宮裡，大家一起朗誦《道德經》：身體的動作能幫助理念的內化。

＊＊＊

這第一堂課確定了之後的靜修模式。我們都會以合唱那首〈道情〉作為開場。這首歌是郭林安唯一譜曲的作品，真正受歡迎的流行道教樂曲還在等待他作出來。接下來王力平本人，或是他的助手，會在上午和下午各講授一個小時。每次講解結束後，我們就打坐約九十分鐘。之後我們開始用餐。晚間時間有一些課程可供選修，學員也可以自行修習。

王力平的講授內容雜亂無章，幾乎派不上任何用場。學員當中能力高低各有不同，差異很大。這有點像一所只有一間教室的學堂，將從幼兒園到研究生各式各樣程度的學生，全部聚在一室，由一位古怪的隱士授課。不過可堪慶幸的是，我們都領到一本厚達八百五十頁的《道藏》，而且還有助教在晚間開設的速成補習課程，幫助學員度過難關。然而從某種意義上來說，王力平的講授能力如何，其實無關宏旨：他是一代宗師，我們在這裡，就是因為敬畏他。對真正的信徒而言，王在這裡現身就是意義之所在。

不過也有那麼幾次，王力平會精神抖擻地帶大家打坐，據他的弟子說，這是他習以為常的教授方法。有天早上，他解釋為什麼大多數道教的修煉技藝都源自丘處機。這位十二世紀的道士，曾經長途跋涉來到中亞，親睹成吉思汗的尊容。北京的白雲觀，以及具有同樣重要意義的宗派全真派，也都是丘處機創建的。王力平指導我們研讀丘處機關於自我修煉途徑的文字。他要我們翻到第一四九頁，要我們看一則圖表，上頭顯示了人的身體和宇宙間的關係。

他說，道教通常談到世界分成三大部分，即天、地、人三界。這三界與人身體的三個主要部位若合符節：頭顱、胸腔、以及下身軀幹。我們的神識魂魄存在於頭顱（上田）之中，我們的氣（炁）則在胸腔（中田）進出，而我們的精華本質，也就是保持我們生命的各種力量（凡人擁有的極其有限），則存在於我們的下身軀幹（下田）之中。他接著又解說了若干理念與概念。在我周圍，有很多學員用主辦方發給的小日記本抄筆記。有些人高舉手機，將他的講課內容錄下來，而有更多的人早已經將錄音器材擺在他近身處的一張桌子上。這些方法我也全都做了，為了保存他講述如何拋卻物質世界的方法，而在數位錄音器材的記憶體裡累積大量信息。

不過，大部分的時間裡，王力平都在那裡漫無頭緒地閒談，內容則難以理解，而某些他的資深弟子對於他貧乏的教學內容，以及財政收益方面的暗潮潛流感到惶恐不安。自從法輪功運動遭到當局鎮壓之後，除了金華的靜修課程外，所有的類似課程都是在他的家鄉（或是在歐洲）私下開設，只傳給少數門人。這些課程要價不菲：在大連和他上一星期的課，收費美金五千元。有些學員說他似乎貪慕物質享受：他擁有一輛賓士廂型多功能休旅車，以及一架萊卡（Leica）牌照相機，而他完全不知道該怎麼使用；他還不停地談論金錢。在金華開設的靜修課，收費價格相對便宜許多：為期十天的課程，包括食宿，要價五千元人民幣，或約略等於八百元美金。如果考慮到光是學員住宿房間每晚的租金即要五十元美金，這樣的收費算是相當合理的。主辦方確實拿到比較便宜的價格，不過他們還要提供每天的三餐。如果你將每天八十美金裡的五十元算成食宿費用，那麼這就表示王力平每天的兩次授課只收取三十元美金。當然這個數字還要乘以五百，但是他有成本支出，比如支付助手們的交通費用，可能還要付一筆錢給廟方。是否因為利潤微薄，他才不肯用心授課？在跟隨他很長時間的資深大弟子裡，有些人私底下咬牙切齒地批評，說他成天都和一些有錢人在一起，有許多筆款項收入的來源都十分可疑。

對於王力平這個人，我無意遽下評斷。他仍舊非常有魅力，年紀大概六十出頭，全身上下修飾整潔，剃了個平頭，眼神清澈銳利，作為課程的主持人，他充滿了熱情與活力，但偶爾也會流露出出奇的尖銳。有一次我們在一座岩洞裡打坐，我必須要提前離開。大約打坐了半個鐘頭後，我在冥想中見到了已經過世十年的母親。哀傷的情感在我的身體裡湧動，幾乎無法控制。我試著將注意力集中在呼吸上，但是一點效果也沒有。十分鐘後，我摸索著自己的手電筒，收拾起個人物品，舉步蹣跚地走出岩洞，重見天日。當時我坐在洞口，不住地吐著胸口中大氣，這時候王力平來了。他向我致上問候，我們便談起方才我在冥想中見到的事情。

「這不是問題，這是好的。它必須出來，」他說：「你應該把它寫下來。」

隔天在授課時，他沒有提及我的故事，或是任何具體的細節，但他說冥想有時候會帶起某些痛苦的回憶，而我們應該嘗試藉由反省來面對它們。這番話讓我想起榮格為《金花的秘密》所寫的導讀文章，他認為靜坐冥想能提供人們一個機會，得以時常安靜的內省，這在今天實屬難得。接著王力平說道：「大地是我們的母親，當我們進入這處岩洞裡，我們就是回到了母親體內。我們進去，當我們出來的時候，我們就得到了改變。我們是怎麼改變的，這很難用言語說明。用你的耳去傾聽山的舉動和話語。去傾聽大地。你可以聽見它的移動。這很美麗。去想想你自己的父母。無論你發現了什麼，都沒有關係。它們都是值得你去認識的事物。」

＊＊＊

一九八九年天安門事件之後幾個月，某種奇蹟出現在陳開國這個人的身上。這位當時五十五歲的男子，之前一直在國務院農業部工作。農業部可以說是鄧小平推動經濟改革的第一線單位，中國改革開放時代好幾位最敏銳的人才都出身於此，其中包括翁永曦，這位傑出的農業經濟專家，曾經和習近平與劉源一起，作為柯雲路小說《新星》主人翁的原型。《新星》是講述一位聰明而年輕的官員，如何與地方農村各種根深蒂固的利益較量的故事。雖然陳開國的年紀比起天安門廣場上大部分的抗議學生都來得大，他仍然參加了示威抗議，大聲疾呼，要求政府更加民主和清廉。由於他不是發起運動的主要人物，因此後來遍及整個政府的整肅運動，對他沒有造成任何衝擊。不過，和許多官員一樣，在等待黨的紀律檢查組將潛藏在機構內的民運人士揪出來、使得黨的控制更加牢固的同時，他無事可做。陳開國發現自己和一位年輕的同事挺有話聊，他的名字叫鄭順潮。鄭才剛從大學畢業，兩人相差了二十多歲，不過他們還是交上了朋友，特別是當鄭順潮告訴陳開國，自己見著了一位了不起的人物時，更是如此。他見到的大人物，就是王力平。

鄭順潮所說的故事，情節大致是這樣的：王力平還是個孩子的時候，某天有三位道士裝扮成乞丐模樣，到他家叩門。王母的宗教信仰十分虔誠，款待這三位訪客，為他們提供食宿。接著他們就表明真實身分，並說他們是奉派來傳授王力平道教技藝的。王的雙親同意了。於是這些人在鎮郊租了一間農舍，王力平每天放學後就到那裡去，接受有時近乎殘酷的訓練。為了確認他的姿勢正確，這些道士把他五花大綁，或是強迫他在地窖裡打坐。光陰荏苒，他已能夠一連打坐好幾個小時。當文革於一九六六年爆發之時，這三道一童四人組進入山區，在農村的高地徘徊流浪，看著下方山谷的城鎮被政治動盪和混亂給吞噬。到了一九八〇年代，王力平已經公開傳授這一度諱莫如深的技藝，而且有大量的追隨者。

陳開國這時已經看出，既然政治行動已是不可能，那麼這種更強調精神層面的走向便帶來了希望。他深受吸引，開始將鄭順潮所講述的一切全都寫下來。很快的他們有了一個想法：何不把王力平的故事寫成書，然後出版呢？他們致電王力平，得到他的同意。接著陳開國便聯繫他在官方出版社裡做事的朋友，出版了《大道行：訪孤獨居士王力平先生》。這本書後來多次再版，即使到了今天，同樣很受歡迎，市面上甚至有裝訂影印本販售。

陳開國與鄭順潮也上山來參加靜修，而且和我們碰面。我們的談話主題，很快就轉向奇蹟上頭。靜修班裡有位銀髮銀鬚的老年人，問我們該如何理解《大道行》這本書？雖然王力平的故事裡有某些撼動人心的奇蹟，但它仍然相當難以令人信服：真的有三位道士，在王的老家附近，一連多年對他施以訓練嗎？還有，王在少年時期，真的和這幾位道士在山陵谷地間徘徊流浪，一面躲避紅衛兵的禍亂，同時還一面學習道教的法術、努力做善事嗎？

「我跟別人說我在讀這本書，好，他們、他們說這不是真實的故事，對吧？他們說這有點像神話寓言或什麼的，」銀鬚老人說道。

陳開國和鄭順潮一起，坐在房間前排正中央的位置。他現在已經七十一歲，頂上毛髮稀疏，戴著眼鏡，有一種老共黨官員猶豫不決的神情：因為經歷過這麼多政治運動，弄得他現在不再確定自己的想法裡，哪些可以說出來。他把問題推由鄭順潮回答。

「耶穌有沒有被釘上十字架，我們同樣不能證明，不過這並不能阻止基督徒去信奉祂，」鄭順潮說道：「從前我對證實這些奇蹟很感興趣，但現在我明白這不是重點。」

此話一出，室內頓時流露出一股贊同的氣氛。

「我可以看見他身旁有一層彩光。」

「我在睡夢中修煉，見到王力平現身。他進到我的臥房裡來，還和我說話。」

稍後，我和陳開國單獨談話。他已經和這個運動斷了聯絡好些年了。儘管已經不再參加示威抗議活動，他還是覺得首都的政治氣氛相當低壓。他和許多人一樣，選擇遠遠避開，到深圳的經濟特區去做生意。陳在二〇〇二年下崗退休，在七年之後，也就是金華的靜修課程開始時，才又和王力平恢復聯繫。現在他正在籌畫《大道行》推出新的版本。

「現在我們要做的，是強調傳統文化，」陳說，「那個奇蹟的年代已經過去了。」

＊　＊　＊

不管什麼時候，每當我懷疑王力平時——質疑他那語焉不詳的教誨，以及優渥的生活——我都提醒自己，他激勵了很多人。王力平讓這一切全都成真——不單是在這座宮廟裡舉行的靜坐冥想課程，更還有像郭林安先生這樣的人，得到將道教樂曲現代化的機會。如果要說王這個人有若干缺陷，他畢竟開創了一個平台，讓許多本性良善的人可以用新的方式和管道，探索傳統思想。這似乎是一項了不起的成就。如果說他有本事替俄羅斯的大富豪們開設特別專修課程來賺錢，好吧，這不算是什麼鼓舞人心的作為，但是這樣做和其他諸多宗教牟利的方式，似乎也沒有太大的不同。

在王力平的圈子裡，出現一顆耀眼的明星，就是他的首席助教沈志剛。沈現在年紀五十出頭，在談到自己的時候小心謹慎、語帶保留，可是等說到外丹功時，卻又眉飛色舞。沈志剛是中國西部的一位工程學教師，他在一九八六年時初次見到王力平，當時他還是西安交通大學的學生。「他身上的光環太明亮了，所以我心裡明白，這是個不得了的人。我想要知道他所知道的事物，」有天沈這麼對我說道。

從那時開始一直到今天，足有三十年的時間，沈志剛都在王力平開辦的道教內功修煉班裡任教，傳授包括《太一金華宗旨》等著作在內的典籍。在我們的靜修課程裡，他是一位志工，在晚間開設的課程很受歡迎。這些課程長約兩個鐘頭，裡面擠滿了一百名學員。沈志剛開的課之所以大受歡迎，是因為他能為王力平那些晦澀難解、殘缺不全的訊息梳理出完整的脈絡，補充闕漏的部分，而且還能以我們都能懂得的語言向學員們講述。

然而我覺得最受用的地方，在於他願意作出直接了當的結論。有天夜裡他聲稱，中國是當今世上唯一還有生命力的古文明。他說，在今天，還有多少希臘人和埃及人，能夠讀懂他們的古代經典，或援引他們的古代修行？

反觀中國，語言文字與古代大致相同。學習經籍中的文言文並不容易，不過所有學校依然以文言文教授學生，而且學習文言文總比西方人學拉丁文來得容易許多。任何有高中學歷程度的中國人，只要具備一點耐心，也能吃力地讀完一整部經典；事實上，像李斌這樣的道士，正是這麼做的。他們當中有高中文憑的人寥寥無幾，但是他們卻能掌握用詞艱深的典籍。

「在西方，大部分這類的知識都已經失傳，或是被隱瞞壓制了，」他說，「但是在中國，這些正史記載之前的知識，都透過道教而代代相傳下來。」

沈志剛的這番話，並不是完全正確，因為若干新時代運動的思想，就是得自於基督教興起之前的信仰。不過總的來說，他說出了一個重點。在今天的希臘，沒有人能夠藉著閱讀古希臘經典來重建古雅典人的宗教生活，可是在中國，這卻是千真萬確正在發生的事。人們以孔子著作的理解來建構學校的課程，並藉由朗誦《道德經》來啟發靈感。他們摘引《詩經》中的句子來鼓勵孝道，爬梳如《太一金華宗旨》這樣的上古典籍，以找尋指引冥想的線索。西方人通常說中國的文化是如何的淪喪，或是中華文明怎樣遭受摧殘，這有部分是因為西方高度重視的是古代的文化結構。然而在中國文化當中，書寫文字居於最高的位置，而且一路傳承下來。

沈志剛的課程是踏入這個神祕世界的旅程。他的言語充滿熱情，用一個又一個旋轉的圖表和箭頭符號填滿授課用的白板。他講述的速度飛快，在白板上畫出人的臟腑、天上的星辰，以及氣的流通路線，他的助教都還來不及擦掉，他就又寫上更多源自於中國古代的文字，彷彿永無止境。

＊　＊　＊

其他的志工則以較為平淡、但是更令人感動的方式，默默為靜修課程付出奉獻。有天，在旅館的接待大廳裡，我遇見了張曉菲，她是個外貌聰明伶俐的年輕女性，年紀還不到三十歲，和我談話時，她把兩歲大的兒子放在自己膝蓋上。她負責靜修課程的報到與食宿安排——考慮到有五百個以自我為中心的小宇宙參加課程，她的任務可說是相當艱鉅。我原來以為她是個地方官員，調派來負責這項工作才不過幾個星期的時間。可是她告訴我，平常是在鄰近城鎮裡一家保險公司上班。

她的穿著打扮非常得體：黑色長褲、紫色襯衫，外加一件黑色西裝，看來既端莊又樸素。她將頭髮梳起攏成一個馬尾，這是個認真嚴肅的人，有著彷彿無窮的耐性，卻能堅持原則底線，從而使她能把事情辦好。她的臉頰上輕輕劃過一道淺而長的疤痕，可能是童年時受的傷，現在卻成了一道美麗的印記。

「我一直是一個信徒，」張曉菲對我說道，一邊把兒子放下來，讓小傢伙自己走，跌倒，然後在光可鑑人的磁磚地板上爬來爬去。「在這裡，有著這段歷史，很多人都到廟裡去。當他們說需要幫助時，我就自告奮勇來幫忙。」

那是在二〇〇九年，王力平重新開辦靜修班的時候。她說，當時她的公司對於她請假不是很高興。秋季是最忙碌的時候，所以公司逢她請假，就每天對她課以一百元人民幣的罰款（約折合美金十五元）。所以她不但是動用自己的十天年假，還為了來擔任志工而付出代價。我說，這真是犧牲。

「不，」她說，彷彿這麼說是用一種狹隘和奇怪的方式來看待這件事。「這是緣分，」緣分這個詞可以和英文裡的命運（fate）對應，也有宿命（destiny）、義務（duty）的意思，或者有時候和運氣有關。「我去做了。這就是我想要做的。」

我也親眼見到每個人——從王力平到寺廟的住持，再到參加靜修班的幾百名學員——對張曉菲是如何的敬重。這必定讓她的生活有了更深刻的意義，而這也使我想起我的父母，他們到我們常上的教會當志工。在坦帕，我的母親一直是在教會服事的資淺管理員，這是一個吃力不討好的差事，涉及許多其他人不願意處理的後勤維護事宜。有一年教會需要更換屋頂，我的母親一連好幾個月都在緊盯承包商的出價，最後為教會省下了幾千美元。我不認為她曾經接受過正式的感謝，但是這份工作讓她自豪。

當張曉菲和我正在交談時，一位身材瘦削的太極大師走了進來。他和張曉菲一樣，都是組織委員會的成員。委員會今天晚間要開會，討論的主題是我們為什麼無法進入金華最知名的岩洞——雙龍洞，並在裡面打坐冥想。根據小道消息，政府裡主管旅遊的單位想要在這裡售門票，而且往後只同意我們在平常對外開放時間進洞。但是這樣安排是行不通的，因為白天時岩洞裡也燈火通明，有紅色、綠色、藍色的燈泡在那裡映照光芒。人們在洞中穿行而過。誰還能在這種環境裡打坐冥想？旅遊主管機關只肯在門票票價上打折，算是讓步。身材瘦削的太極師傅在活動交替的時候，悲傷地搖了搖頭。

「我們只能做到自己力所能及的事，」他說。「在這件事情上，我想我們是無能為力的。」

這位太極師傅穿著一條寬鬆的黑長褲，搭配上身一件以金色八卦圖案做裝飾的衣服。這套外出服裝是天鵝絨布製成的。雖然看來有點奇怪，不過他穿起來自有一股尊嚴氣勢，像是一道徽章，表明他是公認的太極拳大師，身兼地方上太極拳推廣協會的領導人物。他的身材矮小，容貌甚至可以說有些憔悴，可是等他穿上這套金、黑兩色交互輝映的服裝以後，就搖身一變，成了八卦大師、中華文化的捍衛者。要是管理洞穴的這群地方土匪不讓步的話，他便退讓一步，然後在來年時反擊回去。

＊　＊　＊

我在金華黃大仙廟的停留即將結束時，決定再到雙龍洞去試試運氣。一年以前，有一團學員曾經從岩洞的出口處溜了進去，在裡面待了幾個鐘頭，安安靜靜，沒有遊客雜沓的打擾。所以，在某天晚上，我自己跑到那裡，想如法炮製一番，卻發現旅遊主管機關這頭大巨怪已經先我一步進洞了。他們在入口處建造了一座巨大的柵欄，中間有一道上鎖的旋轉門。他們還雇了一戶人家在這裡定期巡邏。這戶人家養了一條狗，牠吠叫、咆哮，作勢上前撲咬。雖然俗話說總有一日，滴水可以穿石，不過不會是今天。所以我離開了。

岩洞附近有條小溪，溪邊蓋了一座混凝土建材的涼亭。我在心裡對自己暗忖：總有一天，這涼亭會翻修成某種木造建築的。總有一天，等每個人都富有了，教育水準更高、遊歷見聞更廣了，諸如此類，這裡的風景會煥然一新的。那天到來的時候，我應該已經不在人世了。

但是我突然意識到：混凝土寶塔那糟透的美學並不是重點，乘著月色，在潺潺溪流邊打坐冥想才是重點所在。這個想法是可行的。一輪明月此刻仍然高掛夜空。溪水潺潺流淌。我應該就此闔上雙眼；誰還需要什麼木造涼亭呢？有此一幕夜色便已足夠。

於是我把坐墊擺在小溪邊的草地上，然後閉上眼睛開始打坐。我可以聽見溪流的聲音，感覺到皎白的月光映照在樹林裡。我的右手邊是一座石塔，我的腳下便是大地。過往的情景，一幕幕湧現在眼前：那彷彿超自然現象般清晰的山路、在黃大仙廟大殿上打坐時的頭暈作嘔、爭辯著奇蹟的人們、臉頰上有一道淡淡疤痕的女子——所有這一切都在眼前翻湧、喧騰，直到心中的螢幕又重歸一片花白為止。我抬起頭來，睜開眼，看向周遭的岩石後方，遠處的一片漆黑。我見到了一道光。我把這道光帶進自己身體，打開自己的心眼，觀想安放在裡面的是什麼。

＊　＊　＊

幾天後我回到北京，收到了一封電子郵件，發信人是在香港的朋友彭鏗（音譯），他在信中寫道：南懷瑾老師已經過世了。接下來的幾天裡，新聞媒體紛紛報導他的火化。據報導稱：他的骨灰當中有五顏六色的舍利子，這是他已修煉出不可思議能力的證明。這些報導沒有在主流新聞網站上刊登，但是它們透過社群媒體到處流通傳播，儼然成為事實。

我打電話給彭鏗，感謝他告訴我南老師去世的消息，並且對他說了靜修班的事。彭鏗在早年時，曾擔任過香港氣功協會的副主席。他很熟悉道教的各種修行。他後來告訴我，為什麼現在他比較傾向南老師提倡的那種禪宗靜坐。

「我在道教的修行裡發覺一個問題，就是花在導引你體內的能量和氣的時間太多，而心從來沒能真正的靜下來。」

他問我，靜修班裡是不是有人像從前那樣，四處跳來跳去，或是做出其他怪異的行為舉動？我看得出來，現在的他對此並不贊成。禪宗打坐更加主流，人們並沒有什麼特別奇怪的舉止。

我說，一切都在控制當中。沒有什麼特別不尋常的事情。

學員會哭泣嗎？他問道。有沒有人覺得被打擾？

還行，我回答道。但是我告訴他，我如何因為面對母親去世的記憶，而不得不中止靜坐冥想的經過。

「很奇怪，對吧？」我對他說。我心裡暗自猜想，他會認為這實在不妙——這是修煉內丹功，結果卻釋放出不受控制情感的例子。

「不，完全不奇怪，」他說。「這是很值得珍惜的經驗。在我們觀想內在的時候，我們不知道會找到什麼。」

第十九章 北京：貧民窟聖域

從北京地鐵新開通的十號線地鐵站望去，分鐘寺一帶看起來一如既往。這是十月裡的一個寒冷夜晚，人們行色匆匆，閃躲地面上的坑坑窪窪、破碎的人行道和地面上滑膩的浮油，水果攤則亮著刺眼的白色燈光。有一股微弱的聲音在空中飄蕩。當我走在街上時，聽出這是鼓鈸正在鏗鏘作響。聲音越來越大。現在實在是太晚了，不應該還有誰在舉辦慶典。此時的聲響只意味著一件事：死亡。

那是倪老的妻子于秀榮的後事，她的離世標誌著香會上一代人物的凋零殆盡。[1]倪老已於六月去世，差不多就在碧霞元君多賜予給他二十年陽壽之後。再過兩個月，祁會敏的丈夫常貴清——就是那個手拿著啤酒，在進香廟會上很友善的人——過世了。現在，又過了兩個月，倪老夫人也離開了。她死於肺癌，病魔在一個月內就打垮了她。

這樣一位重要的女性駕鶴西歸，因此她出殯時，北京十三檔香會全派人來參加了。大家都是自動自發前來的，因為她甫離世，消息就傳出去了，每個人都知道接下來要做什麼。當你問他們為什麼在這裡時，他們看起來很驚訝。因為這是常識。倪老在文化大革命後幫助重建了十三檔會。這是倪老的妻子，他攜手共度六十年的伴侶。現在她要走最後一段路，他們怎麼能不來參加？

「如果你不了解人性，那麼在這個世界上你就成就不了什麼事，」倪老的大兒子倪金城，在那晚稍後對我這麼說：「就連黨的官員也來看我們。他們知道這裡的人們是怎樣過日子的。」

在小巷盡頭一百碼處，現在搭起了一個由輕鋼架構組而成的喪棚，足有二十英尺高，上面覆蓋著綠色的帆布。喪棚前面布置成靈堂，棺材就暫厝在那裡。十位演奏佛教音樂的樂師，環繞著靈位坐定。與山西的李家非常相似，他們也帶來了一尊金屬材質的小佛像：是超渡亡靈的地藏菩薩。有了地藏菩薩的保佑，倪老夫人就能平安地到達彼岸。佛像放在一張桌子上，樂師分坐在周圍的小凳上，他們奏樂，敲鑼打鼓，吹響笙和嗩吶。

棺材周圍有十幾個紙花圈，其上有一個小玻璃窗，于秀榮的身上則籠罩著一塊黃色的絲綢，絲綢上縫著用中文和梵文寫成的佛教經文。裹屍布上微微地透出了她臉部的輪廓。在棺材上頭是一張小供桌，上面有她的黑白照片，周圍擺放水果和香燭。從喪棚頂部懸掛而下的是錦緞絲綢的橫幅，上面有觀音菩薩和彌勒佛等佛教神祇的名號。

我走過牌樓，進入喪棚內部，裡面有一個寬大的用餐區，擺著凳子和折疊桌，桌上覆蓋著塑膠桌布，擺放好筷子和紙盤。在喪棚後面已經臨時布置了一個廚房，六個戴著白色廚師帽的廚師正在準備宴席。

倪金城朝外邊大喊。他和一群朋友坐在牌樓附近，示意我坐在他旁邊。他打扮得很得體，但他的頭髮比以前更加灰白，看上去也十分憔悴。我表達了哀悼，要他節哀順變，並問他最近過得怎麼樣。

「我很累！」倪金城對我說。「但事情就是這樣。你的母親走了，那你就是得累了。」

晚餐很快就開席，我們開了好幾瓶白酒。我想起在之前，我總是拿疲倦、頭痛、健康等等的理由來推辭喝酒——但我看他們從未拒絕別人敬酒。這是儀式的一部分：你喝酒，或者至少意思意思喝一點，特別是在這樣的時刻。有些人喜歡喝酒，但喝酒有時也是人際間表示敬意的方式。他們把塑膠杯遞給我，然後把那透明的液體斟滿至杯緣。

有時候看起來，倪金城就和平常一樣詼諧風趣，有時候卻又表現出深沉的哀痛。他對著我們這一桌的人開了個玩笑，但他食不下嚥。十五張桌子都坐滿了賓客，他逐桌致意，向來弔喪的人們致上感謝，並且對他們敬酒，但當他回來時，杯子裡仍然是滿的。他痛苦地呻吟了一聲後坐下，茫然地盯著桌子。

他的弟弟倪金堂走了過來。「神耳的人，」他低聲耳語道。倪金城的眼睛頓時亮了起來。他慢慢地起身，回答弟弟說：「他們已經到啦。」

在外面，十幾個男人穿著莊嚴的黃色絲綢袍服，好像等待著皇帝駕臨的官員一樣，肅立恭候著。這些人從黑暗中走出來，進入小巷的光亮處。他們分成四組，每組兩個人，在每一組之間是一個懸掛著大鑼的桿子，跟著他們的是幾位樂師，在最前面的則是另一個穿著長袍、戴著念珠的成員，一根桿子從他的後腦勺垂直伸出，然後以九十度的角度彎曲，因此它越過頭頂，像釣魚竿一樣伸到他的頭前面去。懸在桿子上，離他面前三十公分的是一個小鑼。他拿著一柄用紅色絲綢包裹的木槌，期待地盯著幾乎貼近他鼻子前面的鑼。

祁會敏已經站在外面，她的臉上微微笑了一下，算是打招呼。由於倪家兄弟忙著處理喪禮的諸多事宜，所以今晚由她掌旗，她的右手舉著茶會的旗幟。任何一個「十三檔會」香會來拜訪，都會令喪家感到榮幸。但是今晚，這群人更加特別。向陰間的彼岸傳遞信息，是中國喪禮的關鍵環節。如果說，在陽間有人能做到這一點，那肯定就是這一群帶著四把巨鑼的樂手了。

「左安門外聚義同善神耳老會參地藏王菩薩，三參！」其中一個身穿黃袍的男子朝著祁會敏喊道。

團主朝她的方向踏前一步，向前鞠躬，將他手上的老會錦旗按倒致敬。祁會敏手持茶會旗幟，也做了同樣的事，表示回禮。佛教樂班子的鼓手拍響大鈸，這樣是為「一參」。然後他們又做了第二次跟第三次，鈸聲代表著他們相互致敬。

那個頭頂上有個怪玩意兒的指揮，揮舞著他的木槌，敲擊著小鑼，發出微小的砰砰聲。這就是信號：他身後的團隊跟著揮動他們巨大的鑼槌，這個舊社區因為低沉的鑼聲而微微震動：鑼聲不僅是為了于秀榮老太太，也是為我們而敲。我們感受著這聲音，鑼聲的餘響徘徊旋繞，直到指揮再次敲擊他的小鑼，引來更多的回響聲，然後是第三次。這三通鑼聲，三次鞠躬，是三次為于女士和她所屬的十三檔香會而做的致意。

接著，一個幽暗無聲、如鬼似魅般的身影，突然出現在喪棚的入口處：倪金城進來了。電燈泡的光線照在他的背上，由兩個年輕的親戚攙扶住他的腋下。這是喪事裡的規定，為了要讓人們感覺到，要是沒有他們在一旁扶持，喪家家屬就會崩潰。但今天，倪金城是真的哀痛欲恆。他的眼裡淚光閃爍，眼圈沉重，黑得可怕。他的身體下垂。他向「神耳」的人點點頭，微笑致意。他們向前走了三步，團主再次向倪金城鞠躬三次。倪金城點一下他手中的孝杖當作回禮，孝杖是一根用白紙包著的棍子，上面貼有布條，每個白色的布條上，都有手寫的禱文和祝語。

更多的香會紛紛到來，最後所有十三檔會都向過世者的長子致哀。沒有其他任何的表演；這是一場喪禮，武術表演或滑稽短劇都是不合適的。唯一必要的是弔喪的鑼鼓聲響，在附近不停迴盪。

＊＊＊

分鐘寺打破了一條主宰中國城市的物理定律：大城市往往隨著時間的推移，變得愈發寸土寸金。假如你可以倒轉時間，你就能找到這樣的殘破衰敗的空間。又或者，如果你離開北京夠遠，你也會發現這類社區。但這些社群聚落不應該存在於像北京這樣的大都會中心區域；相反地，市中心應該是高樓和購物中心櫛次鱗比才是。類似分鐘寺地方的存在，像是被藏匿在中國城市規劃裡的一顆時空膠囊。這種地方被稱為「城中村」，也就是大都會當中的農村。

最終，這種不協調的樣貌將會慢慢被抹平。小農舍會被現代化的高樓取代。小巷弄變成了林蔭大道。店鋪被購物中心取代。但是當這種情況出現時，某些事物就這樣消失了。雖然小樓房和小巷弄並不算古老，但它們就像老北京的胡同一樣：是從人的角度來設計建造的，所以人與人之間的距離很近。在這裡重建城市舊日神聖的生活方式是可能的。在這個地方，你可以隨意穿過小巷，你的鄰居也認識你。他們在門口擺設供品，左鄰右舍就站在旁邊看。你怎麼能住在一個大雜院裡，卻不認識你的鄰居呢？舊日聚落的精神生活氛圍會怎樣存留下來？它會與過往不同，更加個人化，更接近倪金城私底下的信仰，他會偶爾去妙峰山等寺廟參拜，來表示自己的虔誠。但那只不過是模糊的輪廓罷了；未來終將會慢慢成為聚焦的中心。

出殯的行列穿過街道，就像中國版的紐奧良葬禮遊行一樣。「神耳」鼓吹樂隊領頭走在最前列，敲鑼以提醒所有在附近的人們注意他們的存在。出殯行列莊嚴地慢慢前行，他們的鑼聲在附近隆隆作響。

隨後是一群人攜帶塗上銀漆的紙傘、幾個大型紙紮動物和其他象徵性的供品。一路走來，我們每隔一百碼左右，就在一個商店或一戶人家的門口前停了下來。這些想要向于女士致敬的人家，擺設了小案，為送行者提供用塑膠杯裝好的茶、幾盤葵花籽和橘子。他們這麼做，是為了確保死者在穿越陰間的路上有足夠的食物和飲料。

我們經過了小巷弄最為狹窄的段落，經過為附近的醫院住院家屬提供方便的小旅店、路邊小雜貨店、與紅磚砌成的數棟廉價分租公寓、公寓牆外還懸著樓梯。這些房子佇立在首都這塊土地上，像是微不足道的塵埃，但是在這一晚，出殯送葬的隊伍將這裡變成最為神聖的地方。

月亮在我們頭頂指路，這一輪滿月來得恰如其時，廣寒宮的玉兔盯著我們，牠手裡拿著杵，卻無法提供倪老太太延命仙丹。上個月才剛過中秋節，但今晚的月亮似乎更加明亮，也許是因為天空沒有霧霾的緣故。老天似乎是有心要讓葬禮順利完成，這是對於人們平日裡奉獻信仰、樂善好施的回報。

遊行隊伍來到一個三叉路口。路口發生了小小的交通堵塞。馬路很窄，自行車、機車和汽車都擠著要通過路口。但對於我們這個送葬的行列來說，這一切都無關宏旨。在這十分鐘裡，他們將這個城市裡亂成一團的路口，變成通往另一個世界的門戶。

「神耳」的人首先佔據了路口，穿著黃袍的男人發出噓聲，趕走了一輛想要拐彎到我們所在街道的計程車。司機清楚是怎麼一回事。他迅速倒車，停了下來，將引擎熄火，然後耐心等待。其他車輛可就沒這等好心，他們趕著要通過，而且覺得或許還能穿行。「神耳」的人站在汽車前面阻止了他們，樂師敲鑼，彷彿充滿了神奇的力量：汽車現在在我們的指揮下，而且在這個時候，我們不必快步通行。他們讓交通暫停，淨空十字路口，在路口中心形成一個臨時的廣場。駕駛們只好十分不情願地關掉引擎。

其他香會成員和前來致祭送行的人都到了。他們把攜帶的所有物品都堆在交叉路口的中心。他們扔進紙馬、銀色紙傘，還有剩下的冥紙。圍觀群眾開始聚集。每個人都知道接下來會發生什麼事。

家屬中一個年紀較輕的男子拿出打火機，迅速點燃祭品，火焰轟的一聲吞噬了裝在塑膠袋內的紙錢，火舌在夜空中竄起十英尺高。一名警官經過附近，小心地避開火堆。喪家在晚上於馬路口燃燒物品，事前是否取得許可？他不會試圖去解開這個謎題。

送葬的樂隊成員脫掉袍子。「神耳」的人脫掉黃色絲綢長袍之後，身上服裝突然變成了灰色，綠色，棕色和藍色，就像其他人一樣形形色色：他們是穿著風衣和休閒褲的男人，有著皺巴巴的臉和粗糙的手，摸索著香菸，大聲叫嚷說話。

火堆裡，所有的東西都消失了，甚至連倪金城那根白色的孝杖也是一樣。他把它扔進火裡，很快就灰飛煙滅。當一切都化為灰燼時，儀式就結束了。汽車重新收回道路的所有權，並且駛過灰燼。

我們走回倪家的小巷，突然之間我們就像其他人一樣，又變回一群普通人。我們經過一個小公園。即使在晚上十點，溫度接近攝氏零度，也看得見人們在簡單的運動器材上小跑步或來回擺動身體。在路的另一頭，餐廳讓位給手機通信行、便利商店和僅有幾張桌子的街邊小吃攤。曾幾何時，這個貧民窟已經成了倪家所在的社區了，儘管這裡沒有城牆，沒有百年老屋，沒有寺廟，也沒有了鐘聲。當年他們被放逐到這個地方，但是他們靠自己的力量，打造出一方天地。而現在這裡將被拆除。

倪金城停下腳步，抱頭坐在路邊的水泥墩上。「你們繼續走吧，」他揮著手，疲憊地說。「你們走你們的。我在這裡歇一會兒。」他沒辦法把頭抬起來。所有人都站在他旁邊，不知道該怎麼辦。過了一會兒，兩個年輕人把手放在他的腋下，把他攙起來，扶著他步履蹣跚地回家。

明天凌晨五點，靈車會將棺材載到火葬場，但需要再舉行一次儀式。和其他儀式一樣，這個儀式也與食物有關。在佛事班子當中的法師誦經超渡時，其他樂師開始演奏往生樂，過程歷時十分鐘。接著，倪金城努力打起精神，手持一個大玻璃瓶，跪在母親棺材頂上的小供桌前。大約二十個親戚排成一行，輪流用筷子取出少許食物放入罐子——這是于女士的身體離開陽世之前的最後一餐。倪金城既不言語也沒有哭喊。他已經筋疲力盡了。

「他是長子，你知道，他必須做這些事，」他的姐姐眼裡含著淚水對我說。「葬禮就是這麼一回事。」

音樂最終停了下來，而還留在那裡的送行者們，先向家屬做最後一次的致哀，然後再向棺材致敬。倪金城回到座位上。「就這樣結束了，」他說：「明天她就去了。」

第二十章 儀式：新領導

春天時，總理溫家寶主持了全國人大會議，也就是中國政治界的春季儀式。現在又到了要舉行秋季儀式的時候了，而今年儀式的規模之大，遠遠超過往昔。[1]往年大部分時候，中共都在這個時節舉行中央委員全體會議，但是每五年就必須召開一次全國代表大會。而因此在這年的十一月中旬，那座落在天安門廣場一端，巨大無倫、充滿悲劇性的人民大會堂，就成為共產黨的權力殿堂。這場政治祭典的名稱，叫做「中國共產黨第十八次全國代表大會」，擔任主祭的「法師」是胡錦濤。他的目標是追求自己的歷史定位，並且選定接班人。

大會於上午九點鐘開始，會場上架起大螢幕，播放即將離任政府攝製的宣傳影片，宣揚任內達成的政績。探索太空，應對二〇〇八年四川大地震，以及勢頭強勁的經濟成長，這三項成就被說成是本屆政府領導人帶給人民的政績。影片閃現出地震時的場景：胡錦濤站在一群神情緊張的官員前面，所有人都戴著安全帽，而胡對他們說著很難懂得的陳腔濫調，內容是關於他如何代表全中國人民的名義，到這裡來援助地震受災者。我想到了王怡的教會，實際上在地震後，他的教會成員們翻山越嶺，開了好幾天的車，將救援物資運送到災區；我又想到了譚作人，他揭穿了為什麼有這麼多孩童在這場浩劫當中罹難的背後真相。後者是出於信仰與承諾，前者則純粹是在裝腔作勢。

在講台兩側的大螢幕上突然亮起一個藍色信號，要求與會代表們盡速就座。螢幕上宣稱已有兩千兩百三十位代表與會。大部分的代表都坐在台下觀眾席。講台後方則另有一個升高的主席台，上面設有六排席次，每排四十六個座位，現任與已經退職離任的歷任領導人都坐在上頭。這將近三百人的黨的傑出離休人員除了賦予合法正當性之外，沒有其他作用。從上面看下去，他們很像是坐在講台前方長桌的合唱團。講台上現在空無一人，不過很快就會被胡身邊關係最密切的僚屬、以及國家最有權勢的官員填滿。幾乎所有東西都是紅色的：耶誕紅盆栽、紅地毯、紅色椅套、紅色桌墊、四處張掛的紅色標語橫幅，像窗簾一樣懸掛在後牆上。只有一面藏紅色的大牆，上頭掛著巨大的金色「錘子與鐮刀」黨徽雕塑，算是唯一的例外。它散發出金黃的色澤，就像倪家廟壇的背幕板，以及他們家的巨幅旗幟，上面大書一個「茶」字。

十幾名女子魚貫走上主席台，在每排座位的中央和兩端站定，擺出標準姿勢，安靜等候。她們的正式稱謂是「禮儀小姐」，依照長相和是否具備保持「適當而友善距離」的能力選拔而出。[2]她們專注在手上的工作，沒人臉上有笑容。她們的模樣彷彿一群修女，而實際上她們在接受培訓時，全都簽約入住女子宿舍，時間長達四年，期間受訓者的端莊樸素儀態受到嚴格要求，甚至不允許她們穿著睡衣在宿舍走廊活動，更別提她們不許單獨離開宿舍、與「外人」見面了。

這些禮儀小姐都是由農村招募而來，由於擔心北京本地人受到慫恿而逃回家中，因而沒有資格入選。一直要等到大會結束，她們才能恢復與外界的聯繫。

彷彿接受到一個看不見、也聽不到的指令，禮儀小姐們一齊俯下身去，將每位代表席上陶瓷茶杯的蓋子輕輕揭開。她們的另一隻手上則握著不鏽鋼保溫瓶，將熱水注入茶杯中。已經預先放置在杯底的茶葉，被熱水這麼一沖，便翻滾起來，浮到杯緣。幾乎就在同一時間，她們更換好杯蓋，然後到鄰席，重複一遍剛才的程序。即使沒有代表會真的飲用大會準備的茶，每個人面前都還是得有一杯茶；這是儀式的一部份，象徵著與會代表就和國內數百萬中共黨員一樣，都只是黨內平凡普通的幹部。這些黨的幹部們辦公桌上擺著馬克杯，堆放工作報告簽呈，嘴裡摘引數據和口號，認真負責的履行職務，會場裡這些代表就是這副模樣。他們是神祇，也是凡人：在中國宗教世界裡，天人兩界交相重疊，而且彼此模仿。

終於，領導人們出場了。居首的是胡錦濤，這是一個謹慎的小個子，他的皮膚看來蒼白黯淡，這大概是因為他生命中花費太多時間在開會的緣故。胡錦濤經常受到指責，說他太過消極，不過他「無為而治」的作風，則使得宗教活動興旺繁榮起來。人們可以想像他退休後回到南方家鄉的情景：他就像個水電公司的退休員工，在公園裡帶著孫輩閒逛漫步。他獨自走向主席台前排座位，官式地與人握手。在胡身後幾步距離的是他的前任，八十六歲的江澤民，去年一直有他已死的謠言傳出，但如今他又當眾現身，而且設法將他的幾名下屬安插到即將上任的政府高層當中。其他的幾個人距離他們又遠了幾步，表示胡和江兩人屬於同一級別。

隱身在幕後的大會司儀宣布全體起立，為已經離世的領導人們默哀片刻。這些離世的領導人，包括毛主席、劉少奇（實際上他是被毛謀害致死的）、鄧小平（毛最不願意由他接班，但是鄧卻在實際上成為毛的後任）、陳雲（經濟政策的保守派，反對鄧的改革開放）及其他人。這些原本互為勁敵的人，現在卻像王朝的帝制世系表一樣，被排列成一長條直線。

胡錦濤終於開始發表演說。和道教的法師一樣，胡追求的也是長生不朽，只不過，這位六十九歲的領導人身上並未穿著刺繡繁複的祭祀道袍，而是遵循當代的慣例：將頭髮染得烏黑發亮，好讓自己看來不顯衰老，並且以「共產黨萬歲」的口號標語環繞自己身旁。其中最主要的橫幅標語，橫跨大禮堂的兩側看台，每個字約有兩英尺高，寫著「偉大光輝的中國共產黨萬歲」。我想到王怡，還有他在衛阿姨追思禮拜上的悼詞。誰才能夠使人「萬歲」？

胡錦濤的講話採取工作報告的形式。他只提及幾處摘要，因為這份工作報告篇幅長達六十多頁，如果宣讀全文，所需時間將比朗誦整部《道德經》還長。報告中羅列了胡在過去五年當中的各項成就，並且預測他的繼任者習近平的施政。報告裡沒有什麼實質內容，不過這份報告本來就不是以此為目的。它是一種魔法，由各式各樣的咒語般的字句組成，顯示施展魔法者仍然很「靈」。要是胡沒能順利完成這件事，他就會漸漸「失靈」了。

如何才能永垂不朽？關鍵在於要將某個人物的思想，奉為中國的指導意識形態的一個組成部分。中國共產黨的官方意識形態是馬克思、列寧思想，但是這並沒有任何具體意涵；現今的中國已不再奉馬克思主義的經濟理論為圭臬，而列寧主義也只在「共產黨是一個寬鬆地採擇列寧思想建構的威權組織」這個層面上，才能看得出影響的痕跡。但是提及這些思想，以及賦予這些意識形態合法正當性的人物，就像是在列舉家譜裡列祖列宗的名諱一樣。排在馬列主義後面的是毛澤東思想，大部分毛思想的內容，都是在論證中自我迴圈打轉，不過其著作仍然具有某種程度的連貫性。接著要提到的是所謂的鄧小平理論，其實那不過只是他各種思想的大匯總而已，並沒能提供願景，或是有一套哲學理論。然後是江澤民，這是被列舉的大人物當中碩果僅存還在世的一位。或許正是因為這點，江提出的各種理論並未冠上他的名字；相反的，它們被稱作「三個代表」，也就是要求中共必須能代表更多的階級，而不能僅代表工人和農民（譯按：「三個代表」要求共產黨「要始終代表中國先進社會生產力的發展要求」；「要始終代表中國先進文化的前進方向」；以及「要始終代表中國最廣大人民的根本利益」）。這是一個內涵單薄卻深具重要性的想法，因為它替中共收納生意人提供理論基礎，而後者實際上是中國擁有權勢和資本的群體。

胡錦濤則推動兩個思想：「和諧社會」與「科學發展」。後者的內涵相當空洞，或許意味著人們應該聽從專家的意見，而不該以烏托邦的願景為圭臬，而這正是當年毛澤東治國施政的方式。和諧社會則是傳統思想的一種體現，像是訴諸過往的歷史來創造社會凝聚力。然而，對胡來說，重點是在他的任期內盡可能地多提。重複的次數多了，口號就能創造現實。

場上的角色都明白他們的職責。胡本人缺乏群眾魅力，也不具備演說技巧；他的演說就像照本宣科一份購物清單那樣沉悶無趣。但是現代的演說必須要有高潮和掌聲，為了製造高潮，胡偶爾會拉高音量，吼叫個幾聲：「我們將堅決奮鬥，為全面建成小康社會而努力！」全場鼓掌。

有的時候，提示執行得不好。胡看來似乎不總是知道什麼時候要拉高音量，或者是他這麼做的時候，為時過晚，結果造成代表太快鼓掌。有些東西不見了，像是音樂，或至少是妙峰山上朝聖香會奏樂用的鼓點和鈸聲。

不過話說回來，胡的聲音確實讓人感到愉悅。人們並不是在無意之中發現到這一點，而是透過比較得來的。很明顯的，他當眾宣讀類似的工作報告已經有數十年的時間，開始時是在地方層級，後來一路透過政府結構，層級和場面逐步上升。和毛澤東崇拜的政治、宗教狂熱相比，他在格調上已經獲勝了。胡錦濤並未耽溺在成千上萬狂熱追隨者的歡呼之中，也沒有讓他的尊容到處出現在大小城鎮的看板上。他是個低調的人，是共產黨萬神殿當中的一個例外。

無論如何，胡的咒語起了作用。一個星期後，別無公開宣示或說明，中國的新領導班子就會在人民大會堂現身。胡錦濤和大多數的現任領導人都會引退，由黨的新任總書記習近平、未來的總理李克強，以及其他的新面孔取而代之；這些人將會在未來的五年治理中國。

＊＊＊

習近平把整治中國的道德弊病當作是他施政的首要之務。三十年以前，他曾經協助河北正定寺廟的重建，並且和一位禪宗大師攜手，共同推動一個縣向前邁進。[3]三十年過後，他曾經帶著高度注意去觀察氣功運動，而且對一位老朋友提起自己對佛教的興趣。現在他承擔起兩大主要任務。其一是整飭貪腐。無論人們怎麼看待他的反貪作為——無論是認定這是一場權力大戲，還是認真企圖抑制貪瀆——立刻得到人民的支持。另一項變革，對於外人來說可能比較難以理解，或甚至是比較難以嚴肅看待：他將發動一場全國性的大眾運動，推動共產黨回過頭去，擁抱各項傳統價值。事實上，這兩項重責大任彼此是相關的。它們正是習近平對於缺乏最低道德標準的回答。

在追求這兩大目標的過程中，習近平遵照的是他的政敵薄熙來所寫下的劇本。薄熙來是前任重慶市委書記，在他的妻子謀害一位英國商人之後鋃鐺入獄。薄熙來之所以得到舉國注目，因為他同時對付當前中國兩項最嚴重的體制性問題。第一就是貪腐，藉由大張旗鼓的抓捕帶頭的黑幫大哥級人物，薄熙來處理了貪腐問題。另一個問題是中國的精神層面真空。為了解決這一問題，薄試圖回歸到毛澤東時代，發起了所謂「唱紅歌」運動。公司行號與政府機關都必須組織「歡樂合唱團」（glee-club）之類的聚會，舉行舊日共產黨歌曲的歌唱競賽。有遠見的人士對於薄熙來將毛澤東的獨裁統治浪漫化大感震驚，可是在我於薄垮台前不久到重慶去時，見到了一些人，他們深情的表示，「唱紅歌」這類運動是某種集體行為；在一個人民少有在公眾集會時機的國家，無論是從事政治或宗教活動，這些集會形成了一種社群意識。

人們很容易從習近平的反貪腐運動中，看出與支持新的公共道德體系的相似之處。主要的差異之處，在於習近平與薄熙來對於精神層面真空的問題，採取了不同的應對路徑。習可能已經意識到，那套純粹頌揚共產主義的新共產黨路線，不適用於所有人。習近平策略的高明之處，在於將共產黨人的傳統融入中國的傳統遺緒之中。

上任之後十天，習近平在參觀中國國家博物館的展覽時，首次提出「中國夢」一詞，將它與國家的復興聯繫起來。儘管很多政治觀察人士立刻看出，這是借鏡自「美國夢」的概念，不過大多數中國人或許已經從昔日中國的治國方略、哲學和文學裡的意象，來理解這個「中國夢」。[4]過去幾千年以來，中國的統治者們時常藉由各種對夢境的解析，來解答治理天下的疑惑；而在此同時，夢則在道家哲學與著名小說當中具有顯著位置。甚至到了二十世紀初，思想家還藉著夢境來表達他們心目中的烏托邦願景。一九〇二年，知名維新志士梁啟超寫了一部未來小說，當中描述二〇六二年時，孔子的後裔在上海萬國博覽會上發表演說，講述中國是如何走向民主的康莊大道。

但是，如何在二十一世紀去定義習近平提出的「中國夢」？如何向大眾推廣這個理念？在習發表「中國夢」講話後，中共黨內的宣傳專家與理論思想家便開始集思廣益，研討落實「中國夢」的辦法。到了新年，他們已經在中國的過往歷史中找到了答案。

第二十一章 成都：新歸正信徒

環繞在王怡教會周邊的街道名稱，是過往歷史的回聲。附近有瑩華寺街，街名是依照一座佛寺而來；按照一座重要的道觀而起名的玉皇觀街；以及依照奉祀道教武神關公廟宇而起名的小關廟街。這些街名裡提到的寺廟，在二十世紀時已全數遭到拆除，但是許多它們的思緒想法依舊留存，這是在破壞毀滅當中殘存下來的傳統宗教文化的一部分。

覆蓋在這些舊日遺址上的，是某個新卻看不見的事物：教會正在塑造的聖域景觀。當二〇〇九年，教會於江信大廈第十九層買下半層樓之後，秋雨聖約教會便有了立足之地。在成都公安不准教會信眾進入大廈時，信徒們便在錦江畔聚會，舉行守夜祈禱會，直到他們獲准進入為止。錦江這條被闢掘為運河、飽受汙染的水道，便成為教會信眾心目中的約旦河，教會為新入教的信徒在這條神聖的水道施洗，進入一個新的時代。今天，教會的會議室裡展示一張成都地圖，錦江蜿蜒穿越成都市中心，江畔周圍布滿位於住家與辦公室裡的聖經研讀小組，每星期聚會一次。距離這裡不大遠的地方，有與秋雨聖約結盟的教會和團契，各自靜靜的聚會：對此政府雖然並不准許，但也不加以禁止。就像北京的朝聖香會，這些教會和團契不為外界所知，但是卻決定了數千位信眾的人生。

十一月裡的一天早晨，我從秋雨聖約教會出來，向東一路漫步，去拜訪這些教會、團契當中的一處：由查常平主持的「生命之泉歸正教會」。[1]查常平是位書生氣質很重的教授，任教於四川大學道教與宗教文化研究所基督教研究中心。他的研究專業領域是《聖經》——不是像王怡那種訓練傳道人的神學院，而是在大學裡，向主修西方宗教課程的學生傳授學術性的主題。生命之泉教會是他個人的事業，和秋雨聖約一樣，也是未在政府註冊的教會。除了查常平，教會裡還有另一位傳道人彭強，他倆再加上王怡，組成了成都地下教會充滿活力動能的三人決策領導小組。

今年稍早的時候，我和查常平見過一面；當時他託我下回出國時，替他買兩本參考用書。這兩本書分別是英文與德文翻譯版本的《七十士譯本》（Septuagint），也就是原來翻成希臘文的希伯來《聖經》。這是早期基督徒最熟悉的版本，後來也成為理解基督教創教伊始那幾個世代的人們，如何閱讀、理解猶太人傳統起源的關鍵文獻。查常平正在準備翻譯一個新的中文《聖經》版本，他希望能取得這兩個版本的《七十士譯本》，以核對他對古希臘文的理解是否有誤。直接從古希臘文翻譯《聖經》，是一項艱鉅浩大的任務，但是對於中國各大都市裡新成立的教會來說，卻是很典型的舉動；他們現在正是創立伊始，雄心萬丈，看來幾乎沒有任何事情是他們做不到的。

查常平的教會位於小關廟街的中段。和王怡的教會一樣，外界很少知道這裡是一家教會，因為它的屋頂上既沒有十字架，也沒有門牌看板。教會設在一棟四層老舊校舍的第三層，不過內部隔間布置得明亮，讓人精神一振：牆壁漆成亮白色，窗戶上以即將到來的冬季景致作為裝飾，像是紙雪花、銀色冰柱和鏤空的冷杉樹。這樣的布置給人一種舒適、熟悉，卻又陌生的感受：這裡明明是一座濕熱的亞熱帶城市，而不是北美新英格蘭，或是北歐。

查常平正坐在自己的書桌前。他今年四十六歲，身材細瘦，留著短髮，臉上戴著一副金絲圓框眼鏡。他身穿黑色夾克，頸上圍著黑色圍巾，看來好學而樸素，幾乎是個僧侶的打扮。不過，其實他可不是沉默寡言的知識份子；他喜歡用低調的方式開玩笑，尤其老是拿自己調侃，或是說自己和教會信眾之間的拉扯掙扎。和王怡不同，查常平並不是昔日的媒體明星人物，無法憑藉自己的人格魅力招攬信徒加入教會。他在二十年前接收了一個原來既有的教會，而且像一位試圖規範不守規矩青少年的苦惱校長那樣，慘澹經營著教會。

「我會帶你在教會裡四處看看，」他眨眨眼說道：「我們已經做了一些改變。」

我們直接走到後邊牆壁那裡，查常平口說手比的指著幾項他最新達成的成就。乍看之下，這似乎單調得出奇：一份裱框的表列清單，長約兩英尺，寬約一英尺，標題是「我們的身份」。這份清單在剛開始時相當簡單，但突然間就變得非常複雜：

一、我們是基督徒，我們悔改、信靠聖經所啟示的耶穌基督的上帝為我們個人生命的救主與主。

二、我們是基督教徒，我們領受早期大公教會確信的《使徒信經》、《尼西亞信經》、《迦克墩信經》、《亞他那修信經》為基督信仰的標準表述。

三、我們是歸正宗的新教徒，我們接受《第二紇裡微提信條》（一五六六年）、《威斯敏斯特信條》（一六四六年）為基督信仰權威、整全、平衡的表述。

四、我們是普世教會在中國的信徒，我們堅持政教分離的原則。

五、我們是長老會的新教徒，我們選擇長老制為教會治理的合宜模式。

六、我們是生命之泉教會的信徒，我們以聖父、聖子、聖靈三位一體的上帝為個人生命更新的源泉。

前頭和結尾是夠清楚明白的了，可是中段就艱澀得多。從第二點開始，我有很多不解之處。《使徒信經》和《尼西亞信經》對固定上教會的人來說算是熟悉，它們揭櫫了新教信仰的基本信條。但是《迦克墩信經》是什麼？還有一五六六年的《第二紇裡微提信條》又是什麼？我需要重修教會的歷史。

「什麼是《亞他那修信經》？」我問道。

「哦，」他說，「你當然比較熟悉《亞他那修信經》的英文：Athanasian Creed。」

「其實不熟，」我有些罪惡感。

「你應該看一下！」查常平說道。「這是教會歷史的一部分。」（譯按：《亞他那修信經》為基督教三大信經之一。此信經比另外兩大信經在教義的闡述上更加清晰、詳細及嚴謹，而且直接引用許多《聖經》用語。據傳此信經由教父亞他那修〔Athanasius〕所寫，因此為名。但確實作者已不可考。此信經推估應為第四、五世紀由拉丁文所寫作而成。）

「你的教會信眾，」我問查常平，「他們全都明白這些嗎？這個，呃，威、斯、敏、斯、特信條？」

「是Westminster Creed！」他笑了起來，但隨即就嘆了一口氣。

「現在反對的聲音還是很大，」查常平說道：「有些人不要這個，但是我們會繼續這麼做下去。他們不懂這個，還排斥它。」

「排斥什麼？」

「排斥成為歸正宗的教會，」他說：「我們正在採用歸正宗的神學理論，而且希望盡可能的清楚表明這一點。這就是為什麼有了這份清單。」

基督教歸正宗是新教裡的分支教派，有時也稱為喀爾文主義（Calvinism）、長老宗（Presbyterianism）或清教主義（Puritanism）。在過去短短幾年間，歸正教會在中國迅速發展，因為許多信徒都認為，這支教派是新教當中最真實、也最原始的型態。歸正宗是一支保守、嚴謹的新教教派，它依據十六世紀時法國神學家約翰·喀爾文的教誨，將《聖經》的話語奉為至高的圭臬。他們只採用《聖經》裡明文認可的崇拜形式，因此若干較為明顯、公然的儀式，舉凡叩拜、在自己身上比劃十字，或是說著不為人知的方言、「聖靈充滿」經驗等，都很少見到。在早期，甚至連音樂也不被許可。這一點在稍後解禁，但是歸正宗教派保留了一項清教徒的傾向，通常被整理為嚴格的戒律——在某些排斥傳統宗教、而仍然在找尋新的生活引領方針的國家裡，這樣的信仰相當具有吸引力。

王怡的教會全心全意地採納了歸正宗的神學理論。整個夏季，教會裡的信眾都在研讀《海德堡要理問答》（*Heidelberg Catechism*），這是一份歸正宗教派信仰的探題文書，內容由一百二十九題問答組成，每題都附有大量的註解。

十一問：上帝不也是慈愛的嗎？

回答：上帝固然是慈愛的，但祂也是公義的；因此，祂的公義要求干犯至高上帝之威嚴的罪惡，必須處以極刑，就是身體和靈魂一同受到永遠的刑罰。

如此在道德上的確然肯定吸引了許多中國信眾，但是歸正宗教會的其他面向則頗有爭議。查常平解釋道，對於中國教會而言，歸正宗神學理論有兩項關鍵爭議點。其一是為嬰兒施洗。這似乎不算太大的問題——為嬰兒施洗會有什麼不利影響呢？在天主教徒和某些新教信眾的眼中，這是為嬰孩設想的保險做法，假設孩子早夭，既然已經受洗，就能進到天堂。可是對於其他新教徒（尤其是在中國）而言，這種想法令人感到苦惱。許多中國基督徒比較傾向讓成年人自行決定是否接受施洗，這或許是因為他們已經受夠了自己走的道路卻交由別人替他們決定。

另一個挑戰許多中國信徒的概念，是教會中長老掌權的想法。這些人應該是教會裡管理會眾的少數明智長者，這套系統在某些層面上與中國傳統政治思想很相似，和今天的政治體系也若合符節。在王怡的教會，長老的位置並不是選出來的。他與另一位傳道人就是長老，秋雨聖約教會的會務也由他倆負責管理。教會本來一度有過第三位長老，但是他因為妻子堅持主張女性也可以擔任傳道人，王怡對此表示反對，結果他們雙雙被請出教會。

「也許在做法上還可以更靈活彈性一些，」我說：「不是所有的教會都是這樣組織的。有些教會的長老是經過選舉的。」

「不，」查常平說，「我們需要這套長老制度。在過去，我們每年的大會都非常混亂，最後什麼也沒辦成。我們需要一套架構，而要有架構，就必須有一種契約文化——這種文化背後的思想，認為事情是以一種特定的方式辦成，並且得到我們的同意，如果不加以實行，就會導致不良的後果和影響。中國沒有這種文化。中國人缺乏這種思想。中國人的頭腦裡沒有契約的概念。這是一個客觀的意見。」

現在我才開始明白，為什麼剛才查常平急著拉我來看這個裱了框的信仰條約了。這是一份人人都同意遵守的公約。這是新的城市教會對於徹底開放的另一個許諾版本：這是查常平版本的《九十五條論綱》（Ninety-five Theses，譯按：一五一七年十月三十一日，修士馬丁・路德在日耳曼威登堡〔Wittenberg〕的諸聖堂〔Schlosskirche〕大門上張貼反對教廷贖罪券的九十五條辯論題綱，自此拉開宗教改革的序幕）。無論你是同意還是反對，中間都不容有模糊地帶的存在。我問查常平，為什麼他覺得這種公眾聲明是如此的重要？

「中國需要守約的文化，對於社會和對人民都是。人們沒有這種感覺。如果你預約的時間是四點半，人們六點鐘才會來。」

「人們對此做好準備了嗎？」

「上個周末我們對於新生兒洗禮這個題目做了一場爭論，」他回答道：「結果，我們必須就是否遵守歸正宗信條進行表決。」

表決的結果，是百分之六十六的信眾支持遵守歸正信條。「那是三分之二，這已經足夠了。」他說。

我們走回他的辦公室，查常平拿給我一本書，是王怡和余杰兩人主持的訪談錄：《我有翅膀如鴿子》，訪談的對象，都是中文世界裡著名的教會傳道人。查常平的那一章，名稱叫「基督教在中國：從江湖社會轉型為公民社會中的角色」。[2]這個標題反映出許多中國知識分子如何看待他們的國度：這是一個沒有法治、卻有善行義舉的地方，儘管這些善行都是高貴之人與英雄的個人之舉。

查常平所期盼的，則是一個完全不同的社會：一個由積極參與的公民共同維護的法治社會。與這個社會並行的，是二十一世紀初前十年所推行的政治改革，像是新公民運動。這是一項運用法律來捍衛公民權利的努力，在《零八憲章》運動時到達最高峰，為中國的政治改革提供了一份指導藍圖。但是共產黨將這項運動的大部分支持者或羈押或逼退，特別是諾貝爾和平獎得主劉曉波。對中共來說，法律只是統治國家的工具，而不是引領社會或賦予公民權利的架構。這一點正是中國政治改革的絆腳石之一：有些人凌駕於法律之上。法律和權利不是上帝賜予的，而是由共產黨創造的。但是現在，在這些歸正教會裡，人們正努力將法治與人權置於更高的位階上。

* * *

二十世紀初是外國傳教士在華事業的高峰。一九〇〇年時，一個名為「義和團」的準宗教團體屠戮在華外國人，特別是傳教士，最終遭到西方軍隊的鎮壓。但是如此暴行卻激起更多外國人前來，試圖拯救中國。外籍傳教士的人數，由一九〇五年時的三千五百餘人，到了一九二〇年代時已增加到八千人以上，依照教派和思想，分別隸屬於不同團體。[3]單就新教來說，就有英國聖公會、浸信會、衛理公會和長老會等團體，更別提原教旨主義信徒（fundamentalists）和現代主義神學運動之間日益擴大的分歧。而當然還有天主教傳教運動，它內部的分歧來自於各個團體及不同國家的利益：義大利人對上法國人，方濟會士與耶穌會士的差異。有年夏天，我造訪位於河南省境的雞公山。此山俯瞰華北平原，是二十世紀初外國傳教士的避暑勝地。山上點綴座落了三百餘處別墅，分別由來自二十四個不同國家的傳教士進駐——每個教派、每個國家都有各自的避暑別墅。這裡充斥著各種各樣的精神心靈建議，每座別墅都是不同「拯救中國」思想的指揮中心。

在這支規模浩大的傳教士隊伍當中，唯獨缺少中國人的身影。一九〇七年時，新教各傳教團體召開了一次大型會議，紀念首個新教傳教團體來華一百周年。[4]這個會議於上海舉行，有來自世界各國的一千一百七十位代表參加。當中只有十位中國代表。到了一九二〇年代時，有很多人對傳教士的作用產生質疑。這些傳教團體作風官僚又所費不貲，由若干出手闊綽的在華外國人主導，他們返回自己的母國籌募資金，以很高的價格作演說，定下基調，聲稱要拯救中國的異教徒。許多批評人士覺得這些教派特別具有破壞性；中國所需要的是一個合而為一的教會，好來傳播福音，而不是新教各教派之間複雜的分歧，更何況這些分歧著重的似乎都是形式，遠勝過實質內涵。

不少著名的中國基督徒領袖人物都質疑這些外國傳教士的作用，比如誠靜怡。[5]他在出席一九一〇年的世界宣教大會上，公開呼籲中國人應該要取回中國傳道的領導地位，此話一出，震驚四座。他還強烈反對新教各教派的分歧，表示中國需要一個合一的教會。觀念進步的外籍人士也有類似看法，例如作家賽珍珠（Pearl S. Buck）。她出生在長老教會傳道人家庭裡，於一九三八年以小說《大地》（*The Golden Earth*）等作品贏得諾貝爾文學獎桂冠。在此數年前，賽珍珠於紐約雅斯特（Astor）酒店演說時，說出的話讓聽眾大吃一驚，因為她公開聲稱「現在還有什麼外國傳教士嗎?」賽珍珠認為這些傳教士對中國人的態度是既傲慢又無知，對於支持他們繼續在中國傳教，她不感興趣。十七年後，當共產黨將外籍傳教士驅逐出境時，不少西方人士並未強力反對。傳教士看來似乎是過往殖民時代的遺物。基督教的成長在一九四九年之後速度最快這個事實，看來也強化了「外來者多餘」的論據。

不過既然基督教是一個世界性的宗教，當中國於數十年後重新對外開放時，中國基督徒的對外聯繫便告恢復。只不過，當他們和外界恢復聯繫時，對於西方的思想卻不再照單全收了。反過來，基督教在西方的經驗被當作是工具箱，可以供中國信徒任意選擇。

＊＊＊

烏蘇拉·賽特（Ursula Seidt）成長於二次大戰後經濟繁榮的西德，一九八〇年代，她考上公職，在西德財政部裡做事。[6]但是烏蘇拉有著一個不肯墨守成規的靈魂。她雖然定期上教堂，然而並不是去政府支持的教會，而是參加一所強調福音傳道的「自由」教會。受到信仰的啟發，她在一九八六年時利用全年休假前往香港，成為一位夾帶走私客。

她夾帶入境的物品是《聖經》，而她的頂頭上司則是包德寧（Dennis Balcombe）牧師，這位當時四十三歲的越戰退伍軍人，日後將因為每次入境中國均夾帶重達數百磅的《聖經》，而在傳教士的圈子裡成為名聞遐邇的傳奇人物。包德寧和十六世紀時的耶穌會士一樣，明白通曉語言與文化的重要。靠著一遍又一遍朗誦《約翰福音》長達三個月，他學會了廣東話，並且還對烏蘇拉說，如果她想扮演的角色不只是限於夾帶入境者，那麼她必須要運用自己的頭腦。因此烏蘇拉學了幾年中文，靠著自己的積蓄，以及一個傳道社群的贊助，終於前往中國。

「我不知道要去哪個城市，所以我在中國到處旅行。當我到成都時，我感覺那裡很不一樣。那時我們在火車站。你知道那是什麼情形；很擁擠，擠滿了人，甚至到了混亂的地步。但是我感覺到有某種氣氛，所以覺得，這個城市在歡迎我。」

當時是一九九〇年四月，距離天安門事件甚至還不滿一周年，外籍人士仍然因為這場屠殺而驚魂未定。身為城裡為數不多的外國人，她受到當地一座大學的歡迎，在裡面學習漢語。她開始廣交朋友，當中包括基督徒，也邀請人們到她住的公寓來烘焙餅乾、談談《聖經》，並且禱告。原本進展很慢，不過在一九九四年她見到了查常平，當時他還是四川大學裡一位研究神學的年輕學生。到了最後，今日成都最有影響力的第三位傳道人——彭強也加入了。

「我們會在公園舉行聚會。就像一個親密的家庭一樣，我們分享所有的事情。我們一起用餐，一同分享經驗。」

我見到烏蘇拉的時候，她已經旅居中國超過二十年了。她是個溫暖的五十多歲女性，染了一頭金髮，擦著濃密的睫毛膏，說得一口濃濃德國南方口音，身上有一股經常烘焙的人常有的氣息，讓人感到舒適。她最近才剛從德國回來，同行的還有她的新婚丈夫曼佛瑞（Manfred），他是一位虔誠的基督徒，熱誠盼望協助烏蘇拉傳播福音。我們在四川大學的西大門碰面，想找個地方坐下來談，最後決定到當地的連鎖西式速食餐廳「Peter's」去。他們喝著不加糖的黑咖啡，小心翼翼地啜飲著，一邊看著周遭的中國顧客稀哩呼嚕地喝著高價的拿鐵，搭配胡蘿蔔蛋糕。

漸漸地，烏蘇拉已經不再真正懂得這個世界了。不同之處，不僅僅是現在繁榮發展而已。人們的態度也已經改變了。回想當初在一九九〇年代，她教給查常平、彭強和其他年輕中國基督徒的，是非常不同於歸正宗的神學理論。她所代表的「自由教會運動」非常有魅力，而且將教會內的組織層級維持在最低程度——並不是讓你為所欲為，而是排斥正式的組織架構。她習慣帶著一把烏克麗麗弦琴到公園去，唱簡單的歌曲讚頌上帝。她教給大家的內容，是這個二戰結束後無拘無束長大的西方孩子所珍視的價值：對權威的質疑。

但是查常平和其他新基督徒想要追求的教會架構，卻是他們這個世代的西方人士所排斥的。他們在過去二十年來的發展，令她感到困惑。其中以詩歌特別讓她感到困擾。在王怡、查常平和彭強的教會，每個人嘴上唱的都是西方的讚美詩，還都是些一、兩百年前譜寫的歌曲。曼佛瑞小心謹慎地說出他的看法：

「他們感興趣的似乎不是傳統本身，而是墨守成規、嚴格遵照傳統的傳統主義（traditionlism）。我們反對這一點。我們認為聖靈是活生生的。我們的生命就像一條河，無論我們從哪個地方開始，流到哪個地方去，聖靈都在我們的心中；祂給我們指引，活在我們心中。聖靈並不是活在這趟旅程初期、哪個人在哪個時候採用的儀式裡面。對我們來說，這不是祂的意義所在。

「基督教並不是從那時開始的。他們說這些是久經時間考驗的讚美詩歌，但是實際上根本不是如此！看看現在西方，誰還在唱這些讚美歌呢？這一切哪裡還在引領著西方呢？沒有人上教堂，也沒人敬拜上帝。在這些沉重的架構裡，聖靈是太容易被熄滅了。」

烏蘇拉說，王怡在組建教會方面確實是有他的道理的。他的教眾都是新的，而且圍繞在他身邊，以他為中心。加入他教會的人，都曉得這個教會是他一手打造的心血。但是等到我告訴她，查常平的教會裡，有百分之六十六的會眾支持新生兒施洗，她更加不安。她感覺查常平正帶領著他的會眾，走上一條他們或許並不願意踏上的道路。或許三分之二的支持聽來不錯，但是當會眾受到他們的牧者引導時，這個數字並不算太多。

「這些人裡有許多已經在那裡待了二十年的時間，所以這對他們來說是完全不同的事情。」

「還有那階層架構，」曼佛瑞說道：「他們想要一種三角形、金字塔的結構，就像中國政治體制那樣。為什麼呢？」

烏蘇拉說，這反映出教會的成員有時候被看作是臣民，而傳道人則被當成統治者。當她一年前回德國去的時候，有兩位她的小團契成員決定改投秋雨聖約。他們不是自行改投，而是企圖將整個團契的人都帶去，好像這是一支軍隊，可以全體一齊改換旗幟。

「我以前從來沒聽過這種想法，」烏蘇拉說，一邊搖著頭：「好像他們是你的子民，你可以控制他們似的。」

漸漸地，烏蘇拉和曼佛瑞感覺到，他倆在這裡的時間已經所剩不多了。簽證是一個大問題。從前他們取得簽證是很容易的事，特別是在過去，中國需要「外國專家」來協助它與外界接觸的時候。但是現在他們要取得簽證則非常困難，申請人必須要證明，其確實在從事某種富有成效的製造產業。或許這種態度同樣也滲透進這些家庭教會當中。他們仍舊需要外籍人士，也依然認為外籍人士派得上用場，不過多了一個前提，即這些外人必須帶來等同於高科技的技術或知識，比如古希臘文、辦理神學院、或植堂等技能。相反的，烏蘇拉與她的烏克麗麗似乎還停留在過往，屬於早期、那讓人感覺尷尬的天真時期。中國人經常稱讚「規範」這個詞。一家公司需要規範，一座城市也應該尋求規範。一個住宅小區必須按照規範來管理。烏蘇拉絕對不符合「規範」。她的基督教信仰是鼓勵人們尋找適合自己的方式，並且拒絕各種架構——這是她團契裡的信眾非常珍視的價值。

「我為我們的生活感到高興，」烏蘇拉說道：「我總是說，傳教士的第一個目標，就是要讓自己變成多餘的人。」

她在我們談話開始時，也對我說了這番話，好像是在替接下來談的所有事情先做一篇序言，聲明這是一個二十五年來傳福音工作者即將大功告成的經驗談，而不是一個苦惱憂悶的人，在那裡回首前塵。她這番話裡並沒有悔恨之意，反而卻帶有一種置身事外的超脫感，彷彿她在說著一個孩子，最終踏上截然不同的人生道路：原來是嬉皮，最後卻當上會計師。

「我們確實覺得，如果回去是上帝的旨意，我們會聽從的，」烏蘇拉說道，曼佛瑞接著補充：「是，如果我們回去，那就是上帝的旨意，沒關係。」

這兩口子相知相愛，這讓他們比較容易開展新的人生。當我們離開時，他倆走路時手牽著手，這對中年夫婦走上人行陸橋，準備去搭乘開往偏遠郊區的公交巴士。

＊　＊　＊

錦江以南幾公里開外，有另一處隱身於外界眼光之外的基督教信仰中心。成都三一書店和「以諾出版」的辦公室，座落於市區裡一處繁榮的新區，有著林蔭大道和車水馬龍的餐館。書店和出版社都是彭強的事業，他在一九九〇年代時參加查常平和烏蘇拉的團契。王怡總是捍衛自己的理念，並專注在他的願景上；查常平則有知識上的雄心壯志；彭強則和他們不一樣，他為人開放而充滿活力，很輕易就能和其他人打成一片。中國的企業家必須時常跟政府官員打交道、獻殷勤，通常也得和其他方面的人士套近乎，彭強看來在這方面極為駕輕就熟：他身材短小精幹，相貌英俊，頂著一頭蓬鬆散亂的髮型，臉上帶著隨和的微笑。

早在一九九〇年代初期時，彭強就走上一條相當不同的生涯發展道路。[7]他在共青團設於北京的中央團校就讀。這是一所高階的學院，當時的校長，就是現在的總理李克強；事實上，在彭強畢業證書上署名的，就是李克強本人。他的主修科目叫做「青年意識形態教育」，但是他對黨的期許逐漸破滅。假如他繼續走這條發展道路，他會替政府宣傳機構服務，套一句他的話，「幫著洗腦學生」。當時天安門事件後沒過幾年，他不想在黨的統治裡繼續扮演任何角色。他在校園裡知道基督教信仰，很快就信了教。

一九九四年彭強畢業，他回到成都，和幾位朋友一起創辦一家小眾、特別的出版社。大部分的出版社都是由政府控制經營，每年都會分配一定數量的國際標準書號（International Standard Book Number，縮寫為ＩＳＢＮ），好讓他們出版書籍。但是國營的出版公司對於什麼樣的書籍能吸引讀者茫然無知。大多數這些出版社都賠錢。當中某些出版社開始向掮客販售他們分配到的書號，這些掮客經銷商利用取得的書號來出版商業、自助療法和心理學方面的暢銷著作。這就是彭強的角色：他是一個出版業的掮客，試圖弄清楚到底是什麼讓中國民眾興奮和感動，而又不會違反政府的審查。

在這個時候，彭強信主還沒有那麼堅定，不過等到他認識烏蘇拉和查常平、並參加他們的團契以後，信仰就日漸增長了。一九九七年彭強結婚的時候，他問烏蘇拉，該怎麼辦一場基督徒婚禮？於是他們向酒店租了宴會廳作為場地，以白色裝飾會場（在中國傳統文化裡，白色是喪事時用的顏色；紅色才是喜慶場合該用的顏色），並在舞台上擺放十字架和鮮花。查常平主持了這場婚禮。

彭強開始磨練出一套做生意的模式。很多與基督教相關的書籍，都可以透過他行銷普及心理學書籍的方式來販售。所有的書籍仍然必須通過審查才能出版，但是一本討論教會歷史的著作，只要冠上一個簡單明瞭的歷史標題，就能得到出版許可證。不過這類書籍和大部分的歷史類著作不一樣，它們擁有廣大的基督徒讀者市場，能讓出版公司獲利。同樣的，那些討論喀爾文、路德等教會歷史重要人物的基督教倫理著作，情況也是如此。專論中國神學的著作會被查禁，不過如果它是作為世界基督教歷史的一部分，像是歸正宗思想之類，則可以出版印行。

二〇〇〇年時，彭強到美國洛杉磯附近的國際神學研究院（International Theological Seminary）進修，研習歸正宗神學思想。在這裡，他讀到了荷蘭前首相亞伯拉罕・凱柏（Abraham Kuyper）於一八九八年所寫的著作《喀爾文主義講座》（*Lectures on Calvinism*）。凱柏在書中認為，基督教應該穿透社會的每一個部分：政治、科學、藝術及宗教。在彭強看來，這正是中國所需要的——在一個世紀前帝制瓦解、共產主義意識形態成為社會主流思想數十年以後，基督教信仰能夠取後者而代之，繼起主導整個社會。這與烏蘇拉所帶來的想法南轅北轍，但是對彭強而言，卻十分合理。

「中國社會長期處在馬克思主義之下，而馬克思主義對社會的各個領域是有著整體的觀念的。」他講道，「喀爾文主義是基督教世界中唯一一個整體的世界觀。」

而和馬克思主義、甚至和傳統中國文化不同的是，基督教容許人們以平等的身分在一起工作。彭強覺得，這一點對於基督教的成功至關緊要。

「中國社會從來沒有解決集體和個人的關係。一說集體，就走到極權。一說個人，就走到無法無天。今天只有一個信仰團體才能更好的解決這個問題，因為這樣的團體中有個人的信仰也有自由的良知。」

基督教歸正宗信仰也能滿足許多城市新興階級的需求。在毛澤東政治迫害時期前後於農村地區生根的基督教信仰，已經引來中國社會裡充滿宗教狂熱的另一個面向。這種現象通常以救世主般的福音傳道人與千禧年的預言為主要內容。在許多農村人口流向城市、教育水準提高之後，這種仰仗傳道人個人魅力的型態逐漸消失，在像河南這樣貧窮的鄉村地區尤其如此。像秋雨聖約這樣以城市為活動舞台的新興教會，對於現代市民來說簡直就是天造地設、一拍即合：這類教會有受過高等教育的傳道人，強調知識面的探索，以及樸素的審美觀，由一群長老或年紀較長的信徒來掌管教會事務。最重要的是，教會為信眾的行為提供了堅定不移的指引。

許多中國教會都仿效查常平的信仰公約聲明。例如北京的守望教會，就制定了一部二十頁篇幅的規範手冊，當中包括對於婚前性行為、婚外性行為、同性戀、毒品以及偶像崇拜的禁令。瑞典籍歷史學者楊富雷（Fredrik Fällman）曾研究過他所稱的「新喀爾文主義」（New Calvinism），他在著作中表示，這類禁令清單與宗教改革時期英格蘭、蘇格蘭和北美新英格蘭的早期歸正宗社群密切相關。[8]

在西方，這些思想通常與清教徒主義相關。像王怡、查常平和彭強這樣的中國基督徒，也看出清教徒思想在他們信仰中起到的深刻影響作用，只不過影響更多的在於政治層面，而非道德層面。為了逃避英格蘭的宗教壓迫，許多清教徒來到北美新世界，以實踐他們的信仰；而他們的諸多理念，後來被驅動美國獨立革命的政治理論家所採納。[9]其中有一個關鍵點，即各項權利為上帝所賦予，而不是君王或政黨頒授的。對於很多中國基督徒而言，這類信仰與行動的交集，在大方向上乃是拯救中國的關鍵所在。

彭強還告訴我，還有另一件事情也在起作用。成都的地下教會顯示出人們如何在政府控制的領域之外集會結社的本領。

「人們現在都不敢相信社會有多麼腐敗，」彭強說道：「以前只是商人和官員，現在是和尚、牧師、教士。所以怎麼辦呢？自己開教會，自己在家裡開道場，自己組織誦讀經典，自己來嘛。」

這番話道出好幾個世紀以來，中國宗教生活的實際組織情況；除此之外，它也是一篇政治聲明。像帝制時代的朝廷一樣，共產黨將自己定位成道德與良心層面的仲裁者，而和過往的王朝不同的是，共產黨更為強大，能夠運用現代官僚國家體系，作為制衡宗教的槓桿。而現在中共高層的領導們更急於重申他們的主張，以求引導中國的精神生活。

第六部——冬至

冬至，是一年中最黑暗的時節。這是一年中最短的一天，此時世界被「陰」主宰，放眼望去盡是黑暗。不過，中國人喜歡展望將來。他們看到的不是當下的黑暗，而是「陽」的開始，中國的成語「物極必反」說得再好也不過：「當事情走到極限的時候，就必定會轉往相反的方向。」政治上，這意味著極度開放之後將走向封閉，反之同樣如此，所以也意味著，人們在受壓迫的時候也要保持樂觀。我們經常用一些陳舊老套的角度去看中國，例如經濟繁榮、經濟蕭條、緊縮、打壓；我們常常拿當下的新聞頭版試圖去定義中國。但冬至這個最黑暗的日子也提醒著我們，事情要用長遠的眼光去看。

此時，地球已繞著太陽轉了兩百七十度。在春天到來之前，還要再忍過兩個最冰冷的節氣：一月的小寒和大寒。中國人喜歡用數數字來倒數這段冰冷的時節。他們將寒盡春來前的最後日子切為九部分，每部分九天，共九九八十一天。天氣變得越來越冷，然後再慢慢回溫，直到田野終於可以開始耕種。下面這首流行的兒歌表達的就是這樣的過程：

一九、二九不出手
三九、四九冰上走
五九、六九沿河看柳
七九河開
八九燕來

九九加一九
耕牛遍地走

第二十二章　修行：跟著月亮走

走路的關鍵在於呼吸的節奏。吸氣走三步。屏著氣走三步。吐氣走三步。再屏著氣走三步。不斷重複這個循環動作。

三吸。三止。三吐。三止。

這樣能讓我們將注意力集中在身體上，隔絕掉日常生活的繁瑣。打破內在與外在間的隔閡，從裡到外將心神合而為一，放鬆下來，心無雜想。身體練習的關鍵，就是在重新打造身體的過程中，重新打造你的心。

三吸。三止。三吐。三止。

我每天的散步都遵照這樣的循環動作。我生活在北京，住的地方附近沒有公園，所以只能在北京工人體育場附近走動。這個體育場很少舉辦運動活動，卻有很多餐廳和俱樂部。體育場兩側都是大馬路，但拐彎進來的車子不多，人們可以在這裡好好走路。沿路還種了許多梧桐樹和冷杉；將注意力放在這些樹木以及自己的呼吸上，會讓人以為自己置身在大自然之中；意念才是最重要的事。

三吸。三止。三吐。三止。

還有一個訣竅是早點出門。人們常說要早起運動，其中一個理由是為了要「接地氣」——接觸地面散發出來的氣。但早早出門對我來說，只是因為在早晨五點到六點左右走路比較舒服，這個時候更安靜，車子更少，路上的人也更少。在中國這點很不容易，這裡的人口太稠密了，人行道總是塞滿了人群，不可能用這種養生的吐納祕法來走路。

不過，我還有一個更棒的理由，那就是看月亮。雖然並不是每次都能看到月亮，有時候月亮還會在黎明到來的時候迅速溜走。但它讓我更理解陰曆曆法的運作，踏實地過日子，也讓我在大城市裡不再感到那麼孤單，而且還開始自得其樂。起初，我還需要依靠月曆和網路的幫助，事先查看月亮的位置及大小，但幾個月後，我漸漸抓到它的週期。

當我看到月亮逐漸變成下弦月時，我知道新的一個月份將到來。或者，當我看到月亮越來越盈滿的時候，就知道快要滿月了。天上的月亮就像地上的莊稼，隨著日子一天天過去慢慢成熟變大，直到最後的秋收季來臨。九月中秋節的月亮又圓又大，像一顆燃燒的太陽。冬天的時候，月亮看起來霧濛濛的，就像大地在一年的尾聲逐漸放鬆下來。

月亮還帶著我觀察星座。北京的燈火通明和汙染也許遮掩掉了大半的星宿，但卻一直蓋不住月亮，也經常蓋不住北極星。這讓我明白，王力平這些道家為什麼如此重視天上的北極星，因為北極星的位置不會改變，而且很容易找到。即使是在大城市，只要手上有地圖應用程式和地鐵路線圖，我就能在夜空的引導下輕易地找到自己的位置。

三吸。三止。三吐。三止。

我也開始理解，為什麼月亮比太陽更適合記錄時間。太陽其實也有自己的節奏，每天可能會早一點或晚一點升起，在天空的位置可能高一點或是低一點。有時太陽亮澄澄地像在燃燒，其他時候又蒼白得像圓盤。相較之下，還是月亮的陰晴圓缺更會說話。月相的變化會讓你知道很多東西。太陽總是要燒灼你的眼，但月亮可以讓你靜靜欣賞、凝視、沉思。月亮上，可能有一座寺廟，旁邊停了一艘小船，一聲聲的鐘響越過水面從遠處傳來。月亮上，可能住著邪惡國王的聰明妻子和那隻兇猛的月兔，牠為了拯救人類，正努力地在搗藥。那個地方或許很寒冷，但還是可以居住，可是太陽卻炙熱得難以駕馭，好似一匹脫韁野馬。月亮讓人可以寄託夢想和慾望。它的軌跡宛如夜間的手錶，提醒我們該什麼時候起床，該做哪些事情，該如何生活。

有時候，我散步就只是為了看月亮。為了讓月亮不要被建築物擋住，我會改變散步的路線，然後朝著它的方向走去，三吸，三止，三吐，三止，一個人繞著體育場，就像月球繞著地球，我安安靜靜地在自己的軌道上漫步，觀察人群，以及沉思。

＊＊＊

北京工人體育場的酒吧都營業到很晚，大約到早上五點半或六點左右才打烊歇息。當我繞著體育場散步時，會碰到一些搖搖晃晃的客人剛好從店裡走出來。疲憊但還沒有盡興的男人以及被冷落的女人站在附近招計程車，來自其他省份的可憐移民向他們兜售保險套——我常在想，這就是一夜激情的最後一幕嗎？有些餓了的人在附近的小吃攤吃消夜。有些人則在路上起了爭執，仍然可以激發出強烈的情緒。

十一月下旬的某天早上，有兩個人在體育場北門的人行道上，在賣保險套的小販旁邊大聲對罵。其中一個矮個子男人穿著緊身褲和西裝襯衫，這人喝得醉醺醺，鼻子流著血，憤怒的雙眼簡直要爆了出來。另一個人穿著牛仔褲和馬球衫，頭髮往前梳，臉上帶著笑。他的後面站了一個女人，冷冷地看著這一幕。

矮個子男人踩著酒醉的步子跑回來，「打我啊！打我啊！」他大吼。

高個子男人往後縮，雙手擋在前方。女人的腳也往後退。每個人都看得出來，這是一場早就結束了的打鬥，矮個子男人輸了，以被打破了鼻子收場。也許他做了什麼錯事，活該被打，但依然不能在眾人面前失去自尊。也許他輸了，也許他付出了某種代價，但他還在這裡，他還活著。

「打啊，打啊，打啊，」他說得越多，就變得越累，手臂舉得越來越低。那對男女文風不動地站著。直到一切結束。兩邊各自回到自己的路上。

三吸，三止，三吐，三止。

在下一個街角，我看見一小堆紙錢燒焦的灰燼。每過了陰曆三十或陰曆十四，隔天早晨它就會出現在那裡。照理來說應該要在初一和十五祭神，但某些中國人喜歡提早一些。店家通常會在前一天晚上的午夜時分燒紙錢。幾個小時後，街上就會有一個人在走路的時候看見燃燒過後剩下的灰渣，然後他就會知道，今天的月亮是全盈，或者全虧。

第二十三章　山西：城裡人

李斌開車穿過「和平佳苑」住宅小區，在一棟公寓樓前停下。[1]一個小型的布製帳篷已經搭在那裡。帳篷裝飾著可彎折的塑膠管，塑膠管裡頭裝的是閃爍的紅燈與白燈。嚴冬已至，帳篷被風吹得搖搖晃晃的。李斌一面吸著香菸，一面從擋風玻璃往外打量。棚子裡的燈光打在他的臉龐，紅色與白色的光影，明暗閃爍不定。這些顏色跟他主持的儀式相呼應：紅的代表喜慶，白的代表哀悼。

靈源寺在夏季時舉行的廟會，就是屬於喜慶的紅色日子，這天不但要慶祝胡龍帝君的聖誕，並且再次酬謝祂對鄰里的庇佑。今天，則是白色的日子。帳篷下停著一具靈柩，裡頭是一名四十四歲婦人的大體，這位往生的婦人生前就住在這個陽高縣城中心的住宅小區裡。她身後留下了丈夫和兩個孩子。她丈夫是當地一所中學的數學老師。一個禮拜前，他聯繫了李斌，詢問喪禮的價碼。李斌報了一個價：人民幣一萬兩千元，略低於兩千美元。這筆費用的大部分都會付給他之外的其他人——包括十幾個抬棺的人、墓碑雕刻師傅，以及為喪事準備祭品的一個家族企業。中學老師有些猶豫不決。他說，他太太的病已經花掉家裡七萬元人民幣了。他審視清單，然後將李斌家的樂班子從清單上劃掉。

「我們只要嗩吶就好了，」他說。

李斌騰地拉下臉。這些吹嗩吶的樂師曉得的曲目沒幾首，只會吹那幾首聽起來全都一樣的樂曲，都像是哀鳴嚎叫，任何冷靜持重的人聽了也會心煩意亂。不過話又說回來，李斌很清楚，最好不要和城裡人爭論。現實世界就是這樣，他照著做就是了。如果他們不想要音樂，那他會把其中原本要付給他家樂班子的兩千元項目刪掉，然後張羅剩下的部分。

「沒關係，」李斌說道，「我會找一個嗩吶班子，明天一大早就把他們帶過來。」

現在日頭已經高掛天際，所有工作得趕在一天半的時間裡全部完成。我們從車上跳下來，呼吸著華北冬日冷冽刺骨的空氣，朝靈棚方向走去。帳篷上裝飾著幾十朵紙花，和一個白色的大幅「奠」字。下方寫著四個字：「沉痛悼念」。

帳篷的一側放著李斌和他妻子景華製作的三個大花圈。入口處，一個裸露的燈泡掛在電線上，照亮下方的橡木棺柩，燈泡下放著一張婦人的遺照。相片裡，婦人穿著一件紅色的羊毛衫，長髮披肩，眼睛直視著鏡頭，面無表情。她面前擺了一些餅乾、包著紙的橘子和蘋果，還有兩根包著塑膠擋風板的蠟燭。

往生者的丈夫跑出來迎接我們。他全身上下一副書生樣，看起來瘦弱，神情緊張，除了盡快辦好葬禮外，其他一切都不放在心上。他的表情看起來不怎麼悲傷，但行為舉止卻洩露了哀傷的心緒。他平時很專注、挑三揀四的，如今卻無法集中精力完成一長串要做的事，而且似乎大部分的時間都顯得茫然無措。他穿著白色的喪服，外面罩著厚厚的冬衣，遮掩了身體的輪廓。然而看得出他的臉削瘦、稜角分明，帶著一副不安的神情。這位教師有大學學歷。李斌的社會地位顯然在他之下。但在這個重要的日子裡，突然變成這位陰陽先生在發號施令，命令他做這做那。

「這些應該要放上去，」李斌說著，一面交給丈夫四張白紙，上面用大毛筆分別寫著：「送終禮懺」。這個短語是寫給那兩個孩子的。丈夫可以再婚，但孩子們的母親卻不能重生，喪母之痛應該擺在首要的位置。

丈夫伸手接過那幾張紙，一一把它們貼在帳篷入口處。「像這樣嗎？」他問。其中一張紙貼歪了，另一張的一角捲了起來。

李斌默默地拿著一罐膠水和一捲膠帶走了過去。他幫忙丈夫把這些字紙和他前一天晚上寫的兩行輓聯貼在一起。他拿出一份訃聞，是一幅用黑色墨汁寫在白紙上的精美書法作品。人們常說中國人的情感很含蓄，但有時我實在不這麼確定。那張紙上寫著：[2]

峕故顯妣陳門王氏在日強壽四十四歲終內寢

原命生於戊申相七月十九日吉時受生

哀子泣血

我們幫著把東西布置妥當，走進屋內。這家人住在二樓，窗外的玻璃陽台看下去就是喪棚。和許多中國家庭一樣，他們的居家擺設很簡樸，彷彿沒人真正了解怎麼布置空間似的。唯一有點生活樣子的家具是一張鼓囊囊的沙發，和兩張朝向電視機的安樂椅。電視正播放著中央電視台軍事頻道的新聞，宣傳軍方在科學科技上的最新發展。後來，有人轉到中央電視台的新聞頻道。整整二十分鐘的新聞都聚焦在一場席捲北歐的大風雪。一整天，新聞內容都沒什麼改變：畫面總是那些被一片白色覆蓋的城市，人們不斷地在剷雪。

公寓裡開始擠滿了來弔唁的人，每個人身上都穿戴了一些白色的東西。有人只是在袖子上用別針別了一塊白布。其他人則在冬天的衣服外面穿上白色的麻衣。在中國的大城市，有時候人們會像西方人那樣佩戴黑色絲帶，但在這裡，一切都像歐洲的雪一樣白。

死者的兩名孩子安靜地待在一角，哥哥十四歲，妹妹十二歲。他們早已經收起所有情緒，臉上毫無表情，但看到那些人闖進家裡來，還是不可置信地瞇起了眼睛。這些來祭悼的人——有些是家族成員，有些則來自他們母親學校的陌生人——在他們的公寓裡晃來晃去，瞎忙不休，規劃行程，好似在進行一場軍事演習。所有人都把這兩個孩子晾在一旁，他們站在廚房的牆邊，像兩尊會出現在民族誌展覽的人體模型：「二十一世紀初，山西農村一名服喪中的中國孩子。白色長褲和繫有白繩的夾克、白色布鞋套、學士帽形狀的白色帽子，上頭裝飾著麻繩。人物身上的服裝表示他們為了悼念親人，必須摒棄原來的生活，過得像隱士一般。」但在現實生活場景裡，孩子們不用裝，就已經嚇呆了——整間屋子裡，似乎就只有他們知道，他們的母親已經躺在客廳窗外的靈柩裡三個星期了。

李斌沒搭理那些嗑嗑呼呼、大驚小怪的親戚，而是開始寫下一張張用來張貼在這家公寓的書法輓聯。他熟練地在紅色和白色的紙條上揮毫，寫下悲痛與哀傷的字詞，這些語句雖然老套，卻很實在。

接著，他從包裡拿出一塊小土瓦，謹慎地放在一張咖啡桌上。他打開一瓶黑色墨汁，用毛筆在土瓦上寫下了婦人的姓名、生卒年，以及屬於哪個家族。在靈柩下地入葬後，這塊小瓦片會先被放在靈柩上面，然後才把洞填起來。這是為了以防萬一哪天她的墓碑傾倒，或是有人挖出了靈柩。到時候，那些人會知道躺在靈柩裡的人是誰。這張符需要神明的加持，所以李斌又從包裡掏出了一個塑膠袋，裡頭裝了一個又寬又平的貝殼。他小心翼翼地將紅墨水倒進貝殼裡，然後再拿起另一支毛筆蘸紅墨水畫上護法符咒。這個符咒的用意是警告任何信徒，別去打擾死者的安息。

李斌從還是青少年的時候，就開始跟他父親一起工作，他主持這類喪事的次數，已經多到數不清了。但對於死者家屬來說，這一連串的動作簡直是神乎其技。在場所有人都比李斌受過更正規的教育，但是只有李斌寫得出優美遒勁的書法，而且寫的是在共產黨掌權之前，在中國流傳數十個世紀的正體漢字，而不是共產黨在過去七十年間所推行的簡體字。人們目不轉睛地看著李斌，彷彿他來自另一個星球。他坐在沙發邊上，快速又有效率地工作著，在紙上寫滿了他們幾乎難以理解的字樣和符咒。

嗩吶班子到了：樂師們穿著骯髒的衣服，手持破破爛爛的樂器到場。他們在靈柩前的停車場架設器材：兩組喇叭、一架電子琴、一支麥克風，所有樂器都插在同一條電源延長線上，蜿蜿蜒蜒地從靈柩一側的陽台連接到客廳裡去。樂師還帶來幾塊大煤磚，直接扔在人行道上，點燃了以供取暖。他們伸出乾裂的雙手想要抓取一些溫暖，每個人的頭都裹在濃濃的黑煙裡。

沒過多久，他們就開始演奏起僅會的兩首樂曲——和李斌家的樂班子懂得的曲目相比，那可是天壤之別，這個時間本來應該要由李家的樂班子來演奏更多不同樂曲的。當然，所有這一切也沒人問過鄰居的意見，何必問呢？這位婦人已經過世了，現在這裡在舉辦喪禮。抗議這些噪音，可能就像抱怨天氣一樣毫無作用。

李斌再次把這家人集合起來。

「來吧，是時候出去磕頭了。」

「什麼，現在？」丈夫緊張地環顧四周問道：「那午餐怎麼辦？」這裡有很多人，照理要在餐廳開個好幾桌吃飯。但葬禮的時間安排一向是沒得商量的，就算城裡人也不能例外。「你今天下午要到村裡去燒其他祭品，然後明天下葬。現在要先磕頭。」

「喔，對對對，」男人一邊說著，一邊將孩子們也推出門外。

他們三人連同其他家族成員，分成兩排，在祭壇的左右兩邊跪下叩拜，靈柩在他們的頭頂上。過世婦人的照片向下俯瞰著他們。

「現在，」李斌發號施令道，「叩首！」

在李斌的指令下，他們磕了三次頭，然後回到屋內。「這些人啥都不懂！」李斌低聲嘀咕埋怨道。

「你是說這些城裡人？」我問。

「城市裡的人對這些事情從來都不是很了解，但他是最糟的一個，虧他還是個老師，書呆子一個，他知道些什麼？」

＊＊＊

李斌的兒子週末會回家，但常常不見人影。李炳昌今年十一歲，沉默寡言，平時把時間都花在電腦上打怪，或是跟朋友互傳訊息。他的臉像他父母那樣白皙光滑，但生活卻似乎跟他父母沒什麼交集，就像他父母的生活也跟他沒什麼交集。父母兩人在樓下店裡不停地一直工作，而他既不知道如何壓彎竹片，也不知道怎麼寫輓聯。他的父母只會看他的成績，卻幫不了他的作業。他的雙親知道怎麼跟陰間的死者打交道，而他則試圖在生者的世界裡力爭上游向上爬。

有的時候，他在這裡似乎沒有什麼存在感，但李斌夫婦卻總是說，他們搬到城裡，正是為了兒子。他們幾年前離開村子，為的是能讓他接受更好的教育。李斌匆促搞了一個新生意，就是為了支付他每個月近五百美元的學費，這筆費用對一個生活在貧困地區的陰陽先生來說，可是筆大數目。他們的小公寓裡擺滿了男孩的照片，甚至還有兩張生日時在一個專業工作室裡拍的大幅沙龍照。在其中一張直徑約兩英尺（約六十公分）的圓形照片上，兒子穿著網球運動員的白色外套，肩上扛著兩支羽球拍。在另一張照片中，男孩則穿著白色燕尾服，站在一個擺滿皮革封面的大部頭書和數位光碟片的書架前面。他右手拿著一本雜誌，俏皮地望著鏡頭。旁邊則用中文寫著「美麗故事」和英文字樣「封面故事」。下方寫著一首虛構的英文歌歌詞：

I must be dreaming（我一定是在作夢吧）
Or am I really lying here（我真的躺在這裡嗎）
My dreams are coming true（只消輕輕一按）
Just one touch.（我的夢想就成真了。）

李斌走進兒子房裡，先是面無表情地盯著電腦螢幕，然後厲聲地問他的兒子寫完功課了沒。男孩不耐煩地點頭回應。李斌悶哼了一聲，出去吃午餐。景華蹲在地板上，面前的葬禮花圈正製作到一半，她不滿地白了李斌一眼，好像是在說，又在浪費錢，怎麼不來幫幫忙？但這頓午餐是免錢的，邀請他的人還會給他五十美元，請他幫忙為開店擇一個吉日。這樣說來，這頓午餐不但不用錢，還幫他賺進了另一筆錢。

然而說實話，這樣的生活方式確實有些不對勁。至少，這種生活相當不健康。在農村，連李老先生這樣的陰陽先生也要處理家務。在中國一級大城市裡，追求健康生活的意識正在形成。但在這些地級城市裡，人們卻都把錢拿去抽菸、喝酒、大吃大喝，不用擔心沒錢要辛苦工作，也不管傳統道德的束縛。如果要當一個稱職的主人或好客人，每一餐都必須要吃下一大堆差勁的食物。什麼東西都要越多越好，沒得拒絕。有人解釋這是傳統，但我覺得這根本是搞錯了什麼。

午餐時，我們討論了一件兩人都在盤算的事。我家住柏林，我覺得如果能把他的道樂團弄來德國表演，會是很有趣的事。我可以帶他到處逛逛，讓他們認識一個新國度。我們打了電話問經常陪同他們旅行的民俗音樂學者鍾思第。他答應了，接下來的幾個月裡，我們開始著手籌備各種所需的文件。

＊＊＊

午餐後，李斌和我一同開車到陽高縣城的南邊，去看看這個城市未來的模樣。政府正在那裡興建二十棟公寓大樓，每棟有二十層，每層有四戶單位，總共有一千六百戶。如果每戶單位裡住三個人，就表示這裡會再從鄉間遷入近五千名農民。

李斌駕著車慢慢駛過。他很讚賞這個小區，這裡又新又現代。他過去也是這樣搬來的。唯一的關鍵差別是，他是自願搬來陽高的，而這些樓房則是社會工程實驗的一部份。政府在這十年間，直到二〇二二年為止，要將兩億五千萬人從農村遷到都市去。在過去幾十年裡，中國快速地都市化——一九八〇年代住在城裡的人還只有百分之二十，到了二〇一五年中期，已經增加到接近百分之五十。但當局認為這還不夠；現代國家屬於都市，不屬於農村。因此，不管是自然形成還是強迫形成，只要都市化就必然是好的。現在政府手上有大量的現金，都市化勢不可擋。

當局的計畫大概是這樣子的：政府拆掉農村，然後在鄰近的城鎮或都市提供農民一套免費的公寓。這在中國是辦得到的，因為所有的土地都歸國家所有；農民可能覺得這是「他們的」家族土地，但共產革命實際上消滅了所有的私人土地擁有權。人民只能向國家租用一定的時間——一般來說，農田能租二十年到三十年，公寓租期則有七十年。除了免費的公寓，政府還將他們在原來土地可以種植的糧食數量，換算成等價的現金——也就是說，如果他們找不到工作，至少還有錢能買得起糧食。

在此同時，政府取得了農民原來的土地。如果土地是在城鎮附近，土地使用權通常會賣給開發商，所得收入將用於建造新的住宅區，並支付足供政府運作幾年的預算。如果土地仍劃作農用，政府就鼓勵大規模種植可以賺錢的經濟作物。在某些情況下，政府會在土地上重新造林，尤其是某些山區的人口在過去幾個世紀裡過剩，人口多到農民只能砍掉森林，才有土地種田。

從技術官僚的角度來看，這樣的安排合情合理。只是，這一切全都不是出於自願，而且農民最珍貴、帶著感情的資產——土地——在政府眼裡只是抽象的概念。有些人對新政策樂見其成，尤其是像李斌這類的人，因為他們無論如何都想要離開農村。他們可能會去開計程車或是到工廠找工作。對他們來說，一間免費的公寓是額外的紅利。然而許多人實際上仍對他們在農村的家園有感情，他們住進公寓之後，卻發現自己被困在一千平方英尺（約二十七坪）、一百英尺高（約三十公尺）的高層樓房空間裡。他們之中不少人最後都開始服用抗憂鬱藥物，而研究這些住房計畫的社工說，有些人甚至因此輕生。這些舊日的農民再也無法像以前那樣，走出家門踏在自己的土地上，親手塑造自己未來，從前那段接地氣的日子，如今已一去不復返。

當我們驅車駛過一棟又一棟的高樓時，我心裡想，像中國這樣歷史悠久的大國，不同地方的差異應該很驚人。然而，各地方現在卻長得越來越相像：舉目所及都是充滿高速公路和高樓大廈的地景。每個地方都在種樹，都在發展公共交通——畢竟政府對基礎建設非常在行——但卻沒有哪裡特別吸引人，或具有地方特色。這樣的結果不是很令人意外：這個國家只有一個地主，也只有一種美學觀——功利的法西斯主義。人民居住的房子只要好用就可以了，公共建築卻要讓看的人感覺到自己很渺小。

我問李斌，城裡人跟他們諮詢的時候，問得最頻繁的問題是什麼？他把腦袋向前伸到方向盤上方，抬頭看了看才回答。

「在鄉下，人們都問非常具體的問題，比如，什麼時候嫁娶或舉行葬禮，」他說。

我點了點頭，想起了春天的時候，那位女士問李老先生她是否應該和丈夫離婚，或是靈源寺裡的那個男人問神婆，為什麼他會摔斷手。

「不過在城市，人們的問題要模糊得多，」李斌繼續說道：「他們不知道未來會是什麼樣子，他們希望有人能來安撫他們。」

和中國其他事情一樣，婦人的下葬儀式很早就開始了。第二天清晨六點半，就有一群農民工到現場拆除靈柩周圍的搭棚。他們的拆除效率極高，手法則相當粗暴。他們把我們昨天貼的紙全撕了下來。那幅寫著「哀子泣血」的喪幛以及幾十朵紙紮的菊花，全都被送進了停車場的篝火中。他們既快速又認真地用鐵絲鉗剪斷支撐花架的繩纜。花圈還可以送到墓地去，但棚架已經沒有什麼用處了。昨天運來的靈前祭品如今已被扔到一旁，暫厝地上的靈柩也沒了遮蔭。

現場來了十幾個親戚，人數是前一天的一半，他們一起護送靈柩到農村去。外面的氣溫凍得要命。孩子們在白色的喪服下穿著羽絨衣，準備好挨受沿路的刺骨冷風。

很快地，所有人排成一列隊伍。嗩吶樂班亂無章法地開始他們單調的演奏。當我們走出和平佳苑小區的時候，號角大聲哀鳴。隊伍由死者十多歲的姪子姪女帶頭開路，燃放鞭炮驅走當地的邪祟。我們轉向西方朝著龍鳳山前進，它是太行山的一部份，一路綿延到北京和妙峰山。走了十五分鐘後，我們在縣城的邊緣停了下來。靈柩被放上一輛裝飾著花環的平板卡車。工人們跟著跳上卡車，伴著靈柩，其他人則擠進車子裡。我們沿著鄉間小路慢慢驅車出城，一路向西。

我們的路程與龍鳳山並行，在日光照射下，龍鳳山散發著光輝。沿著山脊矗立的是現代風車，它們的葉片宛如鬥牛士的標槍，一根根刺在一隻戰敗的動物背上。我心裡不禁好奇：他們這麼做，會不會破壞了這座山的風水？

又過了十五分鐘，我們往左拐了個大彎，幾乎轉了一百八十度。亡者的丈夫祖居的村落很快就在一個山脊後現蹤，那是一個由四十或五十間小磚房形成的聚落。村裡沒什麼人跡，但煙囪冒著煤煙，在晨光中，整個村莊瀰漫著一種安逸的氣氛。我們駛在一條留有車胎痕跡的泥土路上，經過一大片堅硬的黃土。黃土把村子裡的一切都染上了顏色，連房屋也是單調的黃色。黃土色看起來溫暖，顏色單調卻顯得貧瘠荒涼。

「那裡，」李斌說。一行人沿著一條更窄的路左拐，這條路狹窄到只能算是條小徑。我們一直開到小徑與旁邊的黃土沒了分野才停下車。跟在我們後面的，是那輛載著靈柩和十幾位農民工的平板卡車。我心中揣想，一路上冷風刺骨，不曉得他們對這趟車程作何感想。他們跳下車，赤手空拳地緊握著鐵鍬和鎬，開始清理墓地邊緣的泥土，以便待會能好好安放靈柩。村裡的一個親戚負責燃放些鞭炮和小沖天炮，好嚇跑孤魂野鬼。

我這才發現，城裡的親戚幾乎都沒有來。在場只有李斌、農民工、往生者的丈夫、孩子們和我。那位過世的婦人在半小時內就安放入穴。丈夫要工人們開始覆土。

「慢著！」李斌說。一如既往，丈夫又差點搞砸了儀式。

李斌小跑到墳前，蹲在墓穴旁邊，他蹲的位置太靠近邊緣，讓我以為他可能會掉下去。他拿出一個風水輪盤，直盯著它瞧。然後他抬頭看了看左右山勢，又看了看婦人的墳墓。他咕噥著說，她朝的方向是正確的。一個星期前，他曾建議一個墓地的地點，還跟她的丈夫爭論了一番。李斌去探勘了那個地方，發現那個地點被樹包圍。他只說了一個字：「囚」，這個字的形狀，像「人」被困在四面牆中，如同監獄。婦人若被樹包圍，魂魄便得不到自由。那個地點很糟糕。

李斌告訴我這個故事時，他聳了聳肩，對丈夫的無知感到無奈。當時還有三個哥哥陪在那個丈夫的身邊。他們在搬到城市之前，都在農村住了很長一段時間，他們馬上就明白了問題所在。那個數學老師卻是要等到李斌把字寫出來，並解釋那些樹圍成了牆，才恍然大悟。好個書呆子！李斌心裡想。

新的墓地看起來很不錯，李斌叫人來放小瓦片。他將小瓦片交給一位工人，工人跳進墓穴，把小瓦片放在靈柩上。李斌點了點頭。現在，棺木可以覆土了。

工人們迅速又安靜地幹活，剷土的聲音被吹過玉米稈的呼嘯風聲給壓了過去。一條條細細的塑膠帶插在玉米稈參差不齊的尾端，在風中如數百面的小旗子般翻動。這些小碎片全都來自春天時為了讓新播的種子保暖，而鋪在農田上的塑膠膜。玉米發芽時，農民將塑膠膜撕掉，但沒有撕完全。中國農村遍地都看得到這種碎屑。過去農村曾是中國文明的中心，如今卻變成了垃圾場，這些碎屑也有「貢獻」。但在今天這樣的日子裡，這些塑膠細帶卻反倒帶來一種超現實的感覺。它們狂野地翻動，在初升的朝陽照耀下發出白光；它們扯著玉米稈，像蝗蟲過境發出呼呼的聲音；它們隨風起伏，彷彿是大地在顫抖。

一陣風猛地捲起李斌的一個紙花圈，紙花圈被吹得滾過田野，一個農民工跑去攔了下來。我們彎下腰，等風勢稍停歇。終於，工人立起了墓碑。李斌在上頭擺了一支靈幡，為墳地做記號。

所有人沉默地圍著墳地站著，直到李斌最信任的承包工頭揚起眉毛問：**孩子們什麼時候幫母親掃墓？**沒有盡最後的孝道，整個儀式就還不算結束。

李斌也抬起眉頭：**我是不打算再替這些人做些什麼了**。他用沉默代替回答。

「拿著，」工頭粗魯地把一支掃帚遞給女孩，把鐵鍬交給男孩。「掃一掃，順時針方向。把散的泥土掃到墳堆上，把地面清理乾淨。」

孩子們僵住了，有點不知如何是好。

「快做！」工頭又喊了一聲。

女孩拿起小掃帚，開始用力地掃著地上的泥土，將它們掃向墳堆。她的哥哥跟在後面，把土剷到墳堆上。一座好的墳墓必須要讓墳堆的形狀保持整齊，不能讓它在風吹雨打中被夷平。這必須要人來定期維護，最好是由死者的子女來做。這是孝道的一部份。即便父母去世，做一個好孩子的責任也不會隨之結束，在孩子將來過世之後，也要交由下一代來承擔。活著的人永遠不能忘記死者。每個人都揹著一種永遠無法償盡的債務：在世間活著的目的，就是為了撫慰死去的先人。

兩個孩子繞著墳墓轉啊轉，隨著泥土一點一點累積上去，墳丘越堆越高。女孩突然猛地撲向鬆散的土塊，將土塊朝埋著母親棺木的那堆土丘揮去，淚水從她的臉上流下，滴落在乾燥的地面上。

她哥哥則像牽線木偶一樣，一下彎腰、一下挺直，臉上流露著難以置信的神情。兩人原本不知道該做什麼，在這個瞬間卻彷彿只曉得這件事似的。這是為了他們死去的母親而做的。他們繞了一圈又一圈，將墳堆鏟成了一個小金字塔。

工頭尷尬地低下頭去。他不是故意要這麼殘忍。他咬著嘴唇上前去，輕輕地把手放在他們的肩膀上，示意孩子們可以停了。他向孩子點點頭：夠了。他們已經盡了責任。他們是好孩子。

他們今天的儀式差不多就到這裡了。但每到清明節，他們會回來，把散亂的泥土再掃回墳墓堆上，一輩子與風搏鬥。孩子們低下頭，現在連男孩也哭了。他們的母親走了。幾英尺外，那個丈夫侷促不安地站在那裡。要如何埋葬一個人的妻子？又該如何安慰失去親人的孩子？

一幫工人開始焚燒紙花圈和垃圾。有風的助威，所有東西都燃得很快。紙張似乎一下就不見了，徒留向日葵的莖又劈啪作響了幾分鐘。兩天前，所有這些都是景華在店裡精心打造的，現在一切都化為灰燼了。

李斌把婦人的照片放在墓碑前，用右手小指挖三個小洞，點了三炷香，插在小洞裡。然後他繞著墳墓走了一圈，在墳丘上撒了一些五穀，分別是小米、大麥、芝麻、大豆和米，象徵著亡者來世的昌盛與富足。

丈夫感激地看著他。這位陌生的陰陽先生又辦成一件他沒能考慮到的事。如今他的妻子有了一場隆重的送行。一切能讓亡者安息的事都已經做了。喪事圓滿辦成了。

＊　＊　＊

回到家，孩子們象徵性地洗淨手臉，代表去除墓地的塵土。然後所有人都坐在電視機前的沙發上。這是他們好幾天以來第一次這樣放空下來。

喪事的帳單一共是人民幣九千九百八十八元，其中大部分要付給分包商，比如工人、喪棚、棺材、墓碑和樂師等等。數學老師仔細地檢查李斌手寫的每一筆費用項目。

「帳篷你要收五百元，應該只有三百。」

「價格不是我定的，這是包商算的。」

「但應該是三百元。」

「那是頭十天的價。你讓她在停車場放了快三個星期！每多一天多收二十元。」

「聽著，」數學老師說，「我們就不要在這種時候吵錢的事了吧。」

「我同意。」

「所以三百元可以嗎？就這樣定了吧。」

「就說了這價格不是我定的！如果你要不相信，你打給他。」

「哎，算了吧。就三百吧。」

「你一副像是你在讓步，但你沒有！」

「但應該要是三百元啊。」

「行了行了，總共就收九千七百八十八元。少的我自己貼了。」

「好，那我們就算九千八百元整吧。」數學老師大度地說。在他妻子下葬的這一天，他剛剛省下了一百八十八元，大約折合三十美元。

李斌把錢收下，就離開了。

「我還沒跟他收寫輓聯的紙和其他一大堆東西的錢。如果我早知道會這樣，我就把每樣東西都分點列出來。現在我得自己負擔那兩百塊了。」

李斌開車回店裡，向後屋裡正在做午飯的景華打聲招呼。他把錢交給景華，景華仔細地把收入款項記在他們的帳目冊子上。沒過幾分鐘，一群要債的就上門了：來為工人收錢的工頭、嗩吶樂師，還有那個出租喪棚的老闆。當他聽說那個小氣丈夫的故事後，他表示只要收李斌三百元就好，畢竟他們是老朋友了。經過一陣你來我往，李斌堅持不能少給他一毛錢，說好的價就是說好的價。景華看過來，點頭表示同意。雖然他們現在是城裡的人了，但他們仍有自己的原則。

終於，李斌可以休息了。他走上樓想看看兒子，卻突然記起今天已經星期一，兒子已經回學校去了。兒子離家的時候什麼也沒留下，家裡只剩下照片。

第二十四章

北京：大隱之士

倪金城住在北京城頂端，彷彿跨坐在妙峰山，俯瞰著整座城市。[1]不過，這裡不是山上，也不是摩天大樓，他的隱居之地是一間建在三層磚砌公寓頂上的簡陋頂樓加蓋。從外部來看，這座建築看起來就像是把佛羅倫斯宮殿和紐約公寓樓拼在一起，宛如堡壘一般。必須先通過上鎖的門和樓梯，才能進到屋子裡。但這所謂上鎖的門和樓梯，其實只不過是條快散架的防火梯，不怎麼牢固地拴在建築物的後方。走上幾階樓梯，就會先看見一扇四周被明亮門釘包圍的金屬門。這裡沒有電鈴，只有耳朵靈敏的狗，只要狗一吠，倪金城就會步下樓來開門讓我進去。他在前頭帶路走上樓梯，經過下面兩層已出租的樓層。到了三樓的樓梯過道，我們向他的妻子陳金尚揮手打招呼，然後爬上最後一段樓梯，抵達他的藏身之處。這不禁讓我想起中國有句話說，小隱隱於野，大隱隱於市。

現在是十一月底，正值一個有風的午後。我們上了樓，他隨手把門關上。牆壁主要是落地窗，門也是玻璃材質；往外看出去就是城市較為貧窮的南部郊區，一路延伸到視線的盡頭。在大片水泥叢林之中唯一有些特色的，是通往天津的京津高鐵。這條高鐵會呼嘯經過陳老太太的村莊和中頂廟。我們坐在舊扶手椅上聊天，眼底盡是明亮的藍天和幾朵浮過天際的薄雲。

倪金城身上穿著一件灰色細條紋的中式夾克、黑長褲，頭戴毛氈軟呢帽。當他摘下帽子時，我看到他剃了個光頭。

「你這是落髮出家了？」我開玩笑道。

「哈！我才不是呢。這麼著更舒服。」

不過，我還是看得出他有些改變。倪金城變得更沉默，而且也削瘦了些，他戒了酒，不再吃油膩的食物。他甚至打算從明年開始定期走路運動，這樣就不必再服用抗高血壓和糖尿病的藥物。我注意到其他香會成員也有類似的改變。繁榮富裕的日子讓每個人的生活都過得很好，但他們的健康卻因為吃得太多、喝得太多、抽太多菸而出現危機。如今，社會大眾開始反思，重新肯定中國古代的養生觀念。

在我們左邊的玻璃牆外，二十隻歐洲賽鴿咕咕叫地昂首闊步。

「你的空軍，」我對他說。

「我還有陸軍和海軍呢！」他指向三隻在地上蹦蹦跳跳的小狗。

「海軍呢？」

他指著角落裡一個巨大的青花瓷水缸。我起身去看。那是一個離地三英尺高（約九十一公分）的大魚缸，裡頭養了四條胖胖的金魚。一根管子連接氣泵，將空氣打入水裡。

「讓我告訴你啊，來年財源會從東邊和南邊滾滾而來，這就是為什麼魚要放在陽台的東邊。」中文裡「魚」字跟年年有餘的「餘」字同音。所以魚會招財，這我懂。那南方呢？他起身，打開了一只玻璃盒子。盒子裡放有一根玉做的如意杖。它會讓生活更容易招來好運。

「今年，陰氣從西邊來，」他一邊說著，一邊走到房間的西側，指著一個金色葫蘆形狀的容器，裡頭裝有佛經。它們可以避邪。

這一切都不是受到誰影響，或是延請誰來指點布置的，而是他每天奉行的生活方式。在過去，這一切原來都是胡同生活的一部份。城市規劃、建築、宗教、習俗，以及人際關係，這些有形的物質和無形的習俗，共同組成了一套難以分割的生活方式。某種意義上，這前兩樣東西無論是在北京還是全中國，可能都已經不復存在了，但剩下來的幾樣——宗教信仰和儀式、思維模式和人際關係——則試圖在這些急速膨脹的大都會與人口日漸減少的村莊裡，重新找回一席之地。不是每個人都像倪金城那樣將這套生活方式實踐得那麼徹底，也不是每個人都知道那麼多，但各地都可以看得到：幾乎每家書店都有一區專櫃，專門擺放談民俗命理的書籍；人們戴著沉甸甸的手鐲，彰顯自己是善男信女；計程車的儀表板上貼著宗教圖案；每到了節慶，寺廟總是擠得水洩不通；路邊有紙錢燒完的灰燼；越來越多人相信民間信仰；網路上，佛教或道教的網頁越來越普遍；甚至手機還有節氣的應用程式。這些都是新瓶子裡裝的舊酒。

這些習俗儀式通常不大像是正式宗教會有的東西，但中國的宗教一直是由平民百姓在經營，很少有當局或神職人員介入。它總是跟人們的日常生活緊密連結——就像肉眼無法看見的微小粒子，施展它無形的約束力量。世界上也有越來越多的人用同樣的方式體驗靈性：每個人各自進行自己的儀式，這些儀式未必擁有名字，卻往往具有很大的意義。

不過這並不意味著倪金城擁抱了新時代。他認為，傳統香會有他們自己一套複雜而晦澀的法則，這類老一輩延續下來的規矩禮節，才是正確待人處事的方式。它們提供一套社會結構，協助指引信眾方向。現在的香會卻不像以前那樣嚴格了。在過去，所有廟會活動的事情都是義務參與的，為寺廟做事卻收錢的想法是種大不敬的褻瀆。但是現在有一些香會團體──特別是那些表演武術或有其他趣味節目的團體──會為了錢而演出。他們受店家聘雇在盛大的開幕典禮上表演，或是收取一定的費用，參加一些商業化的廟會。有些人甚至收錢在喪禮上表演。對倪金城來說，這種事很駭人聽聞也很不道德，但我並不覺得奇怪。在西方，有哪間殯儀館，甚至哪一座教堂的服務是免費的？當然，倪金城沒那麼天真。他相當清楚，許多事情講的都是錢。

「比如說，你有個朋友死了，要去葬禮。那你怎麼告訴你領導啊？以前你就說你不去上班了，得去朋友葬禮，大家都明白。現在呢，你得請假。現在人們住得也遠了，也不在一條街上了，所以要請人來弄個什麼儀式，或者弄點茶壺、弄個祭台，都得租卡車、麵包車。然後所有人還都要補助，說是路費、飯費。他們這麼說，你就得掏錢。有的人還從你這賺錢。社會可真是變了。」

「你父親說，並不是所有新的東西都是不好的。」

「是呀，但是他堅決反對商業化。」

「他對那些沒有被正式承認的茶會是怎麼看的？」

過去沿襲下來的老規矩非常清楚。如果還沒被其他香會認可，那麼你就還是「黑會」。要獲得認可，就得建立人際關係、做事要虔誠，要能拉到贊助等等。時機到了，其他香會的老會首就會批准你成立自己的茶會。到時候你要舉行一場盛大的宴會儀式，稱為「賀會」。慶典上，所有與會者都會在一塊巨大的紅布上簽名。接下來三年裡只要到妙峰山行香走會，你都要身披這塊紅布，向眾人展示你的香會已獲得認可。你也可以開始帶著一面寫著自己香會名字的小三角旗。從那時起，再慢慢地加上一些布條。這些布條是白色的，上面用毛筆寫著你參加的每一場重要廟會或慶典盛事的日期。把你香會的歷史公開給所有人看。

不過，現在許多團體已經不再這麼講究了。他們會直接上妙峰山，但碰到其他香會團體時，卻不知道該如何彼此問候。他們不知道哪些團體曾經得到前清朝廷的贊助，也不知道哪些團體是上個禮拜才成立的。他們甚至沒有像樣的表演。他們只是來寺廟，跳一段摻了水、讓任何人都能在幾天內學會的舞蹈。對倪金城這樣極其虔誠的人來說，最糟糕的是，這些人似乎對此還相當感覺良好。

倪金城點開電視螢幕，插入一張光碟片。這張光碟的內容是一部九十分鐘的紀錄片，記錄他們於二〇〇三年舉行的賀會。在過去十年裡，我參加過好幾次這樣的慶祝活動，但這次的規模要盛大好幾倍。他們樓下整條街的店面，都被一個五公尺高的大天棚罩住。所有重要香會的會首陸續到場，下車現身的架式宛如出席電影節的貴賓。

倪老和金城父子倆一起恭候他們的駕到。倪老圍了一件華麗的黃色圍巾，穿著黑黃相間的絲綢上衣、銀色長褲，剃了個光頭，就像倪金城現在的模樣。倪金城那時還留著一頭濃密的黑髮，身上一件緊身的中式夾克挺出了他那雙寬闊的肩膀。他們在德高望重的貴賓們走出車子時，整好自己香會的錦旗，右腳前、左腳後地屈膝跪地，微微彎腰，並點旗致敬。倪老也做同樣的動作。這個動作重複了三次，每一次都伴隨著鈸與鼓的樂聲。

「他死了。」倪金城指著螢幕上的貴賓說，「他，還有他，也都不在了。」

「欸，看這個！」倪金城又道。畫面中出現一整套景德鎮皇家窯的瓷器。他指著螢幕上陸續出現的人說：「大部分都已經死了。」

「但是人最後都會死的。」我乍著膽子回了一句，金城看著我的樣子，好像我什麼也不明白。影片中這群善男信女，那可是在文化大革命後解救了進香文化，並在二十世紀初的浩劫之後恢復了香會傳統的人哪。他們大多數人都走了。後代接班的人，是像他或是他弟弟，或是像祁會敏這樣的人。他們怎麼比得上？

紀錄片場景切換到舞台上，一位司儀大步流星地走上台。

「叫賣大王，」倪金城陰鬱地說，「他嗓門兒可大了，但是也死了。」

叫賣大王身穿一襲藍色的絲綢長袍，搭配一件紅色的絲綢背心，頭戴一頂黑色的瓜皮小帽。他用低沉的嗓音、懇求的語氣，大聲喊出每個人的名字。

接著，攝影鏡頭拍到陳老太太。她那時年輕多了，頭髮烏黑，容光煥發，穿著一件紅色絲綢的連身裙。這裡有兩個香會同時舉行他們的賀會儀式。

「她還活著，」我說。

倪金城小聲地咕噥了幾句，我沒聽清楚。

叫賣大王宣讀了一份正式聲明，告訴大眾這家人虔誠信仰「碧霞元君」，然後莊嚴地宣布他們這個香會正式成立。現場響起一陣響亮的歡呼聲，然後有趣的慶典準備開始了。表演性質的香會團體上演了他們的武術絕活、滑稽短劇和舞獅。最後的壓軸是一場盛大的午宴，席開一百桌，每桌坐十二人。倪金城還點了一種名叫「醉流霞」的白酒，款待在場的嘉賓。

「你當時要在那就好了，」他說。

「是呀，」我說，「我喜歡這個酒的名字。」

「我這還有呢。我給你拿一瓶去。」

倪金城的妻子聽到電視的聲音，走過來加入我們。

「那些舊的錄像啊！」陳金尚笑著說。「你真應該十年前就來，那時候那些人還都活著呢！爸也想讓你寫寫他的那些事，我們說行啊，結果他先走了。」

「但是有你啊，你還活著。」

「我也老了呀，」倪金城回答道。

「你才五十六啊。你這一代正在領導整個國家，你也看到了這麼多古老的傳統，所以你像是一座橋樑。」

「這倒也是。」

「你跟以前住你家旁邊的老道一定學到了不少吧。當時你們都做些什麼呢？」

「我小時候呢，特別淘氣。牆頭這邊，我闖了不少禍。我們家的後房檐就是廟牆，拐個彎兒就進廟。我們家又有一天井，我從天井上了房，上了房就掉廟裡了。人家進香，我就偷那的供果兒吃去。那個老道呢，韓老道，我叫大爺，也叫師大爺。韓老道和咱們家老頭啊，他們都是同弟。」

「你覺得你從他身上學到的最重要的東西是什麼？」

「尊敬，我學會了怎樣尊敬他人。」

＊＊＊

我們回到三樓，陳金尚進廚房煮麵條。我們談起了陳老太太，那位「花兒老太」。過去這整個夏天，她一直是中頂廟廟會的焦點人物。可是夏天一過，該來的還是來了。為了要建設高樓層公寓大廈，她的鄰里社區於是遭到拆遷。雖然中頂廟是保全下來了，可是整個家族在高樓完工之前，卻不得不搬出去住幾年。這把家族成員搞得四分五裂，各自分開住在其他親戚家裡或在外租房子住。陳老太太跟女兒住在六樓一套公寓裡，但是日子很不好過。

「她們那兒有電梯，對吧？」我說。

「這不是這個問題，」倪金城說：「你不明白當農民是什麼樣，一出門就能看到土地，就能接地氣。你要是從來沒種過地，那就永遠也明白不了。」

「她現在有點糊塗了，」陳金尚對我說。

「我在妙峰山還見到她了呢，跟她聊了兩句。她那時候看上去還不錯啊。在她村裡的廟會，她還來主動來和我打招呼呢。」

「是呀，」倪金城說，「那時候還好著呢。春天也沒事，夏天也沒事。結果她房子一拆遷，腦子就糊塗了。」

我們一起吃飯，然後是時候我該告退了。我看了看倪金城，稱讚他有件不錯的夾克。它看起來完美結合了東西方特色：灰色細條紋，無領，搭配中式鈕釦結。

「這就是你的了！」金城站起來，脫下夾克，遞給了我。

「我不是那個意思。我喜歡，但是並不是想要。」

倪金城大笑；在他看來，我說我欣賞這件夾克，聽起來就是我很想要的意思。我們來回推讓了一陣。

「我就照張照片，然後讓人照著再做一件。」

「做這些衣服的人都已經死了。」

「但是別人能照著做呀！」

「現在做這個的人都沒了。」

「這不可能吧！」

「都死了！」

「我真的不想要。」

「這就是你的了。拿著！」

「不用，不用，不用！」

「你真逗！現在這是你的了，不是我的。拿著！」

「但是你也不能再買新的了呀。那些人不都死了嗎？」

倪金城停了下來，深吸一口氣，直視著我。「這你就不明白了。這件衣服只有傳給真正想要它的人才有意義。現在這就是你的了。我已經傳給你了。明白了？」

第二十五章 儀式：東方閃電

某個冬日，當我正漫步在成都街頭時，我的手機突然彈出一條訊息：

世界末日不可信，邪教胡謅藏禍心；騙財騙色騙入教，一旦入套禍隨行；全能神是邪教，妄稱末日擾人心；科學擦亮我眼睛，邪教鬼魅遁無形！上海反邪教協會

馬雅人預言，二〇一二年的冬至就是世界末日，這個著名的末日預言在中國流傳甚廣。大多數的中國人對這些預言是半信半疑，不過也有人充滿創業家精神。一位中國商人造了一艘木質方舟，要將少數幸運兒護送到安全的地方。[1]北京有一名上班族聲稱，他斥資八千美元，在青康藏高原上建造了一座防震的堡壘。我看了下我的手錶。現在是十二月二十一日的中午，按照預言，世界末日已經來臨。如果這一切不是一場騙局，那麼我最多只剩十二個小時能活。

在中國所有相信並宣揚世界末日預言的團體中，就屬東方閃電的聲量最大。東方閃電又被稱

為全能神教會，是基督教的一個分支。這個教派在一九九〇年代相當活躍，但後來又沉寂下來。到了二〇一二年左右，該組織的成員也許是看見了馬雅預言，或得到了某些更深層的預示，又開始大規模集會，反覆宣揚其神學中的聖經末日。這場宗教復興風波刺激了上海反邪教協會發表公開信抵制，而政府也圍捕了大約一千名信徒。據官方報導，有四十起地方騷動事件背後由東方閃電指使，在各地引起騷亂。[2]

就像之前的法輪功一樣，東方閃電想方設法要激怒政府和其他宗教團體。政府當局主要關切的是政治層面的問題。東方閃電抨擊中國共產黨是「大紅龍」（great red dragon），並聲稱中共的統治是無盡的災難，《聖經》中的世界末日預言即將成真。（譯按：大紅龍在《聖經》中是魔鬼的化身。典故出自《啟示錄》第十二章第九節：「大龍就是那古蛇，名叫魔鬼，又叫撒旦，是迷惑普天下的。它被摔在地上，它的使者也一同被摔下去。」）早在一九九二年，政府官員就宣布該教派為「反革命份子」，並承諾要予以根除，將該教會成員送去思想改造。[3]而其他基督教團體則視東方閃電的神學為異端邪說，且其宣教手段惡毒、違法亂章。他們稱，該組織挾持了全體會眾，最著名的一次是在二〇〇二年，據稱曾將三十四名其他教會成員關押在一間房子裡，直到他們入教為止。也有人指控利該組織用女色誘惑和勒索主流教派的牧師，威脅他們將自己的教眾拉攏到東方閃電。

二〇一四年，一個自稱信奉東方閃電的家庭在麥當勞用棍棒打死了一名女子。這起謀殺案發生之後，更是讓幾乎所有人都唾棄這個異端教派。[4]但其實早在本案發生之前，從中共的喉舌

《人民日報》乃至美國網路報《每日野獸》（*The Daily Beast*），人人都譴責東方閃電為邪教。該教的古怪信仰更是讓西方媒體津津樂道，尤其是「釣魚式色誘」的傳教手法。充滿憤怒、不滿又神秘兮兮的東方閃電，似乎是完美的邪教典型。[5]

* * *

乾隆堪稱是中國歷史上最偉大的皇帝之一，他於一七三五年至一七九六年間御宇華夏。乾隆自豪地將自己在位的時期稱為「盛世」，全國上下一片富裕繁榮。在他的長期統治下，清朝的版圖擴大了一倍。他建造了奢華的亭台樓閣，在繪畫中將自己描繪成深具智慧的佛教徒，他曾創作四萬首詩，還主持編纂了三萬六千冊百科全書（譯按：即《四庫全書》）。當年英國使節喬治・馬戛爾尼（George Macartney）為尋求擴大貿易而訪華時，發生了著名的禮教之爭，乾隆皇帝憤而一口回絕了使團的請求。他寫道：「天朝物產豐盈，無所不有，原不藉外夷貨物以通有無。」

但是，當這個物產豐足、無須外求的時代正值頂峰的時候，乾隆一朝卻被妖術攪擾得雞犬不寧。有人用詭異的儀式來騷擾中國最富裕地區的居民，例如剪人髮辮，念咒語來竊取受害者的靈魂，讓整個區域陷入恐慌。暴徒看到模樣可能是妖巫術士的人就出手襲擊。一名男子只是在街上弄亂了一個孩子的頭髮，就遭到攻擊。地方官吏對犯人嚴刑拷打逼供，皇帝在驚慌之下也急急下旨，要求諸臣工嚴正處理這些案件。這些案例都發生在江南，也就是長江沿岸盛產絲綢、茶葉和稻米的富饒之地——在當時是中國最繁榮的地區，也是帝國的經濟支柱。然而，這裡的人們卻集體陷入歐斯底里的狀態。這是為什麼呢？

這起歷史案件引起了美國歷史學者孔復禮（Philip Kuhn）的關注，他寫了一本書，題為《叫魂：乾隆盛世的妖術大恐慌》（*Soulstealers: The Chinese Sorcery Scare of 1768*）。他指出，這段期間歷經重大的經濟變革。來自美洲新世界的白銀如潮水般湧入中國。經商成了獲取財富和功成名就的途徑，因而背棄了儒家對於農業、學術和禮教的理想。社會貧富落差加劇，人口激增，生態惡化，而這個日益疲軟的國家是掌控在一個不穩定的政治體系手上。當時國家的統治階層是滿族人，缺乏多數中國人的廣泛支持，所以高層對任何形式的動盪都極為敏感。儘管乾隆宣稱他的時代是輝煌的時代，但清朝極盛的歲月已經過去，中國即將進入動盪的十九世紀。這個時代在孔復禮眼中是「中國悲劇性近代的前夕」，「當時的人們普遍認為周圍盡是邪惡、他們的生命則受到隱蔽勢力威脅的看法所左右。」

儘管我們不應該胡亂套用過去的事件預測未來，但我們很難忽略清代中葉與今天的中國之間的相似之處。今日的中國也正在經歷快速的城市化，城市化帶來了財富，提高了生活水平，卻也破壞了傳統的社會關係。整個大環境被搞得滿目瘡痍；政治領導人無法容忍百姓的直接批評。這反映了當時統治體系的問題，異端份子也講究階級且缺乏民主，而社會則用殘酷暴力的方式對待他們。孔復禮論道，即使這些邊緣群體不討人喜歡，但我們必須理解他們，才能真正理解我們自己：

我們當代文化的許多面向，大概也可以被稱之為預示性的驚顫，正戰戰兢兢地為我們所要創造的那個社會，提供目前還難以解讀的信息。歸根結底，我們最大的激情，就在於將意義賦予生命——儘管這種意義有時並不是顯而易見的。[6]

一九二〇年代，隨著外國傳教士的勢力逐漸削弱，五旬節運動席捲中國，一些新興的基督教派於是應運而生，當中許多團體深受中國原有的靈性觀念影響。這些新興的分支——用今天的說法可能會稱作教派——提供了渴望精神指引的中國人為之癡迷的儀式，像是說預言、神蹟治癒，以及說方言。有些住在鄉下的人裡面會出現先知，會從天上帶回一些願景。其他教會，比如真耶穌教會，也就是徐珏在喪子之後住在德國時遇到的那個教會，則是根據北京一位布匹商經驗到的幻象而設立。像王明道這樣堅守傳統教義的福音派，堅決反對西方傳教士，尤其是那些宣揚自由主義思想的傳教士。他們更傾向於從字面上解讀聖經。另一位基督徒倪柝聲也反對外國的影響力。在第一次世界大戰後，他跟隨中國民族主義運動的高潮，發展了自己的思想，他強烈抨擊外國教派不符聖經。中國人應該要參加他自己於各地村莊建立的所謂「地方教會」才對。倪柝聲自己也是個神祕主義者，他寫了幾本書，闡述世界末日即將來臨的看法。

共產黨一九四九年掌權後，創建了三自愛國教會，想要將全國的新教教會都納入政府的控制傘下。這個政府組織接管的大部分都是舊的教會。本土的教會領袖少部分被吸收，大多數都被禁止活動。像王道明這樣的傳教士因為拒絕加入三自愛國教會，而在勞改營中度過了幾十年，而倪柝聲則在一九七二年死於獄中。

即使如此，他們的理念並沒有隨之消亡。一些他們的追隨者逃到國外避難。比如倪柝聲的教會，就在海外進一步地發展出自己的在地神學，還衍生出「呼喊」聖靈的信仰方式。這個運動後來形成了廣為人知的「呼喊派」，在許多美國華人社群當中傳播開來。

然而在中國境內，基督教不僅沒有被消滅，甚至還日益茁壯。關鍵原因有兩個。其中之一是，毛澤東當政時期的饑荒和政治運動帶來了難以想像的慘況，許多人似乎因此轉向尋求宗教的慰藉——而那些有著千年歷史的宗教當然最受歡迎。另一個原因，則是政府的政治運動幫自己的宗教機構扯了後腿。三自愛國教會有十多年的時間停止一切活動。而各地的基督徒就趁政府教會關門大吉之際，各自發展自己的團體。

毛澤東時代結束後，海外僑胞寄來了大量的書籍、小冊子、宣傳冊、錄音帶和錄影帶，成為各種地下教會發展茁壯的養料。各種新興宗教如雨後春筍般出現。官方教會被毛澤東削弱之後留下的真空，正好是呼喊派這類強調個人魅力和靈性天賦，而非神學訓練和正式神職人員的團體竄起的天賜良機。在整個二十世紀八十年代和九十年代，一波又一波新的基督教團體多如過江之鯽，比如：「被立王」、「主神教」、「曠野窄門」、「三班僕人」等等新興教會。根據美國歷史學者裴士丹（Daniel Bays）的說法，這些團體展現出「基督教歷史上一次最具創造性的跨文化適應現象」。[7]

大多數這些團體的領導人都被當局視為反革命份子。一九九九年法輪功萬人上訪行動後，政府對宗教團體特別敏感，於是大力取締這些團體，處決其資深領導人。然而，某個組織挺了過來。這個組織的名字源於《新約．馬太福音》第二十四節第二十七章中一段描述耶穌復活的預言：

> 閃電從東邊發出，直照到西邊。人子降臨也要這樣。

東方閃電於一九九一年由呼喊派的前成員趙維山創立。三十九歲的趙維山在河南旅遊時，遇到了一位十八歲女子名叫楊向彬。趙維山宣稱楊向彬就是「女基督」，就是馬太預言中的東方閃電。這個組織借用了倪柝聲及其繼任者的思想，宣揚世界末日即將到來。據報導，趙維山和楊向彬在二〇〇〇年左右已經逃亡至美國，但他們的組織至今仍在中國境內活動。[8]

像東方閃電這樣的宗教組織通常都被斥為異端。為什麼基督要在中國再臨？為什麼偏偏挑中河南？為什麼要以女性的形象現身？若要真的想要理解東方閃電信徒的信仰，可能需要對信徒進行多次深入訪談，不過這不太可能，因為該組織對外界總是守口如瓶。但我們還是可以從一些該組織的著作，和中國近代史之間的關係推敲出一些端倪，知道為什麼它如此受歡迎。

組織成功的可能原因之一，是因為它發源於河南。河南省有一億人口，是中國人口最多的省分，但同時也飽受歷史和貧困的摧殘。毛澤東時代有許多最慘絕人寰的社會實驗都集中在這裡，比如被許多人認為是人類史上最嚴重的飢荒：大躍進，就屬河南災情最為慘重。雖然我們有時會認為大躍進這樣的饑荒悲劇早已遠去，但它也不過只是東方閃電創立前三十年發生的事。東方閃電的創始人趙維山當時還是一個九歲的孩子，他眼睜睜地看著人們餓死，從中看見了改變一生的關鍵意義。

即使到了現在，河南省仍是中國發展最落後的省份之一。這個地區之所以貧窮，並不是因為境內山地特別多。雲南和貴州這類邊陲省分的發展比較會受到地理因素影響。但河南之所以貧窮，卻是因為人口過剩、資源匱乏、依賴農業。這裡的特產不是沿海地區那樣的活力，而是各種犯罪問題和社會動盪。

我想起有一年夏天，我和張義南在河南旅行，他是研究基督教史的學者，同時也是地方教會的領導人。很少有人記得，這裡曾是中國文明的搖籃，境內有兩個古王朝的故都，也是許多著名歷史人物的出生地。如今這裡的城市單調又沒有特色，鄉村是一片片起伏的玉米田和麥田，許多村莊甚至連一座寺廟也沒有。由於共產黨大肆摧殘的緣故，當毛澤東時代結束、宗教活動再次得到許可之前，當地居民的心靈就像一塊空白的畫布，不管什麼東西都能塗鴉上去。

「他們幾乎將所有寺廟摧毀殆盡，儒家思想也被摧毀了，」張義南對我說：「這簡直是天賜良機啊。」[9]

這種天啟思想反映在東方閃電的神學論述中。它認為人類歷經三個時代，每個時代歷時兩千年：律法時代（這也是舊約或猶太聖經及其他先知的時代）；恩典時代（耶穌降臨後的兩千年）；現在則是國度時代。根據該組織的重要著作《話在肉身顯現》裡的說法，正如從前耶穌取代了舊約的先知一樣，現在耶穌的工作也「過時了」。現在這個時代，特別是在中國這個「大紅龍」統治下，是一個動盪的時代。大紅龍這個名稱出自《聖經．啟示錄》：[10]

> 紅龍盤臥之地是示範點，因著內部已瓦解，內政已混亂不堪，都在做著自我防衛的工作，準備逃往「月球」之上，但怎能逃出神手的掌握呢？正如神說的「自己造的苦杯自己喝」，內亂之時正是神離地之時，神不會在大紅龍的國家中「待」下去了，隨即結束在地的工作。

除了他們描繪的混亂中國形象，東方閃電的用語、形象和女性特質可能讓它更受歡迎。在提及上帝的時候，他們不是用標準的新教術語稱「上帝」，而是更喜歡用民間宗教的說法「神」。[11]另一個相似之處則是文化大革命時期的毛崇拜。「一位從東方來的救世主」這套說法，對很多崇拜毛的人來說可能都不陌生。在毛澤東時代長大的人都會唱：「東方紅，太陽升，中國出了個毛澤東！」東方閃電另一個吸引人的地方是，新的基督是一名女性。在中國未註冊的地下教會中，大多數的教友是女性，但牧師幾乎都是男性——例如王怡的教會就是這樣，他甚至驅逐了一位倡導女性牧師的教會長老。在信仰中心放入一名女性，會讓宗教更受人歡迎，而且還會讓人想起中國那些家喻戶曉的神祇，比如碧霞元君和觀世音菩薩。

至於該教派的偏執和暴力特質，則很難不讓人聯想起當代中國歷史上的暴力傾向。教會辯稱自己並沒有下令或鼓勵任何人謀殺，兇手是「自己腦子有問題」。[12]但實際上的案情撲朔迷離，很難知道真正的原因。唯一可以確定的是，東方閃電常利用衝突和欺騙來拉信徒。

許多人都指控東方閃電綁架其他基督徒。大多數的指控都很含糊不清，有些人說該教派用女性來引誘牧師，但說法相當可疑，而且很可能只反映出人們對於女性的蔑視與刻板印象。然而，許多霸凌和試圖綁架信徒的指控仍不脛而走，至少反映出在中國地下教會之間瀰漫的恐懼——人們在某種原始的不安感中，覺得正統教會的信徒心智不堅，他們的靈魂隨時可以被偷走。

第二十六章

成都：尋找耶穌

聖誕節即將到來，看來王怡的教會可能沒法舉行禮拜儀式了。這時候通常是一年中最重要的時刻，也是教會招募信徒的大好機會。許多中國人對西方的節日感到好奇，但通常對其內涵不是很了解。他們心裡可能總是疑惑著：那個穿紅衣服的胖子是誰？他和耶穌有什麼關係？信眾們可以邀請親朋好友來參加有趣的聖誕晚會，或許其中會有人有興趣加入教會。這類節日禮拜的參加人數總是相當踴躍，所以秋雨聖約教會通常會租下一整個交際廳，作為舉辦耶誕禮拜的場地。但今年，他們每每剛預訂好飯店的宴會廳，一個小時後就會接到飯店經理打來的電話，抱歉地婉拒他們的訂位——看得出飯店受到政府施壓。這讓我懷疑，是不是因為設立神學院、向外傳教、與其他歸正教會結盟這些事情做得太高調，引來了當局的關注。

我去拜訪彭強，想問問他的看法。[1]他有自己的教會，也認識王怡多年。我想問問他，關於教會和政府之間的緊張關係，他有什麼看法？這是嚴重的衝突嗎？我們坐在他冰冷的辦公室裡。這裡跟中國南方其他大多數的大樓一樣，冬天沒有暖氣。成都冬天的潮濕寒意滲透到每一個房間、每一層衣物裡，但是彭強的心情很好，聽了我的問題後，他只是溫厚地笑了起來。

「我一直以來的一個夢想，就是做一部關於基督教在中國的紀錄片給我在洛杉磯的朋友們看。他們一看國內哪個地方發生個什麼事件，就為我擔心。離著老遠的地方一抓人，我就經常收到很多封郵件，他們就問：你還好吧？

「我還記得我們在河邊聚會的時候。記得嗎？當時（二〇〇五年）有九周他們不讓秋雨教會聚集。當時的場景是怎麼樣的呢？全是磨難嗎？是，的確有著磨難，因為我們不知道會發生什麼。在這個過程當中，其實大家都很快樂的。我經常說，基督徒和革命者最大的不同是什麼呢？基督徒去面對一個事，你內心總是有喜悅（joy），有希望（hope）。革命者呢，就只想著怎麼樣才悲壯。」他說道，將「喜悅」、「希望」這兩個詞用英語再強調一次。

「如果要我來寫這個東西，我的版本就是這樣的：

「星期天早上，他們來到教會門口，有人攔住他們說：『對不起，你們不可以進去。』有些弟兄姐妹心裡面很氣憤，但是還有些人說：『沒關係，走吧！咱們去河邊。』然後，他們在河邊找了個地方聚起來，太陽光照出來，天色美好。大家開始唱歌。然後中間的這些老媽媽會對跟著的那些便衣警察說：『嘿，年輕人，你也應該信耶穌。信耶穌你才知道你天天活著在幹嘛。』

「成都到處都是茶館。他們之後分散開來，去不同的地方喝茶。大家高興得很。然後那些便衣還跟著，不知道為什麼還跟著。弟兄姐妹團聚當中，彼此分享，彼此禱告，快樂啊，很高興啊。

「然後他們一起去吃火鍋。這些便衣還跟著，看看這些人幹什麼。荒唐啊！這些警察很荒唐啊。他們不知道為什麼要跟著。因為每一個職業都有一種東西給它尊嚴。做警察的尊嚴在於抓壞人，把勇敢彰顯出來，但是面對這些基督徒，你在幹嘛呀？

「所以這個版本和外面的版本非常不一樣。這個當然也是磨難，或者至少說是不方便，但是整體來說，上帝的恩典就在裡面。如果上帝不是真的，那麼一切都沒有意義。但如果上帝是真的，則會有靈光照耀。」

彭強之所以這麼樂觀，其實還有其他原因。是的，他知道習近平政府為了加強國家對社會的控制，已經逮捕了很多異議人士和維權律師。當局還為宣傳中國的傳統價值和宗教，拚命打壓基督教。但彭強能如此樂觀，並非出自天真，而是他看出政府長期以來採取的強硬路線問題之所在。當中一個問題就是「維穩」（維持社會穩定）的成本非常高。根據政府數據顯示，當局在維穩方面的支出超越了國防的費用。

「維穩是很昂貴的。如果有人聽到旁邊一棟樓裡面有人唱歌，不知道是不是基督教的聚會點，他可能會叫警察，但是誰買這個單呢？警察還有很多其他的問題需要解決，比如犯罪啊、恐怖分子啊。警察還要去找宗教事務局、公安、派出所、國保、民政……這些部門第一反應就是：『憑什麼？誰給錢？』他們的人一出動，就要出油錢、中午吃飯的補助和晚上的加班費。所以現在如果不是中央下令說非要把什麼群體幹掉，地方政府多一事不如少一事。」

與彭強的這段談話，讓我明白了為什麼遠離首都是如此重要。在北京，政府的權力似乎無窮無盡；但在這裡卻是天高皇帝遠。聰明的人不會低估習近平這種威權領導人所擁有的強大政治力量；但仔細想過的人也會知道，政府的控制力就長期而言其實是有極限的。

在我離開之前，彭強給我講了一個故事，讓我知道在成都這樣的地方生活，經常會碰到些什麼樣的情形。當時他的女兒六歲半，在這年的初秋開始上公立小學。彭強和他太太都不希望她戴上少年先鋒隊員的紅領巾。少先隊是一個幾乎所有學生都會參加的共產黨青少年團體。

「我們沒想到那麼快，孩子進學校才三個禮拜，有一天回來她跟我講，老師說所有人都得戴紅領巾。我們都很不安。」

彭強和女兒談話，試圖和她講道理，說她不需要戴。不過事實上，她是不應該戴，因為紅領巾正是共產黨的標記。

「我講了一大堆，但是我女兒就開始哭。她說所有同學都要戴紅領巾，顏色很鮮豔，看上去也很精神。

「但是我太太是做心理疏導的，所以她用『右腦』給女兒解釋。她給女兒講，不戴紅領巾也可以成為一個優秀的學生。你是主的孩子，你不需要戴不屬於主的東西。

「女兒說：『我是主的孩子。我不要戴紅領巾。』然後我們一起禱告。」

彭強的太太特地到學校去跟老師們打招呼，謝謝他們對孩子們這麼好，也順便詢問，是否硬性規定要佩戴領巾。老師回答沒有，他太太就對老師說：「『我們是基督徒家庭，我們認為少先隊和我們的信仰不合適。不過我們的孩子照樣可以尊重老師，努力學習，做個好學生。』老師說，『這樣挺好啊，沒問題的。』」

然後，夫婦倆還寫了一封措辭禮貌的信給老師，這樣萬一校長問起這個孩子為什麼沒戴紅領巾的時候，老師可以有個交代。女兒拿著這封信到學校去。那天下午，彭強和太太在校門口接他們的女兒放學。

「女兒第二天特別高興，我問她為什麼。她給我們講，那天早上她的同學們為加入少先隊排練列隊，但是她不用加入。不過她感覺還不錯，因為當校長的助理讓所有學生站起來的時候，突然加了一句：『她是有信仰的，她可以坐下！』」

＊ ＊ ＊

平安夜那天中午，我感覺聖誕禮拜儀式非常有可能會被取消。[2]因為離活動預計開始的時間只剩幾個小時，卻沒有一家飯店願意讓他們租場地。不過後來，我接到朋友張國慶的電話。張國慶是專門幫秋雨聖約教會打探社會議題風向的重要人物。他告訴我，他們成功找到地點了。禮拜儀式將在成都「綠洲大酒店」舉行，這是一家三流酒店，位在教堂附近的一條小巷裡。我向他道謝，但掛斷電話後，我懷疑有多少人會在這麼短的時間內出現。

傍晚六點四十五分，我抵達酒店，比儀式開始時間早了四十五分鐘，但此時的大廳早已擠滿秋雨聖約教會的信眾，他們川流不息地往酒店二樓的宴會廳移動。活動場地的入口處貼滿了為這次活動準備的海報。海報寬三英尺（約九十一公分），高六英尺（一百八十二公分），上面寫著各種故事，主題是「在成都尋找耶穌」。

這些海報可說是相當大膽的嘗試。它把成都的歷史重新講述一遍。基督教在成都的歷史其實淵遠流長，但這段歷史，在任何一本成都旅遊指南、任何教科書或是中國任何官方網站上都讀不到。不僅如此，海報上的敘述還表明：基督教在十九世紀中期到二十世紀中期的城市現代化進程中，扮演著重要角色。

其中一面海報上，畫著傳教士在十九世紀時抵達成都的故事。另一面的故事叫「寶血，醫治。我們不會忘記」，畫的是他們基督教的弟兄姊妹白手起家，創建了這座城市的醫院、婦科診所，甚至救護車服務，所有這些現代醫療基礎設施的故事。這則故事強調，不論求診者是什麼宗教信仰，都可以獲得醫療服務，在那些機構裡工作的人願意這麼做並不是為了錢，而是出於信仰。另外一個看板則闡述了教育建設的故事，這座城市最負盛名的一些中學和高中都是由傳教士創辦的。不過力量最大的一張海報，大概是那張畫著由傳教士設立的棄兒醫院，這張海報下面貼了一張鄰近省分的垃圾桶照片。二〇一二年，當地一家孤兒院在垃圾桶裡遺棄了五名嬰兒。兩張圖片之間的對比無須多作解釋，但意思已經很清楚了：這個國家蔑視生命，但基督教拯救生命。海報的底部用紅色的粗體字寫了一段《聖經》裡的話：「我不會撇下你們為孤兒，我要回到你們這裡來。」（譯按：典出《新約．約翰福音》第十四章第十八節。）

若仔細閱讀這些故事，就會知道這些宣傳文字不是在說西方傳教士有多好，而是要傳達：所有傳教士都是好的。這直接挑戰了中共的正統歷史觀，中共一直以來都宣稱傳教士是邪惡的，是帝國主義顛覆中國陰謀的一部分。但故事海報卻指出，到了一九四〇年代，許多重要的傳教士都是中國人。某間大學的一個查經班就是由一位中國牧師帶領的。從前傳教士所創立的醫院，後來也由中國醫生接管。這也就是說，教導人做這些善行的是基督教教義；而將基督教帶進中國的恰好是西方人，只不過是歷史的一種偶然。

看完了這些故事，我走進會場。那裡有人在分發小冊子。其中一本小冊子上有一張照片，是前蘇聯領導人赫魯雪夫的頭像和他的名言：「上帝知道我是無神論者。」這本小冊子在討論上帝的存在，並指出，像達爾文和愛因斯坦這樣偉大的科學家都篤信上帝。

另一本小冊子則在抨擊異端邪說。雖然傳單沒有提到東方閃電的名字，但是乍看之下就像是在用某種很巧妙的說法，澄清秋雨聖約教會和政府的政策並沒有扞格。不過當我真正翻開小冊子，才赫然發現這不是重點。宣傳手冊的最後一頁有一張清單，列出了在歷史上戰勝異端邪說的人。名單上最後一個人是中國基督教領袖王明道，他曾因反抗共產黨的統治，在勞改營待了二十年。這暗指著，那個讓王明道下獄的政府才是異端邪說。

我倒抽了口氣，把小冊子揣入口袋中。張國慶走了過來，神色緊張。

「坐前面吧，」他催促我。我問他，如果我坐到後面去，可能會比較不那麼顯眼，他說不行；他想要我坐在前面。「『國保』在這裡，我正設法應付。如果你坐在前面比較醒目的位子，可能會比較好。」

我一點都不想要捲進他們與國家安全單位的衝突裡，但我後來推論了一下，如果政府想要關掉他們的網站，應該早就關了。這場儀式中夾帶了一些反政府宣傳，但目前為止並沒有被喊停。所以我坐到了前排去。我在就座以前，先往後看了看，大略估算了一下，座位總共有二十五排，每排有二十五個位子。現場幾乎座無虛席。參加人數是教會一般崇拜活動的兩倍。他們不知用了什麼方法，信眾全都很在短時間內趕過來了。大家凝望著舞台，想看看這個夜晚會如何開展。

王怡以一段祈禱文作為耶誕崇拜儀式的開場，他用這段祈禱文解釋了「在成都尋找耶穌」的主題涵義。

「作為基督徒，作為基督教會，作為成都人，我們沒有理由不為祢在歷史上差遣傳道士在成都興建的教會，大宗的學校，醫院和慈善機構帶給成都的祝福充耳不聞，視而不見。」

在我聽來，這樣的說法簡直就是一記直拳，打在國家的臉上，不過站在會場後方的「國保」探員們顯然一點也聽不懂。他們只想揪出一些明確露骨的句子，可以讓他們光明正大的中止這場集會。當然，王怡可沒那麼笨。他將矛頭對準黨的正當性——共產黨壟斷了知識，而且還控制了歷史——但這對那些探員的腦袋來說太複雜了。

「我們更沒有理由因為知道這是歷史，甚至是現實的事實，而否定甚至詆毀它。所以說，求您使成都成為一個向您感恩的城市，使成都人不再忘恩負義，不再抗議福音。」

接著，舞台上演了一齣獨幕劇，叫做《成都，今夜沒有遺忘》，改編自二〇〇九年的一部小說《成都，今夜請將我遺忘》，小說作者慕容雪村是王怡的朋友。幾年前，這部小說非常受歡迎。它講述了一群無所事事、漂泊無根的朋友在城市裡喝酒、賭博、睡覺的故事。慕容在書中如此形容這座城市：

> 夜色中的成都看起來無比溫柔，華燈閃耀，笙歌悠揚，一派盛世景象。不過我知道，在繁華背後，這城市正在慢慢腐爛，物欲的潮水在每一個角落翻滾湧動，冒著氣泡，散發著辛辣的氣味，像尿酸一樣腐蝕著每一塊磚瓦、每一個靈魂。（譯按：引文據小說《成都，今夜請將我遺忘》第十七章還原。）

王怡用這齣戲道盡了一切。故事的主軸是一對年輕夫婦在四川大學外的對話。四川大學的前身是由一群外國傳教士創辦的華西協和大學。在開場的片段中，這對夫婦一邊閱讀報紙，一邊評論著社會上出現的各種問題，例如食物不安全、交通危險、醫生醫德淪喪等等。然後他們提到，他們在一起已經十年了，現在卻面臨離婚的危機。丈夫罵妻子愛吹毛求疵。妻子嫌丈夫既傲慢又愛裝腔作勢。他們之間的感情似乎消失殆盡。

此時，一位女精神科醫師登場，原本舞台上的人像是被按下了定格鍵。這位三十多歲的女士幽默地點出了兩位主角為什麼會有這樣的爭執。她分析，男人的愛是化學反應產生的慾望。女人的擔憂則是不安全感造成的焦慮。她表示，所有這些問題都可以靠適當的藥物解決。「那其實我們就是一群化學元素在流動、繁衍，在北緯三十點六七度，東經一〇四點〇六度裡面到此一遊。」

「是的，」精神科醫師說。

「那人活著還有什麼意義呢？」

「對不起，」精神科醫師說：「『意義』不是一個嚴謹的詞語，科學只談本質。」

接著，這對夫婦老邁的大學老師走了進來，他問他們是否仍是基督徒；他們說，還是，大概吧，但已經不再那麼虔誠。當老師講起學校過去的基督教背景，場景就跳回了一百年前，一九一九年的五四運動。當時五四運動的訴求，是要求社會有更多民主及科學。一些激進份子出場，哀嘆他們的革命即將失敗，中國仍未民主。一個年輕人大喊：「反對貪腐！」然後就被國民黨的警察逮捕了。戲是這麼演的，但誰都看得出來這一幕跟今日的中國社會實在很相像。激進份子和這對夫婦突然都明白，如果沒有一場心靈層面的革命，所有這些政治改革，或改善人際關係的努力都將歸於徒勞。

在這齣戲的最後，這些演員們講述了他們的真實故事。那位精神科醫師在找到上帝之前，一直都很依靠藥物。那位老師是教會的領袖。而那對夫婦在加入秋雨聖約教會、重新回到耶穌懷抱之前，真的瀕臨離婚。不過他們現在有了一個小孩。他的名字叫書亞，取名自約書亞的簡稱。在現實世界裡，王怡的兒子就叫這個名字。而且多年以來，王怡為了繞開出版禁令，也一直使用「書亞」作為筆名。這個男孩在劇中只有一句台詞，最後六個字出自《舊約．詩篇》第三十三章：

我叫張書亞，取自《聖經》裡的約書亞，因為我們全家都「蒙耶和華揀選」。

接著，王怡開始了他的佈道，他從自己小時候在四川農村長大的經歷說起。和大多數的在場觀眾一樣（甚至可能和在場許多大學剛畢業、從事白領工作、手上拿著最新款手機的年輕聽眾一樣），他的家庭非常貧困。童年沒有玩具，他就跟螞蟻玩，花好幾個小時觀察螞蟻爬來爬去，建立自己的家園和王國。某一天，一場暴風雨打斷了一群螞蟻回家的路。

他說道，「水溝就像紅海一樣的，擋住了牠們的路。牠們不知道該怎麼辦，牠們沒有辦法回去。我就很憐憫牠們，我就想要幫牠們。因為我可以幫牠們。你們知道我怎麼幹嗎？我就把每一隻螞蟻抓起來，用一只碗，放到我的碗裡去。我就抓了差不多一百多隻的螞蟻。把牠們抓起來放到碗裡，然後就跑到另一邊。牠們以前在那裡，我知道牠們的家以前在那邊。我就跑過去，然後把牠們倒出來。你知道在那一刻我的感受是什麼嗎？我感覺我好像是牠們的救世主。」聽得在場觀眾都笑了。

「我當時只有七歲。我覺得我做了一件很有意義的事情，我拯救了牠們。整個過程差不多前後一個小時，但是對這群螞蟻來講，也許是上下五千年。」觀眾又再次哄堂大笑，他們都聽出他是在暗指中國的五千年文化。世界各地的中國人都很引以為傲的五千年歷史，在他的諷刺話語中卻變得微不足道。

「他們之中可能有一隻很聰明的螞蟻，後來牠寫了一本書，裡面說呢：道可道，非常道。名可名，非常名。」

這段話出自老子《道德經》的第一章。《道德經》是道教經典，在王怡的世界裡，卻是螞蟻的傑作，螞蟻總是對周圍的世界懵懂無知。

「老實說，差不多是三十年以後，我開始認真地重新地讀到《聖經》，我開始接觸到我身邊所認識的基督徒。我發現，我並不是螞蟻們的救世主。如果是真的愛那些螞蟻，而且如果真的有能力，我不只是比螞蟻更強壯更聰明的巨人，而且如果我是神，我就會像上帝的兒子耶穌一樣，在牠們迷路的時候，在牠們走向滅亡的時候，我願意放棄人的形象，我願意放棄人的尊貴，到牠們中間去。變成一隻螞蟻。而且不是變成一隻蟻王，也不是變成一隻會飛的超級螞蟻，不是螞蟻之中的蝙蝠俠或者蜘蛛俠，而是變成牠們之中最普通的、柔弱的、可以被傷害的、可以被殺死的一隻小小的螞蟻，去引領牠們，去向牠們指明我所知道的那條回家的路，引領牠們過紅海，引領牠們回到牠們的生命樹，而且在最接近成功和勝利的那一個夜晚，被牠們殺死。」

他接下來談起他們在今晚之前讀到的聖經段落。那個段落剛好講到耶穌出生之後，三個先知去拜訪他的故事。這個故事非常適合在聖誕節的時候講，對王怡來說這也是個聰明的選擇。因為這是《聖經》中最著名的故事之一，而且這些智者來自東方，這對他的中國觀眾來說應該很有熟悉感。他們的旅程故事，很自然地連結上「尋找耶穌」的這個主題。三個先知一直在尋找耶穌，西方的傳教士一樣也在尋找耶穌。

「兩百年前第一個新教的一位宣教士馬禮遜（Robert Morrison）來到這個國家，開始來尋找在這個大清王朝裡面，有沒有屬於上帝的百姓，有沒有耶穌他在十字架上要為他們而死而得救的人。

「差不多在一八六八年，第一個進入四川的新教宣教士是英國倫敦會（London Missionary Society）的楊德飛（Griffith John）。他來到四川，他來到這個城市，他來這裡尋找，這裡有沒有主要他在這裡尋找的耶穌基督的羊。

「差不多在一八八一年，第一個在成都租了一座房子，開始在這裡傳教，開始在這裡傳揚福音的人，就在我們當中。那一個藍眼睛，金色的頭髮，來自英國內地會的宣教士，叫克拉克（Samuel R. Clarke），開始在這個城市裡面尋找那些正在尋找的人。

「所以今天晚上，我們也在尋找。主耶穌基督在這個城市當中尋找你，尋找我，已經尋找了兩千年，已經尋找了兩百年，已經尋找了一百多年。

「在這個城市當中，他們留下了那麼多痕跡：那些教會的學校已是現今最好的高中，華西醫院是最好的醫院，華西大學現在是四川大學。有那麼多的街名，育嬰堂街，平安橋，都來自於這段歷史。有那麼多的曾經的教堂，有那麼多的宣教士曾經在我們當中。

「所以親愛的朋友，盼望你，盼望你知道基督徒就活在這座城市裡，基督徒就是你們的朋友、家人，同事、同學，教會就在你們的隔壁。盼望你們能在這個夜晚，你們願意來尋求耶穌，也願意看見這位來尋找你的主耶穌。盼望在這個夜晚之後，你願意來到教會。盼望在這個夜晚之後，曾經有人送過你一本《聖經》，你願意重新打開它，來讀上帝的話語。」

然後，他要求現場觀眾之中的所有基督徒站起來。王怡張開雙臂說道：「耶穌就在我們的中間，因為基督徒就在我們中間。」

接著，他問那些站著的人，是否願意轉向那些仍坐著的人，「請牽著他們的手問他們：我可不可以為你禱告？你是否願意我為你禱告？」

王怡抿了抿嘴唇，向外看。他察覺到什麼了嗎？我順著他的眼神往我身後看去。在這個會場裡有五百人，大約有一半站著，一半坐著。站著的人牽起坐著的人的手，一同低下了頭。慢慢地，祈禱的聲音盈滿了整個大廳，像巨大的潮水淹沒了張國慶成功說服祕密警察不要干預的聲音；然後又淹沒了外面的城市，淹沒了那些來自各地各個時代的，關於希望與慾望的喧囂。

「請讓我打開聖經，了解裡頭的真義。」

「主啊，我有罪，我需要祢的幫助。」

「主啊，求祢幫助我找到平安。」

「拯救我。」

第七部——閏年

中國傳統曆法最不可思議之處在於它真的準。陰曆每年都會少算十天，但藉由每三年就增加一個月的方式進行自我修正。這個多出來的一個月在中文裡叫做「閏月」，它能讓月曆重回正軌。

在民間習俗裡，閏月象徵了長壽。做子女的為他們的父母獻上賀禮，希望這多出來的一個月能多福添壽。但閏月也帶來困擾。它提醒了中國人，雖然傳統曆法行之有年，但它並不是全無缺陷。一個設計良好的系統按理說應該不需要這樣巨大的修正才對。

九世紀的詩人李賀在他人生的晚期就體會到了這種失落感。年輕的時候，李賀想要透過科舉踏入仕途。他不僅才華洋溢，還是唐朝皇室的遠房親戚，直到今天，他都還被認為是中國詩詞成就最偉大的唐朝一代，最有才氣的詩人之一。應考時他做了「河南府試十二月樂詞」，每個月份有一首為代表：情意深摯、發人幽思，而且充滿了各種歷史與神話的隱喻。

可惜他在那場考試中名落孫山。落榜的具體原因為何並不清楚，有可能是因為他性格太奔放不羈，不適合循規蹈矩的官場生活。考場失意激發了他的政治覺醒，他的詩也變得更尖銳。在他於二十六歲去世前的最後幾年，他在原本的十二首之後又加了第十三首為閏月而寫的詩。它的情調比較晦暗，感慨時光的匆匆與曆法的紊亂，後者其實是對政府的嚴厲指控。他甚至還直接批評皇帝，為了向神仙追求長生不老的仙丹而怠忽國政。在混濁的世道中，太陽的兩位車夫羲氏與和氏無法再穩操攬轡。社稷危矣！天下將傾，又能如之何？[1]

天官玉管灰剩飛，今歲何長來歲遲。
王母移桃獻天子，羲氏和氏迂龍轡。

第二十七章

儀式：芳香的中國夢

起源於天津的「泥人張」是一個個以紅泥為料、漆以亮彩，巧手捏製而成的小人偶。這些袖珍玲瓏、造型多變的人偶是中國最受歡迎的民間藝術之一。它們像是德國由喜姆修女（Maria Innocentia Hummel）創立的喜姆娃娃與美國畫家諾曼．洛克威爾（Norman Rockwell）畫作的綜合體，非常搶眼。無論是捧腹大笑的小販、柳腰輕擺的美人，還是手持大刀的武將，雖不是上乘的藝術品，但充滿古早情懷，讓人想起過去淳樸簡單的年代。

二〇一二年年底，王文斌突然想起了泥人張的人偶。[1]王是中國環球電視網的領導，那是中央電視台的網路部門，也是一群文化官員組成的智囊，必須設法推廣習近平主席的「中國夢」以及以傳統為基礎的民族復興。在一次在北京近郊懷柔的度假中，王文斌突然想起了泥人張。還有什麼比泥人張更可愛、更傳統、更沒有威脅性的東西嗎？王熱愛傳統文化，因此認識泥人張工作坊的老闆。他與工作坊約好了時間，開車前往泥人張位在天津的總部。

工作坊是毛澤東時代國家對文化生活完全控制下的遺跡。它們在一九五〇年代被國有化，安置於一棟四層樓的狹小建築當中，燈光昏暗，地上鋪著塑膠地板，牆壁上刷著白漆。工作坊的藝術家都是政府員工，工作步調緩慢，時常一整個早上都在喝茶看報。他們很少有機會去外出考察增添靈感，因此只好把幾十年前外出拍的照片貼在牆上。大部分的人偶都是外包廠商大量生產的，他們複製原創的模型，然後運往全國各地的紀念品商店販賣。如此一來，工作坊的藝術家反而無所事事。

林剛是王文斌遇到的藝術家之一，他把自己最近創作的泥偶拿出來給王看。大部分都平凡無奇，包括一九二〇年的理髮店的透視模型、一個讀書的女人等等。但在他的書桌旁的玻璃櫃裡，林剛拿出一個立刻讓王眼睛為之一亮的老東西。那是一個豐腴的女孩，闔手搭在膝頭端坐，雙眼惆悵地凝視斜方。這是一個高難度的作品，林剛回憶說這花了他兩個月的時間。林給它一個名字叫做〈渴望〉，並解釋他靈感的來源。

「兒童是有活力的，是活潑的，但是他們也有靜下來的時候，休息的時候。但是在休息的時候呢，他們的腦子也不閒著，他們也在想。這個作品就是表現她在休息的時候，對未來的一種憧憬。」

王文斌一見之下，如獲至寶。他把這尊名為〈渴望〉的小人偶帶回北京近郊飯店的房間中，將其改名為〈中國夢，我的夢〉。

然後他打了通電話給老朋友謝柳青，請他過來幫忙想些宣傳話術。謝柳青現在是一名廣告行銷界的個體戶，這門行當在中國還相當新潮。在為政府工作幾年之後，他在二〇〇五年改行做自由接案的業者，專門寫一些為毛澤東說好話的電影劇本，或是為政府宣傳的通俗歷史。他也寫了好多年民族主義、反西方霸權的文章。網上有一個叫做「名博沙龍」的部落格，聚集了一群反西方的知名寫手，謝柳青也參與其中。但久而久之，謝開始瞭解到他們需要一些更深刻的論述。儘管中國人願意相信一些關於西方的壞話，但最終大多數中國的權貴都在西方國家買房置產，還把子女送去國外讀書。只對這些國家進行抹黑是沒用的。

謝柳青在二〇一一年開始受雇於政府，設法為共產主義與中國傳統之間謀劃調和之道。那一年他到偏遠的南方省分長途旅行，建議地方官員如何提倡共同價值。[2]他的大部分心力花在當地一位受佛教啟發立志向善的男人身上。那場會晤被錄了下來，還公布在網上，但內容非常超現實。謝柳青與「名博沙龍」的幾位作家拿些關於佛教的問題考那名男子，還問他孝道該如何落實。「我不會做任何侮辱父母的事，」他說。畫面裡，謝與其他人戴著棒球帽，帽簷低低的遮住眼睛（不知道出於何種原因，中國民族主義者愛好作此裝扮），感到很困惑。噢，原來這就能激勵人心？

所以，兩年後，當王文斌打電話給謝柳青，告訴他政府的計畫與那個泥偶，謝立刻就開車駛向王落腳的旅館。他也為那個胖女孩的人偶深深著迷。

「她可能反映了中華文化最深奧之處，古老的傳說以及豐富的民間故事，」謝事後如此描述那女孩。「要不被她迷住是不可能的……因為這泥偶本身就是傳說。」

謝柳青回想到古老的中國神話——女媧、她的故鄉太行山、夸父追日等等。[3]小泥偶棗紅色的服飾，讓謝柳青聯想到道教中吃了可以長生不老的仙桃，她的凝視讓他想到樂觀而前瞻的新中國。短短幾分鐘內，他就振筆寫出一首描繪她與習近平版本中國夢的詩：

你是女媧托生的精靈，你是夸父追日的夢想；
讓我輕輕走過你的跟前，沐浴著你童真的目光；
讓我牽手與你同行，小腳丫奔跑在希望的田野上，
呵，中國，我的夢，夢正香。

共產黨在一九四九年掌權之前，就看出傳統文化可資利用之處。在抗戰期間，他們藏身在中國西北省分的窯洞中，與鄉土中國根深蒂固的傳統文化朝夕相處。中共想要改變這些傳統，在之後的幾十年裡對其發動多次攻擊。但中共官員也想將其吸收為己所用。其目的當然不是讓老百姓透過傳統藝術來表達其生活，而是將其改造為增進黨利益的工具。

他們的策略是掌控傳統文化教育與傳播給下一代的途徑。在文化領域，傳統工匠的手藝通常是由父親傳給長子，一代傳一代，系譜可以綿延好幾百年。音樂、木板畫、造紙術、中藥、針灸等等技藝都是如此，他們完全不受政府控制，容許了其他聲音存在的空間。共產黨對於隱藏於傳統中的多元性感到不安。中國政府曾經創造「氣功」，將之從於過去的文化傳承中連根拔起，並剷除其精神意涵。現在它想如法炮製，把其他傳統文化改造為它可以利用的產品。

共產黨得天下之後，泥人張與許多其他著名的傳統藝術家一樣受到關注。泥人張起源於一八四三年，當時一位十七歲的小貨商之子從浙江來到天津，隨後開始他為朋友鄰居做些泥土人偶。這個小夥子名叫張明山，宛如一位立體人像攝影師，他能捏出維妙維肖的商人、官員，與戲子。張明山很快就變得家喻戶曉。大家叫他泥人張。

沒多久他的名聲傳到京城裡，他的人偶素材也開始擴及著名小說中的人物、神仙、歷史上各朝各代聖賢，以及清朝官員等等。慈禧太后也傾倒於他的才華，老佛爺在一八九五年過六十大壽、一九〇五年過七十大壽時都訂製了他的人偶。後來清朝亡了，他的受歡迎程度卻仍然不減。待張明山死後，泥人張的招牌由他的長子繼承，之後再傳給長孫。國民黨領導人蔣介石藏有他的作品，毛主席也有一個泥人張製的古典美人泥偶，就擺在他的書房裡。

一九五〇年，中共總理周恩來要張家派一位子弟到北京去，給學習工藝美術的學生上課。張家送去了一個小兒子，他獲得了很多頭銜，並受到了毛澤東的接見。最終，張家這一支逐漸喪失了手藝，但在天津傳統卻保存了下來。天津地方官員遵循中央政府的指導，在一九五九年開設了泥人張的工作坊工作室與課程。當時泥人張已經傳到曾孫那代，他叫做張銘，是一個學校老師與政府員工。五十五年後，王文斌與謝柳青找上泥人張工作坊一起為「中國夢」宣傳。

謝柳青寫下那首詩之後，王文斌又聯絡了工作坊，委託它生產更多能宣揚中國夢的泥偶。兩個月之內，王、謝兩人手上就握有二十個泥偶，當中有英勇的消防員、在地震中救死扶傷的軍人、下棋的男孩、消磨時光的老人等等。謝柳青在每個泥偶前面坐一會兒，立馬寫下一首詩，並簽上他的筆名：一青。

到了四月，中國政府一連推出了多款文宣海報，大多數都是把泥偶與謝柳青的詩印在白色的背景上。有的推崇孝道等傳統價值（「誠與敬，代代相傳」），有的頌揚共產黨的偉大（「手銬腳鐐，疾風勁草，共產黨員在路上／山河可撼，志節不動搖／熱血春花寫歷史」），其他則是愛國主義與民族主義的口號（「錦繡河山」、「祖國的未來欣欣向榮」）。

＊＊＊

這一系列「中國夢」的口號與中國共產黨早期宣導的道德價值有天壤之別。在過去，海報與旗幟大多是紅底白字，勸導人民追隨黨的領導與各種新政策。它們通常不怎麼醒目，很容易遭到忽視。如今的設計變得很可愛、也更美觀，政治意味則不那麼明顯。在內涵上，它們呼籲中國老百姓牢記過去的歷史，以及兩千年來支撐帝制中國的政治與宗教秩序典範。「人民有信仰，民族有希望，國家有力量，」這是習近平後來說過的一句話。[4]它成了中國夢宣傳運動的響亮標語。

從二〇一二到二〇一五年，王文斌與謝柳青的得意之作遍佈全中國。不管是在各大城市廣場、高架橋或高速公路旁的大型看板上，都可以看到它們作為裝飾。甚至是在建築工地的木製柵欄或農田裡的擋風遮雨的塑膠布上，也可以看到它們的蹤影。

到了二〇一六年，胖女孩甚至化身為動畫人物，躍上了飛機客艙的小螢幕，代言中國夢，也宣揚傳統文化與共產主義意識形態之融合。那一年稍晚，宣傳部門居然找到了一位跟胖女孩長得很像的真人，她還跟毛澤東一樣都是湖南人。他們給她穿上紅衣服，打扮得跟胖泥偶一樣，並開始販售她的肖像。在某一次典禮中，他們竟然向肖像、女孩、與泥偶敬禮。這場共產黨宣傳部門一手策劃的「真人模仿秀」，何其古怪。

泥人張在宣傳中國夢上的成功，讓謝柳青贏得了全國性的「公共服務宣傳獎」，這其實就是政府宣傳比較委婉的說法。頒獎典禮之後，我去他位在鄂爾多斯飯店的辦公室採訪他。所謂的辦公室是一間小套房，裡面只有一張雙人床，桌上擺了一台筆記型電腦。在場還有紅旗出版社的一位編輯，那是一家黨營事業，出過海報集與謝柳青的詩集。謝打開電腦，讓我看中國網路電視台轉播的頒獎典禮，我們看到一半，他笑了起來。

「他們說，『嘿，我們需要更多的詩，』[5]於是我就草草寫下幾首，現在它們都紅了，」我們看到尾聲時，他這樣說道。「這場運動將長達六萬公里。中國的高速公路就這麼長。我們開玩笑說，每一條路的每一里都要貼上這些詩。」

＊＊＊

「泥人張」遠遠不只是一次政令宣導運動而已，它反映的是中共政策轉向支持傳統宗教的重大改變。二〇一三年，習近平在造訪位於山東曲阜的孔子故里時，拿起了一本孔子的傳記與《論語》，並說「我會好好讀讀這兩本書。」[6]他還學著孔聖人的語氣說了一句話：「國無德不興，人無德不立。」

當局的目的很簡單：千百年來，儒家提供了一套現成、「中國製造」的價值體系，使得這個國家能夠維繫在一起。但是，這並不是對中國社會進行嚴厲批判的南懷謹老師在太湖大學堂裡教的儒家學說，而是一種被修改、簡化過後的儒家意識形態，只強調階層與服從上級的義務。

隔年，習近平在訪問巴黎的時候談到了佛教。在聯合國教科文組織演說時，他作了如下表示：[7]

佛教產生於古代印度，但傳入中國後，經過長期演化，佛教同中國儒家文化和道家文化融合發展，最終形成了具有中國特色的佛教文化，給中國人的宗教信仰、哲學觀念、文學藝術、禮儀習俗等留下了深刻影響。

無論習近平說這番話的態度究竟如何，毫無疑問地傳統宗教的信徒認為他是真心的。二〇一四年參與那場論壇的學者告訴他們的外國同僚，他們很振奮，不僅是因為習的出席，還因為他的演講，他似乎把傳統智慧當作他的改革的核心。[8]有一次我在中國東部的一間道觀裡，看見一位道姑貼出一張海報，上面有習近平寫的歌《習主席寄語》，呼籲老百姓多做好事、知足常樂：[9]

你有權利時，就做點好事；
沒有權利時，就做點實事。

她這麼做並非只是為了討好政府、在宗教場所張貼宣導海報而已，而是真心認同這種人生態度。道觀裡有一位道姑告訴我：「這些都是好話，道教徒是會這麼說的。」

於是全中國上上下下開始修習傳統文化。舉例來說，在江西省中部的樟樹市，稅務官員開始研讀《道德經》，期待以此消滅貪腐。在北京負責訓練高級官員的國家行政學院，教科書引用傳統文化來培養學子的道德意識。

處境沒那麼好的，則是那些被官方認為是「外來思想」的價值信仰體系。概略說來，任何普世價值，譬如人權或女性主義，只要是共產黨覺得不能控制的思想，都屬於此類範疇。在宗教領域，這演變成對基督教的打壓。習近平在浙江省擔任省委書記的時候，曾經下令拆除一座沒有政府許可的基督教堂，遭到一群基督徒的反抗。他因此對基督徒有不良的印象。

二〇一三年，習近平登上中國權力頂峰之後，浙江省委書記的職缺，由原來的副手夏寶龍接替。隔年，夏開始推行拆除浙江境內教堂頂端的十字架。總共超過一千五百座教堂遭到「斬首」，以降低基督教在浙江省的城市與郊區的公共能見度。[10]這項拆除行動的動機，從表面上看，是因為浙江這些西方風格的教堂都很宏偉，經常成為都市景觀的視覺焦點。更深層的動機，是因為這些基督教團體積極參與公共事務，且與西方有所往來。以我們對中國權力結構的瞭解來看，這樣一場具有爭議、長期的運動不可能沒有習近平本人的背書。

這並不能證明習近平對基督教抱持著敵意，但是，他單獨稱許佛教與其他傳統信仰已經「中國化」，則是不可否認的事實。二〇一六年，他主持一場要求宗教必須「在地化」的會議，這與他前任試圖在中國主要宗教當中異中求同的作法相去甚遠。他對主流宗教的支持，似乎僅限於那些明顯可以用來重塑中國傳統價值的信仰。

＊＊＊

泥人張的故事看似很單純，但其實它反映出一個矛盾的現實，其中充滿分裂、衝突，與竊取文化以為政治之用。換言之，它是中國人精神危機具體而微的表現。

故事開始於一九五〇年代。[11]在那之前張家還父子相傳地經營著工作坊。創始者的曾孫叫做張銘。一九五〇年代，私人企業都被政府以資本主義之名禁止，於是工作坊被收歸國有。一九六六年文化大革命爆發，他因為家族與中國的歷史傳統有牽連而被趕出去。工作坊關門大吉。跟全中國許多其他老師的命運一樣，張銘也被自己的學生批鬥。他被迫喝下好幾桶的醬油與醋，因為沿襲傳統而被人民批鬥。其他家人也被攻擊，其中一人投河自盡。

到了一九七四年，文革浪潮有緩和下來的趨勢。天津市政府重啟工作坊，名之為「天津彩塑泥人工作室」，小心翼翼地把有爭議的泥人張三字刪除。張銘被賜予一個榮譽頭銜，但他身體已不堪負荷，只能在家休息，若沒有人攙扶甚至上不了樓梯。他的兒子被分派至博物館工作，他家與工作坊再也沒有任何關係。

一九八〇年代早期，市場導向的經濟改革抬頭，國有工作坊開始想要靠賣泥偶生財。「泥人張」這個招牌又掛上去了，叫做「天津泥人張彩塑工作室」，原因無他，只因為這樣看起來比較有賣相。工作室同時還取得了「泥人張」的商標專利。在一九八〇與九〇年代，張銘一家也想做泥偶賣錢，但據說公安不准：只有國有工作坊有權使用「泥人張」這個名號。張家先是因為泥人張被迫害，之後卻又被禁止使用泥人張。現在它是政府的了。

一九九四年，張家決定控告國有工作坊。一九九六年，天津法院判決張家有權利以「泥人張」之名販售泥偶。法院同時允許國有工作坊使用「泥人張」這塊招牌，但是不可以從事商業行為，只能進行歷史研究與教育工作。然而，這項判決並未被強制執行。當政府利益與法律衝突時，這是常見的狀況。國有工作坊在天津各地仍然有許多店面販售「泥人張」泥偶。大多數甚至不是在天津製造的，而是在外地大規模生產的工廠。工作坊幫它們貼上「泥人張」的標籤，以相當於二十至三十美元不等的高價出售。

從張家的角度來看，政府可以說是竊取了他家「泥人張」的名號與商標。張明山的第六代傳人是張宇，他出生於一九七八年，並從爺爺張銘那裡學得製作泥人的手藝，當時張銘已經瘸了，只能待在家裡。在一九八〇與九〇年代，張宇的爸爸還曾因為販賣泥偶而被警察逮捕。如今國有工作坊卻在賣廉價版的泥人張人偶。

「一開始我們因為是泥人張而被毆打，接著我們被禁止用這個名字。你認為我們是什麼感受？」張宇這樣告訴我。

張宇自己的工作坊，位在市中心附近一棟半分立的小屋裡，我到那裡去拜訪他。在應該是客廳的房間裡，擺有好幾張書桌，上頭放著好多尊未完成的泥人偶。老子、菩薩等是技藝精湛的老手常做的造型，他可以拿它們賣出很好的價格，通常是八千美元左右。

但是張宇希望張家的手藝不只是停留在供人緬懷過去、發思古之幽情而已，因此他遊歷世界各國，想看看其他文化如何對待傳統。在日本，他見識了「國寶」——政府認證的在特殊領域，如茶道、和紙、或陶器，有傑出技術的人。他還結識了一位朋友。一位第二十三代的陶器師傅為了豐富日本傳統，把他的兒子送去法國學習製陶。張宇自己也有兩個孩子，這番遊歷見聞讓他開始思考，究竟要給孩子們提供什麼樣的教育。

「我希望他們能快樂，不要有壓力，」張宇對我說道：「放學後，我就讓他們玩，我甚至幫他們做功課，這樣他們才可以好好玩。」

他說，政府的宣傳工作是對傳統文化的濫用。如果將中國的歷史與信仰以靜態的方式呈現，那就比較容易被控制。他對泥人張被迫害他家族的政府拿來做宣傳非常反感。

「有時候人們會打電話來問我，『嘿，這你有參與嗎？』我們家與政治一點關係都沒有。」張宇說。

不過，更大的問題是：現在提倡的熱火朝天的所謂「傳統信仰」，內涵究竟是什麼？張宇說，只有當信仰是活著的、會隨著時代變化，才是有意義的。

「老百姓……政府……他們總是說這些不能失傳，但這是很可笑的。這是我跟這個社會之間的矛盾。他們說這些必須傳承下去，但是創意是個人的事。它跟下一代無關，就算傳下去了，也不表示好或是壞。這不是一件你可以傳給孩子的舊家具。你的遺產、你的文化、你的信仰，只有它們是活著才有意義。」

他把一塊覆蓋的布從一件新作品上面扯下來。那是一個拿著繩子的小男孩，男孩身後是一隻大象。主題是〈我的大象走丟了〉。

「這才是真正的泥人張傳統。每個世代都有自己的特色。不是讓我們感覺良好而已。」

這是什麼意思？我問他。這個小男孩就是他自己嗎？

「這件作品代表了我的一種感覺。我失去了什麼？這頭大象是什麼？是一種安全感，你想要找回來，但可能沒辦法了。那是張家的過去，是我們的歷史，我們的夢想。」

第二十八章 成都：進城去

現在是陽曆一月，又快要到陰曆新年了。[1]秋雨聖約教會一年一度的會眾大會也即將召開，屆時王怡會對眾人宣布他發展教會的各項大膽計畫。不過在這之前，大家得先回顧檢討教會在去年的業務。去年一整年裡，教會信眾在經濟上支持政治犯的家屬，救濟成都無家可歸的遊民，同時也對教會裡財政狀況較差的弟兄姊妹們提供補助。教會辦了一所神學院，幫助會內信眾加深對基督教信仰的認識，同時還培訓了來自全國各個地方的數十位傳道人。儘管有來自政府當局的騷擾阻撓，教會還是舉辦了一場鼓舞人心的聖誕崇拜儀式。不但如此，教會還與成都另外兩家歸正教會締結聯盟。王怡低調地出了幾趟遠門，走訪許多地方，希望將各城市裡思想接近的教會團結起來，組成一個鬆散的陣線。透過網路和外籍傳道人的到訪，教會與國外的聯繫也加強了。

不過有時候，這類海外聯繫會引來若干使人困窘的辯論。墮胎問題就是其中之一。中國計劃生育的政策導致千百萬的孕婦得強制墮胎。有時候，像是在八〇年代早期一胎化政策剛推出的時候，官員甚至把孕婦帶至診所直接打胎。但更多時候壓力是無形的：你不肯墮胎，就得丟掉工作，或是得繳交高額罰金，將來小孩生下來後也無法享受社會福利與義務教育。二〇一五年後政策開始鬆綁，但是對於家庭的規模仍然限制，並嚴懲超生的婦女（通常城市裡的漢族婦女只能生兩個，在農村或是少數民族則可以多生一胎）。一胎化依舊是非常敏感的議題，政府甚至查禁任何討論墮胎之醫療風險與道德爭議的書籍與文章。秋雨聖約教會就是想要挑戰這一點。

王怡在去年開始發起反對墮胎的運動。六月一日這天是國際兒童節，他與一群教會成員前往附近的醫院分發傳單，告訴大家墮胎不僅不必要，而且形同謀殺。不過運動一下子就無疾而終，因為大家不知道該如何繼續下去。抗議很容易，但如何達到終止墮胎的結果？要如何改變老百姓的態度？

所以，在這個禮拜日，教會的年度會眾大會召開以前，教會裡有一群社運活躍人士在教會托兒所旁的小辦公室集會。室外，成都的建築物在空汙煙霧之中顯得影影綽綽；可是在室內，信眾之間的爭辯卻相當激烈，彼此針鋒相對。

「根據政府統計，中國自一九八〇年代開始推動一胎化政策以來，共執行了三億兩千萬次的墮胎，」一位二十多歲的女性表示。「做而言不如起而行。我們不能總坐在這裡，只是嘴上說說！」

在場的人都大力點頭。這場會議有四女四男參加。不久，第五位男性加入了。現在男女人數是五比四。不過更特別的是他們的年齡組成：除了擔任主席的女性之外，其他人都非常年輕，而且都是單身。對他們來說，墮胎是可恨的暴行，不過卻相當抽象——就像是發生在外國的侵害人權事件。

一位年輕男性遞給我一張傳單，上面寫的「墮胎的真相」，作者是兩個美國人。他們說現代科學已經證明新生命始於母親受孕之時，胎兒與母親已經是兩個不同的生命。文章引用了美國最高法院在一九七三年「羅伊訴韋德案」（Roe v. Wade）關於墮胎時程規範的判決，但認為這個判決的主張——國家只能在妊娠第三期（**譯按：約懷孕後第二十九至四十週**）時介入或終止懷孕——是錯誤的。最後，有人說話了。

「我聽不太懂。中國的情況完全不是這麼一回事，」一個年輕女性說：「人民有權不接受墮胎！」

其他兩位年輕女性輕聲竊竊低笑起來，說她們還沒有性經驗。

一個男人發言討論墮胎手術的具體流程。三個年輕女孩聽了彼此互做鬼臉，「這就像是恐怖片啊，」其中一位女性表示。

最後，擔任主席的那位女士發話了。她是一位四十多歲的已婚律師，在教會裡的法務委員會裡服務。她表示，自己走訪過好幾家中國的墮胎診所，對實際的狀況有一定的認識。

「首先，你從哪裡取得這些材料？」她說：「你是在網路上下載的嗎？這些材料都是美國人寫的，翻譯成中文而已。上面說被遺棄的嬰兒可以很容易找到收養家庭，但在中國卻不是這樣。」

「但我聽說要收養是可以的！」一位年輕女孩說道。

「不是不可以，但很不容易。如果你懷孕了，但是未婚，你要去哪裡生產？誰會照顧你？你要把嬰兒丟在孤兒院門口嗎?這種事不多，但總會發生。我反對墮胎，但如果你去散發這種傳單，你並沒有提供什麼有用的資訊。」

「這我知道，」一位穿著體面的年輕男性回答：「但我們已經討論好幾個月了，總該做些什麼了。我們覺得這傳單不錯。」

「我們不能只是一直空談。得拿出些行動。」一位年輕女性附和道。

「好啊，你們何不自己寫傳單去發呢?」年長女性提議。

大夥都表示同意。已經一月了，他們得在二月前把傳單寫好，並在兒童節時大肆宣傳。教會成員還在社群媒體上貼出他們在診所前拍的照片，照片中他們手上拿著一張紙，寫著：「承認吧，胎兒也是生命。」

外界對秋雨聖約教會反對墮胎的做法有不少質疑。除了他們用的是美國的理論之外，教會的主張並沒有考慮不同宗教的立場。到目前為止，大多數中國人是佛教徒，而且許多佛教徒反對墮胎。胎兒也是有靈性的，這是為什麼許多國家在佛寺裡祭悼死去的嬰兒。但與會的人都沒有想到這一點。對他們來說，運動的成效還在其次;重要的是參與國際上針對這個複雜道德問題的討論。

* * *

一九〇七年，法國傳教士里昂·裘立（Léon Joly）發表了一篇基督教在亞洲傳教工作的歷史，並討論了一個困擾他的許多同僚的問題：為什麼中國人接觸基督教已有數百年，皈依信主的人卻還是這麼少？[2]在十九世紀的大多數時候，傳教士在中國行動的自由程度是前所未見的。他們不但創辦了許多學校與醫院，還在清帝國最偏僻的角落興建教堂。然而在四億中國人裡面，卻只有一百萬歸信。裘立認為根本的原因是基督教被當作是外來宗教。中國太不一樣了，不太可能接受原封不動的基督教，因此他提議讓基督教與中國文化調和。雖然裘立並沒有在細節上多談，但他的主張在西方激起了一場辯論，並確立了好幾代的西方觀察家對基督教在中國發展的看法：一場失敗。[3]當初傳教士能夠大舉入境，是因為中國在鴉片戰爭吃了敗仗，基督教於是與帝國主義密不可分。對中國人來說，它太奇怪、太陌生了。

但從今天來看，裘立斷言基督教已在中國失敗的論調，也太匪夷所思，其中一部份原因，是裘立沒有看到二十世紀時基督教在中國的蓬勃發展。不過即使在今天裘立也可能會感到失望。裘立如同他那個時代的許多神學理論思想家一樣，都是以基督教在古羅馬的傳教經驗作為定義成功與否的標準。當時，基督教風行草偃地席捲整個羅馬帝國，不但感化了羅馬皇帝君士坦丁（Constantine），更在不算長的時間內，就讓整個帝國都成為信徒。相比之下，基督教占中國人口的比例，即使是今天都還不到百分之十。與傳教士的偉大抱負相比，中國基督教還很相當弱小。

不過，這只是一種見樹不見林的看法。因為即使在一百年前，基督教在中國已經締造出不小的成就。儘管信徒還是相對少數，基督教是繼一千年前伊斯蘭抵達中國之後，第一個在此落地生根的外來信仰。而且，今天的伊斯蘭只在中國偏遠地區的少數民族當中具有影響力，而基督教已經成為中國人信仰世界的主流了。在中國各個大城市，像秋雨聖約教會這樣的聚會所如雨後春筍般出現，他們吸引了在中國主流社會有很大影響力的知識青年信徒。中國還不是基督教國家，但基督教已經成為在佛教與民間信仰之外，中國的第三大宗教。

裘立另一個有問題的論斷，是基督教必須本土化才能發展茁壯。在他發表此篇文章後的十年內，這說法看起來是成立的。連綿的戰禍與共產黨的迫害，讓當時的中國天主教難以為繼，因為它非常仰賴外國傳教士。一九五〇年代中共驅離外籍傳教士，對天主教是一大重創。相比之下，基督新教有比較多的本地領導人，所以當共產黨在五十年代早期驅逐外國傳教士後，新教發展得比較順利，現在中國新教徒的數量是天主教徒的好幾倍。因此從某種程度上而言，裘立是對的，傳道人的在地化，有助於基督教在十九與二十世紀早期的快速發展。

可是從理念層面來看，裘立的論斷是錯的。基督教曾經一度本土化，但在過去幾十年，本土教會變得式微。過去，中國基督教有兩個重心：浙江的溫州與農業省分河南。它們是獨一無二的中國式基督教。溫州有大量的家庭式企業，其員工通常是老闆贊助支持的教會成員。在河南，農村教會由富有領袖魅力的信徒領導，經常與政府作對，甚至發生暴力衝突。

然而，在進入二十一世紀的第二個十年時，中國式的基督教會卻失去了影響力。它們仍有許多信徒，但在中國的大都會裡，出現了新型態的教會。溫州的家庭式企業讓公司老闆以一種老派家父長式的風格主宰他的員工。當舊經濟模式喪失力道，溫州教會也隨之失色。同時，城市化興起後，河南的農村教會也停止成長。此外，中國式基督教本來就是中國與外界隔離時的非主流產物，當溫州與河南的信眾意識到他們的教會與其他國家的基督教會都不一樣時，這些教會的魅力便逐漸消散。如今中國與外面的世界重啟聯繫，人們渴望的是國際標準，而非本土形式。

英國籍的社會史學者沈艾娣（Henrietta Harrison）著有《傳教士的詛咒》（*The Missionary's Curse and Other Tales From a Chinese Catholic Village*）一書，記錄了山西一個名叫洞兒溝的小村歷史。十七世紀的時候，當地的商人在北京接觸了天主教，將之傳回家鄉，結果全村的人都皈依成為教徒。雖然他們有祈禱書（prayer books）與一些零碎的知識，但對天主教沒有系統性的理解，結果就是他們的信仰非常有地方特色。「上帝」被當作一種與中國人的「天」類似的概念。聖母瑪利亞與其他中國北方常見的女性神祇（如碧霞元君和觀音菩薩）供奉在一起，受信眾祭拜。《十誡》成了與儒家經典一般的道德守則。西方傳教士想要修正這些習俗，但卻徒勞無功。

時間來到十九世紀，鐵路、電報、蒸汽船與其他新科技打開了中國的大門，帶來了第一個全球化時代。洞兒溝的天主教徒這時才發現天外有天——天主教遍及全球，而且有標準的教儀與神學詮釋理論。很快地，村民想向羅馬學習如何做一個標準的好天主教徒。換言之，與本土化相反的一股力量興起了。最崇高的主神、受歡迎的女神、道德規範等等熟悉的概念讓天主教興起，但它最終超越了這些很容易被接受的普世的宗教形式，朝向天主教獨特的理念靠攏，譬如教宗的無上權威。

在王怡與秋雨聖約教會的信眾身上，也可以看到類似的發展歷程。他們同樣渴望成為一股正統的、標準的、純正的，而非「本土」的全球性運動的一部份。或許，不只是基督徒，整個中國都是如此：改革開放之後，國際規範與標準緩緩地滲入中國。正如人們想要做「真正」的基督徒，想要參與全球性的道德議題對話，他們也想要成為一個真正尊重法治與人權的國家。但有鑑於衰立的失望，我們也不應該期待太高，要把眼光放遠，展望將來。像王怡的教會一樣，即使不完整也不適切，然而目前的進展已經算是奇蹟了。

＊＊＊

農曆年前的最後一個滿月剛好是禮拜日，秋雨聖約教會舉辦了年度聚會。當然，教會並沒有遵循陰曆行事，只是碰巧遇上而已。對許多會眾來說，從聖誕節到農曆新年大約一個月的時間是一段長節慶，人們從聖誕節的狂歡中回過神來，準備過春節。王怡告訴我，春節是一個傳教的良機，信眾在這時會把福音介紹給同事或朋友，並邀請他們來教會。因此，他們希望在假期開始前、大家還有空的時候，提早舉辦年度大會。

年度大會的內容豐富，會議進行卓有效率，會中分別由六位教友，針對教會的六大工作方向，向與會人員進行簡報。我們先聽取一位前任都市計劃官員所做的報告，他領導一個五人組成、監督幾乎教會內所有活動的「責任委員會」。其他人分別代表青年工作委員會、教育委員會、法律事務委員會與財務委員會報告。所有人都準備了用簡報軟體製作的投影片，說起話來清楚有力，自信而堅定，可不像每年春天全國人民代表大會，在報告國家的工作項目、計畫和目標時，那樣慵慵無生氣。但是，他們同樣也企求熱情，而這只有王怡可以帶給他們。教會的幹部清楚如何執行細節，但是他們心中需要願景。

會議的壓軸是王怡的演說。他指出，明年教會發展的首要目標是成長。若要繼續成長，就非得把教會一分為二、讓一些會眾離開目前在江信大廈本堂不可。目前秋雨聖約每週差不多都有三百八十餘人參加禮拜，但教會空間已經難以容納這麼多的信眾，因此有七十人必須移轉到其他地方去。這些人將會在市中心、四川大學附近，找到建立新教會的落腳處。

其實這是「植堂」的典型做法，這些做法都列載於神學院在去年夏天時研讀的書裡。這些書在美國出版，翻譯成中文，現在被教會當作發展的模範。王怡與他的助手們在討論好幾個月之後，終於決定這麼做，它同時也是保護教會的好辦法。如果原來的教會被關了，至少城南的分支還可以繼續運作。

王怡表示，教會必須成長，因為成都也在成長。中國的鄉村在凋零，所以都市將快速發展，城市正因此而膨脹為區域或者國際樞紐大都會。

一如往常，王怡的講道總是能令信眾獲益良多。他喜歡不厭其煩地詳細解說，聽眾也聚精會神地聆聽。王怡講解城市在基督教歷史中的重要地位，包括耶穌與歷代奠定新基督教社群的創立者屢次提到的「山巔之城」（the city on the hill）概念。十六世紀喀爾文建立長老教會時，全日內瓦的居民才寥寥數萬人。當時全球只有百分之三的人口住在城市裡，但如今卻達百分之六十。不過即使是小城寡民的那個時候，城市仍然是中心。

「當我還年輕的時候，我就對城市有一個夢想。但是我們為什麼要去住在城市裡面呢？」

王怡接著說，《聖經》裡的城市經常是罪惡的淵藪，譬如巴比倫，宛如人間罪惡的縮影。但是，城市也是一個人獲得精進與發揮潛能的地方。

「我就說一個詞：『機會』。什麼樣的機會呢？希望是其中之一。我年輕的時候，跟我歲數差不多的人都知道那首歌：『香港，香港，為什麼那麼香？』

「它代表著資本主義，它代表著改革開放，代表著整個中國每一座城市的目標。尤其是對於我這樣的小地方來的人，來到這樣的大城市，都是希望能夠留下來。他們希望能夠留在大城市。城裡面有文化，有公義，有憐憫。人們從來不會去農村尋找更好的教育。他們來到城市，來到城市裡面的學校和書店。上訪者永遠都是去最大的城市上訪，誰去農村上訪？乞丐也都往城裡面跑，因為乞丐在鄉村會被餓死。

「耶穌在耶路撒冷所做的就是進城。進城就是進入到一個有公義、憐憫和福音的地方，進入到一個有希望的地方。這也是為什麼我們居住在這座城市裡，在這裡生活成長。

「在《使徒行傳》中，保羅在路司得（Lystra）傳福音的時候，是怎麼樣的呢？有的人把他捧上天，以為他是宙斯。但是有的人把他打到看上去已經死了，已經沒有呼吸了，他們就把他扔到了城外去。然後在十四章的二十節裡面記載說：『門徒正圍著他，他就起來，走進城去。』這一節的經文讓我非常震撼。這裡發生了兩件事情，他被拖到了城外，然而卻又走進城去。

「就算有人把我們從成都拖出去，我們趕不上公車也還是要進城。目的並不是因為城裡面充滿了欲望、文化和危險的機會，而是充滿了公義、慈愛、和平和福音的機會。上帝要我們去住在這座城市裡面。」

我環顧屋內，發現大約一半的會眾都閉起了他們的眼睛，臉上泛著微笑，想像著那個畫面。王怡預告了接下來的奮鬥之路——教會可能會被政府關閉，但更重要的是決心、希望、與勝利。王怡站在前面，俯瞰他的會眾，信心盈滿，不可動搖。最後演講來到高潮，他要求他們想想他們的故鄉成都，它不只是一座城市而已，成都與他們的生命都位在一場偉大運動的中心位置。

我們今天的主題是什麼？就是「進城」。你說：「我們不是已經在成都了嗎？為什麼還要進城？」我們要不斷地進城，是為了福音的緣故。進城這個觀念貫穿了人類的歷史，所以永遠有著上帝之城和地上之城。地上之城以前是巴比倫所代表的，現在是紐約，或香港，或成都。

我們可以問我們的兄弟姐妹們說，你為什麼會居住在成都這座城市？你活在城市中，對城市的夢想是什麼？什麼樣的機會在這裡吸引你？我們的夢想又是什麼？我們一起建造的就是一個耶路撒冷，是那座山間之城。對我們來講，成都就是這樣一座城。

第二十九章　山西：鬼葬

年老的遺孀一個人坐在停放棺木的靈堂旁的小房間裡。[1]她實在太過老邁，無法參加喪事，只能坐在這裡，望著靈柩，算是為亡者守靈。她今年高齡八十二歲，穿著一件紫色絲絨棉襖，一頭白髮後梳為髻，神情溫和，臉龐布滿皺紋，雙眼澄澈而淡然。過世者是她的第二任丈夫。在大躍進時期，她的第一任丈夫和四個孩子活活餓死了。之後她改嫁到這家子來，如今已過了五十個年頭，她成了一家之主。我採訪她，得透過她一個會講普通話的孫子居間傳譯才能進行。我們正談話時，李家的樂班子已經聚集在農舍外臨時搭設的供桌前。子孫們排成一列，獻上金紙、穀物、三牲、酒與茶。我們透過窗戶聽著外邊的動靜，同時從門口守望著她丈夫的棺材。

將來遲早有一天，她也會躺到一具棺木裡，同樣的儀式會重來一次。可是，她落葬安息的墳墓，能夠經受得住將來的動亂嗎？她頭一任丈夫和孩子們的墳，上頭沒有任何標誌，當時他們的遺體在鬆軟的泥土裡草草掩埋了事，倘若只被野狗啃食，就算是走運了。而她們這一代的人過世之後，又會有怎麼樣的遭遇呢？是否日後他們的棺木會全被人給刨出來，墳場細分為待售的小筆土地，或是整塊建成購物中心、度假酒店，還是觀光牧場？

有一個小女孩走進房裡，大聲向她的曾祖母問好。身穿孝服的女孩媽媽連忙進來，把她給拽起來帶出房去。

李斌出現在門口，小女孩的年輕媽媽招手要他進來。可以給他看看手相嗎？「當然可以，」他笑著回答，並要她伸出手來。

「我的命怎麼樣？能活得長嗎？」

「這是你的生命線，停在這裡，」李斌指著那條從她小指下方延伸到中指的掌紋說道，換句話說，掌紋沒有貫穿整個手掌。

「嗯，這不算短，是嗎？」

「這算長的了。」

「這條是什麼？」

「這是你的家庭線。你有一個美滿的家庭。」

「哎呀，你看得真準，」她笑著說。

李斌說了個雙關玩笑話，意思是她和她的先生關係很親暱、非常的親密。老曾祖母聽到以後，格格笑了起來，年輕媽媽尖叫一聲，趕忙把手抽回來。然後她回過身去，迎向一個剛走進房裡的女人。

「這是我的生命線，」她指著自己的手掌說道。兩個女人隨即開始比對端詳各自的命運。

＊＊＊

又一年過去，對李家來說，日子好像過得一成不變：替人家辦喪事、偶爾穿插著幾次在附近城市舉辦，用來應付、討好政府單位的古怪音樂會、為人算命，主持儀式。這種感覺，就像是身在昔日那個古老的年代，已經來到最後時日，眼看就要過去了，卻日復一日的無止境重複著同樣的循環，始終未曾結束。我在思考和撰寫這些傳統和信仰時，通常使用「傳統中國」來指涉過去的歲月。不過大家應該都能明白：歷史上從來沒有一個真正的太平盛世，一切都是純美無瑕，能為後世奠定千古不衰的固定傳統；所以以為過去，在李斌祖先的那個年代，所有儀軌簿裡的樂曲都能演奏（而現在大都堆放在李老先生的屋裡生灰塵）的念頭，大概也是一廂情願。倘若那樣的盛世真的曾經存在過，又是在什麼時候結束的呢？我們都知道，中國傳統宗教早在共產黨於一九四九年得天下之前就遭受攻擊，所以所謂「傳統」時期，是否存在於十九世紀中葉——可能在受到基督教義影響、造成生靈塗炭、上千佛寺被摧毀的太平天國之亂之前？或者，是否我們乾脆將時代斷限定在一八九八年，只因為這一年光緒皇帝倉促地推行那命運多舛的「毀廟興學」政策？

不過，如果我們將時間往後快轉一個世紀，來到一九九九年，或許能看得更清楚，而李斌的祖父李清正好也是在那年去世。在此之前，中國的菁英階層戮力於打造一個現代國家，從而壓制傳統宗教長達一百多年，可是持平而論，大部分的百姓仍舊盼望有宗教信仰，而像李家這樣的專業宗教界人士也有本事能夠提供民眾所需；供需雙方主要受到的阻礙限制，都是政府的政策。文革結束時，像李清這樣熟稔民間信仰儀軌的人士依然健在，能滿足農村民眾的需求，因此各項傳統很快的就大幅復甦起來。而老一輩的人如李清他們，這時仍然年富力強，可以將生平所學傳承給像孫子李斌這樣的新世代。和二十世紀初、甚至是二十五年前相比，今日的儀軌已經簡化很多，李家原來的儀軌簿冊，現在大多都已派不上用場了。不過整體而言，昔日的傳統確實是在逐漸恢復之中。

在我們這個新時代，一切都變得不同。一方面，李斌和他的父親生意興隆，忙得不可開交，可是偶爾又感覺這一切像是迴光返照。當中有部分原因是出自那些留在農村、來日無多的老人。他們的孩子仍舊願意回鄉操辦喪事，可是對於為期三天的傳統儀式不感興趣。即使這些人日後從大城市退休，回到陽高定居度過晚年，也很難想像他們的孩子會點頭操辦三天的後事。可是話又說回來，人們對於精神生活確實有需求，問題在於究竟有什麼辦法，能夠一面彌補過去的裂縫，同時滿足未來的需求。

從這些脈絡來看，政府提倡傳統文化的計畫究竟能否奏效，著實令人質疑。我在陽高縣城與鄰近的大同市看過好幾次李家道樂團的表演，但是很少有人駐足欣賞。原因之一是執行問題：這些音樂會的舉辦只是例行公事，交差了事，規劃得很草率，不夠面向大眾、沒有解說，甚至沒有座位與點心零食的提供。即使規劃得細緻一點，道教儀軌奏樂似乎仍然不適合辦在音樂廳裡。二〇一三年他們在北京中山公園大禮堂演出過一次，但座位有一半是空的，前來捧場的，都是親友與愛好宗教音樂的專業人士。當初政府制定這項支持傳統道教音樂的計畫時，雖然立意良善，然而實際執行下來，卻是糟糕的政府資助案成果，只想達到政治宣傳目的（證明傳統文化保存完善），而非滿足有興趣人士的需求。政府支持唯一的好處是，這些傳統文化的從業人士恢復了原來應有的地位與尊嚴，日後免於被批評為「迷信」。

出國巡迴表演這件事，與當前中國的情況更是風馬牛不相及。西方聽眾因此有機會能一睹中國文化，李家的人也因著這樣的機會，可以出國遍覽世界風光。這一切當然都值得稱道，但無助於鄉村傳統信仰儀式的傳承。相反的，只有當地民眾認為信仰儀式確實有價值，李家所提供的儀式才能延續下去，而幾個月以前，那個吝嗇小氣、和李斌錙銖必較的數學老師，就屬於這類在地人士。

最了解這些挑戰的人，莫過於李家。老寡婦守靈那天，我和李老先生的弟弟李雲山一起吃午飯。他出生於一九六九年，比李老先生小了十八歲，毛澤東死時他才七歲，這樣的年紀對李家的傳統來說，既是福氣又是詛咒。毛澤東當政時大規模禁止傳統的時代已經結束了，所以李雲山不像他的哥哥，可以直接與父親李清學習樂器吹奏。他同時也沒遇上那個學校關閉、社會缺乏流動的時代。這不算是壞事，因為他接下來就拿到高中學歷、進社區大學讀書，最後在公家單位找到一份差事。雖說他的待遇不錯，只不過就沒有時間參加家裡的道樂團了。

在公家單位做事讓李雲山更能看清楚社會變化的大趨勢，讓他心裡困惑，將來李家要如何在中國鄉村生存下去。他說，我和李斌在冬天看到的大型住宅建案只是新陽高造鎮的第一步，目標是讓城市人口翻一倍，增加十五萬人。我說這幾乎是所有還留在縣裡的人口總數啊，他點頭稱是。在未來，只有大規模農業會保留下來，因此不需要太多農人。

對於農村裡的傳統信仰來說，這種趨勢背後的寓意極其不妙。據李雲山的估計，陽高縣在一九八〇年代還有兩百多位陰陽先生，如今頂多只有六十位。而且就像李斌的態度那樣，很少人願意讓自己的孩子從事這沒有未來的行業。他不知道他自己家的傳統是否會延續、要如何延續，但他認為李斌搬到城裡是正確的選擇。老百姓需要文化與傳統，而政府現在則想要確保他們能夠如願。

「我記得李斌小的時候頑皮得不得了，」他說。「但他喜歡吹笙，而且認真地跟爺爺學。他整天就是吹啊吹的，比誰吹得都好。」

「但是，」我對他說，「後來你成了公務員，有一份穩定的工作。」「我知道，」他回答。「但我只是一個公務員而已，而他做的事情很有意義。」他停了一會，然後笑了起來。「而且你知道嗎？其實他賺的錢比我還多！他可是成功的生意人。誰會想到有這一天？」

＊＊＊

我這次來山西，是準備接李家的人一起到德國去。之前我們早已經規劃好一趟為期兩個星期的旅程，現在可以成行的時機突然降臨。這趟旅行應該會很愉快，可是也給李家的人帶來一些麻煩——就像你很樂意可以出遠門談生意，可是這趟出差同時也會打亂你原來的日常節奏那樣。李斌與父親裡裡外外忙了好幾天，預先主持一些喪家的法事（像老寡婦她們家的就是），並協調安排其他陰陽先生和樂班子，在他們出國的時候幫忙處理事情。像往常一樣，李家父子聯絡的對象對於他們要出國旅行並不感到訝異：喔，你們要出國兩週啊。回來記得打電話給我啊。

他們出發前一天，李斌還得趕往一個村人的家裡為棺木畫咒。現在他開的是一輛嶄新的日產（Nissan）汽車，還配備與手機連線的藍芽耳機，這樣他就可以一邊開車，一邊接聽沒完沒了的來電。

我們抵達的時候是早上八點，石生寶已經在那裡等候我們。他是這地方上一位德高望重的老人家，所有大事都由他出面主持。他住在附近村子裡，像是一位不需經過選舉的市長。無論村民遇到什麼疑難雜症，從葬禮到婚禮，從火災到左鄰右舍的吵架爭執，都可以找石先生，他都會試著處理。至於怎麼處理，他或者是去找地方的黨委書記出面，或是擺一桌酒菜讓大家把酒言歡、化解紛爭。石老先生是地方事務的仲裁者，他今年七十二歲，名聲來自於在鄰里間真誠服務多年的累積。

這次石先生之所以出面，是因為過世者今年才五十四歲，他驟然離世，讓全家陷入困難之中。胃癌奪走了他的性命，家人為此欠下了好幾萬人民幣的醫藥費用，這對當地人家來說是不小的數字，實在無力償還。死者留下三個孩子，最小的那個在南京學航空，另外兩個在大同工作。這種問題自然難不住石先生。他打電話給本地的黨委書記，說書記欠他一個人情，他們於是同意動用地方上的「維穩基金」，為這一家人支付若干醫療費用。石先生還通知了在南京念書的小兒子，替他付了趕回家鄉奔喪的機票錢，並且和親友家人們商量，好讓他能夠繼續完成學業。最後，他又找來李家，替這家人主持喪事。石先生知道李家人正準備出發去德國，實在抽不出時間，但他說服李斌與他父親，無論如何也得幫這個忙，先替棺木畫好符咒再說。死者在地方上頗受敬重，葬禮可不能馬虎。

石先生領著我們進廚房，然後自己坐在一張小板凳上候著。李斌拿一個不鏽鋼碗放在炕上，從包裡掏出一個裝有明膠的罐子，接著用鑰匙鍊上的小刀挖出一小塊明膠放進鋼碗裡，然後從保暖瓶倒入熱水攪拌。

從兩間屋子外傳來一個女子的啜泣聲音。有一位家屬走進來，悄悄地關上廚房的門。哭聲小了一點，但還是隱約聽得到。李斌仍然在攪拌：他從罐子裡挖出更多的膠，多加了一點熱水，重複同樣的攪拌動作，仔細地看著混合得怎麼樣。突然間我聽到有人在猛力地敲打，一個女人隨即尖聲哭叫。我趕緊抬頭張望，但石先生只是安靜地坐在那裡，低頭看著水泥地板，李斌也置若罔聞，繼續攪拌，除了碗裡越來越濃稠的混合物之外，什麼也不管。這哭喊彷彿是世界末日，哭到那個女子幾乎喘不過氣來，聲音忽大忽小，持續了整整十分鐘。這實在叫人受不了。女子哭得上氣不接下氣，只是嗚咽抽泣，但聲音大到足以穿透兩面牆。石先生顯得有些坐立難安，雙手緊抱著膝蓋，而李斌卻繼續賣力攪拌，專心到彷彿是在開心臟手術。

幾分鐘過後，哭叫終於停止了，但嗚咽聲仍然斷斷續續。李斌低聲地噓了一口氣，彷彿標誌著危機暫告一段落，手上也停止了攪拌。他打開通往中間房間的門，時機恰到好處：門一開，哭聲就完全停止了。他穿過房間，打開通往另一間房的門。一個年輕女子站在棺材旁，但我從通往院子的門看出去，屋裡的其他人顯然才剛走出去。女人怔怔地盯著棺材，哭得紅腫的臉上還留著淚痕。她穿著日常外出的服裝，沒有披麻戴孝。喪服是外人來弔祭時穿的。而這裡才是真正可以釋放悲傷的地方。在自己家裡，女人可以毫無顧忌地放聲大哭。她就這樣瞧著棺木又持續了一分鐘，這才離開。

李斌一語不發，也沒有和她目光交會。他與女子錯身而過，彷彿自己是隱形人一樣，只是把一碗調好的膠放在桌上。接著他開始把金箔紙裁剪成十幾公分的長條，把它們貼在一張白紙上固定住，然後膠黏在棺材上。他腳蹬一雙義大利樂福鞋，身穿牛仔褲、黑色格子衫，外面披著西裝外套，看起來非常專業，也努力表現得專業。李斌的動作迅速又安靜，幸好如此，因為往生者的其中一個孩子時不時就進來打探，盯著棺材，深怕出了差錯。

＊　＊　＊

稍早之前，我跟這家人做了自我介紹，說明來意，以免他們覺得這不速之客太無禮。他們同意了，但我仍盡力保持低調，坐在屋裡門後的角落，把筆記本藏在口袋裡。跟其他家的葬禮相比，這家人的後事顯得低調私密。家屬四散在鄉下與城裡，雖然老家還在這裡，但子女都往城市發展。葬禮還是很傳統，但主要是親人在祭拜，沒什麼外人參與，和我之前見到的場面不太一樣。大概明天也不會看到借酒澆愁的兒子，或鬧哄哄的晚宴。這家人很特別，他們比較封閉，彼此間的關係也來得緊密些。

往生者最小的兒子走了進來，強忍住眼淚。他張著嘴唇吸氣，但緊咬著牙關，以免臉部抽搐。他點了根菸，放在支撐棺材的木架上，算是為他愛好此道的父親奉上最後一根。漸漸地他的臉部肌肉開始鬆懈，忍不住地哭了起來。當他留意著棺材的變化時，眼淚靜靜地流了下來。

李斌用毛筆把金紙底下的氣泡趕出來。除了低聲的嗚咽與窸窸窣窣的動作，屋子裡沒有其他聲響。漸漸的，整副棺材都貼滿了金箔紙。每隔一陣子他就得貼一張金紙到封棺的木頭榫釘上，這時我才明白：原來剛才聽到的敲打聲是在封棺，而每傳來一次敲打聲，立刻就引來家屬撕心掏肺的哭號。榫釘上標有數字，每根尺寸不一，因為棺材其實並非對稱的長方體，而是呈船型，船頭略高，代表家屬期望在陰間帶領往生者破浪前行。

兩個小時後是午餐時間，可是今天是出國前最後一天，要做的事這麼多，午睡就免了。李斌吃飽後立刻回來工作，現在他把藍色的紙片黏貼在棺木前頭，紙片上印有以紅、紫兩色繪製的奇異螺旋花紋。接著，他將墨水倒入碗中，提起毛筆作畫。現在我終於看出：先前貼上的金箔紙，只是他書法的背景陪襯。他把棺材的每一面都切分為一格格的長方形，裡面劃上各種抽象線條或傳統圖案，包括古箏、竹子、菊花與蝙蝠。

「這蝙蝠像嗎？」李斌打破了漫長的沉默，開口問道。「畫畫我是不行的。我老爹就厲害，他畫得特別細，我是畫得快。別人一副棺材得花一天半，我只需一天。」

這時有個老人朝我踱了過來，手指著棺材。

「五十四歲。他整輩子都在田裡幹活兒。兩個兒子卻上了大學，」老人一字一頓的說著，好讓我能夠聽明白，棺木裡躺著的是個怎麼樣的人物。我點了點頭。

到了下午三點，棺材的一面已經畫好，李斌開始畫起另外一面。有幾個男人過來在他身邊，開始聊起最近習近平訪問俄羅斯之行，李斌則繼續在金箔紙上畫他的幾何圖形與蝙蝠。

李斌工作的時候，石先生就在一旁看著。他說在這行裡，李清才是最好的，但李斌也不壞。中國社會一向貴古貶今，因此石先生對李斌能有這個評價，已經是非常高的讚譽了。「他很不錯，但最行的還是他祖父。所有人都知道。」

我坐在小板凳上看著他工作，看著看著睡著了，不留神，竟然一頭撞上牆壁。兩個鐘頭後李斌宣布大功告成，他和石先生一起檢視各項安排，然後再次道歉，這回實在是沒法留下來。石先生對李斌的工作卻很滿意。喪事裡棺材最重要，所以他堅持讓李家的人來完成。

在我們開車回縣城的途中，李斌一直在講電話。有人想找他算命，李斌說服他稍等兩個星期，待他從德國回來後再說。最後他回了一通電話，給一位住在縣城裡的醫師。這位醫師在幾天前致電李斌，提出一項不尋常的請求：他想掘開父母的墳，將他們的骸骨重新安葬。李斌回電是要確認，醫師還堅持要這麼做嗎？他得到醫師肯定的答覆，於是李斌趕緊回家，匆匆收拾明天出國的行李，然後小睡一下，把他的鬧鈴設定在午夜、凌晨第一聲鐘響的時候。

＊＊＊

四年前，醫師的雙親在幾周之內相繼去世，埋葬在家鄉村裡的一塊地上，但是當時既沒有請陰陽先生過來看選日擇地，也少了必需的儀式，只是匆匆下葬了事。從那時候起，醫師的心裡就常覺得不安。總覺得那場葬禮有哪裡不大對勁。現在他年近半百，已經參加過不少朋友父母的後事。有一次，一位住在鄰縣的友人，請了一位像李斌這樣的陰陽先生來主持喪事。醫師到場致祭時，全程目睹儀式的進行。他雖然不是很清楚這些儀式的意義，可是這些儀軌和音樂讓他感受到對往生者的尊重，覺得朋友為賦予他生命的雙親，做了一個正確的決定。醫師對這位朋友敞開心扉，訴說自己的心事，朋友建議他應該將雙親重新安葬。朋友還點出了一個醫師的隱憂：他的父母分開葬在不同墓穴。他們在生前既然是夫婦，死後難道不該同穴安息嗎？雖說現在他們已經離世，魂魄不在人間，但是永眠之處仍然很要緊，因為這關係到他們是否能得到安息。醫師聽得很認真，內心幾經思忖，覺得這正是他過世的父母所需要的：一處安息之所。

於是幾個星期前他到李斌的店裡，問李斌能不能安排為他的父母合葬，當地人也稱這叫「鬼葬」。李斌詳細問清楚事情的來龍去脈，然後向醫師解釋這麼做可能遭遇到的種種為難之處：棺材必須挖起來，而棺木可能已經朽爛了，所以先人的遺骸會因此暴露在外。然而這一層醫師已經考慮過了，對他來說不是大問題。他父母身後能否得到安寧最是重要，至於他個人觀感如何，則不須在意。李斌到墳地去勘查，又計算了時辰。動土遷葬的最佳時機，就是他出國前的那晚。

李斌與他父親一樣，對這個縣城瞭如指掌，毫不費力就在夜色中找到了墳地。醫師已經等在那裡，他在大同的煤礦場擔任會計的妹妹也來了。這兩人都是誠樸敦厚的中年人，是中國經濟改革開放後成長的一代，他們這一代已經見不到父母輩的寺廟和社群宗教生活了。但是仍然有一些事情，他們隱隱覺得是必須要做到的。於是當李斌到場時，他們的眼神亮起感謝的光芒。醫師的臉拉得老長，神色凝重，但還是勉強微笑致意。妹妹則恭敬地點了個頭。

李斌也點頭回禮，但直接朝四個工人處走去，他們正在開挖舊墳、準備新的墓穴。

「找著棺材了嗎？」

「好得很。」

那就好。李斌點點頭，暗中鬆了口氣。他參與過好幾次非常棘手的重葬，原先入土的一切全都腐爛了。工人已經用繩子穿過兩口棺材的下方，將它們抬了起來。棺木是杉木做的，質地堅韌耐久。墳地位於村子外，除了微弱的星光，四下一片漆黑。今天是陰曆的初四，雖不見月色，但黑暗中還是依稀可見所有事物的輪廓：低矮的農舍、地平線上的樹林子，以及新栽的莊稼。

距離這裡不遠處，就是工人按照李斌指示新挖的墓穴。李斌先走過去，用羅盤確認方位。接著工人把兩口棺材扛了過來，並排在一起。

醫師和他的妹妹也跟了過來，遠遠地站在一旁，然後妹妹往前走了幾步。她是一個嚴肅正經的婦人，今年四十五歲，有個在技術學校讀書的女兒。她頭戴一頂黑色羊毛帽，穿著高領的紅色羽絨夾克，襯托出蒼白的臉龐，雙手緊握著一捆紅布。她靜靜地看著父母的棺木，嘴唇緊抿，神情哀傷，挺直腰桿看向李斌。

「我想要把這些鋪在棺木上，」她表示。

李斌有些驚訝地看著她，不過很快就會意過來：白色是死亡的象徵，婚禮該用紅色。他過去從沒看過有人這麼做，但這讓他很感動，為此還紅了眼眶。

「好，可以的，當然。這是好主意。」

醫師幫著妹妹把紅布鋪上，把兩口棺材包裹在一起。五分鐘後，棺木重新入土。李斌蹲到墓穴旁，小心翼翼地在墳頭放一塊瓷磚片，說明裡面葬的是誰。最後他撒上五穀，確保往生者在來世也能豐衣足食，並且做了最後的確認。

他一站起身，工人隨即朝棺木上覆土。沒有奏樂，沒有誦經，甚至連月色也闕如；然而此情此景讓李斌回想到自己的家，他想到家裡每天賣力工作、記帳、編花圈的妻子景華，想到他那總是在學校宿舍的兒子炳昌，還有他們一家未來在城裡的生活。他站在這裡，又想到自己的職業：陰陽先生這份工作或許很辛苦，有時候還有些奇怪，但也挺美好的，他不禁想，將來自己撒手人寰時，又是誰來為自己主持這一切？

第三十章　北京：妙峰山上

今年我希望能在妙峰山上待得久些，於是提早到達。[1]但是在中國，無論你再怎麼早，也搶不到頭香，所以就算我在陰曆三月三十的正午便上了妙峰山，提前到達的勝利快感也就沒有那麼強烈了。倪金堂、祁會敏、還有另外幾位茶會的成員這時不但已經到了，而且還搭好了廟壇。我探頭進去張望一番，發現一切擺設布置都和去年相同：茶壺、一尊銅觀音，以及用金絲絨包裹的鮮花。在廟壇前面，已經點燃了香。銅缽、小木槌，萬事齊備。上山進香的信眾就快要到了，鐘聲即將響徹在這小方場上。

今年是閏年，多出一個閏四月，因此廟會比往常晚。現在已經是陽曆五月，山色清明，無風無雨。高聳的松樹在微風中擺盪，遠山蒼翠如畫。老松色黑，終年不改。小松色淡，彷彿仍在探索這個世界。落葉木的色澤更淺，大部分都是柳樹。灌木叢則剛發芽，些微的卡其色散落在褐色的枝幹中。

一對進香的夫婦迎面走了過來。男人約莫五十多歲，一臉風霜，眼窩深陷，雙眼則靈活地四下搜尋。女人看起來年輕些，大概坐三望四，體態豐腴，滿面春風，但仍然神色恭敬。她為了來妙峰山進香，準備足有一個月之久，織了好幾串由五十多個小石子組成的念珠，可以戴在手上。她想要贈送給一路上遇到的人，我也有幸拿到一串。他們住在位於北京東南方的山東，原本目的地是西邊佛教聖地五台山。但他們決定先上妙峰山，來見識這裡的廟會。

「你們怎麼有辦法這麼長時間不用工作？」我問他們。

「工作是為了掙錢，錢掙夠了我們就辭職去旅遊。」太太向我解釋道。「我們不接受施捨捐贈。我們認真工作，儲蓄夠了，我們就離開幾個月。」

「我們靠這樣走遍了中國，」她先生說。「在武當山參玄通道，到泰山朝拜東岳大帝，去嵩山少林寺進香禮佛。如果幾個月前我們就認識，我可以介紹你認識一位活佛。他住在河北。」

「他什麼都知道，」太太補充道。「他可以預知未來，也可以回到過去。」

「相當不可思議，」丈夫又說。

「為什麼你們要花這麼多時間尋求這些？」我好奇地問。「為什麼不在家舒舒服服過日子？」

「我們生活在一個危險的年代。你知道普陀山吧？那是浙江外海的一個小島，在上海南邊。那裡有一尊觀音菩薩，一隻手像這樣伸出來，」他一邊說，一邊伸出他的左手，手掌豎直，像是交通警察比出禁止通行的手勢。「這是為了保護舟山不受洪水侵襲。但最近寺廟淹水了，這是歷史上的第一次。環境大亂，菩薩也保護不了他們。這個時代人的慾望和貪婪已經失控了。」

「你們想要尋找什麼呢？」

「古人都在這些名山中找到答案。也許我們也能在這裡學到些什麼。」

倪家香會的友人，這時分別搭乘著一輛輛的休旅車抵達。當中有一位駕駛荒原路華（Land Rover）休旅車的結實男子，每回總是在廟會頭一晚就上妙峰山。另外還有幾位營造工程界的經理，也開著吉普車與舊款的大眾福斯轎車而來。倪家的晚輩也來了：倪金堂和祁會敏的兒子分別都到了，他們還帶來年輕的朋友。我幾年以前就認識他們，但這次他們待得更久，也帶來更多新朋友。

現在再來想晚餐的事情有點晚了。在中國，通常是下午五點半開始吃晚餐，但我們天南地北的聊到了快五點，而餐桌居然還沒搭好！折疊桌展開之後，祁會敏擺上各色餐點與飲品。切成段的香腸與涼麵一起放在紙盤上，另外還有饅頭、一盤盤的花生、蠶豆，以及其他下酒的小菜。我們還開了一瓶倪金堂從滄州（河北的一座小城）酒廠買來的白酒。

小貨卡一輛輛魚貫駛入，為「饅頭會」卸下了成千上萬個蒸饅頭。饅頭會的會首是個矮壯的南方生意人，留著小平頭，戴飛行員眼鏡，開的是賓士的休旅車。車頂掛著國旗，車尾貼有「饅頭聖會」的字樣。他還在坡道上催油門，迫不及待地向倪家人大聲打招呼。

倪金堂跟「花兒老太」的一個兒子在一旁說話，兩個人談得很激動。陳老太太的身子骨不像去年那樣健朗，現在只能在一旁休息。倪金城幾個月前告訴過我，自從陳老太太被迫從老家遷出之後，整個人似乎有點糊塗了。去年夏天在中頂廟的廟會上，她曾經與我寒暄幾句，這次看到我時，她說：「又是你！」熱烈地招呼我，只是她其實不大認得我了。倪老的辭世與花兒老太的年邁衰老，使得香會眾人心中泛起一股隱憂——有朝一日，在陳老太太百年之後，妙峰山上的這些香會就將逐漸散去——倪老和陳老太太原先收藏的、數量難以計算的茶壺和花瓶、神像，可能都會轉賣出去，或是捐贈給博物館收藏。之前這種情況已經出現在一家香會中，原先該會擁有的瓷器，都轉贈給一座寺廟，收在儲藏庫裡。然而倪老在世時希望他的茶會能夠千秋萬世的傳承下去，倪、陳兩家的兒子決定要朝這個方向繼續努力。

「我們的香會將永遠團結！」金堂推推眼鏡，告訴陳老太太的兒子。「不論發生什麼，我們都會團結在一起。」

陳家兒子大聲應諾，兩人舉杯一飲而盡。

氣氛融洽愉快。這是我覺得最棒的時刻——人與人之間情感的羈絆連結，對明天的期待，都在廟會的頭一晚上演。

過了一會，我發現我們這個小團體裡的一些人，用很奇怪的神情看著我。終於，一個倪家的人問道，我身上的外套是哪裡買的，我穿著去年冬天倪金城給我的一件灰底細紋的唐裝外套。

「這很像是我親戚的外套，」她說。

「這是金城送給我的，」我答道，一邊點頭表示同意。

「金城？」她皺起了眉頭。「誰做的呢？」

我猛然想起，這外套原本是一個老人的。我因為尷尬而倒抽了一口涼氣。倪金堂看到我的表情，搖了搖頭。

「沒事，你穿著吧。這樣很好。他希望你和他合寫一本關於茶會的書。」

「可是我沒寫呀。」

倪金堂看著我，然後笑了起來。

＊＊＊

我坐在那裡，看著香炷燃燒，煙霧氤氳。就像男人抽菸後的煙霧裊繞，從香爐升騰，無聲地席捲、籠罩附近每一個人。菸味深深浸潤進衣服裡，幾個月都不能散去。

倪家廟壇裡，有一張椅子是空的：這位子過去是祁會敏先生坐的，就是那個坐在這裡，手上拿著一罐燕京啤酒，靜靜地觀察進香信眾的常貴清。去年夏天，他在倪老撒手人寰後不到兩個月，也因為癌症歸天。誰都知道這不是巧合。玄門會在一個人死後六十天內關上。常先生為了趕上倪老，在他死後五十八天也跟著離世，兩人相偕通過玄門。

「我們不該坐在這裡，」倪金堂低聲說。

「今年應該讓它空著，」祁會敏說。

往事一幕幕襲來，多少年來的那些人、那些事，金堂低頭若有所思。

「我跟她愛人哥倆兒很好。人的交往是從緣分感情慢慢地融洽。人人都有個性，要慢慢瞭解，慢慢地適應，你要學會適應對方才行。

「他這脾氣，他那脾氣，你得慢慢適合對方，你不能總讓別人都適合你。人人都適合你了，你就有問題了。中國就一個習近平，大傢伙適應他，他也得適應人們的想法。

「人就這樣，老子、孔子、儒家、道家、佛家，都是這樣，勸人為善。」

祁會敏點點頭，對倪金堂說：「你跟他很談得來。」

晚上我們就在主廟裡的食堂用餐。食堂的擺設很簡單：一張大夾板木桌，好幾把折疊椅。但景色卻相當雄偉。低頭望去是層峰疊嶂的山巒，逐漸向遠方的城市延伸過去。

「為了紀念老常，我們該先乾一口燕京啤酒。」倪金堂提議。

「敬那些今年沒跟我們一起來的人。」

「別提了。」

我們都喝了一口酒。

「還有一個人你沒說。」

「小李啊。」

「我可想他了，」祁會敏說。「他真是活菩薩，」她說著，眼淚就落了下來。

小李就住在山腳下的澗溝村，過世時才四十二歲。他先天就有殘疾，心臟不好、精神也有狀況。但在進香廟會期間，他總是幫忙照管寺廟，也樂於助人。他先前與寺廟的執事住在一起，這位執事是個非常善惡分明、嚴以律己的人，實在看不出他是會收留小李的人。但他這麼做了，讓小李住在寺廟側邊的廂房裡，做些雜役瑣事，為廟會做準備。可是幾個月前他病了。管理人與他的母親照顧了一陣子，以為只是身體暫時不適，很快就會康復。

執事現在要講話了。他還穿著一身藍色連身工作制服，咬緊了牙，凝視著窗外起伏的山峰，用他清晰的聲音說道：

「早晨我要他把牛奶喝掉，但他不肯。我工作都很晚。我出門去了。那天我有兩個班要輪，沒辦法早回來。等我回來，他人已經過去了。

「走了。」

大家清清喉嚨，我們紛紛舉起手上的酒杯。

「真是一個好人。」

眾人一陣唏噓，過了一陣子才又安靜下來。

「我母親哭了，」執事說：「她今年已經九十四歲了。」

「九十四歲了啊。」

「真是高壽。」

「敬令堂。」

「敬老太太。」

「壽比南山。」

在佛祖釋迦牟尼誕辰的前一日，整個北京籠罩在白色的霧霾當中。這天是農曆四月初七，在城裡忙了兩天的雜事之後，我連忙趕回妙峰山。在通往城西的路上，我幾乎看不到遠方的山脈，即使到了距離市中心已經有十九公里遠的五環依然如此。繼續行駛十公里，到了六環，情況也幾乎沒有好轉，一、兩千公尺外的山脈，只隱約看得見輪廓。唯有等我下了高速公路，穿過一個寫著「金頂妙峰山」的拱門之後，視線才漸清晰起來。道路在河谷蜿蜒大約六公里後，坡度開始急遽上升，一路通往蒙古山脈。沿路滿是裸露的山脊，在午後陽光的照耀下，岩石帶著些微的赭紅色。突然間空氣中的塵埃顆粒消退了，視線終於變得立體。巨石「砰」的一聲躍出眼簾。氣溫開始驟降，彷彿時序又倒退回了冬天。

在接連著左彎右拐之後，澗溝村突然出現在眼前。然後是入口閘門與五元的過路費。但我還沒唸出我的通關密語——全心向善結緣茶會——管理員就揮手讓我通過。後面的五公里路仍然崎嶇蜿蜒，寺廟就在道路的盡頭。

隔天就是佛誕日。雖說這是佛教的節日，但對妙峰山的各家香會而言也是個大日子。最重要的活動，就是分發「緣豆」。這項儀式緣起自北京的僧侶在祈禱時會默唸佛陀的名號，為了記錄，他們每誦唸一次聖號，就會把一顆黃色的豆子從一個缽移到另一個。這些受到迴向加持的豆子被煮熟之後，在佛誕日分送給前來參香的信徒。這讓我想起我的老家蒙特婁的一個習俗。當地天主教信徒會拿聖徒讀《聖經》時用的燈油來擦拭硬化的關節。當地教會收藏了上千支康復後的信徒留在那裡的柺杖，陳列在櫃子裡，以此彰顯神蹟。

每年在妙峰山，固定都由其中一家香會負責分發用碗盛裝的美味炒黃豆，這些炒豆子事前已經蒸熟，再用蔥蒜拌炒爆香。這家分發緣豆的香會和倪家茶會、台州商人的饅頭會不同，他們不搭設廟壇，只是在陰曆四月初八這天搭起一座棚子，用整個上午的時間，一杓杓地將幾千斤的豆子舀到塑膠小碟子裡。最後他們誦經祈禱之後，就收工回家。在不明究底的人眼裡，這樣的活動似乎微不足道；可是對負責分發緣豆的十幾名志工來說，這可是一年一度的盛事。而對於成千上萬在這一日上妙峰山來進香的信眾而言，這更是不可或缺的儀式。

我趕回倪家茶會廟壇時，倪金城也剛到。即使身為隱士，他偶爾也得回到塵世，和人們交際往來一番，而倪金城選擇在佛誕日這天露面。他約了幾個從前在建設部的同事一起來。其中一個人走了進來，手上捧著裝緣豆的小碟。

「好，現在我要怎麼做？」這人問倪金城道。他年約四十，頂上童山濯濯，看來是第一次來妙峰山進香。不過他很努力配合：在西式的白襯衫之外，他穿著一件繡有深紅絲線的深藍色蠶絲馬褂。他把袖口挽了起來，於是紅線俐落地形成一道邊際。

「我該怎麼說？」他捧著緣豆問倪金城。金城要他把豆子分成兩碗，他照辦了。

「跟著我唸，」倪金城說，接著念起了五句禱文。

於是倪金城每唸完一句，同事就跟著複誦一句。

「行了，就這樣，」倪金城用向來粗魯的語氣說道。「沒必要小題大作。把碗放到供桌上，這樣就行了。你心意到了就好。」

那人小心翼翼地把碗放到祭壇上，躬身致敬，然後轉身過去，向倪金城微笑致謝。倪金城故意不看他。如果兩人目光交會並接受他的道謝，意味著倪金城這麼做是存心讓他欠一個人情。但倪金城沒有這意思。這是他的本分，是出於責任感與榮譽心。

現在是上午八點鐘，第一批來演出的舞龍舞獅團體到了，他們徑直朝主廟而去。先在神明前表演，他們又到功德碑前演出。功德碑上刻著許多人名，他們都是文革後復興妙峰山傳統的人，大多數現在都已經不在人間了。

我們坐在香爐旁的折疊椅上看著這一幕。香煙飄裊。沉重的銅鉢篤篤作響。倪家的友人王鐵標負責敲鉢。大多時候他都默不作聲，仔細地看著，然後在信眾叩拜的時候，挑準恰當的時間，敲響銅鉢。砰。砰。砰。

信眾們在茶水棚前駐足。他們點燃手中的香炷，向觀音菩薩頂禮叩拜。砰。砰。砰。

靠近「命運本源」石碑的地方，王德鳳的管理團隊架起了桌子，上面鋪滿好幾面紅色天鵝絨的小錦旗，這些錦旗是為參與廟會的各家香會提供的獎勵。旗子模樣看起來不是很起眼，但卻相當炙手可熱，以致於有人說這些錦旗「腐化」了信眾：使得香會上山，純粹只是為了拿到這面錦旗。

我湊近其中一面錦旗仔細端詳，錦旗由左至右，從上到下寫著幾行字：

金頂妙峰山管理處贈

一秉虔心

朝頂進香

民俗廟會

中間兩行字比較粗大，傳達出主要的訊息，是傳統上對到名山古寺朝聖的香客的贊詞。除了作為一種成就與榮譽的象徵，其實沒有多大的實質利益誘因。王德鳳並沒有給予這些團體金錢回饋。他們來到這裡，是因為聽到了妙峰山的召喚。

＊＊＊

在佛誕日登妙峰山的諸多香會當中，有一個叫做「太平盛會」的團體，會首雷鵬是一位年僅二十六歲的上班族，平日在北京大眾交通系統上班。他們向元君娘娘敬拜的方式，是我看過最古怪也最有趣的，叫做「相和而歌」。雷鵬在廣場中央踏步而行，手上拿著麥克風，朗誦歌詞。他身邊環繞著二十個人，有的打扮成皇帝，有的是將軍、嬪妃、與尼姑，他們同聲與雷鵬應答唱和。外圈有一組敲鑼鳴鈸的十人樂隊，陣容很像爵士樂的伴奏樂團。

去年我聽了「太平盛會」的表演之後，曾經去雷鵬位於北京北郊的新市鎮的家去拜訪。他是一個高大魁梧的年輕人，戴著一副長方形的窄邊眼鏡，對老北京傳統有著熾烈的熱情。小時候他是祖父帶大的，直到老人家於二〇一〇年去世。雷鵬把祖父的照片掛在門邊，這樣就可以每天見到祖父了，尤其是在他出外工作時，更是如此。照片中的老人穿著深藍色束腰短打，臉上還塗抹著脂粉與睫毛膏。這不是一張典型的遺照，但反映了雷鵬心目中的爺爺：一位朝聖的信眾。

雷家的老家是一棟四合院，位在以他們姓氏為名的雷家橋村。這座村子位於原來一條從北京向北通往丫髻山的進香大道上，丫髻山尚有另一座供奉碧霞元君的娘娘廟。過去，他家跟倪家一樣，為進香的信眾準備了一個茶壇，提供茶水。在一九九〇年代雷鵬長大時，娘娘廟被拆毀了，但他的祖父重振了「太平盛會」，聚集了幾十位村民固定練習。每年對他們來說最盛大的事，就是參加妙峰山的廟會表演。

「過去每個人都會到廟裡，大夥就在那裡練習，」雷鵬說。「那地方可好了，大家都能凝聚在一起。」

即使後來北京城開始擴張規模、農業用地被轉為他用，雷家橋村仍然維持舊貌。這就是人們俗稱的「城中村」。它的外圍被一群高樓大廈給包住，但是舊有的街道與舊建築，包含寺廟，仍然保留下來。全世界有許多這樣的城市，它們的老城區之後成為熱門的觀光景點，譬如巴黎的蒙馬特區（Montmartre）。然而在中國，這些小區卻被市政當局系統性的毀滅。在這個集權又富裕的國家裡，有野心的技術官僚幾乎可以為所欲為。

二〇〇九年，為修建一座高爾夫球場，雷家橋村被迫拆遷。村民遷居至北京北方各地，相距數英里遠，要再聚集練習就更難了。為了讓傳統可以延續下去，雷鵬找到了一所當地的小學，開始教移居至此的村民孩子跳神。孩子們在唱歌跳舞中找到樂趣，雷鵬也藉此可以招募新血。佛誕節這天，上場表演的都是這些孩子，老輩團員在家休息，讓孩子們有在元君娘娘駕前表演的機會。

可是雷鵬犯了個小錯：他租來的小巴士體積太龐大，無法通過山路最後一段特別曲折的路段。所以他和全團二十四名學童只好提前在澗溝村全體下車，然後由舊的進香路線「千人胳膊肘」徒步上山。上午十點鐘，他們終於到了。領頭的是一位精神特別抖擻昂揚的小女孩，舉著一支約三公尺長、紅黃兩色的絲質大面錦旗，上面寫著「雷家橋村南茶棚」。這女孩子今年才十二歲，名叫李蘭。她的父母來自山西的一個小農村，現在到北京工作。北京當地的小學不接受這類外漂族的子弟入學，而她對自己現在就讀的學校很滿意，也很高興能有上妙峰山的機會。她穿著一件綠松石色的絲質束腰短褂，臉上塗了厚厚的白粉打底，然後畫上色彩鮮明的斑點，以及如陽光般發散出去的線條。「我最愛這些衣服了，」她說，「還有旗子。」她輕輕提起那面旗子，安插進寺廟的外牆與石頭的縫隙裡。

不久，汗流浹背的雷鵬帶著其他孩子們到達了。雷鵬忙著把他們集合起來。幾個孩子扛著鼓與鈸，老村來的一位退伍軍人在小型的腰鼓上調整節拍。一陣擊鼓鳴鈸之後，孩子們排列成行，向崇祀碧霞元君的主廟邁步前進。

「看看他們，」雷鵬驕傲地看著這些昂首闊步前進的孩子，他們沒有人抱怨。「我不知道現在還有這樣的孩子。」

隊伍到了正殿的香爐前集合。今天可是大日子，香爐裡的香炷幾乎滿了出來，爐上煙霧裊繞、雲煙四溢。雷鵬從他的西裝外套裡抽出一片紅紙條，向碧霞元君唸出他的祈禱，最後他唸出孩子們的名字。接著把紅紙折起來，塞進一個孩子手上的黃色大信封中。他們一起把信封拋進火爐裡。

號令一下，孩子們都轉向右邊，高舉雙手在頭上鼓掌，然後鞠躬致敬。接著又轉向左邊，最後面向前方，面對碧霞元君。表演隨後開始。雷鵬率領他們又說又唱，這種說唱曲藝叫做「蓮花落」。他在香爐前方踏步而行，手上拎著擴音器，他每念一句詞，周圍跳舞的孩子就答應一句。

有一個故事是「楊家將」，講的是一千年以前，一位將軍及其諸子領導漢人抵禦蒙古人入侵的英勇事蹟（譯按：楊家將抵抗的是契丹人）。雷鵬喊出名字，孩子回答那人的身分，旁邊的樂器也沒閒著，鏗鏗鏘鏘響個不停。

潘仁美，
八賢王，
楊五郎，
楊家將。

圍觀的群眾裡，有些被孩子吸引而目不轉睛，不過更多人對他們指指點點。跟去年表演的大人相比，這些孩子經驗稍嫌不足。台詞他們都記得，但顯得生硬。對他們來說，這場表演不是村子裡日常的傳統，不是在爺爺的膝下或廟口耳濡目染來的，而是在學校裡辛苦學會的。於是乎表演少了一點去年那種純真、古樸的味道。

「他們只是有樣學樣，」有一個人跟我這樣說。「但他們其實不知道自己在唱什麼。」

但這是一次實驗，幾位其他香會的人見到孩子們如此認真賣力，紛紛點頭稱許。看來在學校裡把傳統教給孩子是值得努力嘗試的作法，尤其現在政府正積極設法重振傳統信仰與宗教，將來這樣的情況可能會越來越普遍。到了二〇一六年，全北京的學校都會開設傳統課程，學校會把這些傳統當作是一種文化——而非宗教——但學生依然得參與進香，父母通常也會陪伴前來。有些孩子因此第一次踏進寺廟。

十分鐘後，孩子們下場休息。雷鵬決定端出點絕活孝敬元君娘娘，也讓觀眾開開眼界。一個原來在帶領團裡年輕樂師的老前輩，現在往前站出一步。他脖子上掛著一只小鼓。雷鵬把定音鼓推向香爐，也把小鼓掛在脖子上。

兩人開始一前一後、錯落有致地敲打，始而舒緩，漸漸越來越快，重複幾次之後節奏增強，雷鵬著魔似地打著大小雙鼓而老人負責主旋律。他們閉上雙眼、大汗淋漓地唱、跳整整十分鐘，這是表演給孩子們看，給群眾見識，也是為了酬謝碧霞元君。

* * *

廟會到了第十四天，倪金堂頭上長出斑白長短不一的頭髮，下巴的山羊鬍也益發濃密茂盛。幾天以後，他會把鬍子理短，但任由頭髮繼續長。時間是不等人的。祁會敏向我走來。

「娘娘在等你，」她一面提醒我，一面朝峰頂的主廟走去。我來到妙峰山上觀察香會表演許多次，但從來沒有與碧霞元君獨處過。

現在是星期四的下午，寺廟裡闃無人聲。在正殿前的庭院中央，不鏽鋼製的大香爐仍微微地冒著煙。正殿兩側供奉著許許多多其他的神明。正中央是惠濟祠，供奉金頂老娘娘——也就是天仙聖母碧霞元君，銅製的塑像上穿著絲繡的袍子，那是當地婦女信眾日以繼夜編織而成的。在祂身旁兩側各有兩位隨從的塑像，每一位都代表元君娘娘的一種法力：眼光娘娘（祂伸出一隻手，掌中有目，象徵目光如炬）、子孫娘娘（象徵多子多孫）、斑疹娘娘（祂手上有象徵治病的藥草，庇佑孩子平安健康）、送子娘娘（同樣的，多子多孫多福氣）。從最簡單的角度來看，這不過就是一種原始的生殖崇拜。但我想起去年夏天在中頂廟遇見的那位婦人，她說的一番話糾正了我的觀念：這反映的是人們未來的盼望。全世界的人都一樣，關心他們的家人，希望他們平安，同時也期望鄰里平順，人們身體健康。

廟裡一位老執事給我拿來一把椅子。我坐下來，靜靜凝視元君娘娘的神像。多年以來，碧霞元君一直看顧、庇佑著倪家，從他們被逐出老城區，到保佑倪老康復，振興茶會。祂未必能改變倪家的命運，但祂會時時刻刻常伴左右。英國作家裴麗珠（Juliet Bredon）在一九三四年出版的小說《百壇記》（*Hundred Altars*）描寫了清朝覆亡前最後幾年北京北方一個小村子的故事。[2]裴麗珠出生、成長於北京，她的姑父赫德爵士（Sir Robert Hart）在北京位居要津，曾擔任中國海關總稅務司長達五十年。她對中國老百姓的同情瀰漫在小說的字裡行間。其中一場重頭戲就是到妙峰山進香，故事主角是為孩子向碧霞元君祈福的母親。當母親在拜拜時，裴麗珠忽然轉換敘述視角，讓自己從碧霞元君的角度俯視這個婦人。元君娘娘不確定自己該不該協助這位母親，於是詢問祂的助手斑疹娘娘的意見。如果沒了孩子，這可憐的婦人會淪落到什麼處境呢？誰會在清明時節在她墳上點香呢？最後神明決定，關鍵在於誠心。婦人是誠心誠意的嗎？

時至今日，很難想像神像會開口說話。元君娘娘聖像旁邊，四位侍從的造型有些卡通化，祂們都是木頭配紙黏土造的塑像，上頭繪以鮮豔的色彩——攻下北京城的士兵，大概不會想偷去放到博物館。但神像只是代表一種象徵，不是實體。如果祂們會說話，不是因為造型優美典雅或歷史悠久，而是人們心中相信祂們會說話。現在，這種必要的宗教氛圍又出現了：這是通往未來的橋樑。在經歷了過去一百餘年的風風雨雨後，「中國還有寺廟」這件事，本身就是一個奇蹟。每次看到那些華麗而俗豔的寺廟時，我都會想起這一點。我不會對神像品頭論足，而是觀察那些來拜拜的民眾，他們的眼神裡透露了什麼思緒。

從廟前拾階而下，來到一座小廣場。從那往下望是東南方壯麗的山色，以及向北京綿延而去的一個個村莊。廣場的一角有好幾塊石碑，上面記載著每個香會的故事。我看到了「全心向善結緣茶會」的石碑，它的中文名字深深地鑿在石面上，背後是創辦人的姓名：倪老、他的兒子金城與金堂、祁會敏、倪金城的太太陳金尚，以及其他二十多人。一年以前，倪老曾告訴他的媳婦，這是千秋萬世的功業。雖然沒有在人民廣場上豎立雕像，沒有寫在教科書裡，但這是貨真價實的。不是因為死的石碑，而是因為活生生的人、事、物：裊裊香煙、人聲鼎沸、激烈的爭論、粗鄙的笑話、對神明的敬意，對親人的關愛。

石碑上鳥鳴啁啾，追逐嬉戲。紅黃相間的旗幟在風中獵獵作響。桃紅李白，蜜蜂悠遊其間，偶爾一陣風來，把它們吹向階梯上的碧霞元君。廟會將要曲終人散，之後整整三百五十多天，一切都將復歸於平靜。今天表演的人都走了，明日將人去樓空。畢竟，誰會想在最後一天表演呢？第一天、頭一晚，是精華之所在，是未來之發軔，而非已逝之殘存。

＊＊＊

廟會的最後一天清晨，我在李家農舍的客房裡醒來，翻身坐起。每次我到澗溝村來，通常都會在李家投宿。前一晚妙峰山管理處的王德鳳把大家找來，辦了一場「謝會」，向在山上待了兩週的香會致謝。我們湊了兩桌，席間王先生致詞時表示，今年廟會可謂圓滿落幕：總共有八十一家香會參加盛舉，比去年多了十二家。參觀人數更高達五十萬人次，打破了近幾年的紀錄。

接待我住宿的女主人李太太點燃手中的十二炷香，高舉在面前，望著遠方的妙峰山三鞠躬。然後她把香全插在家中菜園裡，並在身前鋪了一塊厚紙板，雙膝跪於其上，合掌向元君娘娘三叩首。

我站起身來，向李太太道別，然後走舊香道「千人胳膊肘」上妙峰山。爬了幾百公尺以後，有四個年輕人追上我，他們在廟會期間受雇於妙峰山管理處，擔任門票收費員和保全工作。四個人裡面有一位年輕女孩，她說自己平常是在北京國際會議中心上班，廟會期間才來妙峰山幫忙。今天是廟會最後一日，所以他們得把相當於兩個星期份量的行李全部拎下山。不過對於一般登山客來說，這樣的行李份量不算重，大概只是一個小號的登山背包而已。

我爬上峰頂時，已經是上午七點鐘，各家香會的成員都已經吃完早餐的稀飯和饅頭，準備好將器材物品搬下山。

「花兒老太」的兒女率先動手：兒子爬上供桌，將懸掛在廟壇觀音聖像後方那塊金色絲質大布幕給解下來，然後他又卸下另一塊懸掛在牆上的布幕。裝飾盡卸後，人們就可以看見建築原來的模樣：四壁水泥牆，上頭覆蓋著中式的飛簷屋宇。鮮花從供桌撤下來。其他陳老太太的家人，則忙著把花瓶、錦旗、桌巾都裝進一個個大箱子裡。因為陳老太太已經體力不支，所以陳家子女收拾妥當之後，立刻就趕著要回去。塞滿物品的車子緩緩駛離，車窗降下，裡面伸出手來使勁揮舞，向大家道別。和往年一樣，幾天以後，北京城西的藥王廟有一場廟會，再過六星期，就輪到陳老太太他們的村子辦廟會了。其他的時間裡，他們只有在婚喪喜慶，或新香會成立典禮上才會遇到對方，通常每幾個月才有一次。當然，他們也會透過社群網站一類的新科技保持聯繫，互傳經文視頻、圖片、說教和各種人生建議。

倪家茶會的廟壇比陳家的大得多，收拾起來也更費時。過去兩週以來，有許多垃圾與灰塵被風吹進了床與椅子底下，王鐵標與倪金堂兩個人把家具從牆邊搬開，以便清掃。

王德鳳的清潔團隊也過來幫忙。他們清出了好幾大紙箱的垃圾，香菸盒、橡皮筋、食物的包裝紙、塑膠罐，以及堆積如山的菸屁股。他們走了之後，我們把兩只大木箱推到角落，盡量遠離窗子。這兩個箱子大約高四英尺，長寬各兩英尺，漆成紅色，上頭刻有一個中文的「茶」字。

王鐵標打開一只木箱，爬了進去。倪金堂跳上供桌，把上頭擺放的茶壺遞給我，我再轉交給王鐵標，他把這些茶壺擺放在箱子底部。等底部快滿了，他爬出箱子，在第一層茶壺之上覆蓋幾塊布，然後再擺第二層的茶壺，一層又一層，直到整個箱子都滿了。我們把它關起來，上鎖，然後繼續往第二個箱子裡放茶壺。

倪金堂用紅布將觀音菩薩聖像包裹起來。他把神像扛下供桌，放進自己那輛白色豐田休旅車的後車廂。幾個小時後，這尊菩薩將回到他兄長那居高臨下、鳥瞰整個北京城的隱居處佛堂裡。我們也陸續取下錦旗和簾子，收進盒子裡。鋪在主供桌上的黃桌巾這麼多天來已經皺了，皺褶的紋理看起來彷彿是北京附近的山水，上面還落滿一層來自蒙古高原的黃土。祁會敏小心地把塵土攏成一堆，捧到戶外抖掉。原本莊嚴的主供桌如今安在？剩下的只是一組搭在簡易板凳上的三合板。

大家跟著祁會敏走出去，將繫在大面錫鼓上的茶會榮譽錦旗拿下來。這些大鼓兩兩一放，這麼做可以讓收納的空間加倍，如果是在過去，就可以挑在扁擔的兩端帶走。我們將鼓打開，把裡面空間塞滿，然後帶到廟壇集中。最後是茶桶與茶几。現在是八點半，才短短九十分鐘，原本美輪美奐的舞台只剩下堆疊的箱子，黃澄澄的宮牆原來只是一面鋼筋水泥。

我們這群人齊心協力，手腳並用，轉瞬間就收拾妥貼了。沒有一個人感到難過惆悵。在妙峰山頂兩個星期，大家心滿意足，不過也夠漫長的了。現在每個人都只想趕快回家，好好洗個澡。倪金堂把這一切都看在眼裡。

「看這變化很有趣吧？」他說：「過程有意思。」

在這個五月初的和煦星期五，到處都可以看見遊客。以陰曆來算，今天是四月十五，按說是妙峰山廟會的最後一天，但其實進香活動早已落幕。依依不捨不是中國人的風格，與其留戀過去，不如展望未來。倪金堂把廟壇的門給上了鎖。互道珍重之後，我們各自上車，駛向山下城市裡的新人生。

後記　尋找天堂

倪老曾經告訴我一件事，他說妙峰山上那些了不起的香會，都是不受政府控制的。這話說得一點也沒錯，就如同在過去這一年來，大多數我所接觸、採訪的人們，他們的精神生活也是獨立的。然而國家力量在他們的生活當中無所不在，而且試圖想要吸納、控制人們的生活。

過去一段時間，中國想要擁有強有力的國家體制，似乎是一個遙不可及的夢想。在毛澤東去世、黨內溫和派於一九七〇年代末上台掌權後，試圖以放鬆管控來贏回民心。他們的目標是全力推動經濟發展，放任民眾做任何他們想做的，只要不挑戰中共的一黨專政，便不加干涉。

這段改革年代就這樣如火如荼地展開，並一直延續到二〇一〇年前後。在這段期間，觀察家都相信（或至少是盼望），國家對社會的鬆綁能無止境的維持下去，最終在中國創造一個自由社會。這種思維與冷戰後瀰漫全球的樂觀氛圍是相呼應的，自由與民主在世界各處落地生根。即便在中國發生了一九八九年的天安門事件，經濟改革與科技的進步似乎都即將為社會帶來開放。事實上，在這段時間內中國社會整體而言確實越來越自由。政府扮演著一定的推波助瀾的角色：在反省蘇聯解體的原因時，中共總結改革開放其實有助於政權的穩定，因為它能促進繁榮，並因此瓦解反對力量。

然而，就在這時，政治風向突然驟變。也許是因為中共領導人意識到，自由化再進展下去，將會危害他們的統治，因此政策急遽轉彎。連溫和派的批評都被禁止，網路言論被嚴格控管，社會運動必須為政府所用，否則將被嚴厲打壓。原本旺盛的民間力量現在噤若寒蟬。

不過，在宗教與信仰的領域，政府採用的是一條較艱難的方式，也就是籠絡招安，而非鎮壓掃蕩。它也相當精明地利用了過去兩千多年來中國人早就習慣的一套宗教與政治、國家的觀念與詞彙。這股趨勢看來還會持續下去，而中國共產黨，如同過去數世紀以來的中國執政者，將會繼續試圖主導，或是主宰中國人的道德生活。

道教、佛教與民間信仰等中國「傳統」宗教，可能會在這股潮流中成為受益者。對國家來說，這些宗教比較聽話，因此得到相對多的空間，不過還是會確保它們遵循政府政策。妙峰山上的香會信眾與山西道教徒的案例很有參考價值：儘管他們面臨了很多挑戰，但整體來說政府是支持他們的。

這不意味著中國將來會變成另一個俄羅斯，有一個宣揚民族主義的國教，而且國家領導人還經常會上教堂，也不意味中國共產黨會變得像是印度的人民黨（Bharatiya Janata Party）那樣，致力於將印度改造成一個印度教國家。中共的目的在於掌權，但它還沒有虛弱到需要明目張膽地將宗教工具化。然而，就像過去的王朝，中共一定會積極推展它認可的信仰形式，藉此它將取得仲裁這個國家的道德與精神價值的權力，如此一來，它的地位將穩如泰山。

＊＊＊

國家對若干宗教日漸增強的支持，和下列兩種趨勢產生衝突。首先是逐漸增強的外國關係。在一定程度上，中國政府樂見宗教向海外拓展，這有助於中國軟實力的增長。譬如說，由於佛教信仰的復興，中國已經成為全球最大的佛教國家之一，並使江蘇無錫成為世界宗教論壇的永久會址所在地。中國政府也贊助國際道教論壇，並且舉辦國際會議。然而，中共還是擔心外國勢力的介入。中國天主教與梵諦岡教廷、藏傳佛教與達賴喇嘛領導的西藏流亡政府、穆斯林與全球「穆斯林共同體」（ummah）與新教徒的全球運動網絡，凡此種種，都讓中共寢食難安。一旦這些群體的人數擴增，我們可以預見信徒與統治者之間的矛盾將會日益加深。現在回顧起來，在習近平之前的幾任中國領導人，採取了異常寬容的宗教政策。對政府來說，當前最大的難題在於如何一方面控管宗教，維持各宗教均衡的態勢，一方面又不觸怒其信徒，讓他們對政府離心離德。

王怡的秋雨聖約教會遭受的打壓，最能清楚看出這種緊張關係。基督新教在中國各大宗教當中獨樹一幟，它不僅在主流人口當中成長特別快速，與外國的關係也極為密切。這導致中國政府時而試圖將其收羅於網下。一個關鍵問題是：中國政府是否願意放著這類教會繼續成長，或者，這個姿態甚高、手握許多新財富的政府，將會尋求全面的控制？

我認為中國政府不會。儘管它不是沒有嘗試過，譬如，在二〇一四至二〇一六年間，當局就曾試圖將浙江省境內沒有登記的教堂的十字架全數拆除。但是，當政府在二〇一六年以極高規格舉辦睽違十五年的「全國宗教工作會議」時（譯按：二〇一六年四月二十二、二十三日，全國宗教工作會議在北京召開，由國務院總理李克強主持，七位中共中央政治局常委僅一人缺席，並由習近平在會議上發表講話。上一次全國宗教工作會議以如此高規格舉行，是在二〇〇一年底。），並沒有推廣這種蠻橫的作為。會中習近平要求宗教必須堅持「中國化方向」，但話說得很含糊，意義不明。我們可以預期中國政府內部對於該如何在未來管理宗教會出現雜音與爭議，官員們彼此也會辯論。但是就長遠來看，我不認為政府會全面接管宗教，一部分原因中國的近代歷史，特別是文化大革命的經驗，已經使中國當局明白：強力鎮壓實際上只會助長信仰的聲勢。

＊＊＊

對於政府來說，上述這些海外關係是顯而易見的威脅，然而宗教對於國家力量真正的挑戰，來自於後者所促成的一種更加幽微、難以察覺的趨勢：民族良知的重新覺醒。如果我能用一個字來概括這本書裡所闡述中國人民的渴望，那就是「天」。上從孔子，下到倪家，對於自古到今這兩千多年來，「天」這個概念一直貫穿中國人對於一個良好守序社會的設想。它涵蓋了一種公義和敬重的意識，而且高過於任何一個掌權的政府。基督徒常說只有他們的信仰才具備一種超驗的、神授的自然權利。這樣的看法並不正確。所有的信仰都信奉一些超越世俗權力的理想。對儒家來說，那是先賢聖哲的教誨；對佛教徒來說，那理想孕育在佛經裡；對道教徒來說，那理想是「自然」或是「道」；對升斗小民來說，那是一種樸素的正義感——是一種上天賜予的權利與正義。

這種情況是過去幾十年間不曾見到的。過去共產黨統治之下的中國，雖然有許多異議分子，包括像諾貝爾和平獎得主劉曉波這樣眾所矚目的焦點人物，但是整體來說，這些維權人士，以及他們所追求的普世人權，讓一般老百姓相當冷感。許多人認為他們的立意良善，卻不切實際。絕大多數中國老百姓追求的政治目標都相當狹隘：農民抗議稅收不公，或是城市居民反對拆遷。他們的動機只是改善個人福祉，很少關懷更宏觀的意識形態，也不奢望改變體制。

但現在人們渴望的精神轉化更加深層、也更為廣泛。宗教與精神運動固然有其自利的一面，但它們也對現狀提出了系統性的批判。信仰確實有可能成為逃避政治風暴的窗口，成為亂世裡追求隱遁的安身立命之道，人們在心裡會這樣寄託：在這個無可信賴的人世間，至少我上的教會、我參拜的寺廟，或者是我加入的香會，裡面全都是善良的好人。

然而，這種「窮則獨善其身」的思維只是宗教的一個面向。另外有些人則受到信仰的激勵而投身社會運動。從事「維權運動」的人權律師有很高比率是基督徒，其他運動分子很多具有佛教、道教信仰，這都不是巧合。即使是通常支持既有體制的儒家，也參與了這股洪流。古典儒家主張外部政治社會的變革，要從個人內心的誠意正心開始。可是南懷瑾認為，這只是萌芽階段，改變要向外推展，從家庭、鄰里，一路擴充、推及至國家。

根據美國學者趙文詞（Richard Madsen）所著的《民主妙法：臺灣的宗教復興與政治發展》一書指出，佛教與道教慈善團體在一九八〇與九〇年代的台灣民主化運動中功不可沒。然而在短期之內，類似的現象不太可能在中國大陸出現。中共的立場很明確，它不會容許非政府組織的成立與運作，無論其是否具備宗教背景。這就是為什麼維權運動受到全面的打壓，其他各個宗教也被限縮於提供賑濟、送終等服務，如若想要追求更宏大的目標，將會備受阻礙，至於想要推動社會改革，則純屬癡心妄想。

然而，從宏觀的歷史角度來看，這些運動最終將會為更廣大的轉變奠定必要的基礎。宗教建構了一套道德規範框架，以及正義、公平、品格等人人都渴望的精神標準，這遠高於任何短期、狹隘的政治目標。

從這樣的土壤裡誕生出來的新中國，將不再只是現在我們所知的這個極度唯利是圖、有著諸多怯弱之處的強權。它將參與一場範圍遍及全球的對話，我們所有人都將受到影響：在一個凡事以經濟利益掛帥的社會中，該如何重建人與人的凝聚力與倫理價值呢？既然過去幾十年裡中國傳統遭遇如此粗暴蠻橫地攻擊，取而代之的又是一種最赤裸不加節制的資本主義，也許中國正是全世界最迫切需要尋找、重建新價值的國度。

這些盼望是全體人類所共有的，而且就像其他國家的人民，中國人相信，他們的冀望受到更宏大的力量的支持，超越世間一切法律與政權，這種力量就是「天」。正如兩千五百年以前的儒家經典《尚書》所說：

天視自我民視。
天聽自我民聽。

謝詞

這本書的問世，要特別感謝兩個基金在寫作經費上的慷慨支持。開放社會基金會（Open Society Fellowship）在本書構想階段就率先對我進行贊助，讓我能下定決心，在二〇一〇年時離開新聞界，專職寫作。開放社會基金會的研究群與工作人員在思考上對我的啟發，更是讓我獲益良多，在此特別向湯姆．凱洛格（Tom Kellogg）、連尼．伯納多（Lenny Bernardo），以及史帝夫．胡貝爾（Steve Hubbell）三位致上謝忱。之後，艾莉西亞．派特森紀念基金會（Alicia Patterson Foundation）在我開始動筆撰寫時，又提供了一份優渥的資金，特別感謝佩姬．恩格爾（Peggy Engel）在這段期間對我的支持。

二〇〇七年時，我想要入境中國，申請簽證卻被打了回票；如果我無法返回中國，就沒有辦法寫出這本書，情形看來似乎不太樂觀。我花了兩年的時間，和中國外交單位建立互信，讓他們回心轉意。在此我想要感謝中國大陸外交部和其他相關單位，對我展現出的彈性與寬容。同時我也要感謝《華爾街日報》的主編們，在申請簽證的過程中一路支持，尤其是北京分社（China

Bureau）的主任白佩琪（Rebecca Blumenstein）、班安祖（Andrew Browne），以及副主任丁傑生（Jason Dean）、海外版前編輯約翰・布西（John Bussey）、「新聞集團」（News Corp）前任政府事務關係聯絡人嚴梅（Mei Yan），以及魯伯・梅鐸（Rupert Murdoch）——上面提到的所有人，都在他們原本極為忙碌的工作裡抽出時間來，為我的簽證努力奔走。

我也要感謝《紐約時報》的眾位編輯，他們在我離開《華爾街日報》後，又委派我為駐中國特派員；特別感謝執行主編約瑟夫・坎恩（Joseph Kahn）、亞洲版編輯菲利浦・潘（Philip Pan），以及紐時北京分社兩任社長麥可・溫斯（Michael Wines）與黃安偉（Edward Wong）在這段期間向我提出的想法、建議，還有他們的同事之誼。對於《紐約時報》在提升新聞報導素質上的持續付出，我始終心存感激。

深深感謝《紐約書評》半月刊的羅伯・席爾瓦（Robert Silvers）和休・艾金（Hugh Eakin）兩位。從二〇〇九年開始，為《紐約書評》撰寫書評，是我最大的樂趣之一。要不是有羅伯和艾金兩位的大力支持，我大概沒辦法完成這本書。我在《紐約客》雜誌上也推出過好幾次長篇連載專欄，自己從中也學習到了不少，《紐約客》的編輯，像是李歐・凱瑞（Leo Carey）、桃樂西・惠肯頓（Dorothy Wickenden）和大衛・瑞米尼克（David Remnick）諸位，都非常有耐心，《國家地理雜誌》的奧立佛・潘恩（Oliver Payne）則是大力相挺的朋友。

在此我也感謝兩家學術機構，為我打開通往學術研究的大門。頭一位是《亞洲研究期刊》（*The Journal of Asian Studies*）的執行主編、同時也在加州大學爾灣分校歷史系任教的華志堅

（Jeffrey Wasserstrom）。華教授邀請我加入《亞洲研究期刊》的編輯顧問委員會，讓我親眼見識到了一流學術刊物的一絲不苟與嚴謹認真。多年來，他也一直對我提供幫助，而且對這本書裡的許多想法提出批評指正。

我同樣要感謝北京中國學中心，這是一家由天主教耶穌會營運的學術交流機構。二〇一〇年時，該中心的前學術事務主管墨儒思（Russell Moses）邀請我開設一門「當代中國宗教實務」課程。向大學生解釋這個主題，有助於砥礪我的思考，同時也有助於我熟悉中國學術界對於宗教研究這塊蓬勃發展的領域。同樣重要的是我和墨儒思的定期午餐，我們常在這時候一起觀察中國的政治年曆，同時努力弄清各個日期背後代表的意義。在這裡也非常感謝他對這本書的初稿，進行非常仔細的審讀。感謝北京中國學中心的歷任主任：安東（Ronald Anton）、利培德（Roberto Ribeiro）、梅謙立（Thierry Meynard）和吉姆・凱恩（Jim Caime）——他們確實是利瑪竇志業的傳人。我也要感謝這些年來選修課程的數十位同學，他們提出的問題、好奇心，以及他們的熱誠，都讓我得以通過他們年輕新奇的雙眼來觀察中國。

在學術領域，我同樣要向下列許多位學者表達謝意：萊比錫大學的柯若樸（Philip Clart）教授，對我尚在構思階段的茅山道術歷史寫作計畫，始終大力支持；高萬桑（Vincent Goossaert）與宗樹人（David Palmer）對中國宗教的研究具有啟發性，並且感謝宗樹人仔細讀過本書第二章，以及本書裡所有「修行」的章節。美國普度大學「中國宗教研究中心」的楊鳳崗與裴玄錚（Jonathan Pettit）兩位教授，多年以來和我分享他們的想法，並交流彼此的看法。感謝鍾思第（Stephen Jones）教授那部關於山西道教民俗信仰的開創性研究著作；感謝北京市古建築研究所的包世軒教授，帶我見識真正的妙峰山。感謝范華（Patrice Fava）對於道教的研究，特別感謝他長期以來在妙峰山上攝製紀錄片的付出與努力。感謝柏林墨卡托基金會「中國研究智庫」（Merics think tank）的古思亭（Kristin Shi-Kupfer）教授，以及她的夫婿，身兼作家和紀錄片導演的施明（Shi Ming，音譯），他們夫妻倆和我討論基督教與中國的精神生活真空狀態；感謝同一智庫的韓博天（Sebastian Heilmann）教授，他主持了好幾場討論中國宗教的座談會，而且讓我擔任智庫的顧問。最後，感謝柏林自由大學（Freie Universität Berlin）的余凱思（Klaus Mühlhahn）教授，經常就這本書裡的各項概念，和我進行討論。

感謝我的經紀人克里斯・卡洪（Chris Calhoun）大力協助，他將一系列漫無邊際的構思，轉化為可實行的書籍出版計畫。感謝我在帕德嫩（Pantheon）出版公司的責任編輯丹・法蘭克（Dan Frank），對我展現出的耐心和智慧。同時還要向安琪拉・海斯勒（Angela Hessler）致上謝意：她為本書繪製精美的地圖，並且採用《山海經》的意象，填滿扉頁地圖中國內地外的空白處。

感謝新加坡籍攝影家沈綺穎（Sim Chi Yin），她和我一同進行了多次實地考察，也感謝她對於中國所投注的感情。感謝《紐約時報》駐北京記者葛鋼（Ed Gargan），我們兩個人搞了一個讀書會，讓我得以持續大量閱讀許多小說作品，也感謝他願意率先試讀本書的初稿。感謝曹海麗為我引見南懷瑾先生身邊的門人弟子；感謝張永靜、趙雪、沈麗萍（音譯）、李沛與秦艾咪（Amy

Qin）諸位，在研究方面對我提供的協助。感謝許宏和我分享他對基督教的思路歷程，並閱讀本書中提到秋雨聖約教會的各章。感謝廖亦武在柏林向我介紹成都。感謝張彤禾（Leslie T. Chang）與作家何偉（Peter Hessler）兩位，詳細閱讀本書早期的初稿，並且提出非常寶貴的批評建議。我還要感謝我的父親丹尼斯，一直以來他都是對我的文字最嚴格把關的編輯。最後，感謝愛可（Elke）的耐心與寬容的精神。

我要向在這本書裡成為敘述主題的人們，致上最深的感激。這幾年以來，他們容許我到他們家裡，參與婚嫁與新生命誕生的慶祝，為他們的去世而感到哀傷：簡而言之，書中的人物們讓我分享給予他們生命意義的各種人生經歷。我難以表達他們是多麼的想要透過我、你、還有外面的這個世界——去了解我們所嚮往的那種「放諸四海皆準」的普遍性。我不確定自己是否成功傳達出他們的企盼，不過我知道他們已經盡力嘗試了。

二〇一六年，北京

注釋

推薦序一　現代化的中國要不要宗教？

1 張欽士：〈序〉，張欽士選輯：《國內近十年來之宗教思潮》（北京：燕京華文學校，一九二七），頁一。

2 關於中國基督徒人口的情況，參邢福增：〈中國基督教的區域發展：一九一八、一九四九、二〇〇四〉，《漢語基督教學術論評》，期三（二〇〇七年六月），頁一五五至一八五。

3 有關「第二社會」，參馮客（Frank Dikötter）的《文化大革命：人民的歷史》第二十二章。

4 周恩來：〈不信教的和信教的要互相尊重〉（一九五六年五月三十日），中共中央統一戰線工作部、中共中央文獻研究室編：《周恩來統一戰線文選》（北京：人民出版社，一九八四，頁三〇九。

5 國務院新聞辦：《中國的宗教信仰自由狀況》白皮書（一九九七年十月），http://www.scio.gov.cn/zfbps/ndhf/1997/Document/307974/307974.htm。

6 〈大陸民間宗教管理變局〉，《鳳凰週刊》，期五〇〇（二〇一四年三月），https://yuedu.163.com/book_reader/347115a93ae24d29a355366c9bb0923e_4。

7 〈關於我國社會主義時期宗教問題的基本觀點和基本政策〉，中共中央文獻研究室綜合研究組、國務院宗教事務局政策法規司編：《新時期宗教工作文獻選編》（北京：宗教文化出版社，一九九五），頁五五。

8 一九八七年出版的《中國社會主義時期的宗教問題》，正式提出揚棄「宗教鴉片論」。見羅竹風主編：《中國社會主義時期的宗教問題》（上海：上海社會科學院出版社，一九八七），頁一七一。關於中共宗教理論的修正，參邢福增：〈解讀宗教與中國社會主義的相適應問題〉，氏著：《當代中國政教關係》（香港：建道神學院基督教與中國文化研究中心，一九九九，二〇〇五年再版），第一章。

9 江澤民：〈進一步開創統一戰線工作的新局面〉（二〇〇〇年十二月四日），中共中央文獻編輯委員會：《江澤民文選》，卷三（北京：人民出版社，二〇〇六），頁一五〇。

10 江澤民：〈論宗教問題〉（二〇〇一年十二月十日），《江澤民文選》，卷三，頁三八〇。

11 「由於社會主義制度的建立、改革開放的深入和社會主義市場經濟的發展，我國宗教存在的階級根源基本消失，宗教存在的自然根源、社會根源和認識也發生了很大變化，但宗教仍將長期存在，宗教走向最終消亡可能比階級、國家的消亡還要久遠。」〈中共中央、國務院關於加強宗教工作的決定〉（二〇〇二年一月二十日），中共中央文獻研究室、中共新疆維吾爾自治區委員會編：《新疆工作文獻選編（一九四九—二〇一〇）》（北京：中央文獻出版社，二〇一〇），頁五四八。

12 國務院新聞辦：《中國保障宗教信仰自由的政策和實踐》白皮書（二〇一八年四月），http://www.xinhuanet.com/politics/2018-04/03/c_1122629624.htm。

第一章　北京：分鐘寺

1 本章的材料主要取材自於二〇一二年一月二十九日進行的各次訪談，以及一月三十一日對倪金城的後續訪談。本章中提到的二〇一一年的訪談，是在二〇一一年七月十七日進行的。

2 分鐘寺的故事，在當地廣為流傳，但我找不到書面形式的文字紀載。

3 許多書籍和文章已經對遭到毀壞的老北京有深刻的回顧，包括我的書《野草》（*Wild Grass*）的第二部分，但以英語寫成的作品中，最完整的討論是王軍的《北京城記》（*Beijing Record*）。

第二章　儀式：失落的中土

1 作者對陸永（Catherine Lu Yong，成都郫縣地下教會的牧師）於二〇一二年十二月二十五日所做的採訪。

2 見C. K. Yang, *Religion in Chinese Society*.

3 見Burgess, *Guilds of Peking*, 176.

4 Naquin, *Peking*, 23.

5 見Goossaert, "The Social Organization of Religious Communities in the Twentieth Century."

6 David G. Johnson, *Spectacle and Sacrifice,* 10.

7 Duara, *Culture, Power, and the State.*

8 見Goossaert, "Shifting Balance of Power in the City God Temples."

9 Goossaert, "1898."

10 對中國穆斯林概況最好的介紹，見Gladney, *Muslim Chinese,* 81–87.

11 在中國的少數民族中，有二千三百萬人被政府認定為伊斯蘭教徒。這意味著官方統計數據將這些群體中的每一個成員都視為穆斯林——彷彿伊斯蘭教是一種種族，而不是宗教。事實上，許多人未能嚴格恪遵教規，所以很難知道有多少人自認是穆斯林。有另一種論調稱，包括漢族在內的其他民族可以皈依伊斯蘭教，這就可能會使中國的伊斯蘭教徒的總數再往上增加。在實際的情況中，後來才皈依的教徒非常罕見，因此必須將二千三百萬視為一項寬鬆的估計。

12 見Goossaert and Palmer, *Religious Question,* 50–62，特別是他提到基督教的規範效應，和其所創造的「宗教」和「迷信」分類。

13 見Pittman, *Towards a Modern Chinese Buddhism.*

14 Poon, "Religion, Modernity, and Urban Space."

15 關於民國時期中國政府宗教政策的權威著作是Nedostup, *Superstitious Regimes.*

16 引自十九號文件的所有引文，均來自MacInnis, *Religion in China Today.*（譯按：十九號文件的引文，均照原文還原。）

17 Wenzel-Teuber, "2014 Statistical Update on Religions and Churches."

18 Pew Research Center, "Worldwide Many See Belief in God as Essential to Morality."

19 Keck, "Atheists of Beijing."

20 WIN/ Gallup International, "Losing our Religion?"

21 Ian Johnson, "Problem of 'Religion' — and Polling in China."

22 Yao and Badham, *Religious Experience in Contemporary China.*

23 Wu, "Religious Believers Thrice the Estimate."

24 Wenzel- Teuber. “2014 Statistical Update on Religions and Churches.”

25 同上。

26 有關基督教的概述，見Bays, *New History of Christianity in China.* 有關農村地區天主教信仰的討論，見Harrison, *Missionary's Curse.* 有關天主教徒人數的統計數據，見Wenzel- Teuber, “2012 Statistical Update on Religions and Churches.”

27 于建嶸，〈為基督教家庭教會脫敏〉。

28 Pew Research Center, *Global Christianity.*

29 例如，北京社會學家李凡便使用一億這個數字，但只說介於六千萬甚至更多的一億三千萬之間。李凡，〈基督教的發展和家庭教會〉。

30 Fenggang Yang, “Exceptionalism or Chimerica.”

31 關於鎮壓法輪功，有關政府鎮壓的部分，見Tong, *Revenge of the Forbidden City*；對於法輪功在二十世紀九〇年代崛起的權威性描述，見Palmer, *Qigong Fever*；有關運動的成長和鎮壓的第一手資料，請參閱我的書*Wild Grass*，第3章。

32 關於鬆綁對既有宗教的控制，這個印象，來自於過去十五年來眾多的寺廟建設計劃。茅山的情況就是一個例子。見我的文章“Two Sides of a Mountain.”

33 Goossaert and Palmer, *Religious Question,* 3.

第三章　山西：元宵

1 本章內容主要取材自二〇一二年二月三日、四日、五日和六日的訪談。

2 原文採華氏度數。

3 見吳凡，《陰陽鼓匠》。

第四章　成都：衛阿姨萬歲

1 本章的內容主要取材自二〇一二年二月二十四日秋雨聖約教會為衛素英舉行的追思禮拜，同天稍早對王怡所做的訪談，以及二〇一二年二月二十五日和冉雲飛所做的訪談。

2 冉雲飛後來終於在二〇一六年六月十九日皈依信主，並接受施洗，成為基督徒。

3 王怡，〈忍看朋輩成新囚〉。

第二部　驚蟄

1 除非特別註明，否則本書引用的詩作英譯都是作者自行翻譯。

第五章　儀式：喚醒過去

1 中共建政後與周王朝及昔日中國政教關係的相似之處、對周天子的讚歌、首席建築師的引言、大會堂內部廳堂的重要性，以及建築團隊的宣言，都引自Hung Wu, *Remaking Beijing*, 114–27.

2 關於花瓣、門柱的重要意義，以及其他「北京十大建築」計畫的資訊，參見：Hung, *Mao's New World*. 在此要感謝洪長泰教授，在這些年來和我進行了多次非常有見地的對話與交流。

3 二〇一五年時，有一位中國社會科學院的資深研究員出來指控葉小文和宗教局裡的其他官員，在指定轉世活佛時收取金錢賄賂。可是，迄今為止，葉小文還未遭到逮捕或調查；而在二〇一六年時，葉在人民大學發表公開演說，讚揚習近平的「社會主義核心價值」。

4 葉小文的履歷，參見英文網站「中國名人錄」，網址：http://www.chinavitae.com/biography/Ye_Xiaowen/full. 一九九五年，葉小文被任命為宗教局的局長；三年後該局更名為國家宗教事務局。

5 Aikman, *Jesus in Beijing*, 176.

6 葉小文這番話，是二〇一五年五月四日，在中國中央電視台英文頻道「走近中國」（Closer to China）節目，接受主持人羅伯．庫恩（R. L. Kuhn）訪問時說出的。網址：https://www.youtube.com/watch?v=cldG4lZ_65M. 查閱日期：二〇一六年六月二十一日。

7 Fenggang Yang, "Cultural Dynamics in China." 根據楊鳳崗教授指出，被拉下馬的官員當中，包括李申，他是中國宗教研究的奠基人任繼愈的高足。新設立的儒家研究中心主任是陳明，他是文化保守主義和儒家思想的堅定支持者。

8 參見：Laliberté, "Religion and Development in China."

9 "Buddhism Contributes to 'Harmonious Society,' "《人民日報》英文網頁版，二〇〇六年四月十一日；網址：http://en.people.cn/200604/11/eng20060411_257467.html. 查閱日期：二〇一六年六月二十日。

10 「中共十七大三中全會關注深化文化結構改革」（Central Committee of the Chinese Communist Party Decision Concerning Deepening Cultural Structural Reform），二〇一一年十月十八日，China Copyright and Media網站，網頁：https://china copyright and media .wordpress .com /2011 /10 /18 /central -committee -of -the -chinese -communist -party -decision -concerning -deepening -cultural -structural -reform/；查閱日期：二〇一六年三月二十日。

11 這是作者在二〇一二年三月五日與十四日在人民大會堂，旁聽本次會議後的個人觀察。

12 這是作者出席二〇一二年三月十四日溫家寶總理記者會時的個人觀察。

13 David Barboza, "Billion in Hidden Riches for Family of Chinese Leader."

第六章　北京：「說不清」

1 本章內容主要根據二〇一二年四月十五日在北京體壇中醫醫院裡對倪金城的採訪。

2 中國出版了許多這類談論「老規矩」的作品。在這些作品裡，在朝聖香會的會眾當中，特別受到歡迎的，是劉一達的《北京老規矩》。

3 毛澤東，〈中國社會各階級的分析〉。

4 Walder, *China Under Mao.*

5 He, *Social Ethics,* 125.

6 Ibid., xxi. 同時也可以參見趙文詞（Richard Madsen）教授的作品，在張彥的文章〈中國的幸福之道〉（China's Way to Happiness）中有加以論述。

7 He, *Social Ethics,* xxii.

8 比爾．波特在中國扮演角色的更多論述，參見Ian Johnson, "Finding Zen and Book Contracts in China."

9 Johnson, "Q. and A.: John Osburg."

第七章　儀式：牢籠中的大師

1 作者本人在二〇一〇年十一月十六日、十七日和十八日，以及二〇一一年三月七日訪問南懷瑾。本章裡的情節與描述是取材自二〇一一年三月那次拜訪太湖大學堂時的觀察，而背景則取材自先前對南老師的訪問。在本書中，主要事件的時間線是二〇一二年的陰曆新年到二〇一三年的春季，本章是唯一的例外。這就是為什麼，作者特別挑選「驚蟄」節氣開始的那一天去拜見南老師的原因，同時，在第五章裡，作者也同樣挑在這個時候，到北京去旁聽二〇一二年的全國人大開幕。

2 這個論點在夏偉（Orville Schell）與魯樂漢（John Delury）合撰的《富強之路：從慈禧開始的長征》（*Wealth and Power: China's Long March to the Twenty-first Century*）一書中有非常精闢的論述。

3 這則「南老師買地」的故事，是太湖大學堂的校長郭姮　告訴我的。現在從上海到太湖大學堂很方便，上高速公路後只要兩小時的車程即可抵達。不過在二〇一一年三月我造訪的時候，那裡還相當的偏遠。

4 作者對朱維錚的訪問，二〇一一年三月四日。

第八章　修行：學習吐納

1 本書將這位年輕人的名字隱去，關於他家人的一些細節也做了模糊處理，以保護他和家人的身分不致曝光。

2 英文「Internal alchemy」是「內丹」的標準翻譯。關於內丹功的簡要歷史發展介紹，可以參見：Robinet, "Original Contributions of Neidan to Taoism and Chinese Thought."

3 Wilhelm, *Taiyi Jinhua Zongzhi* (The Secret of the Golden Flower), 29.

4 克立禮（Thomas Cleary）也將《太一金華宗旨》精要地翻譯為英文。另外還有一個網站，也提供了這部經典的英譯。網址：http://thesecretofthegoldenflower.com/；查閱日期：二〇一六年九月十五日。

5 劉迅（Xun Liu）的 *Daoist Modern* 一書，對於民國時期的道教運動，有非常精采的討論。

6 「救贖集社」這個詞是歷史學者杜贊奇在《主權與真實性》（*Sovereignty and Authenticity*）一書當中創造出來的。

7 Goossaert and Palmer, *Religious Question,* 107.

8 Palmer, *Qigong Fever*, 59.

9 Chen, *Breathing Spaces*, 3.

10 在這裡是一個討論英文中關於「道」一詞，以及相關名詞（比如「道教徒」）拼法的好機會。英文裡「道」有兩種拼法，分別是「Tao」和「Dao」；「道教徒」或「道士」因此也可以拚為「Taoist」和「Daoist」兩種（在某些書裡，甚至還見到拼成dow的）。在中文裡，並沒有拼寫方式的差別。長期以來，英文和其他西方語言都拼寫成「Tao」。這反映出早期漢字轉換成羅馬拼音的形式，主要是威妥瑪（Wade-Giles）系統。然而逐漸的，「道」的拼法慢慢變成為「Dao」。這樣的拼寫方式是基於漢語拼音系統，這是漢字羅馬化的國際標準拼音方式。有些人認為這無關緊要，因為早在拼音方式轉換為漢語拼音系統之前，「Tao」、「Taoist」和「Taoism」都已經成為英文字彙，因此無須因為北京政府改用不同的拼音系統，就跟著改變。這種立場是可以理解的，我對此表示同情的理解——正如我不會支持將義大利城市米蘭（Milan）的拼法改成「Milano」，或是將德國城市慕尼黑（Munich）的拼法改成「München」一樣。可是，「Dao」、「Daoist」和「Daoism」的拼法正在成為主要趨勢，似乎是明白無誤的。在學術著作裡，確實已經沒有人使用「Tao」了；「Tao」這樣的拼法看來似乎古老而過時。我不想被指責為跟風這種學術或政治潮流，不過我認為這樣的趨勢會持續下去，所以我選擇順其自然，遵循阻力最小的方式，採用「Dao」這個拼寫方法。

第九章　儀式：烈士

1 本章依據本書作者在二〇一二年五月七日於北京訪問徐珏的內容撰寫。

2 這段關於張思德的論述，以及「崇拜紅色烈士」一詞，引自：Hung, *Mao's New World*, 214–32.

3 "Chinese Commemorate Common Ancestors at Qingming Festival," 新華社電，二〇〇三年四月七日。

第十章　山西：埋掉的書

1 本章的內容係於二〇一〇年四月三至四日的各次採訪得來。

2 Zhou, *Great Famine in China*, 106.

3 何懷宏在他的著作中（*Social Ethics*），尤其是緒論當中，對這種情況有一個更宏觀的討論。

第十一章　成都：聖周五受難日

1 本章採訪的時間是二〇一〇年四月八日至九日。

2 百分之三的數字，是按照一項一九九〇年的人口統計數字計算而出的：當時東德人口有一千六百萬人，根據估計有五十萬名當局的「線人」（*inoffizielle Mitarbeiter*）。

3 Tsai, *Accountability Without Democracy*.

4 這項估計是由法律運動中一位著名的律師滕彪所說的，他並非基督徒。參見：Ian Johnson, “China’s Unstoppable Lawyers.”

第十二章　北京：上妙峰山

1 本章取材自二〇一二年四月二十日所做的採訪。

2 引自Schipper, *Taoist Body*, 171.

3 關於妙峰山朝聖進香的歷史，參見：Naquin, “Peking Pilgrimage to Miao-feng Shan.”

4 Gardiner, “Pilgrimage of Chinese.”

5 Goodrich, “Miao Feng Shan.”

第四部　芒種

1 Qu Yuan, “Li sao,” in Hawkes, *Songs of the South*, 69.

第十三章　成都：朗誦

1 本章中的訪談：於二〇一二年七月六日訪問秋雨聖約教會神學院，七月七日訪問青羊宮與佛寺，八日採訪教會崇拜儀式。

2 Liao, *God Is Red*. 譯按：《上帝是紅色的》。

3 引文的英譯，採用史蒂芬．密契爾（Stephen Mitchell）的版本。

第十四章　修行：學習走路

1 本章主要內容，取材自二〇一二年七月十八日至二十四日的訪談與觀察。

2 南沙溝小區「部門樓」各建築進駐的部會單位，是秦嶺和她的丈夫蕭維佳對我說的，不過他們也告誡我，他們所說的未必準確。

3 "Portrait of Vice President Xi Jinping."

4 這是居住在別墅附近的一位黨報資深編輯對我透露的軼事。

5 參見江西省樟樹市的例子：〈以道德為規範，以廉潔為核心〉，「共產黨員網」，二〇一五年十一月十六日。感謝墨儒思（Russell Leigh Moses）教授提醒我這篇報導的存在。

6 〈新氣功療法〉。

7 〈練功體會兩則〉。

8 郭旭、王功，《中國超人：陳竹的世界》（北京：中國國際廣播出版社，一九九三年）。

9 柯雲路的資歷，以及對各人物事件的評論，都引自我在二〇一五年三月三十一日到五月五日間，以電子郵件通信方式對他進行的採訪。

10 《大氣功師》的銷售數字見：Palmer, *Qigong Fever*, 153.

11 引自Palmer, *Qigong Fever*, 153–54.

第十五章　儀式：新星

1 《臨濟錄》，頁36-37。

2 引自蘇筱寧，〈習近平在正定工作時留影〉。

3 臨濟寺內的有明法師生平展覽，二〇一二年七月十二日造訪。

4 Goossaert and Palmer, *Religious Question*, 142.

5 雖然習仲勛沒有任何宗教事務方面的正式領導職務，不過他在一九八九年悼念班禪喇嘛的文章裡這樣寫道：「一九八〇年底，我從廣東回到中央後又分管民族、宗教、統戰工作，我們接觸的機會更多，友誼更加牢固。」見習仲勛，〈深切懷念中國共產黨的忠誠朋友班禪大師〉。

6 關於習近平決定到河北正定去工作，正定道路的情況，以及他熱切執行中央指示的程度，可以參見本書作者的另一篇文章："Elite and Deft, Xi Aimed High Early in China."

7 參見《正定縣志》，頁四十八。

8 作者在當地的訪談，二〇一二年七月十二日，二〇一五年三月三十日。

9 慧常法師與作者的訪談，二〇一二年七月十二日在正定臨濟寺。

10 柯雲路給作者的電子郵件，二〇一五年四月二十七日。

11 「習近平：像愛惜自己生命一樣保護好文化遺產」（一九九〇年六月八日）。

12 「浙江省委書記習近平攜夫人彭麗媛一行到我縣進行參觀考察」。

13 Wielander, *Christian Values in Communist China,* 56.

14 "Portrait of Vice President Xi Jinping," Wikileaks.

15 Lian Xi, *Redeemed by Fire,* 特別是頁250的註釋。.

第十六章　北京：花兒老太

1 作者於二〇一二年七月十九日到中頂廟進行訪談，早先和包世軒教授的行程則是在二〇一一年七月十六日。陳老太太和她的家人兩次對我透露她早年的經歷細節，日期是在二〇一二年十月八日，以及二〇一五年二月二十八日。

第十七章　山西：靈源寺

1 本書作者於二〇一二年的八月十七、十八、十九日進行本章內容的採訪。

2 靈源寺主神胡龍的名字，以及他生前是一位政聲斐然官員的事蹟，是我在二〇一二年七月造訪當地時，地方上的人們告訴我的；不過鍾思第（Stephen Jones）所著的《李家道士：農村中國的宗教法事》（*Daoist Priests of the Li Family: Ritual Life in Village China*）則指出，這位神祇可能是古時的一位將領，可能應該稱他為「胡老君」（Elder Hu）、胡神、或「胡圖」（Hutu），其淵源可能來自蒙古人的崇拜。

第十八章　修行：學習打坐

1　本章是以二〇一二年十月十九日至二十八日，作者在金華參加為期十天的打坐課程經歷為主要內容。

第十九章　北京：貧民窟聖域

1　本章主要描述二〇一二年十月二十日于秀榮女士的喪禮經過。

第二十章　儀式：新領導

1　中共十八大於二〇一二年十一月八日開幕，本書作者到場旁聽。

2　參見《新京報》的一則視頻報導：〈人民大會堂服務員王倩倩十一年後走紅，揭當年選撥標準〉。這則視頻原來被引用在Meng, "Finding the Women at China's Big Meetings."

3　關於習近平在正定時的作為，以及他對氣功的興趣，參見本書第十四章和第十五章。

4　關於習近平提出的「中國夢」與昔日中國的治國方略、哲學和文學裡的意象的種種呼應之處，參見：Perry, "Populist Dream of Chinese Democracy."

第二十一章　成都：新歸正信徒

1　作者於二〇一二年十一月二十九日前往拜訪查常平的教會。

2　〈基督教在中國：從江湖社會轉型為公民社會中的角色〉，收於余杰、王怡（編），《我有翅膀如鴿子：「基督與生命」系列訪談錄第二卷》（台北：雅歌出版社，二〇一〇年）。

3　Bays, *New History of Christianity in China*，同時也參見：Lian Xi, *Redeemed by Fire*.

4　Yao, "At the Turn of the Century."

5　Bays, *New History of Christianity in China*, 99–112.

6　作者於二〇一二年十二月二十三日，在成都訪問烏蘇拉、曼佛瑞夫婦。

7　作者於二〇一二年十二月二十一日訪問彭強。

8 Fällman, "Calvin, Culture, and Christ?"

9 關於歸正宗信徒如何看待清教徒在思想層面上對於美國獨立革命的衝擊和影響，參見：Til, *Liberty of Conscience*.

第二十三章　山西：城裡人

1 本章內容是根據作者在二〇一二年十一月二十四日至二十五日於陽高縣城的採訪寫成。

2 家屬的真實姓名，依照當事人的要求而隱去。

第二十四章　北京：大隱之士

1 採訪時間是二〇一二年十一月三十日。

第二十五章　儀式：東方閃電

1 Jacobs, Andrew. "Chatter of Doomsday Makes Beijing Nervous." *New York Times*, Dec. 20, 2012, A8.

2 參見：〈邪教東方閃電內幕〉（Inside China's 'Eastern Lightning' Cult），《環球時報》（英文版），二〇一四年六月三日。文章網址：http://en.people.cn/n/2014/0603/c90882-8735801.html。查閱日期：二〇一六年四月十八日。

3 關於「東方閃電」的歷史，可參考：Dunn, *Lightning from the East*

4 一篇刊登在名為「中國變革」的人權網站上的匿名發帖則有不同看法：「東方閃電可能是個邪教，但他們保有自己的權利。」

5 關於西方媒體的報導可參考：Hong, "Prepare the Kool-Aid," 以及 Shea, "Cult Who Kidnaps Christians and Is at War with the Chinese Government."

6 Kuhn, *Soulstealers*, 1. 譯按：此處引文採中譯版文字還原，見陳兼，劉昶譯，《叫魂：乾隆盛世的妖術大恐慌》（台北市：時英，2000），頁2。

7 參見：Bays, *New History of Christianity in China*, 以及Lian Xi, *Redeemed by Fire*.

8 關於趙維山碰到的女子的真實姓名眾說紛紜。根據裴士丹的說法，這個女人姓趙。隨後的中國媒體報導則聲稱她的名字叫楊向彬，並提供了大量的傳記材料佐證，可參考：〈邪教東方閃電內幕〉（Inside China's 'Eastern Lightning' Cult）

9 作者於二〇一一年七月一日在河南信陽市對張義南的採訪。

10 參考網路資料："Why does God do a new work in each age? And for what is a new age brought about?"，摘引《話在肉身顯現》的語句，網址：https://www.findshepherd.com/new-work-in-each-age.html。查閱日期：二〇一六年四月二十日。

11 關於「神」稱呼方法與毛崇拜的相似之處，參見：Dunn, *Lightning from the East*，主要資料於該書的第三章。

12 關於教會否認與麥當勞謀殺案有關的聲明，參見該組織網站：https://easternlightning.wordpress.com/category/the-truth-about-zhaoyuan-murder-case/。查閱日期：二〇一六年四月十九日。

第二十六章 成都：尋找耶穌

1 這場訪談的日期是二〇一二年十二月二十一日。

2 二〇一二年十二月二十四日，秋雨聖約教會聖誕禮拜。

第七部 閏年

1 Li He, "The Intercalary Month," in *Goddesses, Ghosts, and Demons*, 38.

第二十七章 儀式：芳香的中國夢

1 謝柳青對於他如何見到泥人張小人偶的經過，以及王文斌在其中的角色，都可以參見一段名為「公益飾品採訪」的線上視頻。

2 參見謝柳青在二〇一一年十二月二十日的視頻影像：「一青等連線楊長風」。

3 謝柳青的憶述，以及之後的事件，來自作者在二〇一三年十月二十六日對謝柳青和王文斌作的訪問。

4 習近平，〈人民有信仰，民族有希望，國家有力量〉。

5 作者於二〇一三年十月二十六日對謝柳青的採訪。

6 〈習近平在曲阜座談會上談及文革對傳統文化戕害〉，《新浪網》（二〇一三年十二月五日），網址：http://news.sina.

com.cn/c/2013-12-05/014228887986.shtml；查閱時間：二〇一四年十二月十日。

7 Xi, "Speech by H.E. Xi Jinping President of the People's Republic of China at UNESCO Headquarters."

8 Zhang, "China commemorates Confucius with high-profile ceremony."

9 這是作者在二〇一五年三月二十七日造訪江蘇常州市金壇區的乾元觀時，親眼見到的情景。

10 這個估計數字是取材自二〇一四年與二〇一六年，官方的歷次聲明和作者在浙江作的採訪，也參見作者的文章："Church-State Clash in China Coalesces Around a Toppled Spire."

11 張家人的歷史，取材自作者於二〇一五年十月十九日對張宇、及二十六日對張范雲的訪問，在此同時，我也到工作坊去，訪問了林剛。這幾次訪問的若干細節，刊載於我的文章〈中國領導人掌握的藝術遺產〉（Artistic Legacy in the Grip of China's Leaders）。

第二十八章　成都：進城去

1 本章係根據作者在二〇一三年十一月二十六日的訪談與幾次談話撰寫。

2 關於裘立的主張和基督教在中國的傳教事業並未失敗的思想，作者均借重英籍社會史學者沈艾娣（Henrietta Harrison）著《傳教士的詛咒》（*The Missionary's Curse and Other Tales From a Chinese Catholic Village*）一書。

3 關於基督教在中國發展前景的悲觀看法，參見：Gernet's *China and the Christian Impact* or Cohen's *China and Christianity.*

第二十九章　山西：鬼葬

1 本章是根據二〇一三年四月四日、五日的採訪，加以改寫而成。

第三十章　北京：妙峰山上

1 本章是由二〇一三年五月九日、十日、十六日、二十三日與二十四日的各次採訪改編而成。

2 詳見小說第四章〈水清尋子〉。

參考書目

Aikman, David. *Jesus in Beijing: How Christianity Is Transforming China and Changing the Global Balance of Power*. Washington, D.C.: Regnery, 2003.

Barboza, David. "Billion in Hidden Riches for Family of Chinese Leader." *New York Times,* Oct. 25, 2012, A1.

Bays, Daniel H. *A New History of Christianity in China*. Chichester, U.K.: Wiley-Blackwell, 2012.

《新京報》視頻報導：〈人民大會堂服務員王倩倩十一年後走紅，揭當年選撥標準〉，《新京報》，二〇一五年三月十一日，網址：http://www.bjnews.com.cn/video/2015/03/11/356016.html. 查閱日期：二〇一六年五月三日。

Bredon, Juliet. *Hundred Altars*. New York: Dodd, Mead, 1934.

Bredon, Juliet, and Igor Mitrophanow. *The Moon Year: A Record of Chinese Customs and Festivals*. Shanghai: Kelly and Walsh, 1927.

Buck, Pearl S. "Is There a Case for Foreign Missions?" *Harper's,* Jan. 1933. Accessed July 10, 2016. http://harpers.org/archive/1933/01/is -there -a -case -for -foreign -missions/.

Burgess, John S. *The Guilds of Peking*. New York: Columbia University Press, 1928.

Central Committee of the Chinese Communist Party Decision Concerning Deepening Cultural Structural Reform, Oct. 18, 2011. Accessed March 20, 2016. https://chinacopyrightandmedia.wordpress.com/2011/10/18/central-committee-of-the-chinese-communist-party-decision-concerning-deepening-cultural-structural-reform/.

Chao, Adam Yuet. *Miraculous Response: Doing Popular Religion in Contemporary China*. Stanford, Calif.: Stanford University Press, 2006.

陳開國、鄭順潮，《大道行：訪孤獨居士王力平先生》（北京：華夏出版社，一九九一年）。

———. *Opening the Dragon Gate: The Making of a Modern Taoist Wizard*. Translated by Thomas Cleary. North Clarendon, Vt.:

Tuttle, 1998.

Chen, Nancy. *Breathing Spaces: Qigong, Psychiatry, and Healing in China.* New York: Columbia University Press, 2003.

郭旭、王功，《中國超人：陳竹的世界》（北京：中國國際廣播出版社，一九九三年）。

Cohen, Paul. *China and Christianity: The Missionary Movement and the Growth of Chinese Antiforeignism, 1860–1870.* Cambridge, Mass.: Harvard University Press, 1963.

Duara, Prasenjit. *Culture, Power, and the State: Rural North China, 1900–1942.* Stanford, Calif.: Stanford University Press, 1988.

中譯本：杜贊奇（著），王福明（譯），《文化、權力與國家：1900-1942年的華北農村》（南京：江蘇人民出版社，二〇〇八年）。

———. *Sovereignty and Authenticity: Manchukuo and the East Asian Modern.* Lanham, Md.: Rowman and Littlefield, 2003.

Dunn, Emily. *Lightning from the East: Heterodoxy and Christianity in Contemporary China.* Leiden: Brill, 2015.

"Eastern Lightning May Be a Cult, but They Still Have Rights." *China Change,* Dec. 21, 2012. Accessed April 18, 2016. https://chinachange.org/2012/12/21/eastern-lightning-may-be-a-cult-but-they-still-have-rights/.

Fällman, Fredrik. "Calvin, Culture, and Christ? Developments of Faith Among Chinese Intellectuals." In *Christianity in Contemporary China: Socio-cultural Perspectives,* edited by Francis Khek Gee Lim, 153–68. London: Routledge, 2012.

Gardiner, Bertha A. "Pilgrimage of Chinese: Every May Thousands Climb Slopes of Miao Feng Shan to Shrine at Top." *New York Times,* May 15, 1938.

Gernet, Jacques. *China and the Christian Impact.* Cambridge, U.K.: Cambridge University Press, 1985.

Gladney, Dru. *Muslim Chinese: Ethnic Nationalism in the People's Republic.* Cambridge, Mass.: Harvard University Asia Center, 1996.

〈公益視頻採訪：中國名博沙龍主席－清和天津泥人張藝人林鋼〉，二〇一三年十月二十五日，網址：http://igongyi.cntv.cn/2013/10/25/VIDE1382703843638416.shtml. 查閱日期：二〇一六年七月十二日。

Goodrich, Anne S. "Miao Feng Shan." *Asian Folklore Studies* 57 (1998): 87–97.

Goossaert, Vincent. "1898: The Beginning of the End for Chinese Religion?" *Journal of Asian Studies* 65, no. 2 (2006): 307–36.

———. "The Shifting Balance of Power in the City God Temples, Late Qing to 1937." *Journal of Chinese Religions* 43, no. 1 (May 2015): 5–33.

——— . "The Social Organization of Religious Communities in the Twentieth Century." In *Chinese Religious Life,* edited by David A. Palmer, Glenn Shive, and Philip L. Wickeri. Oxford: Oxford University Press, 2011.

——— . *The Taoists of Peking, 1800–1949: A Social History of Urban Clerics*. Cambridge, Mass.: Harvard University Asia Center, 2007.

Goossaert, Vincent, and David Palmer. *The Religious Question in Modern China*. Chicago: University of Chicago Press, 2011.

Harrison, Henrietta. *The Missionary's Curse and Other Tales from a Chinese Catholic Village*. Berkeley: University of California Press, 2013.

He Huaihong. *Social Ethics in a Changing China: Moral Decay or Ethical Awakening?* Washington, D.C.: Brookings Institution Press, 2015.

恆山道樂團，《晉北鼓吹》（陽高縣非遺辦公室，內部發行，二〇〇九年）。

Hong, Brendon. "Prepare the Kool-Aid: Is This the Scariest Doomsday Sect in China?" *Daily Beast,* June 20, 2014. Accessed April 18, 2016. http://www.thedailybeast.com/articles/2014/06/20/is-eastern-lightning-the-scariest-doomsday-sect-in-china.html.

Hung Chang-Tai. *Mao's New World: Political Culture in the Early People's Republic*. Ithaca, N.Y.: Cornell University Press, 2011.

"Inside China's 'Eastern Lightning' Cult." *Global Times,* English ed., June 3, 2014. Accessed April 18, 2016. http://en.people.cn/n/2014/0603/c90882-8735801.html.

Jacobs, Andrew. "Chatter of Doomsday Makes Beijing Nervous." *New York Times,* Dec. 20, 2012, A8.

Jing Jun. *The Temple of Memories: History, Power, and Morality in a Chinese Village*. Stanford, Calif.: Stanford University Press, 1996.

Johnson, David. *Spectacle and Sacrifice: The Ritual Foundations of Village Life in North China*. Cambridge, Mass.: Harvard University Press, 2009.

Johnson, Ian. "An Artistic Legacy in the Grip of China's Leaders." *New York Times,* Dec. 6, 2015, A6.

——— "Chasing the Yellow Demon: Intangible Cultural Heritage in a North China Village." *The Journal of Asian Studies* 76, no. 1 (Feb. 2017).

——— . "China's Unstoppable Lawyers: An Interview with Teng Biao." *NYR Daily,* Oct. 20, 2014. Accessed May 20, 2016. http://www.nybooks.com/daily/2014/10/19/china-rights-lawyers-teng-biao/.

———. "China's Way to Happiness." *NYR Daily,* Feb. 5, 2014. Accessed June 15, 2016. http://www.nybooks.com/blogs/nyrblog/2014/feb/04/chinas-way-happiness/.

———. "Church-State Clash in China Coalesces Around a Toppled Spire." *New York Times,* May 29, 2014, A4.

———. "Elite and Deft, Xi Aimed High Early in China." *New York Times,* Sept. 29, 2012, A1.

———. "Finding Zen and Book Contracts in China." *NYR Daily,* May 30, 2012. Accessed June 14, 2016. http://www.nybooks.com/blogs/nyrblog/2012/may/29/zen-book-contracts-bill-porter-beijing/.

———. "A Problem of 'Religion' — and Polling in China." *New York Times,* July 1, 2015. Accessed June 19, 2016. http://sinosphere.blogs.nytimes.com/2015/07/01/a-problem-of-religion-and-polling-in-china/.

———. "Q. and A.: John Osburg on China's Wealthy Turning to Spiritualism." *New York Times,* Dec. 18, 2014. Accessed June 15, 2016. http://sinosphere.blogs.nytimes.com/2014/12/18/q-and-a-john-osburg-on-chinas-wealthy-turning-to-spiritualism/.

———. "Two Sides of a Mountain: The Modern Transformation of Maoshan." *Journal of Daoist Studies* 5 (2012): 89–116.

———. *Wild Grass: Three Stories of Change in Modern China.* New York: Pantheon, 2004.

Jones, Stephen. *Daoist Priests of the Li Family: Ritual Life in Village China.* St. Petersburg, Fla.: Three Pines Press. 2016.

———. *In Search of the Folk Daoists of North China.* Farnham: Ashgate, 2010.

———. Li Manshan: Portrait of a Folk Daoist. 2015. Vimeo. https://vimeo.com/155660741.

———. *Ritual and Music of North China: Shawm Bands in Shanxi.* Farnham: Ashgate, 2007.

Keck, Zachary. "The Atheists of Beijing." *Diplomat,* March 14, 2014. Accessed June 19, 2016. http://thediplomat.com/2014/03/the-atheists-of-beijing/.

Kuhn, Philip A. *Soulstealers: The Chinese Sorcery Scare of 1768.* Cambridge, Mass.: Harvard University Press, 1990.

Laliberté, André. "Religion and Development in China." In *The Routledge Handbook of Religions and Global Development,* edited by Emma Tomalin, 233–49. London: Routledge, 2015.

李凡，〈基督教的發展和家庭教會〉，網址：http://www.world-china.org/bookdownload2/%E5%9F%BA%E7%9D%A3%E6%95%99%E7%9A%84%E5%8F%91%E5%B1%95%E5%92%8C%E5%AE%B6%E5%BA%AD%E6%95%99%E4%BC%9A%E7%9A%84%E5%AE%97%E6%95%99%E8%87%AA%E7%94%B1%E8% BF%90%E5%8A%A8.pdf. 查閱日期：二〇一六年九月十六日。

Li He. *Goddesses, Ghosts, and Demons: The Collected Poems of Li He (790–816)*. Translated by J. D. Frodsham. San Francisco: North Point Press, 1983.

〈練功體會兩則〉，《氣功》，第六期（一九八九年），頁二七八。

廖亦武，《上帝是紅色的》（台北：允晨文化，二〇一三年）。

Liu Xun（劉　迅）. *Daoist Modern: Innovation, Lay Practice, and the Community of Inner Alchemy in Republican China.* Cambridge, Mass: Harvard University Press, 2009.

劉一達，《北京老規矩》（北京：中華書局，二〇一五年）。

MacInnis, Donald E., ed. *Religion in China Today: Policy & Practice*. Maryknoll, N.Y.: Orbis Books, 1989.

Madsen, Richard. *Democracy's Dharma: Religious Renaissance and Political Development in Taiwan*. Berkeley: University of California Press, 2007.

中譯版：趙文詞（著）、黃雄銘（譯註），《民主妙法：台灣的宗教復興與政治發展》（台北：台灣大學出版中心，二〇一五年）。

Mao Zedong. "Analysis of the Classes in Chinese Society," March 1926. In *The Collected Works of Mao Zedong*. Beijing: Foreign Languages Press, 1967.

Meng Han. "Finding the Women at China's Big Meetings." *China File,* March 8, 2016. Accessed May 3, 2016. https://www.chinafile.com/multimedia/photo-gallery/finding-women-chinas-big-meetings.

Murong Xuecan. *Leave Me Alone: A Novel of Chengdu*. Translated by Harvey Thomlinson. Crows Nest, Australia: Allen & Unwinn, 2009.

中文版：慕容雪村，《成都，今夜請將我遺忘》（成都：四川文藝出版社，二〇一五年）。

Naquin, Susan. "The Peking Pilgrimage to Miao-feng Shan: Religious Organizations and Sacred Sites." In *Pilgrims and Sacred Sites in China,* edited by Susan Naquin and Chün-Fang Yü, 333–77. Berkeley: University of California Press, 1992.

———. *Peking: Temples and City Life, 1400–1900*. Berkeley: University of California Press, 2000.

Nedostup, Rebecca Allyn. *Superstitious Regimes: Religion and the Politics of Chinese Modernity*. Cambridge, Mass.: Harvard University Press, 2009.

中譯版：韓書瑞（著）、朱修春（譯），《北京寺廟與城市生活》（台北：稻鄉，二〇一四年）。

Palmer, David A. *Qigong Fever: Body, Science, and Utopia in China*. New York: Columbia University Press, 2007.

Perry, Elizabeth J. "The Populist Dream of Chinese Democracy." *Journal of Asian Studies* 74, no. 4 (Nov. 2015): 903–15.

The Pew Forum on Religion & Public Life. *Global Christianity: A Report on the Size and Distribution of the World's Christian Population*. 2011. Accessed July 10, 2016. http://www.pewforum.org/files/2011/12/Christianity -fullreport-web.pdf.

Pew Research Center. *Worldwide, Many See Belief in God as Essential to Morality*. March 13, 2014.

Pittman, D. A. *Towards a Modern Chinese Buddhism: Taixu's Reforms*. Honolulu: University of Hawai'i Press, 2001.

Poon, Shuk-wah. "Religion, Modernity, and Urban Space: The City God Temple in Republican Guangzhou." *Modern China* 34, no. 2 (April 2008): 247–75.

"Portrait of Vice President Xi Jinping: Ambitious Survivor of the Cultural Revolution." Confidential cable, Nov. 16, 2009. Wikileaks. Accessed July 12, 2016. https://wikileaks .org /plusd /cables /09BEI JING3128_a .html.

冉雲飛，《古蜀之肺：大慈寺傳》（成都：四川文藝出版社，二〇一一年）。

The Record of Linji. Edited by Thomas Yuho Kirchner. Translated by Ruth Fuller Sasaki. Honolulu: University of Hawai'i Press, 2009.

Red Pine (Bill Porter). *Poems of the Masters: China's Classic Anthology of T'ang and Sung Dynasty Verse*. Port Townsend, Wash.: Copper Canyon Press, 2003.

Robinet, Isabel. "Original Contributions of *Neidan* to Taoism and Chinese Thought." In *Taoist Meditation and Longevity Techniques*, edited by Livia Kohn. Ann Arbor: Center for Chinese Studies, University of Michigan, 1989.

Schell, Orville, and John Delury. *Wealth and Power: China's Long March to the Twenty-First Century*. New York: Random House, 2013.

中譯版：夏偉、魯樂漢（著）、潘勛（譯），《富強之路：從慈禧開始的長征》（台北：八旗文化，二〇一四年）。

Schipper, Kristofer. *The Taoist Body*. Translated by Karen C. Duval. Berkeley: University of California Press, 1993.

The Secret of the Golden Flower. Translated by Thomas Cleary. New York: HarperCollins, 1991.

Shea, Matt. "The Cult Who Kidnaps Christians and Is at War with the Chinese Government." *Vice*, July 31, 2013. Accessed July 12, 2016. http://www.vice.com/read/the-chinese-cult-who-kidnap-christians-and-paint-snakes.

The Songs of the South: An Ancient Chinese Anthology of Poems by Qu Yuan and Other Poets. Translated by David Hawkes.

Harmondsworth, U.K.: Penguin, 1985.

蘇筱寧，〈習近平在正定工作時留影〉。這篇報導顯然遭到當局查禁，從網路撤下；不過在下列網址還可以查到副本：http://www.360doc .com /content /12 /1117 /12 /1934120 _248371581 .shtml. 查閱時間：二〇一六年七月十一日。

Tao Te Ching: A New English Version. Translated by Stephen Mitchell. New York: HarperCollins, 1988.

Tong, James W. *Revenge of the Forbidden City: The Suppression of the Falungong in China, 1998–2002*. Oxford: Oxford University Press, 2009.

Tsai, Lily L. *Accountability Without Democracy: Solidarity Groups and Public Goods Provision in Rural China*. Cambridge, U.K.: Cambridge University Press, 2007.

Tun Li-ch'en. *Yen-ching Sui-shih-chi*.（《燕京歲時記》）Translated by Derk Bodde as *Annual Customs and Festivals in Peking*. Peiping: Henri Vetch, 1936.

Van Til, L. John. *Liberty of Conscience: The History of a Puritan Idea*. Phillipsburg, N.J.: P&R, 1971.

Walder, Andrew. *China Under Mao: A Revolution Derailed*. Cambridge, Mass.: Harvard University Press, 2015.

Wang Jun. *Beijing Record: A Physical and Political History of Planning Modern Beijing*. Singapore: World Scientific, 2011.

Wang Yi. "Wang Yi's Diary: Now I Must See My Friend Ran Yunfei Become a Prisoner," Feb. 26, 2011. Translation by David Cowhig. https://gaodawei.wordpress.com/2011/04/05.

王書亞（王怡），《天堂沉默了半小時：影視中的信仰與人生》（南昌：江西出版集團，二〇〇七年）。

王怡，《我有平安如江河：影視中的救贖與盼望》（南昌：江西出版集團，二〇〇九年）。

Wenzel-Teuber, Katharina. "2014 Statistical Update on Religions and Churches in the People's Republic of China." *Religion and Christianity in Today's China* 6, no. 2 (2016): 20–47. Accessed May 9, 2016. http://p30969.typo3server.info/fileadmin/redaktion/RCTC_2015-2.20_Wenzel-Teuber_2014_Statistical_Update_on_Religions_and_Churches_in_China.pdf.

———. "2012 Statistical Update on Religions and Churches in the People's Republic of China." *Religion and Christianity in Today's China* 5, no. 2 (2015): 20–41. Accessed June 19, 2016. http://www.china-zentrum.de/fileadmin/redaktion/RCTC_2013-3.18-43_Wenzel-Teuber_2012_Statistical_Update_on_Religions_and_Churches_in_China.pdf.

Wielander, Gerda. *Christian Values in Communist China*. Oxford: Routledge, 2014.

Wilhelm, Richard. *Taiyi Jinhua Zongzhi* (The Secret of the Golden Flower). Translated by Cary F. Baynes. First published 1931.

New York: Mariner Books, 1970.

WIN/Gallup International. "Losing our religion? Two-thirds of people still claim to be religious." April 13, 2015.

吳凡，《陰陽鼓匠：在秩序的空間中》（北京：文化藝術出版社，二〇〇七年）。

Wu Hung. *Remaking Beijing: Tiananmen Square and the Creation of a Political Space*. Chicago: University of Chicago Press, 2005.

Wu Jiao. "Religious Believers Thrice the Estimate." *China Daily,* Feb. 7, 2007. Accessed June 20, 2016. http://www.chinadaily.com.cn/china/2007-02/07/content_802994.htm.

吳效群，《妙峰山：北京民間社會的歷史變遷》（北京：人民出版社，二〇〇七年）。

Xi Lian. *Redeemed by Fire: The Rise of Popular Christianity in Modern China*. New Haven, Conn.: Yale University Press, 2010.

習近平，〈人民有信仰，民族有希望，國家有力量〉，《新華社》訊，二〇一五年二月二十八日。網址：http://news.xinhuanet .com/politics/2015-02/28/c_1114474084.htm. 查閱日期：二〇一六年九月十五日。

習仲勛，〈深切懷念中國共產黨的忠誠朋友班禪大師〉，原刊日期：一九八九年二月二十日，重登於「黨史頻道」網站，網址：http://dangshi.people.com.cn/GB/232052/233953/233956/16176187.html. 查閱日期：二〇一六年七月十一日。

謝柳青（一青），〈一青等連線楊長風〉，二〇一一年十二月二十日，網址：http://www.gzjcdj.gov.cn/special/SpecialNews.jsp?spnewsid=19133

Xi Jinping. "Speech by H.E. Xi Jinping President of the People's Republic of China at UNESCO Headquarters," March 28, 2014. Accessed May 15, 2016. http://www.fmprc.gov.cn/mfa_eng/wjdt_665385/zyjh_665391/t1142560.shtml.

「習近平：像愛惜自己生命一樣保護好文化遺產」（一九九〇年六月八日），《福建日報》（二〇一五年一月六日），網址：http://politics.people.com.cn/n/2015/0106/c1024-26336469.html.。查閱日期：二〇一五年四月五日。

〈習近平在曲阜座談會上談及文革對傳統文化戕害〉，《新浪網》（二〇一三年十二月五日），網址：http://news.sina.com.cn/c/2013-12-05/014228887986.shtml ：查閱時間：二〇一四年十二月十日。

Xinhua News Agency. "Chinese Commemorate Common Ancestors at Qingming Festival," April 7, 2003. Accessed July 10, 2016. http://en.people.cn/200304/06/eng20030406_114645.shtml.

〈新氣功療法中惡性晚期腫瘤〉，《氣功》，第六期（一九八九年），頁二五六—二五七。

Yang, C. K. *Religion in Chinese Society*. Berkeley: University of California Press, 1967.

中譯版：楊慶堃，《中國社會中的宗教》（成都：四川人民出版社，二〇一六年）。

Yang Fenggang. "Cultural Dynamics in China: Today and in 2020." *Asia Policy,* no. 4 (July 2007): 41–52.

———. "Exceptionalism or Chimerica: Measuring Religious Change in the Globalizing World." *Journal for the Scientific Study of Religion* 55, no. 1 (2016): 7–22.

———. "The Red, Black, and Gray Markets of Religion in China." *Sociological Quarterly* 47, no. 1 (2006): 93–122.

———. "Religion in China Under Communism: A Shortage Economy Explanation." *Journal of Church and State* 52, no. 1 (Nov. 2009): 3–33.

Yao, Kevin Xiyi. "At the Turn of the Century: A Study of the China Centenary Missionary Conference of 1907." *International Bulletin of Missionary Research* 32, no. 2 (April 2008): 65–69.

Yao Xinzhong and Paul Badham. *Religious Experience in Contemporary China*. Cardiff: University of Wales Press, 2007.

〈以道德為規範，以廉潔為核心〉，《人民日報》，二〇一五年十一月十六日，九版。

于建嶸，〈為基督教家庭教會脫敏〉，中國社會與人類學研究網站，網址：http://www.sachina.edu.cn/Htmldata/article/2008/12/1696.html. 查閱日期：二〇一六年九月二十日。

查常平，〈基督教在中國：從江湖社會轉型為公民社會中的角色〉，收於余杰、王怡（編），《我有翅膀如鴿子：「基督與生命」系列訪談錄第二卷》（台北：雅歌出版社，二〇一〇年）。

Zhang Pengfei. "China Commemorates Confucius with high-profile ceremony." Xinhuanet. Sept. 25, 2014. http://news.xinhuanet.com/english/china/2014-09/25/c_127030072.htm Accessed Sept. 15, 2016.

張義南，《中國家庭教會六十年》（香港：復興華人事功，二〇一〇年）。

「浙江省委書記習近平攜夫人彭麗媛一行到我縣進行參觀考察」，百度貼吧，二〇〇五年四月四日，網址：http://tieba.baidu .com/p/2311897694?see_lz=1. 查閱日期：二〇一五年四月四日

Zhou Xun. *The Great Famine in China, 1958–1962: A Documentary History*. New Haven, Conn.: Yale University Press, 2012.

中國觀察40

中國的靈魂

後毛澤東時代的宗教復興

The souls of China : the return of religion after Mao

作　　者　張　彥（Ian Johnson）
譯　　者　廖彥博、廖珮杏
編　　輯　王家軒
校　　對　陳佩伶
封面設計　李東記

企劃總監　蔡慧華
總 編 輯　富　察
出　　版　八旗文化／遠足文化事業股份有限公司
發　　行　遠足文化事業有限公司（讀書共和國出版集團）
地　　址　新北市新店區民權路108-2號9樓
電　　話　02-22181417
傳　　真　02-22188057
客服專線　0800-221029
信　　箱　gusa0601@gmail.com
Facebook　facebook.com/gusapublishing
Blog　gusapublishing.blogspot.com
法律顧問　華洋法律事務所／蘇文生律師

印　　刷　前進彩藝有限公司
定　　價　650元
一版一刷　2019年2月
一版三刷　2024年5月
ISBN　978-957-8654-49-5

This translation published by arrangement with Pantheon Books, an imprint of The Knopf Doubleday Group, a division of Penguin Random House, LLC

國家圖書館出版品預行編目（CIP）資料

中國的靈魂：後毛澤東時代的宗教復興／張彥（Ian Johnson）著；廖彥博、廖珮杏譯. -- 一版. -- 新北市：八旗文化, 遠足文化, 2019.02
面；　公分. --（八旗觀察中國；40）
譯自：The souls of China : the return of religion after Mao
ISBN 978-957-8654-49-5（平裝）

1.宗教史　2.中國大陸研究

209.2　　108000443